广视角·全方位·多品种

皮书系列为
"十二五"国家重点图书出版规划项目

中国社会科学院创新工程学术出版项目

贵州蓝皮书

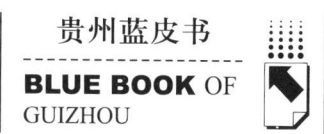

BLUE BOOK OF GUIZHOU

贵州社会发展报告 (2014)

ANNUAL REPORT ON SOCIAL DEVELOPMENT OF GUIZHOU (2014)

主　编／王兴骥
副主编／高　刚　周芳苓

社会科学文献出版社
SOCIAL SCIENCES ACADEMIC PRESS (CHINA)

图书在版编目(CIP)数据

贵州社会发展报告.2014/王兴骥主编.—北京：社会科学文献出版社,2014.3
(贵州蓝皮书)
ISBN 978-7-5097-5732-1

Ⅰ.①贵… Ⅱ.①王… Ⅲ.①社会发展-研究报告-贵州省-2014 Ⅳ.①D677.3

中国版本图书馆 CIP 数据核字（2014）第 039863 号

贵州蓝皮书
贵州社会发展报告（2014）

主　　编／王兴骥
副 主 编／高　刚　周芳苓

出 版 人／谢寿光
出 版 者／社会科学文献出版社
地　　址／北京市西城区北三环中路甲29号院3号楼华龙大厦
邮政编码／100029

责任部门／皮书出版分社　(010) 59367127　　　责任编辑／丁　凡
电子信箱／pishubu@ssap.cn　　　　　　　　　　责任校对／杜绪林
项目统筹／丁　凡　　　　　　　　　　　　　　责任印制／岳　阳
经　　销／社会科学文献出版社市场营销中心　(010) 59367081　59367089
读者服务／读者服务中心　(010) 59367028

印　　装／北京季蜂印刷有限公司
开　　本／787mm×1092mm　1/16　　　印　张／22.75
版　　次／2014年3月第1版　　　　　　字　数／373千字
印　　次／2014年3月第1次印刷
书　　号／ISBN 978-7-5097-5732-1
定　　价／69.00元

本书如有破损、缺页、装订错误，请与本社读者服务中心联系更换
△ 版权所有　翻印必究

《贵州蓝皮书·社会》
编纂领导小组

组　长　金安江　贵州省社会科学院党委书记、研究员
　　　　　　吴大华　贵州省社会科学院院长、研究员
成　员　陈朝伦　中共贵州省委政策研究室副主任
　　　　　　蔡福顺　贵州省政府发展研究中心副主任
　　　　　　张　平　贵州省发展与改革委员会副主任
　　　　　　马天云　贵州省民政厅副厅长（正厅级）
　　　　　　王碧海　贵州省教育厅副厅长
　　　　　　姜得杰　贵州省文化厅副厅长
　　　　　　杨克勤　贵州省卫生厅副厅长
　　　　　　方　征　贵州省政府综合治理办公室专职副主任
　　　　　　龚仲明　贵州省人口与计划生育委员会副主任
　　　　　　胡德怀　贵州省新闻与广播电影电视局副局长
　　　　　　王建忠　贵州省体育局副局长

《贵州社会发展报告（2014）》编委会

主　　编　王兴骥

副 主 编　高　刚　周芳苓

编　　委　程联涛　罗志琴　张署华　张　印　罗忠勇
　　　　　　虞奇勇　王园园　龙超英　贾　昕　吴学伦
　　　　　　赵　莹　杨　慧　杨雪梅　戈　弋　林　苑
　　　　　　杨红英　杜双燕　刘　岚

本书作者　王兴骥　王亚奇　李　瑜　杜双燕　高　刚
　　　　　　周芳苓　任亚军　王　珏　刘玉莲　程联涛
　　　　　　阮宝祥　李文龙　袁　涛　王　前　黄　勇
　　　　　　蒋楚麟　李　照　黄吉平　王国勇　高林英
　　　　　　黄旭东　朱　江　沙　飒　欧阳红　林岚涛
　　　　　　陆卫群

主要编撰者简介

王兴骥 贵州省社会科学院科研处处长、研究员，省文化宣传系统"四个一批"人才，贵州大学、贵州师范大学、贵州民族大学硕士生导师，中国社会学会理事。研究方向：社会学、民族学、地方历史与文化。主持过国家社科基金课题"民族贫困地区建设社会主义新农村的制度统筹研究——以贵州为典型个案分析"、国家民政部理论研究课题"社会管理创新视角下贵州基层民主自治建设研究"等七项，省长基金课题"贵州省城乡一体化的制度统筹研究"、省社会科学规划自筹资金课题"贵州省黑社会性质组织的成因、危害及防控对策研究"（省委书记布置课题）等五项，横向联系课题"贵州省体育事业'十二五'发展规划""遵义市新蒲新区'十二五'发展规划"等20余项。担任主编出版了《长征路上的新长征》《红花映遵义》《贵州社会发展报告》（2010~2013）。在刊物上发表文章20余篇。研究成果分别获国家民政部二等奖、贵州省社科优秀成果三等奖。

高 刚 贵州省社会科学院副研究员，以农村社会学为基本研究方向。先后主持完成贵州省哲学社会科学规划课题及省长基金课题各1项，参与完成各类省级以上项目多项。发表论文20余篇，其中《政府主导型乡村治理改革需要优化》等2篇被人大复印报刊资料全文转载，《西部地区实现城乡协调发展的困境与出路》获得国家"十一五"规划公众建言献策一等奖，《西部地区"十二五"时期农业发展必须重视的几大问题及应对策略》获得国家"十二五"规划公众建言献策二等奖。

周芳苓 仡佬族，贵州省社会科学院社会研究所副研究员，省宣传文化系统"四个一批"人才，省社会学学会副秘书长。研究方向为应用社会学，主要从事社会结构、社会分层和社会流动研究。曾独立主持完成国家社科基金课题1项、省社科规划课题3项、其他课题3项，联合主持省部级课题5项，参与完成国家级、省部级以上课题20余项；独立出版学术专著1部，担任副主编出版著作1部；公开发表文章20余篇；合作完成2项科研成果荣获省哲学社会科学优秀成果"二等奖"（联名），1项科研成果荣获中国社会学会优秀论文"二等奖"（第一作者）。代表性成果有：《西部"两欠"地区的职业结构变迁研究》（国家课题，主持）、《农民工：城镇化进程中的边缘群体》（专著）、《"两欠"地区流动人口中的农村"问题妇女"研究》（论文）等。

摘　要

本报告以党的十八届三中全会和中共贵州省委十一届四次会议精神为指导，系统、科学地研究了2013年贵州省社会发展的主要情况，报告对2013年贵州省社会发展的热点问题，如流动人口、农村留守儿童、流浪人群、进城农民工子女教育等进行了关注，对涉及民生的建议、社会保障、就业问题、和谐劳动关系、平安贵州建设、城镇化等问题进行了研究，对反贫困问题、群众路线的贵州探索、舆情研判、贵州微博、人口生育关怀等进行了专题研究。

本报告指出2013年是贵州省社会发展取得辉煌成就的一年，全省坚持以发展为要、民生为本的工作理念，扎实开展同步小康创建活动，经济社会发展稳中有进、稳中有为、稳中向好。2013年，中央支持力度不断加大，政策效应叠加释放，全年争取中央各项补助1973亿元，新增276亿元；获得2013~2015年扶贫生态移民补助资金40亿元；新增4个发达城市和9个中央单位帮扶，实现了对口帮扶和定点扶贫全覆盖。

经济保持较快增长，综合实力稳步提升。预计地区生产总值达到8000亿元，增长12.7%左右。全社会固定资产投资增长31.9%。财政总收入1919亿元，公共财政预算收入1206亿元，分别增长16.7%和18.9%；公共财政预算支出3098亿元，增长12.4%。社会消费品零售总额增长14%。全面小康实现程度达73.2%，提高4个百分点。

民生实事全面完成，人民生活日益改善。"十件民生实事"完成投资700亿元。预计城镇居民人均可支配收入20667元，农民人均纯收入5434元，分别增长10.5%和14.3%。减少贫困人口166万人，6个县、172个乡镇"减贫摘帽"。改造农村危房40.1万户，竣工城镇保障房10.1万套、扶贫生态移民房3.6万套。城镇新增就业人数55.3万人。产业园区新增就业人数22万人。城乡低保、基本医疗、基本养老、失业保险等保障水平进一步提高，解决370

万受灾群众的基本生活困难。人口自然增长率达5.9‰。安全生产事故起数和死亡人数继续实现"双降"。群众安全感指数提高到93.8%。

由于基础比较薄弱，社会发展的投入与社会发展的需求还有差距，贵州省社会发展还存在科技创新能力弱、城镇化水平低、贫困人口多、农村公共服务和基础设施薄弱、安全生产事故时有发生等问题，使得改善民生、维护稳定的压力很大；加之政府工作有待进一步改进，一些部门执行力、落实力不强，"慵懒慢浮贪"现象不同程度存在，社会发展呈现问题多元格局。

本报告指出：2014年是全面深化改革的第一年，是实现"十二五"规划目标和完成贵州省政府构建"六大体系"任务的关键一年。由于国家更加重视全面深化改革释放红利，更加重视推进结构调整转变发展方式，更加重视西部大开发促进区域协调发展。贵州省正处于从低收入向中等收入迈进的关键阶段，处于发展加速期、结构调整期、改革攻坚期，面临宏观政策取向利好、市场预期利好、自身发展条件利好的有利形势。特别是随着交通等基础设施和教育等公共事业的不断完善，重大平台加快构建，外部要素加速集聚，改革红利、资源红利、生态红利、劳动力红利、政策红利集中释放，支撑发展的条件越来越充分，促进发展的动力越来越强劲，这必将使2014年贵州省社会发展形势将继续向好。

本报告由19篇研究报告组成。共分五个部分，分别是总报告、热点篇、民生篇、专题篇、附录。

目录

BⅠ 总报告

B.1 2013~2014年贵州省社会形势分析与预测
　　　　　　　　　　　　　　王兴骥 王亚奇 李 瑜 胡鹏飞 / 001
　一 2013年贵州省社会发展形势分析 …………………………… / 003
　二 2013年贵州省社会发展存在的问题分析 …………………… / 022
　三 2014年贵州省社会发展形势预测 …………………………… / 024

BⅡ 热点篇

B.2 2013年贵州省流动人口研究 ………………………… 杜双燕 / 030
B.3 贵州农村留守儿童问题研究 ………… 贵州省妇女联合会课题组 / 048
B.4 贵州城市流浪人群的生存状态及治理对策研究 ……… 高 刚 / 069
B.5 贵州进城农民工子女教育问题的社会学分析 ………… 周芳苓 / 087

BⅢ 民生篇

B.6 穷省如何办好大教育
　　——贵州省实施教育"9+3"计划情况调查
　　　　　　…………… 程联涛 阮宝祥 李 照 黄吉平 李文龙等 / 109
B.7 2013~2014年贵州社会保险事业发展形势分析与
　　预测 ………………………………………………… 李定佳 袁 涛 / 122

B.8 贵州工业强省背景下和谐劳动关系问题研究
　　……………………………………… 蒋楚麟　谢　坚 / 137

B.9 2013年贵州省城乡就业问题研究 …………… 王　前　黄　勇 / 162

B.10 2013年贵州省"平安贵州"建设研究报告
　　………… 程联涛　阮宝祥　李　照　黄吉平　李文龙等 / 171

B.11 贵阳市城镇化发展分析报告
　　……………………… 王国勇　谭　浩　张　瑜　刘　洋 / 183

BⅣ 专题篇

B.12 贵州省少数民族乡村反贫困的战略选择 ……………… 高林英 / 198

B.13 贵州省"帮、联、驻"长效工作机制研究
　　………………………… 黄旭东　王思渊　杨　海　何婷婷 / 213

B.14 2013年贵州省体育赛事研究报告 …………… 朱　江　彭俊杰 / 231

B.15 贵州省网络舆情监测管理现状及对策研究 …………… 沙　飒 / 249

B.16 贵州省2013年政务微博发展现状分析 ……………… 欧阳红 / 266

B.17 深化改革背景下贵州省电力供需分析 ……… 林岚涛　李艳华 / 284

B.18 贵州省"生育关怀行动"与扶助机制探索研究
　　………………………………… 陆卫群　张　典　杨俊峰 / 303

BⅤ 附录

B.19 2013年贵州省社会发展大事记 …………………… 王　曼 整理 / 321

Abstract ……………………………………………………………… / 337

Contents ……………………………………………………………… / 340

皮书数据库阅读使用指南

总报告

General Report

B.1 2013~2014年贵州省社会形势分析与预测

王兴骥 王亚奇 李瑜 胡鹏飞*

摘 要： 本报告全面总结了2013年贵州省社会发展取得的成绩：中央支持力度不断加大，政策效应叠加释放；经济保持较快增长，综合实力稳步提升；民生实事全面完成，人民生活日益改善；社会发展稳中有进、稳中有为、稳中向好。分析了贵州省社会发展存在的问题：科技创新能力弱，生态保护和环境治理压力加大；城乡二元结构矛盾突出，城镇化水平低，贫困人口多，农村公共服务和基础设施薄弱；安全生产事故时有发生；政府工作有待进一步改进，一些部门执行力、落实力不强等。2014年是贵州省全面深化改革的第一年，由于国家更加重视全面深化

---

* 王兴骥，贵州省社会科学院科研处处长、研究员；王亚奇、李瑜，贵州大学2012级研究生；胡鹏飞，贵州民族大学2013级研究生。

改革释放红利、更加重视推进结构调整转变发展方式、更加重视西部大开发促进区域协调发展，随着交通等基础设施和教育、文化等公共事业设施的不断完善，重大平台加快构建，外部要素加速集聚，产业基础不断巩固，改革红利、资源红利、生态红利、劳动力红利、政策红利集中释放，促进发展的动力越来越强劲，2014年贵州省社会发展形势将继续向好。

关键词：

贵州省　社会形势　分析　预测

2013年，贵州省坚持主基调、主战略，坚持发展为要、民生为本、企业为基、环境为重的工作理念，紧紧依靠全省各族人民，扎实开展同步小康创建活动，社会发展稳中有进、稳中有为、稳中向好，实现了良好开局。2014年是贵州省发展战略更加坚定、工作举措更加扎实、干事创业激情更加高涨的一年，是贵州省经济增速继续位居全国前列、多项指标取得重大突破、全面小康实现程度提升幅度最大的一年。地区生产总值预计达到8000亿元，全社会固定资产投资、企业和个体工商户注册资本、金融机构贷款余额同时突破万亿元大关，为贵州省社会建设打下了良好的基础。

——中央支持力度不断加大，政策效应叠加释放。争取中央各项补助1973亿元，新增276亿元。中央同意安排贵州省2013～2015年扶贫生态移民补助资金40亿元。新增4个发达城市和9个中央单位帮扶贵州省，实现了对口帮扶和定点扶贫全覆盖。

——经济保持较快增长，综合实力稳步提升。预计2013年末地区生产总值达到8000亿元，增长12.7%左右。全社会固定资产投资增长31.9%。企业、个体工商户户数和注册资本分别增长20%、31%。财政总收入1919亿元，公共财政预算收入1206亿元，分别增长16.7%和18.9%；公共财政预算支出3098亿元，增长12.4%。社会消费品零售总额增长14%。全面小康实现程度达73.2%，比上年提高4个百分点。

——民生实事全面完成，人民生活日益改善。"十件民生实事"完成投资

700亿元。人民收入持续增长，预计城镇居民人均可支配收入20667元，农民人均纯收入5434元，分别增长10.5%和14.3%。减少贫困人口166万人，6个县、172个乡镇"减贫摘帽"。改造农村危房40.1万户，竣工城镇保障房10.1万套、扶贫生态移民房3.6万套。城镇新增就业55.3万人，产业园区新增就业22万人。城乡低保、基本医疗、基本养老、失业保险等保障水平进一步提高，解决370万受灾群众的基本生活困难。安全生产事故起数和死亡人数继续实现"双降"。群众安全感指数提高到93.8。

一 2013年贵州省社会发展形势分析

（一）围绕"5个100工程""五张名片"、战略性新兴产业，按照"搭平台，聚人才，抓创新，促转化，营环境，做支撑"的思路，较好地完成了科技发展的各项目标任务

2013年贵州省获国家支持4.13亿元。其中，获国家创新基金项目立项191项、1.21亿元，资金支持比上年增长了16.31%，在西部12个省（市、自治区）中列第三位；获国家自然科学基金项目立项241项、1.16亿元，比上年增长了10%。另外还获"863"等国家重大科技项目、重大新药创制和科技支撑计划20项，获批建设了1个国家级工程技术研究中心、1个国家级创新型城市、1个国家级可持续发展实验区。

1. 高新技术产值继续保持增长

2013年，2000万元以上规模的企业完成高新技术产业产值1650亿元，占全省工业总产值的22.48%，同比增长24.34%，着眼"四个一体化"、战略性新兴产业发展重点，突出高端装备、资源开发利用和精深加工、中药民族药等高新技术产业领域，制定并发布了"磷化工、汽车零部件、杜仲"三个产业（产品）技术路线图，进一步提炼产业关键技术，推动产业链的形成、延伸和产业集群化发展。

2. 转化实施了一批科技创新成果

引进并转化实施64项重大科技成果，组织实施省级以上重大科技专项和

重点项目35项。共申请国家发明专利19项，获得国家授权13项。

3. 重点建设了一批科技创新平台

"贵州科学城"的核心区——中科院贵州科技创新园项目正式开工建设，一期主体工程将于2014年底完成；新建了1个国家级、25个省级工程技术研究中心、重点实验室、农业科技示范园区等创新平台及载体，启动实施"百千万"科技特派员创新系统工程重大科技专项，新培育建设了4个中药材规范化种植科技示范推广基地县。

4. 积极营造科技创新创业环境

探索创新金融服务科技业务的新模式。挂牌成立了首家省级"科技支行"，为解决科技型中小企业融资难题开辟了一条政银合作的新路。围绕搭建高层次人才平台，在企业和科研院所布局建设了第三批4家贵州省院士工作站，引进了4名院士，确定第六批科技创新人才团队35个，选拔了50名在科研、成果转化上取得成绩和具备发展潜力的青年科技人才为第九批优秀青年科技人才培养对象。围绕"百千万"高层次人才引进，通过对企业和科研机构高层次人才需求调研，提出了覆盖44家单位的93个高层次人才引进岗位。将省高层次创新型科技人才培养计划与国家创新人才培养计划有机结合，进一步营造良好的人才创新创业环境。贵州省3人1个团队进入国家创新人才推进计划。

（二）以教育突破工程、"9+3"教育计划、农村学生营养餐为抓手，开拓创新，真抓实干，奋力推动全省教育事业科学发展、后发赶超

1. "4+2"教育突破工程取得新成效

学前教育突破工程全面完成，新建、改扩建400所乡镇、街道办事处公办幼儿园；农村寄宿制学校建设攻坚工程竣工面积130万平方米。完成乡镇教师公租房3.7万套。为解决进城务工人员随迁子女入学和城镇义务教育"大班额"问题，建设20所城镇义务教育学校。高中阶段教育突破工程竣工103个，竣工率为62%；高等教育突破工程累计完成投资65亿元，竣工面积180万平方米，花溪大学城入住学生4.36万人；优美教室工程和安全围墙工程全面完

成,共建设优美教室5.7万间,安全围墙27.9万米。

2. "9+3"教育计划全面实施

九年义务教育:在全国率先建成中小学生学籍信息管理系统;层层签订"控辍保学"双线目标责任制,落实"七长"负责制,实行学生排查报告、学生整班移交、辍学学生劝返复学三项制度,采取多形式大力宣传义务教育法规政策等措施控辍保学,辍学率大幅降低;加快特殊教育群体(农村留守儿童、进城务工人员子女、家庭贫困生)关爱服务体系建设。建设800个"农村留守儿童之家",开展"四在学校"活动。

做好中等职业技术教育招生工作,完成中职招生35万人;采取招、聘、转、合等方式,大力补充中职师资特别是专业教师和"双师型"教师;加快推进中职学校建设,全年项目学校全部开工建设,建成300万平方米,其中50所学校建成入驻办学;在全省范围内大力推广"产业园区+标准厂房+职业教育"校企合作新模式,积极推进产教校企深度合作,引导"学校建到园区,车间搬到教室,专业围绕产业,学生就近就业"。开展职业教育服务使贵州省民众的社会发展意识和能力普遍增强,中职毕业生在省内就业的比例由前几年的30%上升到2013年的近60%。

3. "贵州特色"农村学生营养餐以县为单位实现全覆盖

国家试点县营养餐水平不断提高。惠及全省集中连片特殊困难地区65个国家试点县1.28万所学校356万农村中小学生。地方试点县进一步扩大,有22个县(含凯里开发区、新蒲新区)进行了地方试点,惠及1391所学校31.4万农村学生。"贵州特色"学生营养餐基本实现县域全覆盖。学校食堂供应午餐基本做到自办自管、零利润、大宗原材料实行"四统"(统招、统购、统配、统送)、校财局管报账制等。

4. 各级各类教育协调发展

学前三年行动计划成效显著。新增幼儿教师5000人。开展"3~6岁幼儿学习与发展指南"及幼儿教师国家级培训和省级培训工作,积极开展学前教育宣传月活动。推进集团化办园试点工作。完善幼儿园办园条件,加强幼儿园分类评估工作。义务教育均衡发展高中阶段教育持续推进。为加快推进义务教育均衡发展步伐,提前实施"县域内义务教育基本均衡督导评估"。高等教育质量稳步提升。2013年国家级实验教学示范中心达到7个；首次获批14个国家级大学生校外实践教育基地。贵州师范大学新增为博士学位授予单位，获得4个一级学科博士点，实现了贵州省文科博士一级学科"零"的突破。全省高校全职引进博士266名。贵州理工学院成立并招生3000人；全年贵州省高考考生24.79万人，录取考生21.32万人，高考录取率为86%，录取数和录取率均创历史新高；积极抓好就业，2013年，贵州省高校毕业生96168人，截至9月1日，初次就业率为87.03%，比2012年同期增长1.36%，高于全国平均水平。

5. 教师队伍建设不断加强

全年共招聘1.4万名特岗教师，招聘数量居全国第一，在全社会营造尊师重教的良好氛围。培训农村中小学幼儿园教师5万余人。启动"名师工作室"等名师队伍建设工作。加强师德建设，全省广大教职工职业素养和专业能力明显提升，教师职业责任感和荣誉感明显增强。

6. 民族教育工作扎实推进

加强"双语"教学师资队伍建设，加强"双语"教材编写工作，将"双语"教育工作重心前移至学前或小学低年级，在高中阶段学校举办民族班为民族地区培养人才。

7. 民办教育发展环境不断优化

通过设立民办教育专项资金、落实用地优惠政策、派驻公办教师等形式扶持民办教育发展。全省新建拥有土地使用权、规模180人以上民办幼儿园15所，规模1000人以上的民办高中阶段学校5所。

（三）坚持把推动贵州多民族文化大发展、大繁荣作为中心任务，着力保障和改善文化民生，全省文化改革发展呈现出良好的发展势头

1. 以文化惠民为落脚点，大力推进公共文化服务体系建设

始终把加强公共文化服务基础设施建设作为工作重点。推进重大文化基础设施项目建设；推进基层文化设施建设，为323个乡镇综合文化站、18个社区文化活动中心、94个社区文化活动室配置了设备，为498个乡镇综合文化站、24个社区文化活动中心、124个社区文化活动室配置了公共电子阅览室设

备,"数字图书进农家"工程为400户农家配送了电脑及数字资源。努力提升公共文化服务水平,以管理促效益,注重防止和纠正"重建轻管"现象。推进公共文化服务设施向社会免费开放,及时下达中央"两馆一站"免费开放专项补助经费9668万元,补助地级"两馆"18个、县级"两馆"176个、乡镇综合文化站1448个。积极开展群众性文化活动,组织"送欢乐,下基层"演出20余场,观众近6万人次。

2. 以打造精品力作为切入点,推动文艺创作生产上台阶

大型花灯剧《枫染秋渡》入围"第十届中国艺术节"并荣获文华剧目奖,主演邵志庆获优秀表演奖;器乐节目"四滴水组合"荣获比赛二等奖;《水寨龙珠》获"全国木偶戏、皮影戏优秀剧(节)目展演"优秀剧目奖。

3. 以做大做强文化产业为目标,着力推进特色文化产业体系建设

启动了县域文化产业发展"三个一工程",将文化、旅游、新农村建设结合起来,形成三位一体的文化产业发展新模式。评选并资助第一批文化产业示范村9个、优秀演出团体4个、特色文化产品10个。

推动文化企业做大做强。成立了贵州黄果树多彩数字文化艺术有限公司;遵义奇利动画影业有限公司新推出的《动画制作ING》作品获得了良好的社会效益和经济效益;贵阳朗玛信息技术股份有限公司、贵州西江千户苗寨旅游文化发展公司、平坝天龙屯堡文化旅游公司等国家级和省级文化产业示范基地总体呈现出较快发展态势。

4. 以优秀文化遗产传承保护为重点,开展保护与合理利用工作

积极推动国家级以上文化遗产项目申报工作。贵州海龙屯与湖南、湖北联合申报的土司遗产被国家文物局确定为2015年我国唯一申报世界文化遗产的项目;贵州省32处文物被列入国务院公布的第七批全国重点文物保护单位名单;推荐海龙屯、万山汞矿、赫章可乐遗址、宁谷遗址等申报第二批国家考古遗址公园。

抓好文物保护、考古和博物馆工作。海龙屯获评为2013年度"十大考古新发现"。新增国有博物馆、民办博物馆各4家,全省博物馆达81家;贵州省六盘水市建设的全国第一家三线建设博物馆正式向社会开放,得到"三线人"和社会的广泛认可。

加强非物质文化遗产传承保护。推荐省内10个企业、单位申报第二批国家级非物质文化遗产生产性保护示范基地；反排苗族木鼓舞国家级传承人万政文、苗族芦笙舞（滚山珠）国家级传承人王景才两人荣获第二届中华非物质文化遗产传承人薪传奖。

5. 以行政审批大检查和岗位大练兵与技能大比武为抓手，加强文化市场监管

着力提升文化市场服务监管能力和水平，开展覆盖全省的网吧技术监控平台安装工作，安装率达80%，在线率达80%。加强执法督导检查。启动了全省经营性互联网文化单位的清理工作，开展了全省歌舞娱乐场所、游艺娱乐场所、网吧专项整治行动以及校园周边文化场所专项检查。加强对涉外演出的现场检查和指导督查，有力地打击了互联网文化违规经营活动。

（四）深化医药卫生体制改革，全面落实医改各项任务，拼搏奋斗，敬业奉献，推进贵州省卫生事业又好又快发展

2013年国家加大对贵州省卫生项目的投入力度，截至2013年10月底，中央补助贵州省卫生事业经费79.1亿元。

1. 不断巩固完善新型农村合作医疗制度

提高新农合的政府补助标准，提高到每人每年280元；稳定参合率，顺利完成了2013年全省新农合筹资工作，全省共有3213.9万农民参合，参合率达98.72%，比2012年提高0.69个百分点；提高资金使用效率。出台新农合统筹补偿方案，印发了《贵州省2013年度新型农村合作医疗统筹补偿指导方案》《贵州省新型农村合作医疗药物目录（2013）》，明确2013年新农合政策范围内住院费用报销比例达到75%以上，统筹资金最高支付限额不低于12万元，住院费用实际补偿比例达到68%以上，儿童先天性心脏病等22种重大疾病实际补偿比例达到贵州省限定费用的80%左右。2013年上半年贵州省新农合实际补偿比例达76.14%，较上年同期提高了12.64个百分点。提高重大疾病医疗保障水平。在上年开展儿童两病（先心病、白血病）重大疾病保障的基础上，将终末期肾病等22种大病纳入新农合按病种定额付费范围，并在省内认定了45家定点救治医疗机构并开展及时结报，进一步有效缓解参合农民患以上重大疾病的看病就医负担。探索建立城乡大病保

险和深入推进商保机构经办服务工作。2013年,贵州省分别在贵阳市、毕节市、铜仁市和黔西南州启动了大病保险市级统筹工作试点,对参合患者的医疗费用按照普通住院或重大疾病医疗保障政策报销后,个人负担的费用超过上年度农民年人均纯收入后,再由大病保险给予不低于50%的补偿。同时,六盘水市积极探索委托商业保险机构经办新农合服务与提高新农合统筹层次、购买商业大病保险协同推进。

2. 进一步健全基层医疗卫生服务体系

加强基层卫生基础设施建设。继续实施中心乡镇卫生院达标建设工程,完成投资2.882亿元,占总投资的91%。加强农村基层卫生人才队伍建设,完成了7600名乡村医生三年全日制普通中专学历教育项目,有7211名学员完成教学计划,考试合格取得中专学历。截至2013年10月,已培训合格具备注册全科医生资格的基层卫生技术人员2762名。开展城乡医院对口支援工程。认真执行万名医师支援农村卫生工程项目,积极组织省内23所三级医院对口支援51所县医院和协调浙江省41家三级医院对口帮扶贵州省41家县级医院工作。

3. 推动国家基本药物制度深入实施

进一步规范基本药物制度实施。目前,贵州省1524家政府办基层医疗卫生机构和20779所村卫生室启动实施基本药物制度。完善基本药物网上集中采购医疗卫生机构信息,加强网上集中采购督查,及时下拨2013年基层医疗卫生机构实施基本药物制度中央补助资金39414万元和村卫生室实施基本药物制度中央补助资金12248万元,确保了各地基层医疗卫生机构实现三个"百分之百"(即百分之百配备和使用基本药物、百分之百上网采购、百分之百零差率销售)。全面推进医疗卫生机构药品电子监管系统建设。完成全省所有市(州)和县(市、区、特区)卫生行政部门相关人员培训。探索非政府办基层医疗机构实施基本药物制度。在贵阳市和遵义市试点推行采取购买服务等方式,将部分非政府办基层医疗卫生机构纳入实施基本药物制度范围,实现了贵州省非政府办基层医疗卫生机构实施基本药物制度零的突破。

4. 进一步提高基本公共卫生服务均等化水平

人均基本公共卫生服务经费由2012年的25元提高到2013年的30元;传

染病防控取得新进展，截至 2013 年 11 月 18 日，贵州省累计报告甲、乙、丙类传染病 137544 例，发病率为 396.49 人/10 万。艾滋病预防与控制工作进一步加强。1~10 月共检测各类人群 156 万人次；继续扩大抗病毒治疗覆盖面，对部分艾滋病病人提供免费抗病毒治疗；积极推进美沙酮社区药物维持治疗工作，62 个美沙酮维持治疗门诊在治人数 16553 人，累计治疗和在治人数两项指标均居全国第一。妇幼保健水平不断提高，2013 年前三季度，贵州省住院分娩率达 98.07%，其中农村住院分娩率达 97.78%；孕产妇死亡率为 16.44 人/10 万，婴儿死亡率为 7.48‰，5 岁以下儿童死亡率为 10.23‰。突发公共卫生事件处置有力。截至 10 月，共报告突发公共卫生事件 69 起，与 2012 年同期相比，事件数下降 48.12%，突发公共卫生事件和突发公共事件应急处置及时率均达 100%。

5. 强化食品安全和卫生监督工作

开展食品安全风险监测，监测点设定的数量扩大到全省县（市、区、特区）总数的 50% 以上，并覆盖全省 9 个市（州）。加强食品安全地方标准管理，规范食品安全地方标准制（修）定，成立了首届贵州省食品安全地方标准评审委员会，进一步完善贵州省食品安全标准专业技术支撑体系。加强职业病防治，继续做好职业病诊断机构和职业健康检查机构建设工作。全省共有职业病诊断机构 15 家，市（州）级覆盖率达 100%，职业健康体检机构 159 家，县（区）级覆盖率达 100%。进一步强化卫生监督工作。加强饮用水卫生监督监测，设置贵州省饮用水卫生监督监测点 2221 个，覆盖 9 个市（州）和 45 个县（区）。在全省开展了餐饮具集中消毒监督审核合格证发放工作和医疗卫生、公共卫生专项监督检查工作。

6. 进一步加强卫生信息化建设

加强基层医疗卫生机构管理信息系统项目建设。完成基层医疗卫生机构管理信息系统建设项目第一期招标采购工作，建立了项目实施小组，目前已完成了云中心、卫生专网的设计及实施规划工作。强化远程会诊系统项目建设，2010 年基层远程会诊系统建设项目已正式投入运行，2011 年度基层远程会诊系统建设项目正处于试运行和系统验收阶段。

（五）紧紧围绕加快发展主题和改善民生、加强社会建设、创新社会管理的工作主线，大力推进民政事业加快发展，各项工作进展顺利，民政事业发展取得新成绩

2013年全年共争取中央转移支付1019206万元，较上年同期增加189532万元，增长22.84%，超额完成省政府下达的2013年争取中央转移支付任务（91亿元）109206万元，任务完成率达112%。

1. 以低保制度建设为重点，基本民生保障能力不断提升

以贯彻国发45号文件为核心，着力完善低保制度，健全工作机制，严格规范管理，加强能力建设，大力推进城乡低保规范化建设；大幅度提高低保保障标准，全省以县为单位从1月起统一按不低于10%的增幅提高城乡低保标准。城市低保月平均标准提高到352元，农村低保年平均标准提高到1841元，与2012年底相比，增幅分别达13.23%、12.6%。城市低保月人均补助水平提高到231.7元，农村低保年人均补助水平提高到989.22元，增幅分别达9.8%、17.68%。全省51.7万城市低保对象和485.2万农村低保对象基本生活得到切实保障。81.09万农村低保对象纳入粮食救助范围，共发放救助粮5294.42万斤。加强农村五保供养工作和农村敬老院建设管理。全省新建和改扩建150所农村敬老院，拟新增床位1.2万张。全省新增农村五保集中供养对象6900名，集中供养率从2012年的15%提高到20%。进一步提高医疗救助补助水平，取消起付线和病种限制，政策范围内住院救助比例从50%提高到60%以上。着力简化医疗救助程序，全省实施医疗救助"一站式"服务的县达48个。2013年，全省预计共对600万人次城乡困难群众实施医疗救助，预计支出9亿元。认真开展临时救助工作，全年预计对8万人次城乡困难群众实施临时救助，预计支出0.4亿元。

2. 以加强灾害应急救助为重点，综合防灾减灾能力持续强化

2012~2013年度冬春期间，全省共投入受灾群众冬春生活救助资金63570万元，发放大米76885吨，棉衣被50.85万件（床），现金13153万元，燃煤、取暖等生活物资折款1633万元，共救助受灾群众379.1万人（次）。2013年全省各级民政部门共投入灾害救助资金3.52亿元，搭建救灾帐篷4560顶，发放大米6.52万吨，衣被9.28万件（床），救助受灾群众85.28万人（次）；大力推

进救灾物资储备库建设，加强救灾物资储备。完成5个市级库、3个县级救灾物资储备库建设。加大救灾物资采购投入力度，稳步推进综合减灾示范社区创建，科学建设和设置城乡社区应急避难场所。稳步推动农房灾害保险工作，全省有15892户受灾农户获得农房灾害保险理赔，赔付金额1358.52万元。

3. 以加快社会养老服务体系建设为重点，社会福利和慈善事业进一步发展

加强老年养护院和老年人日间照料中心建设，支持鼓励民办养老服务机构加快发展，抓好养老护理队伍培训；落实孤儿保障政策，按照集中养育每人每月1000元、分散养育每人每月600元的标准，向全省孤儿和受艾滋病病毒影响的儿童发放基本生活费，共计22909人，其中集中养育有2956人，社会散居有19953人。加强儿童护理和管理人员培训，共培训鉴定基层孤残儿童护理员80人、儿童福利机构管理人员100人、脑瘫康复业务人员90人。截至11月底，全年共销售福利彩票18.52亿元，比上年同期增长2.62亿元，增幅达16.47%，累计筹集公益金5.7亿元。

4. 以退役士兵安置改革为重点，优抚安置措施稳步实施

全年全省共接收符合政府安排工作条件的退役士兵3198人（含转业士官577人）。全省各级共安排和落实退役士兵各项经费2.5亿元，有效保障了退役士兵安置改革的顺利实施。落实各项优抚政策法规，及时下拨各项优抚经费11.14亿元，惠及全省26.85万名优抚对象。

5. 以深化基层民主自治为重点，社区和社会组织建设进一步加强

围绕提高"城乡基层民主自治建设完善率"，全面开展村（居）务公开民主管理、和谐社区建设、农村社区建设全覆盖示范单位创建活动。积极推广"贵阳经验"，社区服务理念进一步深入，社区服务内容进一步丰富。社会组织管理体制改革创新继续推进，直接登记范围进一步扩大，登记管理权限进一步下放。大力推动社会组织信息平台建设，社会组织服务管理手段进一步丰富和完善。

（六）以"四着力"为抓手，全面加强人口计生工作，全力推动人口"双降"目标取得新成效

1. 着力在深化认识上下功夫，强化党政责任

强调人口计生"双降"是省委、省政府确定的一个主要的社会发展目标，

要坚决实行计划生育政策,要进一步优化思路、调整力量、增加投入,把方向、出政策、解难题,重点督查、重点指导、重点帮扶,全面加强人口计生工作,全力推动"双降"目标取得新成效。

2. 着力在敢于担当上下功夫,强化"双降"目标

强力打好"双降"硬仗,强力推动责任追究制,严格执行"3+3+x"的责任监督制度体系,出台人口计生统计质量核查办法,确保"双降"目标实现。强力创新人口计生基层社会管理,全面推行计生"双诚信双承诺"工作模式,以党政领导、部门支持为保障,充分发挥村支两委、计生协会等基层组织、群众组织的协同作用,在诚信遵守和承诺履行中,将政府管理与群众自我管理、软约束与硬约束有机结合,有效推动人口的"双降"。强力推进宣传教育改革创新,结合民族、民俗、历史、人文,高品位全景式建设人口文化大院、人口文化精品园、婚育新风宣传长廊、人口计生"三新"书屋、人口文化宣传队、人口计生宣传标语,全面优化人口文化载体,强化宣传声势,进一步引导广大人民群众转变婚育观念。

3. 着力在勇于争先上下功夫,强化统筹推进

全力推进免费孕前优生健康检查工作,截至2013年8月31日,全省共为16.61万农村计划怀孕夫妇实施免费检查,超额完成省委、省政府确定的15.8万的年度目标任务。全力推进出生人口性别比治理工作,完善全程管理服务体系,加强部门协作,坚持综合施治,开展出生人口性别比统计监测,启动住院分娩实名登记,严厉打击"两非",出生人口性别比继续回落。全力推进流动人口计生服务管理,进一步完善流动人口计生工作机制,重点加强"城中村""城郊村"、产业园区、封闭住宅小区等特殊区域服务管理,巩固提升省内"一盘棋"和跨省区域协作水平,计生技术免费服务项目和利益导向政策全面覆盖符合条件的流动人口家庭,流动人口计生服务管理质量全面提升。

4. 着力在解放思想上下功夫,强化创新突破

大力推进优质服务创新发展。完成新建和改扩建乡镇计生服务站50个、村级计生服务室500个任务。在"省优"全覆盖的基础上,54个单位实现"国优",达61.36%;73.86%县级和65.14%乡级计划生育技术服务机构建立服务信息系统,88.64%县级和82.07%乡级服务机构达到标准化、规范化要求。大力推进利益导向创新发展。全面实施全力助推计划生育家庭"圆梦小康行动计划",确保计划生育家庭在同步小康进程中得实惠、不掉队;将"失独"家庭特别扶助金标准从每人每年2000元提高到4800元;大力推进计生协工作创新发展。扎实开展"一创三建一帮带"活动,全省会员与育龄群众结帮带对118万对,提供服务350万人次,投入帮扶资金6000多万元;全省58个县级建立"人口·生育关怀基金",总额达1.6亿元,实施人口福利公益项目50余个。

(七)坚持以民生为本、人才优先工作的主线,不断加大改革创新力度,着力办好民生实事,统筹兼顾、协调推进,推动人力资源与社会保障各项工作全面快速、健康协调发展

1. 高校毕业生就业政策实现突破,全省新增就业继续保持快速增长势头

新增就业势头强劲。2013年前3季度,全省城镇新增就业41.5万人,为全年工作目标50万人的83%,同比增长32.5个百分点,全省城镇登记失业率控制在4%以内。预计2013年底城镇新增就业将超过50万人(其中,产业园区新增就业22万人,同比增长7.6%),增长率在全国排名前列。

(1)高校毕业生就业政策有新举措。贵州省委、省政府两办联合出台《关于促进高等学校毕业生就业的意见》(黔党办发〔2013〕8号),通过大力开发基层社会管理和服务岗位、实施"两个80%"政策、就业见习计划等新举措,建立完善鼓励高校毕业生到乡镇或村就业和从乡镇或村选拔使用人才的长效机制,选聘1500名以上高校毕业生到村任职,选聘600名高校毕业生参加"三支一扶",从2013年起,每年组织3200名离校未就业高校毕业生参加就业见习,贵州省新的政策体系得到人力资源与社会保障部尹蔚民部长的高度重视和充分肯定,作出批示在全国范围内推广。截至2013年9月,全省高校毕业生签约率达到87.03%。

(2)各类重点群体就业稳步推进。一是把扶贫生态移民就业作为全省就业工作的重点来抓,出台系列政策文件,扎实推进扶贫生态移民就业和社会保障工作,实现扶贫生态移民就业3.4万人,占需就业移民劳动力人口4.78万人的71%。二是农民工就地就近转移就业,出台《省人民政府办公厅关于引导和鼓励贵州省外出务工人员返乡创业就业的意见》（黔府办发〔2013〕25号），将吸引外出务工人员回乡就业创业放在促进农业富余劳动力转移就业的中心位置，围绕产业园区建设，促进农业富余劳动力就地就近就业、返乡创业。预计2013年全省农业劳动力转移就业65万人，完成年目标任务50万人的130%。三是就业困难人员扶持力度不断加大。通过加强公益性岗位开发管理和灵活就业困难人员社保补贴管理，清理不符合政策的人员，帮助困难人员就业，公益性岗位安置8万人，实现就业困难人员就业和零就业家庭动态监管。预计2013年底促进失业人员再就业14万人，完成年计划10万人的140%，促进就业困难人员就业7.5万人，完成年计划5万人的150%。

（3）创业带动就业取得新进展。加大"3个15万元"政策支持力度，千方百计促进各类群体创业带动就业，大力开展引导和扶持百万农民工创业带动就业活动，全面推动创建省级创业型城市工作，加快创业孵化示范基地建设。预计2013年，全省新增发放小额担保贷款35亿元，新增扶持创业人数达5万人，带动就业15万余人。

（4）公共就业服务能力不断提高。一是加大基层就业服务平台建设力度，预计全年基层平台建设覆盖率达99.39%，创建充分就业社区覆盖率达50.2%。二是积极做好就业信息监测，全面推行城镇新增就业实名制信息化管理，在有条件的地区探索统筹城乡就业的实名制信息化管理。完善就业统计制度和城镇新增就业考核办法。三是积极推动家庭服务业发展，大力开展春风行动、就业援助月、民营企业招聘周、高校毕业生就业服务月、农民工就业专场招聘会等公共就业服务专项活动，积极组织举办全省技工院校青年职业技能大赛、黔菜创新大赛等各类技能大赛，为促进各类群体就业发挥了重要作用。

2. 社会保险政策体系更加完善，待遇水平不断提高

社会保险覆盖面逐步扩大。2013年9月底，全省城镇职工基本养老、城乡居民社会养老、城镇医疗、失业、工伤、生育保险参保人数分别达330.11万人、1433.99万人、661.16万人、181.33万人、253.82万人、234.56万人，全部超额完成年度目标任务。

（1）养老、医疗保险制度有新发展。一是覆盖城乡的养老保险制度不断完善。加大工业园区非公企业职工参加基本养老保险支持力度，促进实体经济发展。妥善解决历史遗留问题,解决贵州盘江集团公司近1万名农民轮换工补缴养老保险费的历史遗留问题。加大被征地农民社会保障权益保护力度,指导28个区县出台被征地农民社会保障实施方案,使出台方案区县达82个。二是医疗保险政策不断完善。出台《贵州省基本医疗保险省内异地就医即时结算管理办法》,组织开展医保"三目录"库建设,在省本级、贵阳、铜仁、黔南和黔东南开展了省内异地就医即时结算试点,探索解决老百姓异地就医报销难的问题。探索城乡医保统筹制度,出台城乡居民大病保险政策并顺利开展试点。基本实现了全省城镇居民医保门诊统筹制度,启动医疗保险医疗费用智能审核监控试点,解决医疗保险医疗费用审核难的问题。出台规范流动就业人员医保关系转移接续政策。

(2)失业、工伤、生育保险工作积极推进。一是失业保险促进就业作用不断增强。加强失业预警制度建设,推进全省失业保险动态监测,2013年1~9月,共监测企业岗位总数163.96万人次,总体就业形势趋于平稳。积极推动落实参保企业提升职工技能培训和转岗培训补贴政策,截至9月底,全省4万名企业职工从中受益,同比增长1.7万人。二是工伤保险工作力度不断加大。继续完善工伤保险省级统筹制度,大力推动公务员和参公管理事业单位纳入工伤保险。加强全省职业病工伤管理,预计全省全年完成劳动能力鉴定1.75万例,与上年同期相当。三是生育保险制度建设有效加强。出台新生儿参保有关政策,解决新生儿享受医保待遇问题。

(3)社会保险待遇水平进一步提高。一是连续9年调整企业退休人员基本养老金待遇,2013年人均月增加185元,惠及全省企业退休人员77万人,调整后全省人均月基本养老金达1792元,比2004年的608元增长了194.74%,年均增幅12.76%。二是大力提高城镇居民医保政府补助资金标准,从2013年起,城镇居民基本医疗保险政府补助资金从人均240元提高到280元。三是全省失业保险金标准调高140元,达到每人每月721元。四是截至9月底,各项社会保险基金征缴收入达到202.59亿元,累计支出231.4亿元,累计结余437.67亿元,享受社保待遇人数达到650.35万人,各项社会保险待遇均按时足额发放。

(4)基金监管和经办服务水平进一步加强。一是建立资金基金监督检查档案管理办法,加强社会保险基金及大宗资金监管,规范资金基金监督检查行政执法程序,在全国首批启动社会保险基金社会监督试点。安排部署专项检查活动,推进社保基金非现场监督,确保基金资金安全运行。二是加强企业欠费情况清理和待遇享受人员核查。2013年9月底,全省共清理回收养老保险欠费4.18亿元,追回医保基金246万元。三是积极推进企业退休人员社会化管理,全省57.6万企业退休人员社区管理率达73%。四是大力推进社会保险信息化建设,积极开展金保二期工程顶层设计,启动了全省统一的社保基金财务管理信息系统建设,完成医疗保险异地就医即时结算系统建设,继续推进全国统一标准的社会保障卡发行。12333电话咨询服务系统日均接听电话4000余人次。

3. 人才队伍建设力度加大,积极为全省经济社会发展提供有力的人才支撑

人才队伍建设成效明显。截至2013年9月底,共组织实施各类引智项目77项,引进外国专家141人次,开展各类人才出国(境)培训552人。组织职业技能培训16.29万人。全省新增高技能人才9500人。充实基层人才队伍,为全省乡镇事业单位招聘各类人才1.5万人,全省事业单位共招聘各类人才3.36万人。

(1)人才政策体系不断完善。围绕贵州省人才强省战略和"5个100工程"建设,出台了《贵州省人力资源市场条例》《贵州省高层次人才引进绿色通道实施办法》《贵州省"百千万人才引进计划"实施办法》等加强人才培养引进的一系列政策文件,全省人才政策不断创新完善,为全面加强贵州省人才队伍建设提供了强有力的政策支持。

(2)积极为"5个100工程"招揽人才。研究制定《贵州省"5个100工程"人才支撑工程实施办法》,在全省举办了"5个100工程"急需紧缺人才专场招聘活动,吸引6.5万余人参会,达成初步意向1.87万人。2013年11月上旬举办"贵州省2013年海外高层次人才专题招聘洽谈活动",并出台系列优惠政策,帮助"5个100工程"引进更多海外高层次人才。

(3)专业技术人才队伍建设有新亮点。一是出台《贵州省专业技术人才队伍建设中长期规划(2013~2020年)》,大力开展"国家特支计划"百千万人才工程建设。二是博士后工作站申报工作取得历史性突破,全年成功申报

12家,全省博士后科研工作(流动)站总数达到35个。成功申报贵州大学获批国家级继续教育基地。三是深化职称评审制度改革,基本完成现行26个职称评价标准修订工作,在遵义市、黔西南州开展深化中小学教师职称改革试点工作,向人力资源与社会保障部申报25名中小学教师正高级职务任职资格。加大简政放权力度,向符合条件的市(州)、三甲医院和省直高校下放相关专业职称评审权限,首次开展民营经济组织专业技术人员的职称评审工作。四是大力开展万名专家下基层服务活动,继续抓好专业技术人才特别是基层专业技术人员的继续教育工作,每年从全省乡镇选拔1000名左右中青年专业技术人员到省内外进修培训。

(4)高技能人才队伍建设有新突破。一是出台《贵州省高技能人才队伍建设中长期规划(2013~2020年)》,积极围绕"5个100工程"和重点产业园区开展职业培训,2013年9月底,共完成职业培训16.29万人,其中农村劳动力培训10万人,评选技师和高级技师904人,全年预计新增高技能人才1.25万人。二是全力推进技工院校"9+3"工作,制订全省技校"一校一策"和"百校大战"方案,加强对技工院校的指导,确保每年招生不少于3.2万人。三是加强基础能力建设,贵州省3所技工院校获批国家级高技能人才培训基地,3家单位获批成立国家级技能大师工作室,2所技校确定为国家中等职业教育基础能力建设项目单位。

(5)引进国外智力工作有新成效。一是组织外国专家为"5个100工程"服务,实施外国专家项目和引智成果示范推广项目37项,引进外国专家113人,引进的"LED蓝宝石衬底材料"项目企业成为全球领先企业,引进的蓝莓项目形成的产业链预计年总产值达200亿元以上。二是全省已建成国家级引智基地和引智单位5个,省级引智成果示范推广基地8个。三是实施"5个100人才专题培训工程",组织出国培训14项,派出215人。

(6)基层管理人才队伍建设有新变化。一是深化公务招考制度六项改革,推行"两个80%"政策,将新招录的80%的公务员放到乡镇一线工作,每年从乡镇一线遴选80%的公务员到县级以上机关工作,让基层蓄满"人才活水",2013年招考公务员5873人,84%的新录用公务员充实到乡镇一线人才队伍中。二是加大乡镇事业单位人员招聘力度,在全省首次实施了乡镇事业单位补员专项招聘计划,共为乡镇事业单位招聘各类人才1.5万人。共为省直事业单位招聘人才4841人。

4. 公务员队伍建设进一步加强,事业单位人事制度改革取得突破性进展

公务员制度和队伍建设不断加强。一是严把公务员入口关。组织实施2013年省、市、县、乡四级机关面向社会统一招考公务员和选调生工作,积极组织考官培训,加强社会监督和舆论宣传,确保考录工作公开透明。2013年,全省计划招考6873人,23万人报名,19万人参加笔试,1.6万人参加面试,参加考试人数再创历史新高,未发生一起违纪事件。积极探索公务员遴选和竞争上岗制度,配合完成省直机关单位公开遴选181人工作,起草《贵州省公务员竞争上岗工作规定(暂行)》。二是加强公务员培训。通过初任培训、专题培训、东西部对口培训、千人赴港培训计划等项目,构建纵横交错的公务员培训网络,特别是针对贵州省重点工程及产业发展需要,开展7个公务员"5个100工程"赴港专题培训项目,进一步为贵州经济社会发展打造合格管理人才队伍。2013年上半年,全省共组织公务员省内外培训2816人。同时,遵义行政学院获批成为西部第一家、全国第六家国家公务员特色教育培训基地。三是认真做好公务员管理各项工作。在遵义市开展公务员聘任制试点,成立贵州省省级公务员主管部门公务员申诉公正委员会,积极探索贵州省公务员平时考核工作指导性意见,清理取消14个表彰项目,认真做好公务员登记备案、职务设置审批、考核奖惩、参公管理等日常工作。

事业单位人事制度改革取得突破性进展。一是事业单位公开招聘制度有较大突破。通过推进事业单位"引进的高专紧缺人才通过'绿色通道'简化考试程序招聘聘用、放宽专业限制、取消学校学历限制及户籍条件限制、取消顺延递补"四项改革,加大基层事业单位人员招聘力度,在事业单位招考中采用报名预警系统,积极引导考生合理报考,有效解决事业单位人手不足的问题,全省公开招聘3.36万人。二是事业单位专业技术岗位结构比例调整有较大突破。大幅度提高事业单位高级和中级专业技术岗位比例。加大基层岗位设置倾斜力度,在县、乡两级事业单位分别设置正高级和副高级岗位。对县级正高级、乡镇副高级专业技术岗位,突破岗位结构比例限制,"即评即聘"。同时,根据贵州省对人才培养、引进、使用的特殊需要,设置了特设岗位,不占

单位结构比例。这些制度有效解决了事业单位人员的发展瓶颈，为基层事业单位所需人才下得去、留得住、能发展提供政策支持，深受社会各方面好评。三是事业单位聘用制和岗位管理制度改革有较大突破。事业单位岗位管理和聘用制度实施步入正轨，平稳推进第二轮岗位聘用及聘用合同签订工作。对省属科研院校党政负责人及基层事业单位放宽"双肩挑"限制。对事业单位实行"空岗补缺"和"竞聘上岗"制度，全省事业单位补岗晋级人员达7.23万人，有效推进事业单位工作人员职务晋升的良性发展。

机关事业单位工资福利制度改革进一步深化。一是积极推进省直机关规范公务员津贴补贴第三步工作。针对省直机关与贵阳市机关公务员待遇差距较大的问题，省人社厅提出了切实可行的待遇同城化解决方案，目前省政府已向国务院报送省直机关调整津贴补贴水平的请示，预计年底将兑现到位。二是事业单位绩效工资水平不断提高。省直事业单位年人均绩效工资水平4.75万元，比2012年增加3670元，同比提高8.4%；退休人员年人均补贴水平2.3万元，比2012年增加345元，提高了1.5%。三是加大工资向基层一线倾斜力度。创新基层工作津贴制度，大幅提高基层机关事业单位人员津贴，落实基层退休金奖励制度。进一步规范和指导全省机关事业单位带薪年休假工作，要求单位主要领导带头休假，鼓励和带动职工按规定享受带薪年休假。

军转安置和维稳解困工作切实开展。一是军转安置工作如期展开。2013年国务院军转办下达贵州省的预分计划总数为321名。其中，计划分配229名，自主择业92名，随调家属7名，目前，基本完成安置任务。二是自主择业工作进展顺利。按期核发退役金，组织开展自主择业军转干部网络化培训，积极帮助和引导自主择业军转干部就业创业。三是解困维稳工作扎实有效。连续9年增加企业军转干部解困补贴，广泛开展矛盾纠纷排查化解，妥善做好突发性事件的应急处置，全面落实"五包"责任制，确保了该群体的总体稳定。

5. 以规范劳动关系和维护职工合法权益为重点，劳动关系建设更加和谐

劳动关系建设不断加强。一是继续贯彻落实《劳动合同法》及其《实施条例》，引导企业与职工签订劳动合同，办理劳动用工备案。草拟《关于贯彻落实〈劳务派遣行政许可实施办法〉的意见》和《贵州省工资集体协商条例（初稿）》，2013年劳动合同签订率预计为93%，与2012年基本持平。二是调高最低工资标准。在2011年调整最低工资标准的基础上，于2013年1月1日再次调高标准，一、二、三类地区最低工资标准分别提高到每月1030元、950元、850元，平均调增13%。制定《贵州省用人单位发放高温天气津贴的规定》。保障了劳动者在高温天气作业中的额外劳动消耗和费用支出得到补偿。

仲裁机构实体化建设取得重大突破。一是全省仲裁机构实现了全覆盖。全省组建各级劳动人事争议仲裁委员会98个，实现了全省仲裁机构全覆盖。基本建成覆盖全省的基层调解组织和企业调解组织网络，建立乡镇、街道调解组织1551个，占应建数1560个的99.42%。已建立企业调解组织1719个，其中，行业调解组织154个，机关事业单位调解组织919个。二是案件办理更加高效。截至2013年9月底，劳动人事争议调解仲裁立案1.15万件，涉及劳动者1.38万人，涉案金额3.66万元，同比增长21.51%，当期结案1.06万件，当期结案率为91.99%。

劳动保障维权行动深入开展。一是加大执法力度维护劳动者合法权益。2013年，全省共办结劳动保障监察案件1.46万件，比上年同期增长26%；督促用人单位与4万名劳动者补签劳动合同，督促用人单位补缴社会保险费涉及单位1269户，涉及劳动者1万人，补缴金额3983万元；追发劳动者工资待遇17.4亿元，涉及劳动者24万人，与上年同期相比人数增长21%，劳动保障监察案件主要集中在工资支付、参加社会保险和缴纳社会保险费等方面。目前全省劳动关系基本稳定，没有发生重大的劳动维权群体性事件。二是积极开展专项检查活动。开展了春节期间农民工工资支付专项检查活动，共检查用人单位1.2万户，涉及农民工73.5万人，为农民工追讨工资15亿元。开展了清理整顿人力资源市场秩序专项行动，查处41件违规案件，责令退赔劳动者中介服务费等12.26万元。开展了遵守劳动用工和社会保险法律法规情况专项检查行动，检查用人单位11246户，涉及劳动者人数53.05万人，责令支付工资及补偿赔偿3505.92万元。督促缴纳社会保险费1871.42万元。三是建立健全劳动保障监察工作机制及管理制度。积极推进"两网化"建设，2013年底出台贵州省务工人员工资支付保障金办法。建立跨省劳动保障监察合作机制，与广西签订了"十二五"劳动保障监察合作协议，与湖南、重庆、云南等周边省份建立跨省劳动保障合作关系。

（八）以全民健身为目的，提供竞技体育水平，发展体育产业，走体育与旅游相互结合、相互促进的路子，为建设山地户外运动大省夯实基础

（1）全民健身工作扎实开展。继续做好全民健身路径工程建设，新建乡镇农体工程90个、村级农体工程529个、健身路径工程330个和新建老年人体育健身活动中心8个，开展多种多样的全民健身活动，不断掀起全民健身新高潮。承办了"全国少数民族传统体育项目射弩邀请赛""全国少数民族传统体育项目独竹漂邀请赛"和"全国少数民族传统体育项目赛马邀请赛""中华龙舟大赛"（铜仁碧江站）等全国性群众体育活动。

（2）竞技体育工作重点突出。在第十二届全国运动会上。贵州省取得了1金4银6铜和18个4~8名的成绩。大力实施高原人才开发计划，与省教育厅积极配合，充分发挥资源优势，建立了联合举办青少年体育赛事制度。举办了拳击、田径、射击、游泳、篮球等20个项目的青少年锦标赛，参赛人数共计1000多人。

（3）体育产业稳步发展。截至2013年10月21日，全省销售体育彩票14.2693亿元，较上年同期上升49.4%，筹集公益金3.78亿元，代扣代缴个人所得税2300万元，超额完成了全年销售目标。继续打造山地户外精品项目，进一步实施山地户外重大赛事、重要活动、重点项目品牌发展战略，培育体育产业市场，指导和支持各地成功举办了2013年安顺坝陵河大桥国际跳伞挑战赛、中国格凸国际攀岩节、环中国公路自行车赛（遵义段）、中国第一骑游小镇（松烟）自行车挑战赛、第二十届全国定向锦标赛、瓮安全国山地户外运动锦标赛、贵阳开阳南江峡谷自然水域激流越野赛、雷公山山地自行车邀请挑战赛、中国贵州金沙全国山地竞速挑战赛、赤水山地自行车爬坡赛等十几项国际国内重大山地户外赛事，吸引了大批国内外投资者，促进了体育与旅游、宣传、文化、农业的全面发展。

二　2013年贵州省社会发展存在的问题分析

尽管2013年贵州省社会发展取得了显著的成绩，但由于基础的原因，经济分析等因素的影响，贵州省社会发展仍存在一些问题和不足。

（1）科技创新投入相对不足，创新型企业数量不多、规模还不够大，创新动力不足；高端创新平台、高层次创新人才团队和领军人物缺乏，科技管理有待完善。

（2）义务教育的"控辍保学"工作虽有所好转，但各地重视程度不一，工作开展不平衡，个别地方举措不实、力度不够；中职建设资金缺口较大，各级财政实际投入不大，工程项目建设整体推进较慢；义务教育优质资源不足和城镇教育资源短缺，发展不均衡情况仍较突出；受传统观念、办学条件、师资水平、教学质量、专业建设等因素影响，中职招生、招师缺乏吸引力，职业教育与地方产业结合能力不强；中小学、职业教育布局结构调整步伐需进一步加快；高等教育服务全省经济社会发展的能力亟须增强。

（3）民政事业发展总体还不平衡，体制机制建设还不够完善，特别是民政公共服务体系建设还不能满足经济社会快速发展的要求，部分地区民政建设用地和资金匮乏制约着民政公共服务体系的发展；基层民政能力建设还滞后于民政事业发展的需要。

（4）全省就业形势仍然十分严峻，劳动力供大于求的矛盾仍将在一定时期内存在，特别是高校毕业生就业压力大。劳动者的技能素质偏低与经济发展不相适应的结构性矛盾依然存在，职业技能培训工作将是下一步全省就业工作的重点。就业专项资金严重不足，今年贵州省就业专项资金缺口达5亿元。2014年预计缺口达到15亿元。同时，各地小贷担保基金开始出现缺口，国家银根紧缩，各类群体创业融资渠道窄，缺乏后劲。基层公共服务平台建设滞后，全省范围内还未形成统一、规范、灵活的人力资源市场。难以满足公共就业服务的需要。

（5）覆盖城乡的社会保障领域仍然面临诸多难题，社会保障覆盖范围较窄，非公企业职工、农民工等群体社会保险覆盖面偏小，扩面征缴仍然是当前的主题；社会保险统筹层次不高，跨省区社会保险难以转移接续。省内异地就医即时结算尚未全面展开，群众对异地就医结算期望很高，医保智能监控体系建设相对滞后，这仍然是当前医疗保险制度改革要解决的突出问题。统筹城乡的居民医保制度实施难度大。失业保险促进就业的作用没有完全发挥；各项社会保障制度之间缺乏统一规划和整合，不同群体、区域之间社会保障待遇水平差距较大，社会反映突出；基层基础建设较为薄弱，国家"一拖四"项目建设只能覆盖全省25%的乡镇，省内资金短缺建设进度缓慢，要确保2015年实现全省乡镇人力资源社会保障基层服务平台建设项目全覆盖需要更多资金投入；全省统一的社会保险管理信息系统没有建立，各地信息系统建设步伐不一，制约了贵州省社保"一卡通"的实现。

（6）人才队伍建设力度还需加大，人才资源总量较小，整体素质偏低，全省人才工作面临着要从传统的"以评为主"模式向人才开发提升的转型，但人才资源开发投入不足、人才公共服务体系建设滞后、市场配置人才的基础性作用不强、人才使用效率不高的矛盾依然突出，高层次创新型科技人才、重点领域高层次人才、高技能人才匮乏，人才创新创业能力不强。由于贵州省具备博士后科研流动（工作）站申报条件的单位少，申报工作后继乏力；对外国专家管理体系不健全，管理服务工作在省内各地开展很不平衡；海外高层次人才引进渠道还较为单一，引进工作还需要进一步加强。虽然2013年的高端和重点引智项目为历年来最多，但总体上规模较小，层次较低。引智工作体系不健全，市（州）尚未全部设立相应的引智机构，引智经费配套少，影响了引智工作的进一步拓展。

（7）劳动关系领域难点问题需要破解，企业对一般职工缺乏工资正常增长机制，行业间、企业内部收入分配差距过大；部分企业用工不规范，新增人员不办理就业登记，不签订劳动合同，不缴纳社会保险问题仍然突出；农民工维权意识不断增强，受限于劳动监察、仲裁队伍力量薄弱，劳动纠纷调解仲裁和劳动保障监察的任务十分艰巨。

三 2014年贵州省社会发展形势预测

2014年是全面深化改革的第一年，是实现"十二五"规划目标和完成省政府构建"六大体系"任务的关键一年。由于国家更加重视全面深化改革释放红利，更加重视推进结构调整转变发展方式，更加重视西部大开发促进区域协调发展，贵州省正处于从低收入向中等收入迈进的关键阶段，处于发展加速期、结构调整期、改革攻坚期,面临宏观政策取向利好、市场预期利好、自身发展条件利好的有利形势。特别是随着交通等基础设施和教育、文化等公共事业设施的不断完善,重大平台加快构建,外部要素加速集聚,产业基础不断巩固,改革红利、资源红利、生态红利、劳动力红利、政策红利集中释放,支撑发展的条件越来越充分,促进发展的动力越来越强劲。为贵州省迎来了后发赶超、推动跨越的重要战略机遇期,进入了工业化、城镇化加速推进的新阶段,开启了科学发展、同步小康的新征程。2014年贵州省社会发展形势将继续向好。

(1) 加快科技创新与成果转化平台搭建,着力推动科技创新与经济社会发展紧密结合;以企业科技创新平台和重大科技项目为载体,着力强化企业自主创新主体地位;坚持以市场为导向,着力推动重点领域科技创新和成果转化;充分发挥科技奖励导向作用,着力营造科技创新创业良好环境;竭力释放创新活力,着力深化科技体制创新改革。

(2) 大力组织实施好教育"9+3"计划。继续加大力度"控辍保学",进一步明确政府、学校、家长和社会的责任,落实责任控辍,实行质量控辍,强化过程控辍,不断巩固和扩大控辍成效。加大农村寄宿制学校建设,农村小学生寄宿率达到25%以上,农村初中生寄宿率达到65%以上。深入推进义务教育均衡发展。继续实施好中职"百校大战",实现100所项目学校建设基本完工。继续全部免除贵州省户籍省内中等职业学校在校学生学费,60%以上的中等职业学校一、二年级学生享受国家助学金。优化中等职业学校专业结构,形成结构优化、布局合理、覆盖面广、特色鲜明的专业体系。深入推广"产业园区+标准厂房+职业教育"校企合作新模式,积极推进产教校企深度合作。

(3) 坚持文化事业和文化产业协调发展,扎实推进文化强省建设,增强贵州文化软实力。加快完善公共文化服务体系,推进重点文化惠民工程,加快公共文化服务均等化进程。加快省、地、县各级公共文化基础设施建设;继续对部分县级公共图书馆、文化馆给予设备购置补助,实施乡镇、社区文化中心(活动室)公共电子阅览室建设项目和"数字图书进农家"工程,抓好"文化信息资源共享工程"资源建设;推动公共图书馆省市联动和同城化建设;继续扩大和提升向社会免费开放的公共文化服务设施的服务人群和服务质量。加快构建现代文化产业体系,推动文化产业加速发展,推动文化与旅游、文化与科技、文化与经济的深度融合，加快文化旅游、动漫游戏、节庆会展、网络文化等新兴文化产业发展。推动文化遗产保护传承与合理利用，积极推进海龙屯申报世界文化遗产。改善文化市场服务监管环境，减少行政审批年检年审等，为企业健康发展营造宽松的政策环境和平等的竞争机会，进一步解放和发展社会生产力。建立公共文化财政投入稳定增长机制，确保贵州每年对文化建设投入的增长幅度高于同级财政经常性收入增长幅度，切实提高文化支出占财政支出的比例。加大文化精品打造的资金投入，设立"贵州省文艺精品创作专项资金"，推动贵州省文艺精品创作。制定贵州省村级文化活动室具体补助政策并安排相应的资金，促进全省村级文化活动室建设更好地推进。

（4）新农合制度进一步完善，政府补助标准进一步提高，提高新型农村合作医疗政策范围内统筹基金最高支付限额；医疗卫生服务网络进一步健全，继续实施中心乡镇卫生院达标建设工程；疾病预防控制工作继续加强，加强慢性病、精神疾病和地方病防控；医疗卫生人才队伍建设得到强化，进一步规范全科医生转岗培训工作，继续开展农村订单定向医学学生免费培养工作，建立健全贵州省住院医师规范化培训制度；医疗服务质量管理水平进一步提高，开展好"大力推广优质护理服务""三好一满意"和"抗菌药物临床应用专项整治"活动，深入推行"临床路径"试点工作，进一步推进以电子病历为核心的医院信息化建设工作；公立医院改革深入推进，继续抓好县级公立医院综合改革试点工作，扩大改革试点范围；促进基本公共卫生服务均等化，确保40%左右的基本公共卫生服务经费落实到村医；加强卫生应急管理，提高突发公共卫生事件的应急处置能力；巩固完善国家基本药物制度，进一步规范政府办基层医疗机构和村卫生室按照三个"百分之百"的要求，规范实施基本药物制度；加强职业病防控、食品安全监管和卫生监督执法工作，建立全省食品污染物、食源性疾病数据库。加强职业病防控，切实提升贵州省职业病防治能力和技术水平。

（5）深入推进社会救助体系建设，着力健全低保对象认定、标准合理调整、资金筹集、监督检查、组织领导五项管理机制，进一步加强和改进最低生活保障工作，构建起标准科学、对象准确、待遇公正、进出有序的最低生活保障工作格局。认真开展城乡低保提标工作，确保低保标准增幅达10%以上；

继续抓好医疗救助和临时救助工作,缓解困难群众看病就医和临时性、突发性基本生活困难。

大力推进综合减灾救灾体系建设,加强救灾物资储备体系建设。分步实施全省救灾物资储备规划,扎实推进省级救灾物资储备库主体工程建设;加快推进适度普惠型社会福利事业建设,全面建成以居家为基础、社区为依托、机构为支撑,功能完善、规模适度、覆盖城乡的养老服务体系的目标,推动养老服务体系建设;推动建立困难残障人生活补贴制度和重度残障人护理补贴制度。

健全完善拥军优抚安置制度体系,完善退役士兵自主就业创业优惠政策,落实退役士兵各项政策待遇。认真落实各项优抚政策,落实优抚对象抚恤补助标准自然增长机制。全面推行新型优抚医疗保障制度,适当提高优抚对象医疗补助标准。

大力加强基层自治、社区建设和社会组织建设工作。持续开展和谐社区建设、农村社区建设全覆盖、村(居)务公开民主管理分级示范创建活动;多渠道争取资金,资助各地兴建社区服务中心(站),支持各地建设城乡示范社区,推动社区服务平台建设,丰富服务内容,构建完善的服务体系,全面提升贵州省社区服务设施的覆盖率。

(6) 贯彻落实人口"双降"决策部署,全力争取人口出生率和人口自然增长率年度"双降"目标的实现;坚持把免费孕前优生健康检查作为重大民生工程和提高出生人口素质的重要手段,为计划怀孕夫妇提供免费孕前优生健康检查;全面加大综合治理出生人口性别比偏高工作力度,全力推动出生人口性别比治理取得新成效;着力提升流动人口计生服务管理水平,扎实推进流动人口计生基本公共服务均等化;全面推进人口计生"双诚信双承诺",进一步加强和创新人口计生基层社会管理;大力改善计生民生,确保利益导向政策惠及计生家庭,加大计生服务体系建设力度,加强乡镇计生服务站、村级计生服务室建设。

(7) 大力促进就业创业工作。全面落实各项就业政策,促进创业带动就业,实施"五个一创业工程",鼓励支持高校毕业生自主创业,引导和扶持百万农民工创业带动就业,深入推进创业带动就业;推动重点群体就业。规模化吸引农民工返乡就业,统筹推进农业富余劳动力就地就近转移就业,进一步抓

好扶贫生态移民就业工作。健全完善覆盖城乡的公共就业和人才服务体系。

加强社会保障体系建设。继续以城镇居民、个体劳动者、灵活就业人员和农民工为重点扩面,调整提高社会保险待遇水平,确保待遇按时足额支付。深化养老保险制度改革。整合新农保和城居保制度,建立城乡居民参保缴费的激励机制。提高医保服务水平,全面开展省内异地就医即时结算和医疗费用智能审核监控工作,提升医疗费用审核监控水平。继续推进城乡居民大病保险工作,推进医保付费方式改革,减轻参保人员负担。做好失业、工伤保险工作。

切实抓好人才队伍建设。围绕全省工业化城镇化主战略以及"5个100工程"的实施,推动人才工作由以评为主向以开发为主转型。加大基层管理人才队伍建设,继续深入推进公务员招考"两个80%"政策,为乡镇一线补充更多优秀管理人才。积极招才引智,加快人才基地建设,积极开展各类人才培训。

积极构建和谐劳动关系。加强新修订《劳动合同法》的宣传贯彻力度,大力推进劳务派遣同工同酬。全面建立覆盖省、市、县三级的劳动关系协调三方机制。重点抓好保障农民工工资支付制度建设,继续推行劳动监察"两网化"建设。

(8) 树立"跳出体育看体育、立足全局抓体育、围绕中心干体育"的工作理念,坚持"把握重点抓落实、紧盯任务求突破、立足省情抓特色"的工作思路,大力推进贵州省体育各项事业科学发展。

推动《全民健身条例》和《全民健身计划》的深入实施,努力推进各级政府履行公共体育服务职责,把"三纳入"工作落到实处,推进全省全民健身服务体系的构建。继续抓好"农民体育健身工程""全民健身路径工程"和"县级老年体育活动中心"建设工作,注重加大在少数民族地区、边远贫困地区公共体育设施建设。充分调动和发挥体育社会组织作用,鼓励和支持体育协会组织开展小型化、普遍化、身边化的体育健身竞赛和展示活动,继续抓好城市社区、农村乡镇体育健身活动站(体育活动中心)的建设和全省社会体育指导员培训工作,推动全民健身活动开展。

加快推进国家(贵州)生态型多梯度运动训练基地建设,形成"生态型高原—亚高原—平原多梯度训练体系",打造具有国际领先水平的多梯度训练研究中心和培训基地，服务国家田径、跆拳道、拳击、游泳、举重、体操、射击等运动项目，向更多的体能类、体能与技巧结合类运动项目训练提供先进的服务条件，提升我国竞技体育训练水平，更好地满足国家竞技体育科研和训练的需求。加大体教结合工作力度，加强竞技体育后备人才培养。继续贯彻"选好苗子、着眼未来、打好基础、系统训练、积极提高"的方针，加强与教育部门的合作，加强各级各类体育运动学校、体育中学、少年儿童体育学校、体育传统项目学校的建设、指导和管理，恢复青少年业余训练网络体系，建立和完善体育后备人才培训体系。

大力实施高原人才开发计划。发挥贵州省地处西部高原、亚高原地区的地域优势，推动贵州省各级各类体校、学校的中长跑、竞走项目的训练工作，逐渐形成一套完善的人才选拔和培养体系，促进田径项目发展。

继续打造在国内具有一定影响力的山地户外运动精品赛事活动，扩大贵州省建设全国著名山地户外基地和国民旅游休闲度假胜地的影响力，大力推进山地户外运动大省建设。

热 点 篇

Hot Issues Report

B.2 2013年贵州省流动人口研究*

杜双燕**

摘 要： 本文通过对贵州省2013年度流动人口的总体状况的把握，对比历年流动人口状况进行分析，从规模与结构、流量与流向、空间分布、生存状况等方面对其进行整体的梳理和分析，发现流动人口呈现出规模扩大、家庭化流动、空间地域变化、"生存型"向"发展型"转变、功利性市民化等趋势。在其发展中面临着城市综合承载能力与流动人口需求不相符合、相关政策制度不完善、融入障碍较多、"回流"的强愿望与现实的弱条件之间的矛盾、向上的社会流动困难等困境。结合全省发展战略提出在城镇化规划引入"流动人口"视角、鼓励回归和推进市民化并重、积极培育社会组织、拓宽社会纵向流动的通道、

---

* 基金项目：2013年贵州省软科学研究项目，课题编号：黔科合体R字［2013］LSK 2009号。
** 杜双燕，贵州省社会科学院社会研究所副研究员。

优化流动人口空间布局、发挥流动人口精英的模范作用等对策建议。

关键词：

贵州省　流动人口　现状　对策建议

2011年，贵州省明确重点实施工业强省和城镇化带动"两大主战略"，统筹推进工业化、城镇化、农业现代化"三化"同步。贵州作为一个"欠发达、欠开发"的省份，一直都是人口流出大省，流出人口量居全国第六位，而流动人口群体是实现城镇化的最具潜力的部分，在"城镇化带动"战略背景之下，贵州的流动人口会发生什么样的变化？贵州又如何抓住机遇，充分发挥其"比较优势"，推进城镇化健康发展，解决流动人口问题是关键。结合当前"新型城镇化"的内涵——人的城镇化来探讨流动人口的融城问题意义重大。

一　贵州省流动人口的基本状况

贵州省是全国唯一没有平原支撑的内陆省份，"欠发达、欠开发"一直是其固有的标签，山地和丘陵占据了全省17.6万平方公里的93%，生态环境十分脆弱。加上岩溶地区石漠化严重，已严重制约了经济社会的发展。作为一个经济社会发展还相对落后的农业省份，农村剩余劳动力量大且无法完全被本地消化，因此一直以来贵州省的流动人口以流出为主，其中70%流向省外，在流向省外的人群中，约70%的人口流向广东省和浙江省。

（一）流动人口规模及结构

将全省作为一个开放系统，在时点上准确反映人口的流动情况。2003年贵州省流动人口总计355万人，其中本省籍流动人口330万，省外流入25万人，跨省流出260万人。除受金融危机影响2009年末流动人口数下降至593.6万外，贵州省流动人口持续增长，2003~2013年，每年净增50万人左右。截至2013年11月30日，全省共有流动人口884.7万。其中，按户籍划分，贵州省籍流动人口805.7万;省外流入人口79万。按流向划分,本省籍人口562.6万人流向省外;省域内跨县流动的省籍人口186.5万;县内跨乡镇流动56.6万人。全年流动人口在870万上下浮动,历月变动情况如图1所示。

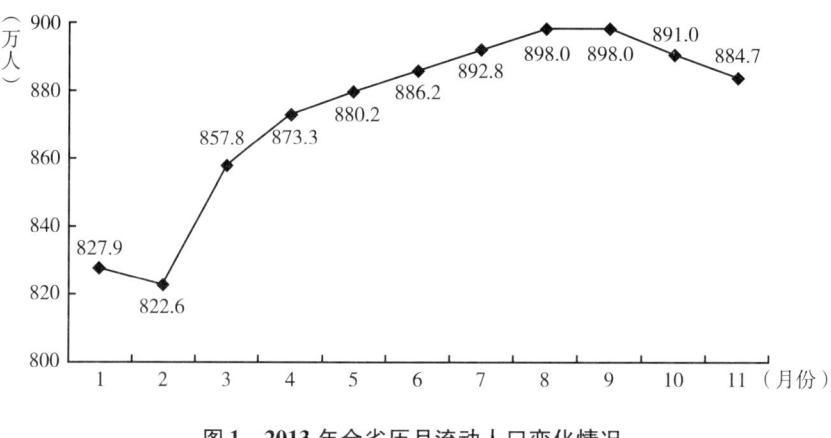

图1 2013年全省历月流动人口变化情况

贵州省流动人口的结构显示:2003~2013年,在省籍流动人口中,男性比例介于55%~57%之间,女性比例在43%~45%之间;省外流入人口中,男性比例介于56%~59%之间,女性比例在41%~44%之间;二者之间不存在明显差异,符合"男性占据主导地位"的流动法则。贵州省的流动人口受教育程度普遍较低,6岁及以上流动人口受教育程度以初中为主,占56.28%,而未上学的占2.08%。较高层次的研究生学历的仅占被调查总数的0.05%,而且存在女性受教育程度略低于男性的现象。

(二)流动人口的流量和流向规律

根据2003~2013年十年间贵州省流动人口的数据分析,全省流动人口的流量和流向呈现出下列的规律和特点:一是贵州省流动人口以本省户籍的流动人口为主,本省户籍流动人口占据贵州省流动人口总数的90%以上,外省籍的流动人口仅占6~8个百分点;截至2013年11月30日,全省省籍流动人口为805.7万,占流动人口总数的91.07%。二是本省户籍的流动人口持续性增长,从2003年的330万人增长到2013年11月末的805.7万人,年均增长

47.57万人。三是本省户籍流动人口以跨省流出为主，占70%以上，主要流向珠三角和长三角地区；省内流动占比20%以上，省外流入占7个百分点左右。截至2013年11月30日，本省跨省流出人口562.6万，占省籍流动人口的69.8%。其中流向珠三角区域的有286万人，占跨省流出的51%，主要流向广东省的有172万人，占跨省流出的31%；其次为福建省有58万人，占跨省流出的10%；云南省有28万人，占跨省流出的5%；广西有6万人，其余各省（市）不足5万人。另一大流向是长三角的苏、浙、沪，共有257万人，占跨省流出的46%。其中流向浙江省的有221万人，占跨省流出的39%，其次为江苏省有21万人，上海市有15万人。浙江省、广东省是贵州省的两个流向大省，流向这两个省的人数占贵州省跨省流出的70%。另外，福建、云南、江苏和上海也属于贵州省流出人口较为集中的地区。随着区域优势的凸显和劳动力报酬的差异，自2012年3月起，浙江省超过广东省成为贵州省流出人口的第一流入大省。本省户籍流动人口在省域内流动基数不大的情况下增长了一倍多，从2003年末的330万人增长到2013年11月末的805.7万人；省外流入人口在基数较小的情况下，从2003年末的25万人增长到2013年11月末的79万人，年均增长5.4万人。

（三）流动人口的空间分布

从流出地来看，遵义市和毕节市一直是贵州省流出人口比例较大的市，基本上这一格局保持不变。2013年遵义市和毕节市流出人口数占全省流出人口总数的51%。其余各市（州）流出人口数均不超过63万人且比较均衡（最少的六盘水市为45.5万人）。贵州省的流动人口集中分布在贵阳市和遵义市，2013年11月末在省域内跨县流动的省籍人口主要分布在贵阳市89万人（占48%），其次是遵义市40万人（占23%），六盘水市16万人（占8%），其余地方不足10万人。

（四）流动人口的生存状况

2013年全省流动人口的生存状况与往年大同小异。一是在本地的就业率由2012年的77.8%上升到82.9%；在未工作原因中"料理家务、带孩子"占比最大，占比54%。二是在职业结构上，依次为"经商"（30.5%）、"商业服务人员"（11.5%）、"建筑"（8.7%）、"餐饮"（8.3%）、"商贩"等。所属行业仍以"批发零售业"居多，达27.1%，次之为"建筑业"（11%）、"社会服务业"（9.9%）等。三是就业省份以"雇员"和"自营劳动者"为主，两项加起来占到了85%以上。"雇主"身份的不到10%。四是工作时间超长现象依然显著。样本反映"每周工作7天"的高达54.0%，"每周工作6天"的占25.8%，两项之和达79.8%。每天工作的小时数以6~12小时居多。每天工作10小时的占27.1%，工作12小时的占11.8%。五是收入差距加大。本次调查反映的"月收入"差别很大，少的500元，多的达到了38000元，平均3130元。六是住房条件依然较差。调查对象现住房大多数为"租住私房"，占75.5%。自购商品房的占6.1%，"自建房"的占4.8%。得到"政府提供的免租房""政府提供的廉租房""已购政策性保障房"的少之又少。七是流动人口享有的各种社会保障支撑严重不足。除在老家参加新农村合作医疗保险的比例达80%外，其他诸如商业医保、养老保险、工伤保险等都非常低，同时流动人口在就医选择和报销上都存在较大制约。共有298例样本回答了"最后一次看病如何报销"的问题。有3/4的人回答"没有报销"，到"新农合"报销的占15%，"在医院看病时当场减免"的有5%。

二 贵州省流动人口的发展趋势

当前全国劳动年龄人口中，1980年以后出生的新生代流动人口占到42.8%，逐步成为主体；人口流向出现新变化，泛长三角、泛珠三角、环渤海及西北地区流动人口相对集聚，人口分布呈多元聚集态势，内陆城市群和中心城市成为新的人口聚集区；[1]举家迁移和在流入地长期居留趋势明显。一半以上的流动人口在流入地居住3年以上，流动人口携配偶、子女、父母一同流动的已占66%，接近六成的流动人口子女随父母一同流动。随着贵州省城镇化带动战略的实施，贵州省的流动人口形势也逐渐发生变化。

（一）流动人口加速化发展，规模相对扩大

近年来，贵州省流动人口持续增长，增幅明显。省籍流动人口中，2006

年增长了16.16%，2007年增幅为21.09%，2008年相对萎缩，由于受金融危机以及贵州省凝冻灾害的影响，其结果在2009年的增幅中直接体现为负增长8.34个百分点；随着金融危机影响的消退和贵州省城镇化带动战略的实施，2010年全省省籍流动人口一跃增长了25%。总体上，不管流向省外人口还是省内流动人口都存在相似的走势，2008~2009年是一个拐点，省外流入人口的发展变化趋势也是类似的。2013年末，流动人口总数达884.7万，比2012年增加了30.4万人，跨省流入的人口共计79万，增加了16万人。

（二）以"家庭"为单位的流动将成为明显趋势

2011年贵州省的流动人口中有98.2%为家庭户，2012年67%的被调查流动人口的孩子随父母居住。仅以省会贵阳为例，高达65.32%的流动人口表示自己有家人在贵阳；43.07%的流动人口有1个家人在贵阳，28.46%的流动人口有2个家人在贵阳，12.63%的流动人口有3个家人在贵阳，7.31%的流动人口有4个家人在贵阳，8.52%的流动人口有至少5个家人在贵阳。流动人口在贵阳的家庭规模平均为3.23人。46%的流动人口在贵阳有孩子，每个流动人口家庭平均有2.23个孩子。[2] 2013年占比11.7%的"随迁"流入原因显示：当前贵州省的流动人口的"家庭化"特征越来越明显。

（三）流动人口的地域集中性和空间指向性有所变化

随着省会贵阳以外的其他地区的迅速发展，黔中城市群的拉动、产业支撑等因素，将会在很大程度上改变人口大规模外流的局面。贵州省流动人口在省内区域之间的流动性有所增强。2013年3月与2012年同期比较，全省9个地州市中，总体上流动人口总量增长了，其中增幅最大的是六盘水市，增长了30.78%；其次是毕节市，增长了15.45%。值得注意的是，铜仁市、黔东南州和黔南州的流动人口数量减少了，铜仁市减幅为18.86%，黔东南州减幅为10.49%，黔南州减幅为6.32%。在流动人口的空间指向性上，原本占绝大多数的省外流动形势未改变，2013年3月与2012年同期比较，全省9个地州市中，总体上流出人口增加了28万，其中流向省外的增加了0.8万人，省内流动增加了28.2万人。在"北上广"等一线城市高房价、高生活压力的驱使下，流动人口逐渐将发展地点转向二线、三线城市，其中首选家乡所在的省会城市或地级市，"回流"现象逐渐增强。2013年3月末流向省外的人口与2012年同期比较，增幅明显减小，贵阳市、铜仁市、黔东南州、黔南州都出现负增长的情况。这不仅源于流入地的推力，更重要的是贵州省实施城镇化带动战略后，相应的产业支撑和基础设施建设等，成为吸引贵州省籍人口回到家乡创业和发展的巨大拉力。同时，省外流入人口的逐年增多也说明贵州省的整个外界感知形象和实际发展环境有极大改善。2013年3月与2012年同期比较，全省9个地州市中，省外流入人口数增加了16万，增幅为30.19%。其中增幅最大的是铜仁市，达84.62%；其次为黔东南州，增幅为42.31%。

（四）流动人口从"生存型"向"发展型"逐步转变

当前流动人口表现出来的"家庭化"流动模式，在一定程度上体现出流动人口正在从"生存型"向"发展型"过渡。曾经经济因素是区域流动人口增长最强有力的推动因素，人们外出务工经商的主要目的也是为了获得更多的经济回报。随着流动人口在流入地生活和发展时间的增长，个人在社会资源、经济状况、居住条件等方面的改善，产生了"家庭化"的强烈拉动。研究也表明，流动人口"家庭化"的主要动因并非经济因素，而是非经济因素，如为了夫妻和睦、子女教育和发展、孝敬父母、家庭幸福等。笔者曾做过"农村居民流动迁移意愿"的调查：贵州省农村居民愿意迁移的首选原因是为了让子女受到更好的教育，占27.9%；第二位是城市有更多的就业空间和机会，可以找到更好的工作，占21.1%；第三位是城市的基础设施、娱乐设施等齐备，具有较高的生活质量，产生极大的吸引力，占18.1%；第四位是为了自己有更大的发展，实现理想，占17.7%；"为了让父母过上像城市人的好生活，让他们享点福"，占8.7%，居第五位。城镇对农村居民的拉力主要体现在高水平的教育资源、更多的就业空间和机会以及相对比较完善的基础设施设备，特别是教育、卫生、文化、科研等促进人的素质提升和全面发展的优质资源。另外，大中城市可以为人的发展提供更多的平台和机会而带来的潜在附加价值也是吸引人们主动城镇化的要素，一起形成了城镇对流动人口的拉力。

（五）流动人口"市民化"意愿体现出更多的利益取向和功利性

尽管当前户籍制度改革正逐步实施，但附着在二元结构户籍制度上的身份待遇差别仍在博弈，甚至表现出更多的"逆二元结构"形式。流动人口的"市民化"意愿并不那么强烈。原因在于诸多人认为，如今的城市户口并不能享受什么优惠，反而剥夺了其孩子在农村能享受到的各种福利，包括轰轰烈烈的旧村改造、城市化进程，给农村带来的巨大利益，如村集体经济分红、征地补偿、回迁安置房等收益，它在农村涉及的经济利益十分巨大。贵州省大力实施城镇化带动战略后，征地拆迁、工业园区建设力度加大，流动人口是否也会对家乡自己土地、房产的潜在价值进行待价而沽？是否愿意牺牲自己的相关利益"进城"，还有待论证。因为在笔者调查农民城镇化意愿时，有77.7%的人表示愿意的前提条件是让其继续保留家庭的承包地。也就是说，很多农村居民既想拥有让自己赖以生存的土地资源，又想在流动过程中能够享受到与流入地居民同等的公共服务待遇，比如就业、住房、医保、养老及子女的就学、高考等保障问题，以切实解决他们的后顾之忧，让他们能真正融入到这个城市。同时还能享有农村居民的相关"特权"，如集体经济分红、征地补偿、生育二孩等，体现出更多的利益取向和功利性。

三 贵州流动人口面临的主要问题和挑战

流动人口对于贵州城镇化健康发展产生极大的区域效应。首先，流动人口规模的持续扩大仍是推动未来贵州省城镇人口增长的重要来源。新生代流动人口的主体化、流动人口"家庭化"、毕业生就业安置等都有利于推进城镇化进程。其次，流动人口能够起到"优化劳动力的空间配置，促进产业结构升级"的作用，加速推进区域城镇化的发展进程。再次，人口流动能够增强区域的经济活力，成为新的经济增长点，有利于加强社会建设，为同步建成小康社会做出应有的贡献。但是也会产生流出人口诱发资源浪费和社会冲击、创业和就业群体的流失导致"智力外流"，进一步加剧了区域差异格局等弊端。要使贵州省在2020年与全国同步达到全面建成小康社会的目标，贵州省流动人口还面临着诸多挑战。

（一）城市综合承载能力与流动人口需求不相符合

贵州尚未形成合理完善的城镇体系。表现在大城市少、中等城市不足；小城镇数量多，规模小。特大城市首位度过高。第一，特大城市贵阳由于缺乏大城市的承接作用，在大规模集聚产业的同时，并没有相应地集聚人口，导致人口与产业集聚不相协调。第二，贵阳市的城市首位度过高，造成城市中心区功能过度强大，抑制了次级市镇发展，对周边中小城市的辐射带动作用还不明显；城市首位度过高在影响其他城市发展的同时也带来了一些"城市病"。"六普"数据显示，云岩区人口密度达到10233人/平方公里，这一数据已经逼近上海、广州、深圳等一线城市的人口密度。优质公共服务资源过分集中在中心城区，居住区与工作区严重分离，社会管理水平有限，加剧了中心城区交通拥堵、环境污染严重、土地价格和住房价格上涨，增加了城区企业的生产费用，产生了大量的外在成本，反而带来聚集的不经济。第三，中小城市和小城镇吸纳、吸引人口的能力尚显不足。贵州省的建制镇数量过多，规模偏小，几乎都是行政中心，功能过于单一，经济发展水平几乎与农村无异，市场作用很弱，与城市缺少市场联系。建制镇中90%以上的居民是农村人口，普遍采取兼业化方式，既耕种承包地，又在镇上经营小买卖，其生活方式自给性很强，文化和习惯更多倾向于农村，它并不是农民心目中的"城市"形象，因而不具有太大吸引力。第四，以建制镇和中心镇为主体的小城镇不可能提供太多的就业岗位，无法承载大量的农村剩余劳动力，只是农村剩余劳动力转移的过渡城镇形态，无法发挥城市与农村的桥梁作用，其本身没有太大的发展空间，造成了贵州省的城镇化发展出现大中城镇脱节、发展极不平衡的状态。

（二）引导人口有序流动、合理分布的政策制度不完善，制约城镇化发展

当前，贵州省人口流动基本反映了市场对劳动力配置的需求，但人口分布状况与资源环境承载力还不是很匹配，还有200万人口需要在9年时间内搬迁，数量超过三峡移民搬迁的160万人，如此浩大的工程，根本的解决途径还是工业化和城镇化。贵州省作为人口输出大省，流向省外的人口占70%以上，

省内流动20%以上,但真正实现迁移的却很少。由于相关的经济社会发展政策还没有形成合力,大规模转移人口还属于钟摆式流动状态,人口城镇化还不稳定。例如,以户籍制度为基础的人口管理体制、社会福利制度以及相应的社会保障制度和财税、土地制度等,使得城乡、区域、人群之间公共服务和福利水平的差异,不利于流动人口共享改革发展的成果,也就会阻碍人口聚集和城镇化的健康发展。应当从立法、规划、社会管理和公共服务等方面进行体制机制创新,健全区域、产业发展政策,推进基本公共服务均等化,创新人口服务管理体制,引导人口有序流动、合理分布,使得人口流动与生产力布局相协调,实现"人口—产业—城镇"三者相融合,加强"人、产、城"的互动,促进城镇化的健康发展。

(三)流动人口融入现住地的愿望强烈,但融入城镇障碍较多

2011年贵州省流动人口在现住地居住时间均值为54.8个月,流动居住时间1年以上的占80.9%。47.3%的人喜欢现在居住的城市,46.5%的人关注城市的变化,44%的人愿意融入本地,38%的人觉得本地人愿意接受外地人。2012年监测显示打算在本地长期居住的流动人口占被调查对象的56.4%,也就是说,流动人口融入现住地的愿望是十分强烈的,但是实际融入过程中存在障碍较多。

以贵阳市为例:城市"绿卡"——居住证的申领、积分入户的推行,贵阳市已迈出了流动人口融合的大步子,融合政策相对丰富,但调查显示,贵阳市流动人口的融合度还是不理想,融合政策中虚的比较多,实质性的相对较少;偏重服务型融合,而参与型融合不够;政策融合相对偏高,但是个体融合水平较低;政策框架体系模糊,尤其是发展性融合政策不够,融合政策的深度推广面临体制和机制的约束日益明显。同时公共服务资源的有限性和流动人口的需求产生很大的供需矛盾。以教育为例,大量的所谓"学区房"的产生就是公共优质教育资源短缺的表现,贵阳观山湖区的商品房购房者,很大比例是省内各地州的人群,其主要目的也是为了子女能在省会城市受到更为良好的教育。贵州省大多数的城镇公共服务和管理能力还不能满足快速城镇化的要求,服务管理理念有待进一步加强,公共服务投入不足,服务网络不健全,城镇的规划水平、信息管理和社会管理水平均需要加强。

（四）城镇化发展规划缺乏人口理念和人口信息支撑

贵州省的城镇化发展一直以来都存在规划不到位，缺乏全盘考虑的综合性理念，没有将人口有序流动、人口合理分布和人的城镇化纳入规划中，往往只注重物质化、实体化的投资，"土地城镇化""房产城镇化"远远快于人口城镇化，也没有对城镇化格局和未来发展的科学评估。严重缺乏对人的发展的考虑，没有将城镇化与人口数量、结构、分布、素质等进行综合考量，没有将城镇规划与人口发展规划、产业规划、就业规划等进行有效的衔接。不注重城镇化水平和质量的评估，常常出现大城市人口规模不断突破规划目标、中小城市人口规模达不到目标的现象。具体到流动人口，由于相关的人口信息是多部门采集、分散管理，甚至是统计指标、方法的差别导致数据的差距较大，且人口信息共享机制滞后，对流动人口的真实状况掌握不够，不能达到"实时更新、覆盖全部实有人口"的要求，也就满足不了城镇化进程中社会管理和公共服务的需求。

（五）流动人口"回流"的强愿望与现实的弱条件之间的矛盾

2009年，迫于大城市的高房价、高生活成本，"逃离北上广"的风潮开始进入人们的视野，也引发了一股流动人口的"回流"之风，在"逃离"人群中有很多人选择回到二线、三线城市，大多选择回到自己家乡所在省的省会城市或大城市。2013年全国高校毕业生达699万人，创历史新高，被称为"史上最难就业年"，所以一项网络调查显示有五成的人选择二线、三线城市就业或发展，也有15%的人选择回到家乡工作，人口"回流"的趋势越来越明显。

集聚"北上广"的原因不外乎是这些一线城市的资源优势、机遇优势，这在很大程度上是由于城镇化发展的区域不平衡造成的。可是2011年，逃离的人群又"逃回北上广"，原因很简单，大地方"拼钱"，小地方"拼爹"。"逃离"群体中不乏精英、人才，但是仍然适应不了"逃回地"的体制缺陷，二线、三线城市、小城市的体制问题比大城市更严重。至少"北上广"资源聚集，有相对自由、公平、公正、诚信的大环境。而且二线、三线城市的发展同样也出现生活成本加大、交通拥堵、环境污染等"北上广"存在的问题，除了和"北上广"差不多的省会城市外，真正能够适合青年人发展的中小城市并不多。

（六）"阶层固化"下流动人口的向上社会流动困难

中国社会是否存在"阶层固化"一直处于争论之中，但是不可否认的是，当前社会结构提供给弱势底层人们向上流动的通道非常狭窄。[3]人口流动不仅包括其在空间上的位移即空间流动，更包括社会流动，即跨越社会阶层壁垒的流动。当前中国的社会结构正在艰难地从金字塔形向菱形的转变过程中。大学生就业难、"官二代"、"富二代"的不当行为都是"阶层固化"的表现。[4]在城镇化发展进程中，尽管流动人口的空间流动是自由的，但是社会流动却很难实现。以农民工为主体的流动人口参与城镇化的动力机制还是受经济利益驱使，非常单一。获得向上社会流动的路径有：努力工作转为正式工人或成为居住地当地居民；边打工边上学获得学位或技能，从事管理工作；打工积累一定的资本自办企业；全力供养子女上学，实现代际向上流动。但是通过这些途径实现向上流动的农民工非常少。另外，即使流动人口之中的精英掌握了技能还需有公平的社会流动机会才能实现，恰恰目前整个社会很缺乏的就是公平、公正、诚信，不仅是流动人口群体，只要是缺乏"拼爹"硬件的群体都很难实现向上的社会流动。

四 促进流动人口实现"人的城镇化"的对策建议

城镇化带动战略背景下，贵州省将进入快速城镇化阶段，面临诸多问题和挑战。在"赶""转""改"的严峻形势下，既要提升全省人口城镇化水平，更要加强城镇化质量建设，实现"人的城镇化"。因此在城镇规划、建设和管理各个阶段都必须树立"流动人口"思维，解决好流动人口的融城问题、市民化问题、社会流动问题、回流问题等，达到"人口—产业—城镇"相融合，人、产、城互动，才能整体提升城镇化的质量，实现全面建成小康社会的目标。

（一）在城镇化规划中引入"流动人口"视角

中国未来的城镇化是着力提高质量的城镇化，是以"人的城镇化"为核心的城镇化，更是贯穿生态文明理念和原则的城镇化，关注流动人口的生存和发展是人口生态的重要组成部分。贵州省流动人口占常住人口的四分之一，省会贵阳更是高达五分之一。作为一个开放系统，贵州省城镇化规划中，必须引入流动人口视角，充分重视这个庞大群体的城镇化需求。不仅要考虑在省内流动的省籍人口和省外流入人口，同时还要关注目前占比70%以上的流向省外的人口。建立以人口发展规划为主导、人口评价为基础的规划衔接机制。注重发挥人口发展规划在统筹城乡人口发展政策、整合公共资源、调控城镇人口规模、优化人口布局中的基础作用。在城镇化进程中，把流动人口发展作为资源、环境、经济发展的变量，建立人口、经济、资源、环境协调机制。树立"大流动人口"观念，解决好省内流动人口的融城问题，前瞻性地思考大批流向省外人口"回归"后的影响。摒弃素来就有的"城市人思维"，从"农村"出发，更多、更全面地为广大农村地区、主要的人口流出地利益着想。在促进劳动力向城市自由流动的同时，也要考虑为人口流出地农村和农业现代化发展提供充足的人力保障，挖掘劳动力的供给潜力。

（二）引导人口流动，鼓励回归和推进市民化并重

近年来，贵州省的人口流动率非常高，每年有大量人口流向上海市、江苏省、浙江省、福建省、广东省等其他外省地区，占据了全省流出总人口的70%左右，说明贵州省农村剩余劳动力的首选仍是去沿海发达地区务工和经商。如此庞大的流出人口中真正能在流入地当地实现定居及迁移的却很少，大多数流出省外的人员最后即使选择城市定居，都倾向于回到本省省会城市或者地级市。政府必须及时采取相应的对策，进行制度创新，消除人口流迁中的不合理因素，使人口合理、有序地流动。一方面，有效控制大量人口向沿海集中流动，合理引导人口向城市郊区和周边中小城市流迁。通过计生系统正在试点的双向人口信息系统，对跨区域人口的流量和流向开展预测工作，运用宏观手段进行疏导，加强人口流动的组织化管理。另一方面，优先让具有较高文化程

度和具有专业技能和非农产业从业经验的农民进城,逐步完善相应的市民待遇。也就是要把鼓励回归和推进市民化并重,一方面,鼓励进城打工的能人、富人回归到本地创业;另一方面,积极慎重地推进农民工市民化,让一部分人率先成为城市居民。

(三)以服务为中心,积极促进流动人口的社会融合

在流动人口的服务管理具体工作层面,各地因地制宜形成了不同的工作机制,如"以房管人"型、"多证合一"型、"以证服务"型、"网格化管理"型和"区域联动"型,每一种各有优势。具体到地方,贵阳市的"居住证"和"积分入户"很有代表性,但仍存在政策偏高、偏虚,流动人口参与性较差等问题。今后应该在政策融合、先进机制典型示范以及提高参与式融合度方面下功夫。首先,不断总结经验,继续执行具有实际操作性和可行性的融合政策,淡化那些过高过虚的政策,多为流动人口做实事。其次,遵循"一视同仁、科学调控、完善服务、促进融合"原则,以户籍改革为切入点,以社区融合为落脚点,以提高素质、完善服务为重点,以实现流动人口市民化服务为发展方向。

流动人口社会融合的落脚点是社区融合,社区是促进流动人口融合的最重要主体。在社区建立"流动人口综合服务站、流动人口公寓、流动人口幼儿园、流动人口接待站、公共法律服务室、青少年读书小屋、绿色网吧、爱心超市、便民送水屋、开心快餐、卫生服务站、四点半学校、廉政文化长廊和市民休闲广场"等服务项目,搭建起全方位、多层面的服务平台,让流动人口与本地居民一道享受同城化、均等化和无差别服务,为吸引和留住外来人员和流动人口"宜居、宜业"提供基础性保障。提高流动人口主动参与社区活动的积极性,有利于提升流动人口的认同度和归宿感,也能促进公共设施和公共服务的完善。全省可以加强流动人口服务站建设,将流动人口服务管理社区化,从而促进其市民化。

(四)积极培育能充分体现流动人口诉求的社会组织

贵州省目前社会组织的发展情况并不乐观,至2010年底,全省已登记的

社会组织仅有6561个，并且所发挥的作用并不明显。如与人口关联度较高的"贵州省人口福利基金会"，其功能也主要是助推计生困难家庭率先小康，对流动人口的福利关注还未涉及。在新的社会转型加速时期，大力发展工业化、城镇化必会带来新的矛盾和问题，需要为流动人口建立有效的表达机制，及时反映其期待和诉求。农民工维权难、维权途径单一、无外力支援等很普遍。调研显示，当他们的合法权益受到侵害时大多选择隐忍，不知道有何组织可以求助；流动人口的社会融合度差，部分原因也是缺乏相关组织的引导。因此，未来要积极培育自律性强、健康运行的社会组织是流动人口表达诉求的最佳方式。通过建立沟通机制，促进流动人口在现居地的社会融入。新型城镇化的重要任务是要把相当一部分农村人口转变为真正意义上的城镇市民，带来整个社会机构的变化，即社会基层组织的市民化，实现社会组织的升级。贵州省85%以上的流动人口是因务工经商而流动的，可以成立行业协会和商会，将属性相同和相似的流动人口以一定形式聚集起来，形成组织。将表达诉求、维护权益、社会参与等作为组织职责。例如，贵州省在流出人口较为集中的深圳、温州等城市建立的人口计生协会。还有众多的商会组织在运行中也承接了类似的功能，起到良好的促进作用。如果科技类、公益慈善类、城乡社区服务类等各类社会组织都比较完善，结合流动人口的诉求发挥作用，则会极大地促进贵州省流动人口的融城。

（五）反腐倡廉，为流动人口营造公平、公正的发展环境

贵州作为人口流出大省，除了自身社会经济发展水平滞后外，开放度不够，生活成本高，体制缺陷，缺乏公平、公正的社会环境等都是吸纳流动人口的障碍。中共贵州省委第十一届三次全体会议强调，人才是贵州转型发展的第一资源。要大力实施人才强省、科教兴省战略，紧扣建设中国人才创业首选地的目标，就必须解决这一现实矛盾。首先，探索各种制度的公开和透明化。就如农村基层自治中的村务公开一样，只要是群众想要知道、了解的都必须公开，遏制"暗箱操作"，增加其透明度。其次，加大反腐倡廉力度，对滥用职权、渎职等严厉执法，绝不姑息。再次，建立健全各种人才教育培养机制、选拔任用机制，公开透明的政府审批机制、服务机制，让权力没有操作空间，

"拼爹"没有"拼"的条件。最后,加强规则意识教育和社会诚信建设,保证人尽其才、物尽其用。加大法制建设和反腐倡廉力度,充分发挥社会监督的作用,为流动人口发展提供公平、公正的竞争机会和发展环境,保证整个社会成员之间的机会平等。

(六)拓宽社会纵向流动的通道,促进流动人口向上的社会流动

当前"社会阶层固化"的趋势明显但还未完全固化,城镇化进程中应采取措施防止"阶层固化",拓宽社会流动的通道,促进流动人口的社会流动。社会流动有代际流动和代内流动。流动人口中以外出务工人员为主,要想拓宽他们社会纵向流动的通道,实现向上的社会流动,最根本的就是确保流动通道的顺畅。从代内流动而言,流动人口最基本的前提就是完善社会保障制度,充分融入城镇,实现市民化,加快推进流动人口基本公共服务均等化是前提条件。需要在户籍管理、流动就业、教育、医疗、社会保障、住房等方面加强政策制度的衔接和协调,提高基层政府公共服务能力,形成多部门协同推进流动人口基本公共服务均等化的合力。针对贵州省"后发赶超、同步小康"的特殊性,甚至可以实行一些跨越性的政策改革,使流动人口可以跨越政策属性、产业属性、区域属性等实现"市民化"发展。为流动人口提升学历、技能、积累社会资本等提供帮助、扶持和顺畅的通道,增强各阶层的"活性",促进社会流动。从代际流动上讲,最重要的是保障教育公平,因为教育是让下层走向上层最主要的通道。解决这一问题必须打破社会上层保卫、垄断、固守资源的优势,也就是制衡权利、驾驭资本,为流动人口发展营造一个公平、公正的社会环境,保证社会公平。对流动人口还可以实施"可能性的再分配",对这一弱势群体进行技能培训,加大职业教育、职业培训投入,保证教育机会、就业机会、发展机会等机会均等,让每个阶层的流动人口的权利得到保障。只要有了机会均等、公平正义的选择机制前提,这种阶层的自然分化也就不会有冲突和矛盾,不同阶层的人都会各得其所,"能满足""有希望",幸福地生活和发展。

(七)城镇化中树立城市空间整体观意识,优化流动人口空间布局

从自然空间上,优化可以通过宏观上的城镇化规划设计来实现。贵州省未

来城镇化发展中应该给予流动人口更多的关注，在城镇规划、建设和管理过程中都要根据流动人口在空间上的分布特点，进行城镇格局的优化，加强中小城市的基础设施和公共服务建设，积极提高中小城市对流动人口的吸引能力，降低流动人口在省会城市的集中度，平衡各地州之间的区域发展。流动人口的社会空间优化，则需要以流动人口的身份认同为前提，树立新型的市民化认同理念、一视同仁，政府及相关职能部门要承认流动人口对城市的巨大贡献并加大宣传，逐步消除流动人口与本地市民之间的体制鸿沟。[5]树立城市空间整体观，处理好政府高层要求的城市有序性和基于流动人口生存现实的局部无序性之间的关系，在城镇化建设中规划出特色化地块，既保证流动人口的基本生存又能挖掘其从事的非正规行业的文化价值和经济价值，达到"双赢"的目的。对于城市各级管理部门则应变"重管理、轻服务"为"空间互动、服务主导"，针对流动人口的各种空间优化进行大胆的尝试和创新，如建立农民工公寓、加大流动人口志愿者服务、提高流动人口自组织程度等，增强流动人口群体的凝聚力，建立流动人口自己的机构组织，如流动人口协会和流动人口互动平台、流动人口博客和聊天室等平台，促进交流，丰富流动人口的休闲娱乐和精神生活。

（八）发挥流动人口精英的模范作用，增强自信，挖掘其带动潜力

我们研究流动人口的视角一直以来都主要是从"问题"视角出发，也一直将流动人口视为"弱势群体"或者社会底层，然而事实上在流动人口中却有很多精英级的人物，他们不管是创业、经商还是在其他方面都具有很强的代表性，除了没有一个本地户籍之外也许他们比当地很多人都活得更好。在新时期，应该跳出流动人口的"问题"视角，从正面回应，不再纠结于"你觉得自己是哪里人"的问题，关键是充分发挥流动人口中精英的示范作用，带动流动人口增加收入，提升其经济地位和社会地位，经济改善了，流动人口的自信就提升了，社会距离感以及社会心理差距就能得到缩减，自然而然他们的下一代就会感觉自己是城市人，找到自我归宿感。如每个商会中不乏有很多流动人口精英，可以结合社会组织的作用发挥，促发其社会责任感，增强其对流动人口的带动作用，挖掘其带动潜力，实现流动人口的"共同富裕"，提升他们

的经济地位和社会地位。

流动人口问题纷繁复杂，在以"人的城镇化"为核心的新型城镇化指引下，贵州省更应注重流动人口诉求，以产业发展促进城镇化，完善公共就业服务体系，促进跨区域劳务协作，拉长产业链，增强城市竞争力，优化城镇化格局和体系，引导流动人口的合理分布。综合考量人口流出地和流入地的双向利益，在"两加一推"的基调上敢于争先，勇于突破，加强流动人口服务和管理，大力推动信息化建设，促进"信息化的城镇化"发展。使城镇化动力机制多样化，增强流动人口阶层活性，逐步消除流动人口自由流动的各种障碍，增强流动人口自信，提升流动人口形象，最终"消灭"流动人口这一称谓，全面实现"人的城镇化"，达到人口、资源、环境协调发展，全面建成小康社会。

参考文献

国家人口和计划生育委员会流动人口服务管理司编《中国流动人口发展报告（2012）》，中国人口出版社，2012。

李春霞、陈霏、黄匡时：《融入筑城：中国西部流动人口社会融合研究》，九州出版社，2012。

陆学艺主编《当代中国社会流动》，社会科学文献出版社，2004。

《防止"阶层固化" 促进社会流动》，新华网，http://roll.sohu.com/20111201/n328226259.shtml，2011-12-01。

姚华松：《流动人口的空间透视：以广州为例》，中央编译出版社，2012。

B.3
贵州农村留守儿童问题研究

贵州省妇女联合会课题组*

摘　要： 本报告系统研究了贵州省农村留守儿童的现状与特征、问题与困境、对策与建议。从群体特征看，当前农村留守儿童规模大、比重高、分布广，性别、民族构成失调，父母双方外出比例大、时间长，"留守"兄弟姐妹多，"隔代监护"成为主要类型；从现实困境看，农村留守儿童仍面临着政府"难作为"、学校"三困境"、家庭"三缺失"、社会"参与弱"、企业"未尽责"等方面的问题。基于此，提出了坚持"民生为本"理念、完善"硬件软件"环境、增强"代际发展"能力、发挥"桥梁纽带"作用、增强"社会责任"意识的五大发展对策与思路，以供党委、政府及相关职能部门决策参考。

关键词： 贵州省　农村留守儿童　困境　对策

曾几何时，中国"留守儿童"问题，牵动了亿万农民的心，并成为落在党和政府肩上的一份沉甸甸的责任。新年伊始，中央农村工作会议明确提出"要重视农村'三留守'问题，搞好农村民生保障和改善工作，健全农村留守儿童、留守妇女、留守老年人关爱服务体系，坚持不懈推进扶贫开发，实行精

---

* 课题组负责人：罗宁、吴爱平、任亚军、王兴骥。课题组成员：周芳苓、高刚、周勇、刘疆、侯清华、吴铭洁、林苑、杨红英、王义飞、杜双燕、王珏。执笔：刘玉连，贵州民族大学民族学与社会学学院副教授、硕士生导师；任亚军，贵州省妇联权益部部长；王珏，中国农业大学经济管理学院。

准扶贫"。这表明,中央已把"留守儿童"问题提升到了一个制度性、战略性的高度,并将其定位为加强农村社会管理的重要内容。显然,在这一背景下,切实关注好、研究好、解决好"留守儿童"问题,不仅是党和政府面临的一项紧迫任务,也是学界、社会界应尽的一种"道义"和"责任"。

一 选题背景及调查简况

改革开放30多年来,中国农民工历经坎坷,凭借巨大的付出与勇气,努力改变着自身和家庭的命运。时至今日,我国农民工已实现了从"盲流"到"有组织输出"、从"离土不离乡"到"离土又离乡"、从"第一代"到"新生代"、从"暂住"到"常住"、从"个体"到"举家迁移"的巨大转变。不可否认,这一系列转变,既给农民工家庭带来了极大的动力与活力,又给农民工家庭带来了不少的问题与困境。毫无疑问,农村"三留守"问题(即留守儿童、留守妇女、留守老人),便是中国农民工流动的困境之一,也是中国经济转轨、社会转型的代价之一。

事实上,无论是来自学界的人文关怀,还是媒介的新闻报道,种种迹象都预示着"三农"问题的新动向、新困境。而以"留守儿童"为代表的"三留守"问题,无疑是新形势下"三农"问题的一种新表征。能否关注好、落实好、解决好"三留守"问题,事关"四化同步"的进程,事关"新型城镇化"的前景,事关"三农"问题的解决。

基于此,根据中央农村工作会议及有关精神,结合贵州省委、省政府关于农村留守儿童问题工作的要求,本课题组于近期在全省较大范围内开展了有关农村"留守儿童"的专题调研、座谈访问和大型问卷调查,获得了大量丰富的第一手资料和数据。在此次问卷调查中,以贵州不同区域、不同学校、不同年级、不同班级的农村留守儿童(6~16岁)作为问卷调查对象。在具体实施问卷调查的过程中,正式发放调查问卷1200份,回收有效问卷1068份,有效回收率为89.0%,符合大型社会抽样调查的要求与标准。在有效问卷中,安顺市占22.7%,黔南州占18.3%,黔东南州占20.7%,铜仁市占19.9%,毕节市占18.4%。若无特殊说明,本研究中的数据资料均来源于此次问卷调查。

本专题调研报告，正是在这一调研的基础上形成的一项集体成果，它不仅凝聚着课题组及基层管理部门的心血与智慧，更承载着全省数百万名留守儿童的厚望与期待！

在本研究中，"留守儿童"是指具有贵州农村户籍，年龄为0～16周岁，由于父母双方或一方外出务工而被长期留在农村地区的未成年子女，主要包括小学生和初中生。需要强调的是，尽管我们调查的样本对象和范围涉及贵州省大多数市、州，但本研究的分析与结论，仍主要反映和体现的是调查样本的状况，虽具有较好的代表性，但不具有整体推论的价值。

二 贵州农村留守儿童的基本概况与特征

作为最具典型意义的"欠开发、欠发达"地区和西部劳务输出大省之一，贵州农村富余劳动力多、就近就业渠道少，因此外出务工已成为贵州省农村脱贫致富的一个重要途径。① 然而，大量农村劳动力的外出，也衍生出了日趋庞大的农村"三留守"人群（亦称为"农村'386199'部队"）。② 毫无疑问，贵州农村留守儿童便是这个庞大人群的重要组成部分，其规模之大、比重之高、分布之广，需要我们予以深入的调查和研究。

（一）留守儿童总体规模尚无"定数"，但中小学部分已超过1/3

从总体上看，据省教育厅提供的数据显示，2013年贵州省在校中小学生为658万人，其中农村留守儿童约为240万人，所占比例超过在校中小学生总数的1/3，高达36.47%。

然而，需要指出的是，这一统计数据并没有全面覆盖贵州农村留守儿童，而只是基于对"6～16岁"农村学龄留守儿童的统计，目前尚未将"0～6岁"学龄前留守儿童计算在内。显然，仅在此基础上来把握贵州农村留守儿童的数量是远远不够的，也是不科学、不全面的。那么，贵州省农村留守儿童究竟有

---

① 有关统计资料显示，2013年全省农民工超过700万人，其中跨省区外出务工超过500万人；外出务工收入已占到农村家庭人均纯收入的一半。
② 在这里，"38"指"留守妇女"，"61"指"留守儿童"，"99"指"留守老人"。

多少？总体规模如何？目前尚无准确数据可查，这不仅是一种遗憾，更是一种不安！

从调研情况看，由于各市、州针对农村留守儿童的统计口径不一，加上相关统计工作准备不足，因此，各地留守儿童的统计结果也不尽相同，表现为绝对规模大小不同，相对比例高低各异。具体来看，黔南州在校留守儿童128800名，占在校生总数的28.30%；黔东南州在校留守儿童148891名，占在校生总数的27.26%；铜仁市在校留守儿童166739名，占在校生总数的28.80%；安顺市在校留守儿童60601名，占在校生总数的17.77%；黔西南州在校留守儿童67593名，占在校生总数的13.33%；六盘水市在校留守儿童31860名，占在校生总数的7.25%；贵阳市在校留守儿童15652名，占在校生总数的3.50%。需要说明的是，受时间、人力等因素的影响，此次课题组未能如期完成对遵义市、毕节市的摸底调研，也未能获取有关留守儿童的统计资料，这不能不说是一种缺憾！

（二）留守儿童中"男少女多"，平均年龄12岁，少数民族比例偏高

问卷调查显示，2013年贵州农村留守儿童中，男性占45.1%，女性占54.9%，性别比为82，远离正常值103～107范围；平均年龄为12.03岁（均值），标准差2.534，其中最大16岁，最小5岁；汉族占46.0%，少数民族占54.0%，远远高于同期全省少数民族人口的比例。

（三）留守儿童父母以"夫妻式"外出务工为主，其比例超过五成

调研表明，当前在贵州留守儿童家庭中，其父母双方均外出务工的比例较高，而单亲（父亲或母亲）外出的比例相对低一些。问卷调查结果也印证了这一事实，在2013年被调查留守儿童中，表示"父母亲都在外打工"的高达52.4%，显居首位；表示"只有父亲在外打工"的占27.0%，处于第二位；排在第三位的是"只有母亲在外打工"，占11.1%。此外，还有接近一成（9.4%）为"其他"外出形式。

(四)留守儿童平均兄弟姐妹数为4.14个,超过80%的"留守"老家

2013年问卷统计显示,在被调查1000户农村留守儿童家庭中,其平均拥有兄弟姐妹数为3.14个(均值),标准差1.317,最大值为7个,最小值为1个。在这些兄弟姐妹中,因父母进城打工后而同样被留在老家的兄弟姐妹为2.57个(均值),标准差1.411,其中最小值为1个,最大值为6个。进一步以此调查数据进行计算,那么当前贵州省农村留守儿童家庭中的平均兄弟姐妹数为4.14个,平均留守老家的兄弟姐妹数为3.57个,所占比例高达86.3%。

(五)留守儿童父母平均外出时间为3.75年,"回家周期"长达1年多

问卷调查结果表明,当前贵州农村留守儿童父母外出打工的时间较长,而回家次数较少、周期较长。具体来看,2013年在被调查留守儿童中,其父母平均外出打工的时间为3.75年(均值),标准差3.433,其中最大值为"15年以上",最小值为"1年以内"。进一步统计显示,留守儿童父母外出打工后,平均回家一次需要1.32年(均值),标准差1.11779,其中最小值为"3个月",最大值为"5年"。

(六)留守儿童监护人相对集中,"隔代监护"超过六成

调研发现,父母外出打工后,农村留守儿童的监护重任大部分由隔代的老人来承担。据安顺市普定县播改中心小学的负责人介绍,在校留守儿童的监护人主要是爷爷奶奶或外公外婆,其比例约占七成。而我们问卷统计也显示,2013年在被调查的1068名农村留守儿童中,表示主要监护人为"爷爷奶奶"和"外公外婆"的比例分别为49.1%和15.3%,两项合计高达64.4%;"哥哥姐姐"为监护人的占11.0%;"自己照看自己"的占8.7%;还有15.8%的监护人为"其他"(包括叔伯、姑姑、亲戚等)。此外,通过"监护人"的问卷调查显示,在被调查监护人中63.8%的人是留守儿童的"爷爷奶奶"和"外公外婆"。这一结果与上述调查数据基本是一致的。

三 贵州农村留守儿童的现实困境与问题

研究表明,受经济、政治、文化、社会等多重因素的影响与制约,当前贵州省农村留守儿童仍处于"生存"向"发展"转型的过渡阶段,其面临的社会化环境不容乐观,其在教育、学习、生活、心理、情感等方面存在着不少的问题与困境。为此,正确认识和了解这些问题与困境,有利于探索和制定更好的政策措施,以促进农村留守儿童生存发展环境与条件的有效改善。

(一)政府及部门遭遇"难作为"尴尬

"上面千条线,下面一根针"仍是地方政府及部门的工作写照,为了应付上级工作及各种检查,地方政府及部门疲于奔命,因而几乎没有精力进行国家惠农政策法规的宣传、推广、实践,更无力投身于为农民提供切实的公共服务。正是这一格局下在很大程度上造成了各级地方政府及部门"难作为、不作为"的尴尬局面,并由此引发一系列的突出问题,影响了对农村留守儿童的有效服务与管理。

1. "三不"现象仍很突出,惠农政策尚未落到实处

当前"不知政策、不懂政策、不用政策"的现象在农村留守儿童家庭中仍是较普遍的,也是较严重的。显然,这与基层政府的不作为有关。我们在基层调研走访时发现,不少留守儿童家庭都不同程度地经受着病痛之苦,并承担着较重的债务,少则几千元,多则数万元。而当问及为什么不通过农村合作医疗报销大额医疗费用时,被访家庭却表示不知道有相关政策,也不知道如何利用这些医疗政策来解决大额医疗费用问题。由此看来,如何让广大农村了解国家惠农政策,成为各级基层政府面临的一项工作。否则,这一现状极可能造成留守儿童家庭经济负担加重,并导致农村家庭返贫困现象的发生。

个案1:张某,女,52岁,普定县播改村村民,是1个留守儿童的监护人,也是被监护人的奶奶,因身体不好,到外看病治疗已经欠下3万多元的债务；其老伴患有癫痫病，也经常需要看病治疗，花费较大，虽然学校捐助帮助他解决了1万元费用，但不能从根本上解决问题。由于不知道农村合作医疗政策及报销程序，其到外地看病治疗的各种费用因没有相关票据而不能报销。

个案2：陈某，男，10岁，普定县播改中心小学学生，患肾病综合征，其监护人为姑姑和姑父。为了治疗这种病，其父母均外出打工，通过打工形式为孩子筹集医疗费。走访时，留守儿童的姑姑表示家庭已为治疗孩子的病支付了相当多的医疗费，并欠了不少债。但遗憾的是，她及家人并不知道有关惠农政策，也不知道如何申请和利用农村合作医疗进行大额报销。

2. "统筹"机制尚未建立，留守儿童工作问题多多

全省尚未建立起统一的有效服务与管理机制，加上行政管理的责任主体不明确，造成了从省到市州、从市州到区县、从区县到乡镇、从乡镇到农村，没有形成合力，呈现出"各自为政"的格局。

（1）"参差不齐"的留守儿童工作格局。由于缺乏统一的工作机制与目标要求，各级政府及部门对农村留守儿童问题的认知度、重视度、参与度各不相同，彼此之间存在着较大的差异。我们调研发现，从整体上看，安顺市、黔南州对有关农村留守儿童问题的重视程度较高，相关工作开展得较到位，各种有益的探索与实践不断涌现，为解决农村留守儿童问题提供了有效保障。相反，一些地方政府及部门对农村留守儿童问题的重视度则不够，相关工作开展乏力，地方性的探索与创新极少，程度不同地影响了该地区农村留守儿童问题的解决。

（2）"输在起跑线上"的庞大学龄前留守儿童。我们知道，农村留守儿童不仅指学龄阶段的留守儿童（6~16岁），也指学龄前的留守儿童（0~6岁）。然而，我们调研发现，目前各市、州所关注的留守儿童，仍主要停留在义务教育阶段的在校留守学生，而对学龄前留守儿童这一部分的关注甚少，也无从知晓这部分留守儿童的规模、比例、入园率等情况。由于学龄前的留守儿童数量多、分布广，目前学校及教育管理部门仍没有时间与精力关注到这一特殊人群。正如在调研过程中我们听到的心声一样，"各位领导、老师，说句实话，当前最担心的还不是在校留守儿童，而是这里的学龄前儿童"。显然，这部分

学龄前的留守儿童同样需要党和政府的关怀。然而,遗憾的是,这个庞大的儿童群体却面临着入园难、入园率低等问题。据黔南州都匀市妇联的负责人介绍,在一个3万人左右的乡镇,其学龄前留守儿童的数量至少有3000人,而该镇只拥有一所幼儿园,最多只能容纳100名儿童入园。

(3) "缺人少岗"难保留守儿童工作常态化。作为一个复杂的社会问题,农村留守儿童工作将是长期的。然而,从调研情况看,目前有关留守儿童工作的开展,各级政府及部门尚无明确稳定的负责人,也无相应的专职人员和岗位编制。在这一背景下,从省到地方便难以实现农村留守儿童工作的常态化、规范化。

3. 公共文化供给"乏力",留守儿童文化生活趋于荒漠化

长期以来,受城乡二元社会结构的刚性制约与影响,城乡公共文化供给存在巨大差距与失衡。也正是这种差距与失衡,客观上制约了农村公共文化服务的有效供给,而农村劳动力大量外流则又程度不同地加深了农村公共文化的空洞化,进而造成农村留守儿童文化生活的荒漠化。

(1) "趋于断裂"的传统文化记忆。各种民族文化活动是儿童精神生活的重要内容,并传承着民族文化的记忆。然而,大量农村青壮年劳动力的外出,造成日趋庞大的"三留守"人群(留守儿童、留守妇女和留守老人)。由于忙监护、忙农活、忙家务,留守妇女、留守老人也无力组织或参与民族文化活动。一方面,民族文化活动开展日益减少,另一方面,留守妇女、老人又没有精力教导留守儿童民族文化,久而久之,便造成了留守儿童在民族文化记忆上的断裂。这种断裂,不仅客观上造成了贵州省留守儿童精神文化的缺失,而且更容易造成贵州在民族文化自觉、文化自信上的脆弱与挑战。

(2) "趋于缺席"的公共文化活动。长期以来,公共文化活动一直是儿童健康成长的重要精神乐园。然而,农村青壮年劳动力的大量外流,加上市场经济发展的冲击,致使农村内生性文化活动的原动力已近乎于消失。从政府层面看,尽管近几年来贵州省加大了对农村公共文化设施的投入力度,但文化基础设施建设总体上尚处于起步阶段,公共文化及服务远没有达到普及农村的水平,因而其发挥的作用也是相对有限的。总之,正是这种农村内生性传统文化的消失和政府公共文化建设的缺失,客观上造成了贵州省农村公共文化活动不断陷入空洞化的境地。毫无疑问，农村留守儿童是最大的利益受损者，也是农村未来发展的一种潜在风险。

（3）"趋于失效"的乡村公共舆论。在过去，由于传统农村是一个熟人社会，无论是农民还是其子女，都很在乎他人对自我的评价，这有利于促进对农村孩子言行举止的规范与管理，进而有利于促进农村孩子的正常社会化。然而，农村大量劳动力外流，不仅产生了大量留守儿童，也打破了传统农村有益的公共舆论格局，并将留守儿童推向了一个不利的乡村公共舆论之中，而"有娘生，没娘教"几乎成了对农村留守儿童言行举止的真实写照。事实上，调研发现，当前农村公共舆论对留守儿童的行为监管与规范已趋于失效的状态。更值得关注的是，乡村公共舆论对留守儿童规管的失效，不仅使留守儿童陷入了农村公共舆论的对立面，而且通过间接的发酵，进而演变成为另一种不利的舆论氛围。如调研发现，不少村民从小就给留守儿童灌输了"读书无用论"的思想。这不仅抹杀了农村留守儿童走出大山的希望，更容易将农村留守儿童逼到"绝望"的境地。

（二）学校教育面临"三大"发展困境

1. "参差不齐"的校园设施

校园设施条件的好坏，从很大程度上影响着学生学习、文化生活的质量，也制约着学生综合素质的提升。调研发现，受经济条件的限制，当前贵州省农村学校基础设施建设投入严重不足，农村寄宿生比例较低；农村学校的科教娱乐设施建设滞后，体育器材达标率仅为40%左右，村小和村教学点仅为30%；乡村学校少年宫建设严重滞后，到"十二五"期末只能达到25%左右；等等。这种硬件、软件都不硬的现状，极易使留守儿童产生厌学情绪，找不到校园的快乐与幸福感。

2. "日趋紧张"的经费难题

经费不足几乎是所有学校发展面临的共同难题，也是制约学校发展的重要因素。调查发现，当前贵州省农村学校的经费缺口很大，仍有高达半数的农村留守学生无法实现寄宿；而在获得寄宿条件的留守学生中，其享受寄宿生生活补助的比例仅为30%左右，而且标准偏低；对于不能寄宿的留守学生，只能在学校外租房做饭,有的甚至每天来回跑10多公里山路上学。如据普定县播改中心小学的负责人介绍,该校共有160个留守学生,但因经费缺乏,校舍不足,目前只能安排一间教室用来解决部分留守学生寄宿,而80%的留守学生只能继续走读(最远的距离学校达15公里)。而我们走访都匀市墨冲中学时,尽管该学校已经按有关规定落实了寄宿生"营养餐"计划,但增加的部分经费难以抵挡物价上涨的影响;当随机问到正在食堂用餐的学生其学校伙食怎样时,不少学生表现出难为情的样子,因为在他们看来,其学校的伙食只能说能吃饱,却谈不上好,因为在一天两顿正餐中,只晚餐中会有一个加肉的菜,而午餐则几乎没有加肉的菜。

3. "配置不齐"的师资队伍

师资力量不足,教师素质不高,是当前农村学校普遍面临的问题。调研发现,尽管近年来特岗教师计划及乡村教师素质提升工程的开展,客观上促进了农村教师队伍的改善,但总体落后的现状依然没有改变。从学校教师编制情况看,当前农村学校缺编、少编的现象仍较严重,师资配置严重失衡。据调研走访的学校负责人介绍,学校农村留守儿童规模大、问题多,亟须一批心理学专业的教师,但目前因没有专门的岗位指标,难以引进相关专业教师。2013年问卷调查显示,在被调查的学校中,表示没有"专业心理教师"的超过8成(86.1%)。此外,调查还发现,农村学校中部分教师素质不高、教学思想不端正,缺乏对留守儿童因材施教的理念,也缺乏对留守儿童学习、生活的关心,甚至出现歧视留守儿童的现象。问卷调查显示,在被调查的教师中,每学期里做家访的次数平均只有2.97次(均值),最小值为0次,最大值为4次。

(三)留守家庭面临"三缺"问题

父母双方外出打工比例大、时间长、距离远,加上回家成本高、时间短,形成留守儿童问题。课题组调研发现,当前贵州农村留守儿童家庭主要面临着"缺失、缺位、缺陷"三大问题。

1. 亲子互动缺失

家庭是一个人社会化的初始地,儿童在生活依赖期都应由父母陪伴。然而，遗憾的是，父母外出后，其对留守子女的关爱、鼓励、呵护、陪伴等亲子互动行为也就随之中断。2013年问卷调查显示，当前农村留守儿童父母外出时间长（平均3.75年）、回家次数少（平均1.32次）；更糟糕的是，留守儿童父母即便在逢年过节、孩子生病及处理其他重大家庭事务时回家，其停留的时间也是很短的，一般不超过1个月，最短的不足1周；留守儿童与父母之间联系的次数也较少，平均18.3天才联系1次，最长的多达半年之久。显然，这种外出时间长、回家频率低、停留时间短、联系次数少的现状，严重阻碍了留守儿童与父母之间的亲子互动，造成了留守儿童家庭亲情的严重缺失，导致了父母与子女之间关系的疏远、冷漠。

2. 家庭教育缺位

父母外出比例较大，难以提供有效的家庭教育，而现行监护人所提供的监护行为则呈现出"三无"状态，即隔代的无奈、长辈的无心、同辈的无力，所有这些都直接导致了留守儿童家庭教育的严重缺位。2013年问卷调查显示，在农村留守儿童的监护人中，64.4%是"隔代监护"，65.5%的监护行为仅停留在"照顾基本生活"，79.1%的监护人"从未参加过"留守儿童家庭教育培训，75.7%的监护人"极少了解或从不了解"留守儿童在学校的情况，48.3%的监护人"极少过问或从来不管"留守儿童学习。所有这些在很大程度上阻碍了留守儿童家庭教育的实施，并将这种教育推向"自生自灭"的境地。

3. 身心呵护缺陷

无论是亲子互动缺失，还是家庭教育缺位，都不利于农村留守儿童身心健康的成长，也错失了社会化的关键期，造成该群体人格、品行、观念等方面的扭曲与畸形。调研发现，由于得不到家庭的呵护与引导，留守儿童尤其是留守女童严重缺乏生理健康保护意识，未婚早育现象突出，成为遭性侵害的高发人群等。所有这些极可能演化成为农村留守儿童对未来家庭生活的恐惧，并进一步影响其未来的正常社会化过程及水平。

（四）社会参与水平仍呈偏低状态

关爱留守儿童是一项庞大的社会工程，需要全社会的共同参与和支持。调研表明，当前社会力量支持、关心、关爱、援助贵州省农村留守儿童的整体状态不理想，其参与水平较低。

1. 社会组织参与及缺陷

调研发现，目前已有越来越多的社会性组织和力量逐步参与到关爱留守儿童的活动中来，并在局部范围内产生了积极的影响与作用。但是，从整体上看，社会组织的自发性特征，客观上制约了组织与组织之间的关系，造成关爱农村留守儿童的社会活动分散，缺乏统筹协调性，呈现出"雪中送炭"与"锦上添花"之间的矛盾。据普安、荔波、威宁等县的相关负责人介绍，目前需要获得社会组织支持的学校尤其是留守儿童学校还很多，因此，大部分学校不求"锦上添花"，只盼"雪中送炭"。

2. 企业未履行好社会责任

履行社会责任，积极投身社会公益事业，是企业应尽的义务和责任。然而，我们调研时发现，目前极少有企业参与到关爱农村留守儿童的活动中来，也极少提供物资、捐款等方面的援助。显然，这一现状反映了企业社会责任意识的淡漠，更体现了企业对农民工及家庭人文关怀的缺失，相关管理部门应予以重视并采取必要的措施。

3. 民办学校的发展受阻

目前，在政府财力有限的情况下，积极鼓励和支持民间资金投入农村留守儿童教育事业，是十分必要的。调研发现，为顺应农村留守儿童对教育发展的需要，解决父母对留守子女教育、学习、生活等方面的难题，目前全省范围内已有部分民办农村留守学生寄宿制学校逐步发展起来，并且社会反响较好。但是，从整体上看，目前这类学校发展仍面临着不少问题：一是政策不明确，造成民办留守学校的难度增加；二是数量较少，尚未真正成为公办教育的有益补充；三是场地有限，难以适应留守学生增长的需求；四是资金不足，难以实现学校环境条件的改善。

（五）留守学生自身面临"成长"困境

从总体上看，当前农村留守儿童问题是多方面的。就自身而言，其存在的突出问题表现为学习成绩欠佳、言行举止不良和心理健康失衡。

1. 学习成绩欠佳，中等偏下比例超过6成

调查表明，受父母长期外出而缺乏必要的监督、引导等方面的影响，高达96.1%的农村留守儿童表示平时在学习上是"有困难"的。也正是在这一背景下，农村留守儿童的整体学习成绩不佳，其在班级中处于"中等偏下"水平，其比例高达67.7%，而成绩处于"优良"水平的比例不足3成（28.4%）。

2. 言行举止不良，超过5成有"不诚实"行为

言行举止是一个人社会化的重要内容，良好的言行举止对留守儿童的成长与发展是至关重要的。然而，由于长期不能与父母在一起，农村留守儿童一些错误的言行举止得不到及时的纠正和引导，加上受隔代监护管理不力、观念落后、方法欠妥、溺爱娇惯等方面的影响，因此极容易养成一些不良的行为和习惯，甚至出现行为失范。2013年问卷调查显示，在被调查农村留守儿童中超过半数（达50.9%）的人有"不诚实"行为，并表现为"撒谎""考试作弊""抄袭作业""伪造签名"等；47.1%的留守儿童存在着经常"上学迟到"的现象；近三成（27.5%）的留守儿童在上学时出现"旷课"或"逃学"的行为；39.3%的农村留守学生在校期间存在着"打架""偷盗"等不良行为。此外，据各市州提供的汇报资料，目前农村留守儿童已成为未成年人犯罪的主要人群，同时也成为受侵害的高危人群（如性侵犯、被拐卖等）。所有这些都不利于留守儿童的健康成长，也不利于其良好道德品行的养成。

3. 心理健康失衡，"孤独无助"成为主要感受

一个完整而良好的家庭环境是儿童身心健康的必要条件。但是，农村留守儿童父母外出时虽考虑到了外出务工会给孩子的生活和学习带来影响，却极少意识到家庭不完整还会对孩子的心理健康产生影响。2013年问卷调查结果显示，父母外出打工后，农村留守儿童中高达53.7%的人表示最主要的心理感受是"孤独无助"，表示"痛苦""恐惧""绝望""忧虑""被遗弃""压力大"的累计比例占到25.9%，而表示感到"自由开心""没感觉，无所谓"的比例分别仅占2.3%和5.7%。

四 贵州农村留守儿童问题的对策与思路

事实表明,以留守儿童为代表的农村"三留守"问题,不仅仅是一个单纯的经济贫困问题,还是一个复杂的社会问题。因此,要切实关注好、解决好留守儿童问题,必须从实际出发,进行长远谋划与战略统筹,努力构建起政府、学校、家庭、社会、企业"五位一体"的综合服务管理体系。

(一)坚持"民生为本"的理念,优化政府服务管理体系

紧紧围绕"尊重民意,满足民生"的宗旨与要求,立足国情、省情,从贵州城镇化带动战略、"四化同步"战略的视角出发,科学审视和正确认识农村留守儿童问题在贵州省的重要性、长期性、特殊性,并从战略规划、法规政策、体制机制等方面着手,科学构建农村留守儿童服务管理体系。

1. 立足长远,实现留守儿童的战略发展

作为农民工家庭代际发展的重要组成部分,留守子女可以发展成为城市化建设的未来动力、工业化建设的新生力量、农业现代化建设的人才储备。但无论是基于前者还是后者,都必须从战略发展的高度,切实关注和解决好留守儿童的生存和发展问题。具体对策建议如下。

(1)加强对农村留守儿童发展的重要性的认识。如前所述,若以问卷调查统计结果进行保守推算,[①] 那么,当前贵州农村留守儿童总体规模应不低于全省总人口的10%。对于如此规模、比例的农村庞大人群,其发展前景及流动取向,事关贵州省城镇化带动战略、"四化同步"战略的进程。如果解决得好,农村留守儿童将有利于转型成为贵州省新型城镇化的主流人群,并助推贵州"四化同步"发展;反之,则阻碍贵州的这一进程,并可能引发一系列社

---

① 有关统计显示,贵州跨省区外出务工的农民工超过500万人,若平均以每2个农民工视为1个"农村留守儿童家庭",并结合问卷调查结果(平均每个留守家庭的留守兄弟姐妹数为3.57个,最小值为1个,最大值为6个)进行保守估算,那么当前全省农村留守儿童规模在250万~890万人。

会问题与危机。

（2）明确将农村留守儿童纳入战略发展规划。由于贵州省农村留守儿童规模大、比重高、影响广，因此，贵州要切实解决留守儿童问题，必须注重长远发展与顶层设计，将留守儿童问题纳入战略发展规划，并自觉与"两加一推"主基调、"四化同步"战略、工业强省战略、城镇化带动战略等进行有机的衔接。

（3）成立农村留守儿童发展基金，并纳入财政预算。留守儿童是社会流动的产物，解决留守儿童问题将是一项长期的社会任务。这就决定了必须对农村留守儿童工作予以财政支持。具体来看，就是要通过成立农村留守儿童发展基金，着力解决农村学校尤其是留守儿童学校在硬件设施、寄宿制校舍、文体教设施等方面建设滞后的问题，真正把学校建成农村留守儿童健康成长的幸福乐园。

2. 健全法规，确保留守儿童合法性权益

农村留守儿童问题涉及方方面面，因此要切实维护和解决好这一群体的生存与发展问题，必须从健全留守儿童的政策法规着手，必须将留守儿童推向政策的主体位置，留守儿童政策法规的设计也必须接地气，这是最根本性的路径与保障。

（1）研究制定全省留守儿童政策管理条例。立足贵州省情特点，结合农村留守儿童问题的长期性及重要性，探讨和研究制定一项专门针对贵州农村留守儿童的管理条例，并指导和引领各项工作有效开展。

（2）设立省人民政府留守儿童工作联席会议办公室。为了强化农村留守儿童的组织管理工作，消除当前各级政府及职能部门"各自为主"的不利格局，建议设立"贵州省人民政府留守儿童工作联席会议办公室"，发挥协调、监管、督促的作用，积极推进各部门更好地发挥职能作用和服务功能，真正形成为留守儿童谋发展、谋利益、谋权利的管理格局。而在具体建设过程中，应根据工作需要适当增添人员编制，以保证相关工作的常态化。

（3）建议出台有关企业社会责任的管理规定。关爱留守儿童是一项庞大的社会工程，需要全社会的共同参与和支持。企业作为社会发展的重要组成部分，同样有义务和责任关心、关爱留守儿童。基于此，为督促企业在获取经济利益的同时，认真履行好企业社会责任，建议省政府出台有关企业社会责任的管理规定，并将农村留守儿童工作纳入这一管理规定中。

3. 完善机制，构建留守儿童监管体系

（1）建立完善全省留守儿童动态监测体系。为保障农村留守儿童的合法权利，全面、及时、可靠地掌握每一个留守儿童的生存与发展状态，尽快建立完善全省农村留守儿童基本情况的动态监测体系是十分必要的。而在具体构建过程中，省政府需要切实保障和处理好三方面的问题：一是必须落实好专项经费的财政性预算，并实行专款专用；二是政府行政职能部门必须与科研单位、高等院校联姻，实现理论与实践的充分结合，并保证监测过程的科学性、准确性、指导性及应用性；三是必须根据工作的需要，给相关部门增加人员编制，以保证此项工作的专业化、规范化。

（2）探索制定留守儿童服务管理的评估体系。结合留守儿童发展的实际需求，省政府及相关行政管理部门通过面向社会招标的形式，加强对留守儿童服务与管理的研究，以构建起一套科学、合理、客观、可操作的评估指标体系。通过评估指标体系的运用，并借助科研单位、高等院校的力量，及时考察各级政府及职能部门在留守儿童服务管理过程中的质量与水平，并针对存在的问题提出限期整改的意见与建议；对于评估过程中发现存在突出问题的政府及职能部门，予以通报批评，直至追究相关负责人、工作人员的责任。

（3）实行农村留守儿童工作不定期检查制度。为了改变过去只强调管理而忽视服务的现象，建议成立以专家学者为主体的督导检查组，不定期加强对农村留守儿童工作的督导检查，包括在管理秩序、管理规范、服务意识等方面进行检查。而在实施督导检查过程中，应将基层政府部门、教学单位、教育行政管理部门，以及相关职能部门作为检查的重点对象。

（二）完善"硬件、软件"环境，营造学校幸福氛围

学校是一个人成长的重要场所，教育一个人正常社会化的重要环节。学校的环境条件、教育理念、教学管理等，都会对学生的学习、素质、能力产生重要的影响。对于留守儿童而言，学校更像是一个大家庭，这个"家"甚至比自己的家更显重要。为此，如何进一步完善校园硬件、软件环境，努力营造幸福成长的学校氛围，是农村学校尤其是留守儿童学校面临的一项重要任务。

1. 主动出击，寻求多方资源支持

全方位、多渠道寻求社会资源的支持和援助，是推进学校自身更好发展的客观需要。从短期发展看，贵州各类学校尤其是留守儿童学校，需要抓好三项工作：一是要加大学校宣传力度，吸引社会各界的关注与支持；二是要主动增强外联工作，吸引和聚集更多有用的社会资源，包括资金、图书、教学设备、社工、志愿者、文化帮扶等；三是要充分利用专家学者的力量，不断为学校的发展出谋划策。从长期发展看，要全面有效地获取社会资源，学校必须着力正确处理好三种关系：一是要正确处理与政府的关系，当好教育政策的执行者；二是要正确处理与群团组织、社会团体的关系，当好社会关系的合作者；三是要正确处理与农村家庭的关系，当好利益诉求的代表者。

2. 敢于创新，打造全新教育模式

与时俱进，不断创新，实现教育科学发展，是教学部门未来发展的一种必然趋势，也是经济社会发展的必然要求。而要实现教育、教学的科学发展，关键又在于打破传统教育模式，加快推进教学部门在理念、制度、机制等方面的改革与创新。从长远发展看，贵州各类学校尤其是留守儿童学校，需要抓好三方面的创新工作：一是要切实加强学校在教育、教学、服务等理念上的创新与提升，以适应新形势下教育发展的客观需要；二是要建立健全学校各项规章制度，以适应留守儿童教育发展的需要，包括建立有关留守儿童家庭访问、代理家长、对口帮助等方面的制度；三是要建立有效的教育发展激励机制，不断激发学校师生的创造性、积极性，提升整个学校的发展活力。

3. 强化内功，构建良好师资队伍

对学校发展而言，硬件建设固然重要，但软件建设更显重要。这是真正办好学、提高教育质量的关键所在。而要把握好这个关键环节，学校必须不断强化内功，着力构建起一支结构合理、素养良好、责任感强、乐于奉献的师资队伍。具体来看，农村学校尤其是留守儿童学校必须着力做好以下几项工作：一是要稳定现有师资队伍，坚持感情留人；二是要以良好的校园氛围吸引人才，不断吸纳各类优秀教师到校工作；三是要尽快引进心理学专业教师，完善学校心理咨询机构，给留守儿童架起一道通往心灵的桥梁。

(三) 增强"代际发展"能力,促进家庭良性循环

留守儿童是农民工家庭的重要组成部分,也是家庭发展的未来与希望。父母外出务工在增收改善家庭经济条件的同时,不可避免会造成对留守子女的多重影响。为了尽可能地减少和削弱家庭"三缺"问题产生的不利影响,留守儿童父母必须转变观念、提高认识,注重子女健康成长,努力推进家庭代际发展,全面提升子女在学习、生活等方面的能力。这是农村留守儿童家庭实现"物质脱贫"向"文化脱贫"转变的客观需要,也是促进农民工子女及家庭良性发展的重要前提。

1. 妥善安排学龄前子女入园

学龄前教育对于未成年子女的成长与发展是至关重要的,其影响是终身的。为了不让子女尤其是学龄前子女"输在起跑线上",留守儿童父母必须努力创造条件,送学龄前子女进入幼儿园接受早期教育。这不仅是促进家庭代际发展的保证,也是缩小城乡文化差距的前提。

2. 创造条件增强亲子互动

一个人的发展既取决于智商,也取决于情商。对于农村留守儿童而言,更是如此。基于此,广大留守儿童父母,应尽量创造条件回来陪伴和照顾留守子女:一是尽量减少夫妻同时外出,至少安排一方留守农村照管孩子;二是尽量缩短回家探亲的时间间隔,一般不要超过1年;三是对于实在难以回乡探亲的留守儿童父母,必须通过电话、网络、书信等形式,多多关心孩子的健康成长。

3. 利用各种政策回乡创业就业

贵州省工业强省和城镇带动战略的推进,工业园区、返乡农民工创业就业园等领域的不断拓展,为返乡农民工提供了越来越多的就近创业就业的渠道与平台。因此,农村留守儿童父母应积极关注、了解、利用好这些政策与载体,实现尽早回乡创业就业的目标预期。这不仅可以达到增收创收的目标,也能有效兼顾家庭,更好地履行父母的职责,减少留守儿童问题的发生。

4. 实现物质与精神并重

亏欠心理是留守儿童父母普遍存在的心态。然而,这并不能成为只注重留

守孩子物质需求而忽视精神需求的理由。殊不知，留守儿童父母在给孩子创造和提供物质条件的同时，也需要提供学习、教育、心理、健康等方面的支持与帮助。换句话说，留守儿童父母必须认识到"读书需要钱，但有钱不一定能读好书"的道理，并由此改变自身错误的家庭教育观念，兼顾留守孩子在物质与精神上的需求。

（四）发挥"桥梁纽带"作用，强化社会群团功能

工、青、妇等群团组织要重新审视自身的职能定位，以改革创新为动力、以拓展工作网络为平台、以整合社会资源为手段，才能不断增强工、青、妇在基层组织中的功能，发挥好联系、关爱、援助留守儿童的桥梁纽带作用。

1. 建立健全基层群团组织

针对当前农民工所在单位中工、青、妇等群团组织缺位的现状，不断扩展企业、工厂等领域的基层组织建设力度，为维护好农民工及家庭的利益搭建起有益的平台。当前，要积极探索以"党建带工建，党建带团建，促企业组织建设"的模式，加强对农民工尤其是留守儿童父母家庭观念、教育观念、思想观念等方面的教育与引导。

2. 开展多形式社会关爱活动

发挥工会、共青团、妇联等群团组织的特色与优势，结合农村留守儿童的特点，通过积极整合社会资源，开展多种多样的社会关爱活动，做好农村留守儿童的心理疏导与失范行为的矫正工作，帮助留守儿童搞好自我管理、自我调适、自我约束，以逐步营造一个积极、健康、向上的成长氛围。

3. 继续提升品牌效应与影响

当前，无论是团省委倡导建设的"留守儿童自立自强中心"，还是省妇联倡导建设的"留守儿童之家"，都已经取得了明显的成效，并产生了积极的社会反响，深受学校、家庭、学生的欢迎，具有很大的发展空间与潜力。鉴于此，团省委、省妇联等部门应及时总结经验，发现不足，完善品牌建设的体制机制，继续优化和提升自身品牌的质量，并扩大其在关爱留守儿童过程中的连锁效应，以争取党委政府的更多政策支持，最终实现学校普及"留守儿童自立自强中心""留守儿童之家"等品牌的发展预期。

4. 多种途径促进就业创业

就业乃民生之本，如何切实解决好农村留守妇女的就业问题，具有重要的现实意义。而要实现多途径促进农村留守妇女就业创业的目标预期，贵州各级群团组织（工会、共青团、妇联等）应着力做好以下工作：一是要充分利用政府鼓励全民创业就业的政策，积极引导和扶持农村留守妇女实现就业；二是要充分利用政府小额担保贷款、综合税费减免和社会保险补贴政策，鼓励农村留守妇女自主创业、自谋职业；三是要开展实用技术培训，提高农村留守妇女创业就业技能，增加就业机会。

（五）增强"社会责任"意识，彰显企业人本关怀

各企业在追求利益的过程中，应自觉履行好社会责任，积极投身于社会公益事业，主动关心、关爱、帮助农民工子女。在保证农民工基本权益和工资报酬的同时，企业应关注农民工家庭及子女的学习、生活，充分体现企业人本关怀，逐步营造一个尊重人、关心人、发展人的企业环境和文化氛围，进一步增强企业员工归属感，激发企业活力。

1. 建立企业员工回家探亲制度

针对农民工工作时间长、业余时间少的现状，企业应实行人性化管理和体现人文关怀，在保证企业正常运转的同时，应建立起企业员工回家探亲制度。根据这一制度，农民工可向企业请探亲假，以利于农民工合理安排时间回家与留守子女团聚，并处理好家庭事务。这一方面有利于维系农民工与企业之间的情感关系，另一方面有利于更加激发农民工的积极性、主动性和创造性。

2. 提供员工家庭成员亲情互动平台

根据政府有关管理规定，企业应履行好社会责任，积极营造员工家庭成员亲情交流平台，特别是要组织好寒暑假农民工与留守子女的亲情见面会。具体包括提供场所、时间、经费等方面的支持，促进农民工与留守子女之间亲子互动，并准许留守子女参观父母的工作场所及了解相关务工情况，了解父母的辛苦，以激励其更加努力地学习。

3. 积极投身社会公益事业

针对当前农村留守儿童及家庭经济贫困、生活困难、日常用品缺乏、身体

欠佳等方面的情况，企业应履行好社会责任，定期或不定期在企业内组织员工开展献爱心、捐款、捐物等关爱留守儿童的公益活动。

参考文献

刘玉连、周芳苓：《西部民族地区农村"留守儿童"的生活状态及成长困境分析——以贵州省为典型个案》，《江西农业学报》2011年第6期。

王兴骥主编《贵州社会发展报告（2013）》，社会科学文献出版社，2013。

周芳苓：《农民工：城镇化进程中的边缘群体》，贵州大学出版社，2012。

B.4 贵州城市流浪人群的生存状态及治理对策研究[*]

高 刚[**]

摘 要： 毕节市"11·16"事件引发了全社会对城市流浪儿童生存状态的广泛关注。然而在我国，专门针对城市流浪人群的救助管理体系早已建立了。尽管如此，各地还是会出现城市流浪人群受到各种伤害甚至因得不到救助而死亡的案例。这就说明，我国的救助管理体系是存在问题的。因此，系统研究城市流浪人群的生存状态，剖析产生强行乞讨、组织化乞讨等城市流浪群体这一"顽疾"存在的原因及帮扶治理难点，深刻反思城市流浪人群救助体系存在的各种弊端，对有效救助城市流浪群体，维护城市良好秩序，构建和谐社会具有重要意义。

关键词： 城市流浪人群 治理 对策

一 贵州城市流浪人群的结构特征

（一）性别年龄结构

2012年贵州全省救助站共救助6.4万人，不在站救助2.6万人，流浪未成年人救助保护中心救助0.1万人次。由于没有采集到全省流浪受救群体的数

---

[*] 本文系贵州省科技厅2013年度软科学资助项目，项目编号：黔科合体R字[2013]LSK2003。
[**] 高刚，贵州省社会科学院副研究员。

据，我们重点以毕节、遵义两市提供的数据为样本，分析目前贵州城市流浪人群的大体状况。统计结果显示，在1318人次受救助流浪人员中，男性1137人次，占总人数的86.3%；女性181人次，占总人数的13.7%（见图1）。

而从年龄结构来看，全年共救助未成年人191人次，占总人数的14.5%；青壮年1095人次，占总人数的83.1%；老年人32人次，占总人数的2.4%（见图2）。

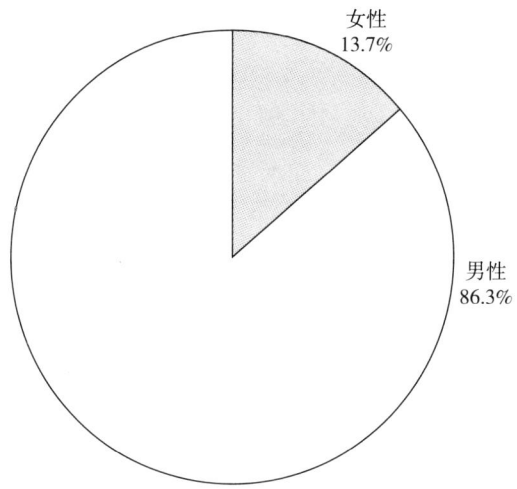

图1　贵州城市流浪人群的性别结构

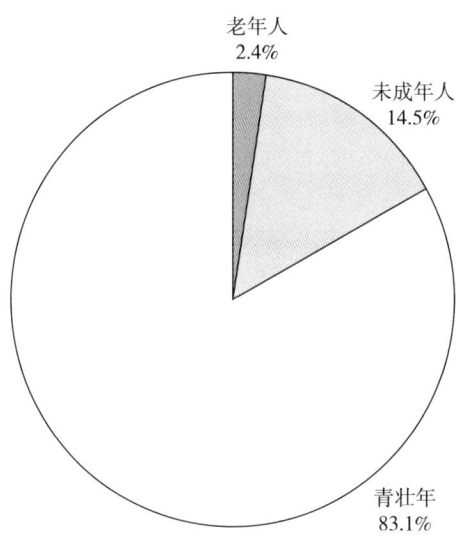

图2　贵州城市流浪人群的年龄结构

（二）身体状况

1. 以健康者居多

按照一般的逻辑，人会由于残疾、疾病、贫困等无法获取生活来源而流浪街头。在1318位被救助流浪人员中，健康人员1161人次，占总人数的88.1%；精神病人46人次，占总人数的3.5%；痴呆傻2人次，占总人数的0.2%；肢体残疾106人次，占总人数的8.0%；艾滋病人3人次，占总人数的0.2%（见图3）。

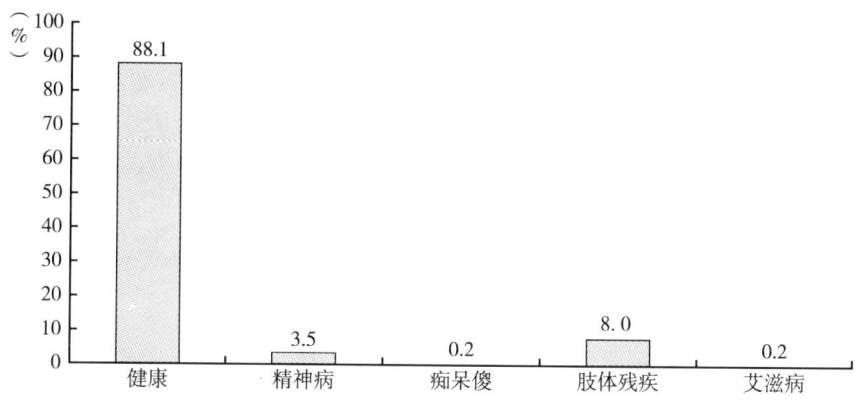

图3　贵州城市流浪人群的健康结构

2. 出现艾滋病流浪者提高公共安全风险

艾滋病流浪者的出现，提高了城市公共安全的风险。曾经有一艾滋病流浪者，拿着注射器流浪在贵阳大街上，在人群中说自己是艾滋病感染者，吓得众人四处逃跑。

（三）流浪受助情况

从流浪者到救助站的形式来看，主动求助者占总人数的65.6%，由公安机关、城管部门等引导护送入站的占总人数的34.4%（见图4）。

从流浪者的去向来看，提供返乡现金的占0.8%，提供返乡车票的占74.3%，家属寄来返乡路费或由亲友、单位接回的占5.9%，由救助站工作人员护送返乡的占13.5%，自愿离站的占2.7%，滞留站内的占2.6%，送精神病医院等相关医疗机构救治的占0.9%，1人送福利院安置（见图5）。

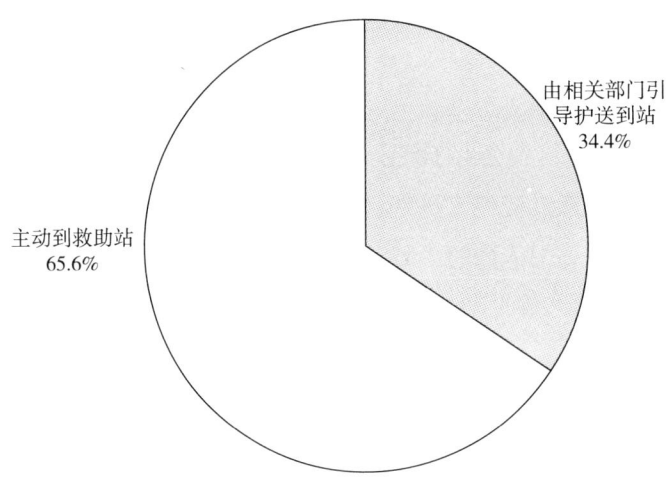

图4 贵州城市流浪人群到救助站的形式

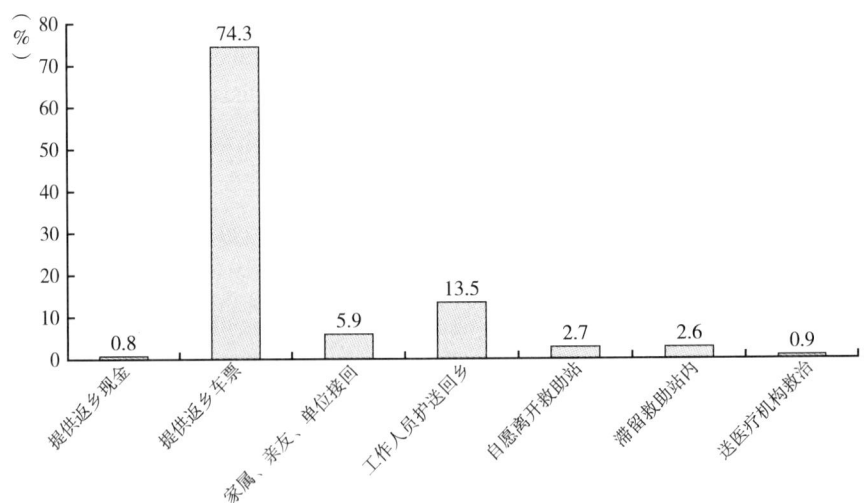

图5 贵州城市流浪人群的去向

（四）乞讨行为情况

从救助站提供的数据看，在所有救助人群中，有乞讨行为的占17.9%，无乞讨行为的占82.1%（见图6）。

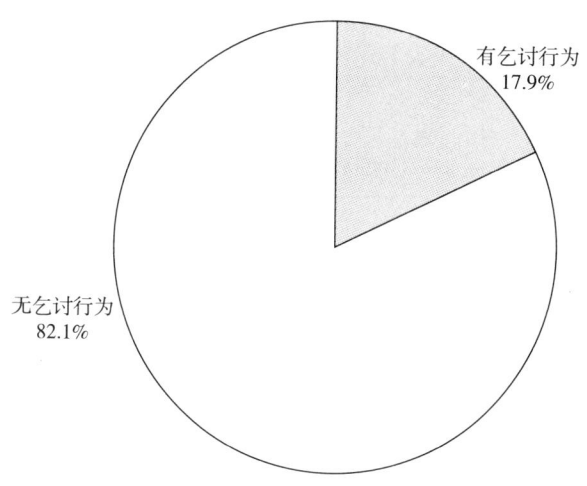

图6 贵州城市流浪人群的乞讨行为情况

二 城市流浪人群的类型及其生存状态

（一）职业乞讨型流浪者

职业乞讨型流浪者是指以乞讨为生的流浪人员。流浪乞讨是一个很普遍的问题，无论是在发展中国家还是在发达国家，人们随处可以看到他们的身影。乞讨本来是缺乏劳动能力人员维持生存的一种方式。然而，由于乞讨能获得相对可观的收入，一些有劳动能力的人也加入到流浪乞讨人群的行列中，甚至出现了以经营乞丐为生的"丐首"。因此，在贵阳，曾经有10余名老人在人民广场、喷水池等人流集中的地方向市民倡议"不要给流浪乞讨人员钱"，倡导市民通过更有效的方式救助乞讨人员，以防流浪儿童、残疾人沦为乞讨工具。在本课题研究中，我们把职业乞讨人群分为受控型乞讨流浪者和自主型乞讨流浪者（见图7）。

受控型乞讨流浪是指一些肢体残疾人、老年人及儿童受经营乞丐的"丐首"控制，不得不在街头乞讨，成为违法分子赚钱工具的流浪人群。"丐首"往往从农村欺骗收买一些聋子、瞎子或肢体不全的残疾人，让他们替自

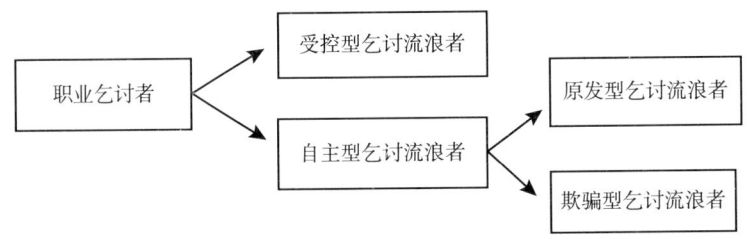

图7 城市职业乞讨者的类型

己乞讨,为自己牟取暴利;有的则从农村租借一些未成年儿童,对他们进行集中管理,要求每天完成一定金额的任务,否则就会受到惩罚。

案例1:一名六七岁的小女孩在贵阳市黔灵山公园门口卖艺乞讨,她用嘴咬住一个放在地上的铁三脚架,倒立着不停旋转,在她面前摆着一个盆子,里面有几张路人丢下的零钱。见记者拍照,旁边一个20岁左右的男子过来收拾好行头,拉着小女孩就跑。据街边店主介绍,这两人这几天常来这里乞讨,小女孩身上常看到有伤口。

对自主型乞讨流浪者而言,又可分为原发型乞讨流浪者和欺骗型乞讨流浪者。原发型乞讨流浪者是指因身体缺陷而基本丧失劳动能力或劳动机会导致无法养活自己,或因突遭天灾人祸被迫背井离乡外出乞讨。他们大多生活无着落,流落街头,只能通过乞讨方式来获取生存资料。而欺骗型乞讨流浪者主要以各种身体残疾博得人们的同情,或以父母病故因而辍学、夫妻一方患绝症、伪装孕妇等各种手段骗取群众同情,获取钱财。

案例2:在贵阳市洁安旅社一楼和另一家旅社的3楼,警方当场清查出了18个中年男女,并解救出21个孩子。其中,最大的孩子13岁,最小的才1岁,此外还有4名孕妇。旅社老板说:"这些人白天由女人带着娃娃出去乞讨,夜里很晚才回来住,几个男人则留在房间里,给她们煮饭。"这群人共有40多人。他们一般在城市繁华街道,靠着人行道旁的绿化带栅栏或者人行天桥的栏杆坐着,在面前放张硬纸板,用几块石头压着,上面写着:"落难人士请求帮助，因为钱财不慎丢失，小孩又感冒，请好心人施舍几块钱，给小孩治病和买点零食。"

（二）智障被弃型流浪者

智障被弃型流浪者是指由于患有精神疾病、痴呆傻等被家庭抛弃而流浪于街头的人群。在贵州省某救助站2012年全年救助的流浪人群中，共有48名智障被弃的流浪者。其中精神病人46人，占总数的95.8%；痴呆傻2人，占总数的4.2%。

此种类型的流浪人群主要以三种方式流入社会：一是自行离家出走，家人寻找不着或放弃寻找，顺其自然流入社会；二是监护人不行使监护义务，以虐待、打骂、暴力等形式将其赶出家门；三是患者家庭经济困难，无能力抚养，将其带到异地抛弃。他们本身智残智障，流入社会后病情加重，只能靠流浪乞讨捡拾食物、好心人施舍等度日。他们衣衫褴褛、蓬头垢面，毫无顾忌地流浪在大街小巷，其中不乏暴力倾向的、全身裸露的、玩火的、破坏公共设施的，给人们留下了不和谐的印象，给社会治安带来了不安全的隐患。

（三）少儿缺爱型流浪者

在调研中我们发现，贵州省流浪儿童的产生主要有三类情况：一是因家庭监护严重缺失而离家，如孤儿、被遗弃儿童、罪犯子女以及父母外出工作或品行问题长期不管的孩子。二是因家庭问题而离家的，如家庭冲突、家庭环境不良等。三是儿童外出打工没能找到工作或迷路、被拐卖后逃离而流浪的（见图8）。

有研究指出：流浪儿童在家庭中缺少情感关爱。经常受到拒绝和惩罚，而家庭中儿童的弱势地位，使其没有足够力量反抗。面对困难和问题，他们无法正确对待，只能以消极方式进行应付，甚至以离家出走来逃避。[①] 对留守儿童而言，由于在家庭缺少父母的关爱，外出找不到父母后而走上流浪之路。正如

---

① 付慧鹏等：《流浪儿童应付方式与父母教养方式的相关研究》，《中国行为医学科学》2006年第8期。

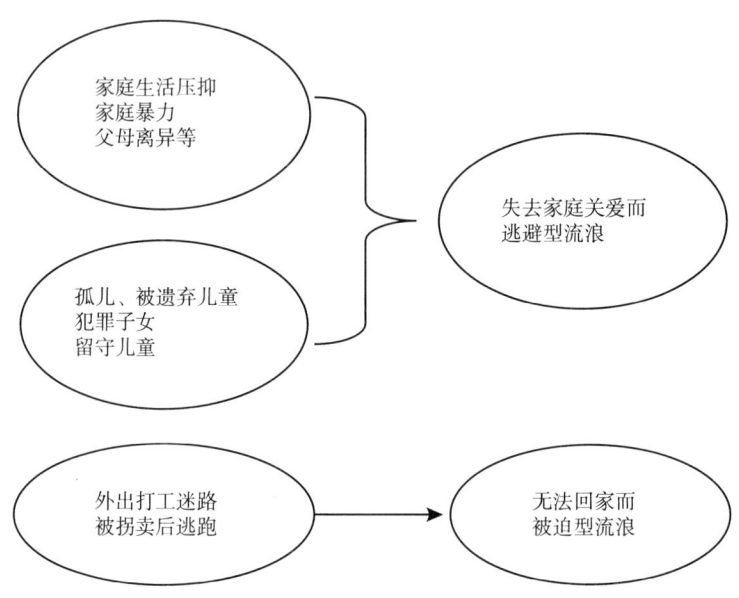

图 8　少儿缺爱型流浪者的来源

贵阳市救助站有关负责人所说:"不少留守儿童缺少父母的关爱,年迈的爷爷奶奶、外公外婆监护能力低,无法管教小孩,常导致一些留守儿童外出找父母。"

案例3:小贵就是2012年12月的排查中被救助的儿童之一。父母离婚后,由于没有人愿意收养,他已经流浪了一年。由于小贵是毕节市青场镇鲍家村人,贵阳市救助站将小贵送到毕节市救助站。据小贵回忆,毕节救助站的人把他送上回家的车,留下他一个人回家。小贵回家后发现,家中已经没有人,房子破败,落满灰尘,也没有吃的。当天,小贵就一个人爬上一辆大货车来到贵阳流浪。

像小贵这样反复流浪的儿童不在少数。自2012年1月至11月底,贵阳市"接送流浪孩子回家"专项行动,共救助流浪未成人797人,而由亲属接回的只有203人,只占总人数的四分之一。尽管一些孩子反复说自己"我没人要了""我是孤儿"……但救助站不是儿童福利院,对救助站工作人员来说,他们只想将这些"幼无所依"的儿童尽快送回"家"。一名工作人员说,有的孩子甚至一年就送过七八次。

(四)慵懒成年型流浪者

正如前文统计数据显示,在救助站救助的人群中,青壮年竟然占到了总救助人数的83.1%。青壮年人群正是劳动能力旺盛阶段,但他们为什么沦入流浪大军呢?在这个年龄阶段的人,除了有部分人是由于身体残疾,或确实遇到困难才流浪外,有不少是属于慵懒成年型流浪者。

案例4:唐国栋(化名),今年15岁,家住赫章县河镇乡发达村,因不想读书而流浪到贵阳。到贵阳一天半时间,他就身无分文了。后来,他在火车站认识了两名"大哥哥"。一名大哥哥有30岁,不愿意找工作,就去捡瓶子卖,然后就买酒喝,"醉了之后就到处乱跑";另一人有19岁,来自湖北,认为帮人干活太累,宁愿这样流浪。唐国栋并不赞同他们的观点,认为要靠自己的双手找饭吃,就试着去饭馆找工作,但人家看他年龄太小拒绝了。和这两名"哥哥"混熟后,他们就在一起吃睡。"他们太大了,不好意思去要饭,就带我去火车站旁边的鸿通城附近的夜市上去要食物来分给他们吃,他们交换的条件是把被子分我盖。"唐国栋说。这些天,他就这样过来了,白天去要饭,晚上和"大哥哥"睡觉,捡瓶子卖了钱,他们还会去买烟来抽。

(五)临时遇困型流浪者

在城市流浪队伍中,有不少流浪者属于遭遇突发性困难,如钱物用光、丢失、被抢、被骗、上访遇到困难等,在城市又没亲友投靠,生活无着落只好临时陷入流浪状态的人群。他们大部分会主动到相关机构寻求救助,在得到相应的救助使得生存危机得以解除后,便终止了他们的流浪行为,脱离流浪群体。

据遵义市救助管理站统计,自该站成立以来实际救助的5149人中,长期以流浪乞讨为生的人员有1127人,仅占救助人员总数的21.9%。来遵义上访路费用尽、衣食无着主动要求救助的人员有469人,占救助人数的9.1%,因钱物用光、丢失或被盗、被抢、被骗等生活一时无着落，自愿求助但尚无流浪乞讨的人员却占了一半以上，有3553人，占了救助人员总数的69%。也就是说，临时遇困型流浪者竟然占总数的79%。

（六）职业跑站型流浪者

所谓"跑站"，就是无休止地"光顾"全国各地的社会救助站，骗取救助站的免费伙食、住宿和车票，从而达到旅游全国甚或"发家致富"等目的的行为；或者指以通过编造虚假个人信息并利用相关制度漏洞而骗取社会救助资源为职业的现象。① 职业跑站者一般都声称自己的身份证因种种原因遗失，家里没有电话，用事先准备好的假姓名、假地址，编造需要救助的原因。即使现在各地救助管理站都开通了"救助管理信息系统"，但有的"跑站者"冒名顶替他人的真名及地址，加大了核查难度。

案例5：3名30岁左右的男子来到贵阳火车站救助点，称老家在昆明，由于钱包被盗无钱返家，要求工作人员为他们买票。在昆明当过兵的救助站工作人员问3名男子："老家在昆明什么地方？"其中一男子含含糊糊说了一个地名，工作人员上网一查，根本没有这个地名。"属于哪个派出所？"工作人员又问，该男子变得哑口无言。最后，3名男子见谎言被戳穿，只好交代他们都是河南人，专门以"跑站"为生，此次从河南出来后，一路上编造各种理由，到当地救助站骗取免费车票，已经在张家界、舞阳河、红枫湖等景点游玩，下一个目的地是昆明。

三 贵州城市流浪人群的救助经验

（一）完善工作机制，强化保障措施

毕节市"11·16"事件发生以后，全省各地才开始真正重视城市流浪人

---

① 刘光华等：《"职业跑站"现象的法社会学透析及治理》，《甘肃社会科学》2008年第5期。

群的管理救助问题。党委政府的重视，加上体制机制的完善，使得城市流浪人群得到很好的救助。省公安厅、省民政厅、省社会管理综合治理委员会办公室联合下发《关于切实加强全省流浪未成年人救助保护工作的紧急通知》（黔公通〔2012〕147号），全省9个市州也出台了相关文件，进一步促使各相关部门履行职责，统一协作，形成合力，整体提升流浪乞讨人员救助管理工作水平。

（二）建立保障机制，健全管理网络

针对救助管理设施匮乏现状，各地全力加快救助管理设施建设力度。如毕节市政府将落实救助管理机构建设、人员编制、经费等纳入了2012年各县工作考核目标。在建立保障机制的同时，各地还不断健全对流浪人群的管理网络。如在城市街道、镇（乡、办事处）设立救助指示（引导）牌，在镇（乡、办事处）、社区网格工作室、公安警务室挂牌设立救助点，加强对流浪人群的摸底排查并建立档案台账等。

（三）落实包保责任，强化源头预防

市、县、乡三级政府和村级自治组织实行包保责任制，逐级签订包保责任书，明确第一管控责任单位。各级民政部门在管辖区域内做好救助返乡、经常性回访、协调帮助流浪人员解决生活困难问题，千方百计保证其不再重复流浪。为了从源头上减少流浪人群的产生，各地教育部门加大了控辍保学工作，同时加强对在校学生的管理和关爱。

（四）搭建管理平台，提高救助水平

各地救助管理机构不断完善救助站的功能，重视平台建设，如贵阳市为了提高对临时工作无着落农民工的救助能力，在救助站下设了一个农民工临时寄宿点，为城市低收入者甚至无固定居住场所的农民工以及流浪者提供临时住宿救助。为了有效甄别职业跑站型流浪者，贵阳救助站引入的3套"救助管理指纹甄别系统"，使以跑救助站骗取国家救助财物为目的的"跑站骗票"行为得到了有效遏制。同时，真正有困难的流浪群体将会得到更加科学、及时的救助。

（五）创新活动载体，丰富救助形式

贵州省各级救助管理部门积极落实民政部相关部署，认真开展了诸如"接送流浪孩子回家""接送流浪孩子回校园"等专项活动。除此之外，各级救助管理部门还不断创新活动载体，丰富救助形式。如贵州各级救助管理部门积极开展了"寒冬救助行动"，据不完全统计，自寒冬救助行动开展以来，截至 2012 年 12 月 6 日，全省共救助城市生活无着落流浪人员 1 万余人次，出动工作人员 7000 余人次，发放棉衣 2000 多套。寒冬救助行动给这个冬天带来了融融暖意，救助人员用辛苦换来了流浪人员的平安。

四 贵州城市流浪人群的治理难点及原因分析

从目前对城市流浪人群治理的基本思路来看，大体上可以归纳为三步曲，即"街面搜救→引导至救助站临时安置→查明身份护送回家"。然而，这并不能有效解决流浪者的根本问题，因此也就有不少人会重复流浪。在调研中我们发现，对每个流浪个体而言，他之所以流浪街头，其背后都有着一个惊心动魄的故事。而每个故事又蕴含着深刻的经济社会原因及体制机制困境。只有把"人为什么流浪"背后的经济社会原因及体制机制困境分析清楚，并以此为基础去采取措施，才能从根本上解决城市流浪人群的救助问题。

（一）救助制度管控乏力

职业流浪乞讨是一个复杂的社会问题，特别是欺骗型乞讨和经营乞丐的"丐首"，他们干扰了人们的正常生活，严重扰乱了社会治安。可目前的情况却是救助制度管制功能的缺失难以有效管控职业乞讨流浪者。有人将这一局面形象地概括为"城管看不见，民政问自愿，公安管不了，群众有抱怨"。当这些人员影响到城市形象或者公民利益时，竟然没有一个部门有权去加以管理。出现了"告知不听、救助不去、劝阻无效、制止不服"的尴尬局面，这是相关部门治理城市流浪群体问题时遇到的最棘手问题。

（二）救助方式救多扶少

首先，救助管理与社会福利制度缺乏有效衔接。对流浪乞讨人员而言，除部分临时遇困型流浪者受助返乡后能自食其力外，多数流浪者回家后都是需要继续救助的。而目前的情况是救助管理制度与这些制度之间很难衔接，削弱了救助制度的实施效果。

其次，救助保护机构因职能及权力有限而难以推动流浪人群社会保障权益的实现。在政策的具体实践中，救助保护机构主要是为流浪人群"提供食宿、急病救治、联系亲属、护送返乡"。而其他政策规定的，诸如要加强心理辅导、行为矫治、技能培训、职业介绍、回归辅导等促进流浪人群自食其力、顺利回归社会的帮扶性措施却很少得到落实。

（三）救助人才专功不足

救助站在解决救助人员的吃、穿、住方面并无大碍，但由于救助管理人员大多缺乏医疗技能、心理辅导等专业技能，在教育、心理疏导以及医疗等方面则显得力不从心。但是，救助站却难以招到优秀的专业技术人才。在2012年救助站救助的人群中，发现了艾滋病、结核病等特殊群体，由于缺乏医务人员，给救助管理工作带来较大的困难。

（四）救助平台建设滞后

首先，救助管理机构边缘化严重。用一位民政系统工作人员的话来说："民政救助是个'雷声大雨点小'的系统，这几年社会关注度高，但对地方政府来说，却是一个不被注意的小单位。"

其次，社会福利机构建设严重不足。从全省情况看，目前贵州省敬老院不仅数量不足，在地区间的分布也很不均。如2012年贵州省农村五保集中供养率仅为15%，与"五保集中供养率达到50%"的国家标准有很大差距。由于社会福利院等福利设施建设严重不足，只有极少数的孤残人员能进社会福利院。

最后，没有社会力量参与流浪救助。课题组对省内救助部门进行了了解，

在问及是否有社会力量或者民间组织参与城市流浪人群的救助时，几乎所有救助站都反映，没有民间组织参与流浪人群的救助。

（五）智障人群救助困难

从救助痴呆傻及精神病人的救助情况看，主要存在询问难、接触难、安置难等问题，这类人员就很可能出现"流浪→救治（救助）→再流浪→再救治（救助）"的无限循环，由此浪费国家的财力，达不到对此类人员救助管理应有的效果。

（六）流浪源头不易消除

首先，监护人失责使有家难归的流浪者容易重复流浪。其次，学校除开展正常的教育教学工作之外，很难拿出更多的精力管理学生的辍学流浪问题。

五 优化贵州城市流浪人群治理的对策建议

产生流浪人群的原因是多维的，而目前的治理手段却相对单一，且还存在体制机制不顺的问题。因此，不断完善救助机制和手段，消除产生流浪人群的经济社会原因，实现标本兼治，才能实现城市流浪人群的有效治理。

（一）完善与救助制度相关的配套机制

1. 完善职业乞讨的配套治理机制

遵循"软硬兼施"的救助原则，该救助的予以积极救助，该强制管理甚至打击的也绝不手软。具体而言，可出台一个管理流浪乞讨的省级工作条例。"条例"应对《救助管理办法》中流浪乞讨人员接受救助的"自愿性原则"进行补充，特别是对未成年人的乞讨行为，明确救助站要实行保护性救助，可强制性带回救助站，并辅以心理矫治、教育引导、物质资助等，让其能回归家庭与学校。"条例"可参照美国的做法，如设置"禁讨区"、禁止"侵犯性乞讨"、禁止"欺骗性乞讨"、禁止在公共场所游荡、禁止在人行道上坐卧等。对原发型职业乞讨者，经核实后政府可试点颁发"乞讨证"，并划定乞讨区域,这一方面可对其乞讨行为进行适当的管理和规范,另一方面便于爱心人士对其献爱心。"条例"在现有法律框架内,对城市流浪乞讨人员管理乏力的相关问题进行解释补充,须对如何打击妨害公共秩序、影响公共安全、侵犯他人权益的乞讨行为等进行解释说明。

2. 完善职能部门的配合协调机制

从目前全省各地的救助管理工作来看,部门间的协调联动机制已经建立。相关制度明确规定了其他部门的职责及被要求应当配合民政部门做好救助工作,但对如果不配合并没有明确的处罚机制,造成民政部门无法有效调动相关资源进行流浪救助。因此,在目前已经建立的协调联动机制的基础上,还应明确规定相关的考核办法和处罚机制,以提高牵头部门的协调能力,以便更好地开展流浪救助管理工作。

3. 完善基层组织的救助参与机制

按照救助管理工作的具体要求和"属地管理、分级负责"的原则,在乡镇街道和社区村(居委会)设立专门的救助窗口,购置相应的办公设施,连接全国救助信息系统。派出专人负责救助管理工作并明确规定乡镇(街道)救助点的职能职责。积极引导社区救助管理工作的开展,引导社区志愿者或热心人士对车站码头、河堤、涵洞、桥洞等流浪人群容易出没的地方进行巡察,发现流浪乞讨人员及时劝导和救助。进一步增强社区群众参与救助的意识,对流浪乞讨者不直接给予钱财施舍,而是热心地劝导和引导至救助站,这既帮助了真正有困难的乞讨者,也利于打击骗乞、经验乞讨等不良行为。

(二)建立救助制度与福利制度的衔接机制

1. 建立源头预防与社会保障的衔接机制

民政部指出,"得不到及时救助是街头乞讨者增多的主因"。基层政府应对本辖区居民尤其是留守儿童、特殊困难群体及受灾家庭成员的健康、生活情况开展调查摸底,把低保、临时救助等各项民生政策与对困难群体的摸排情况联动起来,发现一例就保障一例,避免弱势困难群体因得不到及时救助而流浪街头。

2. 建立家庭收养与民政救助的衔接机制

简化收养程序，让符合条件的家庭能够合法顺利地收养弃婴和孤儿，让孤弃儿有"家"可归而不再流浪。对无人收养的孤弃儿，政府实行兜底政策将其纳入社会福利机构进行集中养育，确保此类孩子能够健康成长。

3. 建立救助送返与保障制度的衔接机制

对送返家庭的流浪人员，根据流浪者的具体困难给予有针对性的保障帮扶。如对于流浪乞讨的"五保"老人和城镇"三无"人员，应解决好他们的住房及医疗问题，切实做到应保尽保、按标施保。对送回家庭的残疾人，应努力解决好他们在康复、就业、教育、生活等方面的突出困难。对因患重大疾病或因其他突发性、不可抗拒因素，造成生活特别困难而流浪的人群，送回家庭后应配套跟上临时救济和其他民生政策，确保基本生活不出问题。

4. 建立救助管理与就业保障的衔接机制

促进有劳动能力的人自食其力是帮助流浪者摆脱流浪乞讨最重要的途径。因此，政府应根据流浪乞讨人员各方面的特征去开发和创造一些技术要求低并且比较容易让流浪乞讨者上手的工作岗位，比如搬运工、清洁工等。同时，对那些真正有意愿、有恒心提高自身劳动技能的流浪乞讨者给予有针对性的免费培训，让他们运用自己所学到的技能去寻找或者创造就业机会。

（三）完善救助管理的平台建设

1. 完善现有救助平台体系

各级政府应按照国家相关政策落实救助管理机构的人员编制，将救助管理工作经费列入财政预算。改善现有救助平台的设施条件，并不断丰富各平台的救助内容。

2. 建立一个省级救助平台

即建立贵州省救助站。这一机构在全国部分兄弟省市已经建立了。建立这一机构的好处在于该机构可以统筹指导全省的救助管理工作，加强全省各地工作的经验交流等。同时，该机构还可承担一个"兜底"的职能。如对下级救助站中实在无法查到原籍的流浪者或患有严重智障疾病的流浪者，都可送到省级救助站集中供养。另外，省级救助站可试点建立一个劳务基地，让有劳动能

社长致辞

我们是图书出版者,更是人文社会科学内容资源供应商;

我们背靠中国社会科学院,面向中国与世界人文社会科学界,坚持为人文社会科学的繁荣与发展服务;

我们精心打造权威信息资源整合平台,坚持为中国经济与社会的繁荣与发展提供决策咨询服务;

我们以读者定位自身,立志让爱书人读到好书,让求知者获得知识;

我们精心编辑、设计每一本好书以形成品牌张力,以优秀的品牌形象服务读者,开拓市场;

我们始终坚持"创社科经典,出传世文献"的经营理念,坚持"权威、前沿、原创"的产品特色;

我们"以人为本",提倡阳光下创业,员工与企业共享发展之成果;

我们立足于现实,认真对待我们的优势、劣势,我们更着眼于未来,以不断的学习与创新适应不断变化的世界,以不断的努力提升自己的实力;

我们愿与社会各界友好合作,共享人文社会科学发展之成果,共同推动中国学术出版乃至内容产业的繁荣与发展。

社会科学文献出版社社长
中国社会学会秘书长

2014 年 1 月

社会科学文献出版社　　　　　　　　　　　　　　皮书系列

"皮书"起源于十七、十八世纪的英国，主要指官方或社会组织正式发表的重要文件或报告，多以"白皮书"命名。在中国，"皮书"这一概念被社会广泛接受，并被成功运作、发展成为一种全新的出版形态，则源于中国社会科学院社会科学文献出版社。

皮书是对中国与世界发展状况和热点问题进行年度监测，以专家和学术的视角，针对某一领域或区域现状与发展态势展开分析和预测，具备权威性、前沿性、原创性、实证性、时效性等特点的连续性公开出版物，由一系列权威研究报告组成。皮书系列是社会科学文献出版社编辑出版的蓝皮书、绿皮书、黄皮书等的统称。

皮书系列的作者以中国社会科学院、著名高校、地方社会科学院的研究人员为主，多为国内一流研究机构的权威专家学者，他们的看法和观点代表了学界对中国与世界的现实和未来最高水平的解读与分析。

自20世纪90年代末推出以经济蓝皮书为开端的皮书系列以来，至今已出版皮书近1000余部，内容涵盖经济、社会、政法、文化传媒、行业、地方发展、国际形势等领域。皮书系列已成为社会科学文献出版社的著名图书品牌和中国社会科学院的知名学术品牌。

皮书系列在数字出版和国际出版方面成就斐然。皮书数据库被评为"2008~2009年度数字出版知名品牌"；经济蓝皮书、社会蓝皮书等十几种皮书每年还由国外知名学术出版机构出版英文版、俄文版、韩文版和日文版，面向全球发行。

2011年，皮书系列正式列入"十二五"国家重点出版规划项目，一年一度的皮书年会升格由中国社会科学院主办；2012年，部分重点皮书列入中国社会科学院承担的国家哲学社会科学创新工程项目。

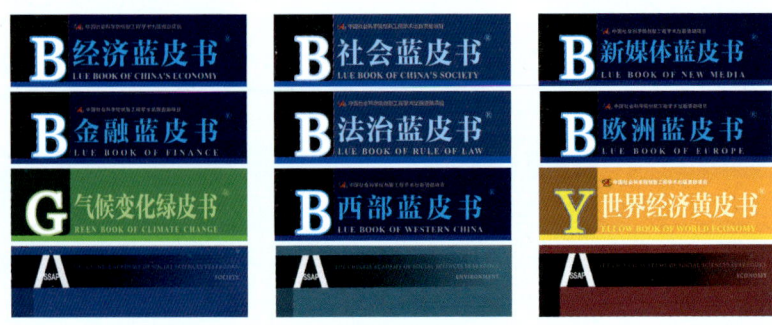

权威　前沿　原创

经济类 　　皮书系列
重点推荐

经 济 类

经济类皮书涵盖宏观经济、城市经济、大区域经济，
提供权威、前沿的分析与预测

经济蓝皮书
2014年中国经济形势分析与预测（赠阅读卡）

李 扬 / 主编　　2013年12月出版　　估价：69.00元

◆ 本书课题为"总理基金项目"，由著名经济学家李扬领衔，联合数十家科研机构、国家部委和高等院校的专家共同撰写，对2013年中国宏观及微观经济形势，特别是全球金融危机及其对中国经济的影响进行了深入分析，并且提出了2014年经济走势的预测。

世界经济黄皮书
2014年世界经济形势分析与预测（赠阅读卡）

王洛林　张宇燕 / 主编　　2014年1月出版　　估价：69.00元

◆ 2013年的世界经济仍旧行进在坎坷复苏的道路上。发达经济体经济复苏继续巩固，美国和日本经济进入低速增长通道，欧元区结束衰退并呈复苏迹象。本书展望2014年世界经济，预计全球经济增长仍将维持在中低速的水平上。

工业化蓝皮书
中国工业化进程报告（2014）（赠阅读卡）

黄群慧　吕 铁　李晓华 等 / 著　　2014年11月出版　　估价：89.00元

◆ 中国的工业化是事关中华民族复兴的伟大事业，分析跟踪研究中国的工业化进程，无疑具有重大意义。科学评价与客观认识我国的工业化水平，对于我国明确自身发展中的优势和不足，对于经济结构的升级与转型，对于制定经济发展政策，从而提升我国的现代化水平具有重要作用。

金融蓝皮书

中国金融发展报告（2014）（赠阅读卡）

李扬 王国刚 / 主编　　2013 年 12 月出版　　定价：69.00 元

◆ 由中国社会科学院金融研究所组织编写的《中国金融发展报告（2014）》，概括和分析了 2013 年中国金融发展和运行中的各方面情况，研讨和评论了 2013 年发生的主要金融事件。本书由业内专家和青年精英联合编著，有利于读者了解掌握 2013 年中国的金融状况，把握 2014 年中国金融的走势。

城市竞争力蓝皮书

中国城市竞争力报告 No.12（赠阅读卡）

倪鹏飞 / 主编　　2014 年 5 月出版　　估价：89.00 元

◆ 本书由中国社会科学院城市与竞争力研究中心主任倪鹏飞主持编写，汇集了众多研究城市经济问题的专家学者关于城市竞争力研究的最新成果。本报告构建了一套科学的城市竞争力评价指标体系，采用第一手数据材料，对国内重点城市年度竞争力格局变化进行客观分析和综合比较、排名，对研究城市经济及城市竞争力极具参考价值。

中国省域竞争力蓝皮书

中国省域经济综合竞争力发展报告（2012~2013）（赠阅读卡）

李建平　李闽榕　高燕京 / 主编　　2014 年 3 月出版　　估价：188.00 元

◆ 本书充分运用数理分析、空间分析、规范分析与实证分析相结合、定性分析与定量分析相结合的方法，建立起比较科学完善、符合中国国情的省域经济综合竞争力指标评价体系及数学模型，对 2011~2012 年中国内地 31 个省、市、区的经济综合竞争力进行全面、深入、科学的总体评价与比较分析。

农村经济绿皮书

中国农村经济形势分析与预测（2013~2014）（赠阅读卡）

中国社会科学院农村发展研究所　国家统计局农村社会经济调查司 / 著
2014 年 4 月出版　　估价：59.00 元

◆ 本书对 2013 年中国农业和农村经济运行情况进行了系统的分析和评价，对 2014 年中国农业和农村经济发展趋势进行了预测，并提出相应的政策建议，专题部分将围绕某个重大的理论和现实问题进行多维、深入、细致的分析和探讨。

经济类　皮书系列 重点推荐

西部蓝皮书

中国西部经济发展报告（2014）（赠阅读卡）

姚慧琴　徐璋勇/主编　　2014年7月出版　　估价:69.00元

◆ 本书由西北大学中国西部经济发展研究中心主编，汇集了源自西部本土以及国内研究西部问题的权威专家的第一手资料，对国家实施西部大开发战略进行年度动态跟踪，并对2014年西部经济、社会发展态势进行预测和展望。

气候变化绿皮书

应对气候变化报告（2014）（赠阅读卡）

王伟光　郑国光/主编　　2014年11月出版　　估价:79.00元

◆ 本书由社科院城环所和国家气候中心共同组织编写，各篇报告的作者长期从事气候变化科学问题、社会经济影响，以及国际气候制度等领域的研究工作，密切跟踪国际谈判的进程，参与国家应对气候变化相关政策的咨询，有丰富的理论与实践经验。

就业蓝皮书

2014年中国大学生就业报告（赠阅读卡）

麦可思研究院/编著　　王伯庆　郭娇/主审
2014年6月出版　　估价:98.00元

◆ 本书是迄今为止关于中国应届大学毕业生就业、大学毕业生中期职业发展及高等教育人口流动情况的视野最为宽广、资料最为翔实、分类最为精细的实证调查和定量研究；为我国教育主管部门的教育决策提供了极有价值的参考。

企业社会责任蓝皮书

中国企业社会责任研究报告（2014）（赠阅读卡）

黄群慧　彭华岗　钟宏武　张蒽/编著
2014年11月出版　　估价:69.00元

◆ 本书系中国社会科学院经济学部企业社会责任研究中心组织编写的《企业社会责任蓝皮书》2014年分册。该书在对企业社会责任进行宏观总体研究的基础上，根据2013年企业社会责任及相关背景进行了创新研究，在全国企业中观层面对企业健全社会责任管理体系提供了弥足珍贵的丰富信息。

社会政法类

社会政法类皮书聚焦社会发展领域的热点、难点问题，提供权威、原创的资讯与视点

社会蓝皮书

2014年中国社会形势分析与预测（赠阅读卡）

李培林　陈光金　张　翼/主编　2013年12月出版　估价:69.00元

◆ 本报告是中国社会科学院"社会形势分析与预测"课题组2014年度分析报告，由中国社会科学院社会学研究所组织研究机构专家、高校学者和政府研究人员撰写。对2013年中国社会发展的各个方面内容进行了权威解读，同时对2014年社会形势发展趋势进行了预测。

法治蓝皮书

中国法治发展报告 No.12（2014）（赠阅读卡）

李　林　田　禾/主编　2014年2月出版　估价:98.00元

◆ 本年度法治蓝皮书一如既往秉承关注中国法治发展进程中的焦点问题的特点，回顾总结了2013年度中国法治发展取得的成就和存在的不足，并对2014年中国法治发展形势进行了预测和展望。

民间组织蓝皮书

中国民间组织报告（2014）（赠阅读卡）

黄晓勇/主编　2014年8月出版　估价:69.00元

◆ 本报告是中国社会科学院"民间组织与公共治理研究"课题组推出的第五本民间组织蓝皮书。基于国家权威统计数据、实地调研和广泛搜集的资料，本报告对2012年以来我国民间组织的发展现状、热点专题、改革趋势等问题进行了深入研究，并提出了相应的政策建议。

社会政法类　皮书系列 重点推荐

社会保障绿皮书
中国社会保障发展报告（2014）No.6（赠阅读卡）
王延中 / 主编　2014 年 9 月出版　估价 :69.00 元

◆ 社会保障是调节收入分配的重要工具，随着社会保障制度的不断建立健全、社会保障覆盖面的不断扩大和社会保障资金的不断增加，社会保障在调节收入分配中的重要性不断提高。本书全面评述了 2013 年以来社会保障制度各个主要领域的发展情况。

环境绿皮书
中国环境发展报告（2014）（赠阅读卡）
刘鉴强 / 主编　2014 年 4 月出版　估价 :69.00 元

◆ 本书由民间环保组织"自然之友"组织编写，由特别关注、生态保护、宜居城市、可持续消费以及政策与治理等版块构成，以公共利益的视角记录、审视和思考中国环境状况，呈现 2013 年中国环境与可持续发展领域的全局态势，用深刻的思考、科学的数据分析 2013 年的环境热点事件。

教育蓝皮书
中国教育发展报告（2014）（赠阅读卡）
杨东平 / 主编　2014 年 3 月出版　估价 :69.00 元

◆ 本书站在教育前沿，突出教育中的问题，特别是对当前教育改革中出现的教育公平、高校教育结构调整、义务教育均衡发展等问题进行了深入分析，从教育的内在发展谈教育，又从外部条件来谈教育，具有重要的现实意义，对我国的教育体制的改革与发展具有一定的学术价值和参考意义。

反腐倡廉蓝皮书
中国反腐倡廉建设报告 No.3（赠阅读卡）
中国社会科学院中国廉政研究中心 / 上编
2013 年 12 月出版　估价 :79.00 元

◆ 本书抓住了若干社会热点和焦点问题，全面反映了新时期新阶段中国反腐倡廉面对的严峻局面，以及中国共产党反腐倡廉建设的新实践新成果。根据实地调研、问卷调查和舆情分析，梳理了当下社会普遍关注的与反腐败密切相关的热点问题。

皮书系列重点推荐　　行业报告类

行业报告类

行业报告类皮书立足重点行业、新兴行业领域，
提供及时、前瞻的数据与信息

房地产蓝皮书
中国房地产发展报告No.11（赠阅读卡）
魏后凯　李景国/主编　　2014年4月出版　　估价:79.00元

◆ 本书由中国社会科学院城市发展与环境研究所组织编写，秉承客观公正、科学中立的原则，深度解析2013年中国房地产发展的形势和存在的主要矛盾，并预测2014年及未来10年或更长时间的房地产发展大势。观点精辟，数据翔实，对关注房地产市场的各阶层人士极具参考价值。

旅游绿皮书
2013~2014年中国旅游发展分析与预测（赠阅读卡）
宋瑞/主编　　2013年12月出版　　定价:69.00元

◆ 如何从全球的视野理性审视中国旅游，如何在世界旅游版图上客观定位中国，如何积极有效地推进中国旅游的世界化，如何制定中国实现世界旅游强国梦想的路线图？本年度开始，《旅游绿皮书》将围绕"世界与中国"这一主题进行系列研究，以期为推进中国旅游的长远发展提供科学参考和智力支持。

信息化蓝皮书
中国信息化形势分析与预测（2014）（赠阅读卡）
周宏仁/主编　　2014年7月出版　　估价:98.00元

◆ 本书在以中国信息化发展的分析和预测为重点的同时，反映了过去一年间中国信息化关注的重点和热点，视野宽阔，观点新颖，内容丰富，数据翔实，对中国信息化的发展有很强的指导性，可读性很强。

企业蓝皮书

中国企业竞争力报告（2014）（赠阅读卡）

金 碚/主编　　2014年11月出版　　估价:89.00元

◆ 中国经济正处于新一轮的经济波动中，如何保持稳健的经营心态和经营方式并进一步求发展，对于企业保持并提升核心竞争力至关重要。本书利用上市公司的财务数据，研究上市公司竞争力变化的最新趋势，探索进一步提升中国企业国际竞争力的有效途径，这无论对实践工作者还是理论研究者都具有重大意义。

食品药品蓝皮书

食品药品安全与监管政策研究报告（2014）（赠阅读卡）

唐民皓/主编　　2014年7月出版　　估价:69.00元

◆ 食品药品安全是当下社会关注的焦点问题之一，如何破解食品药品安全监管重点难点问题是需要以社会合力才能解决的系统工程。本书围绕安全热点问题、监管重点问题和政策焦点问题，注重于对食品药品公共政策和行政监管体制的探索和研究。

流通蓝皮书

中国商业发展报告（2013~2014）（赠阅读卡）

荆林波/主编　　2014年5月出版　　估价:89.00元

◆ 《中国商业发展报告》是中国社会科学院财经战略研究院与香港利丰研究中心合作的成果，并且在2010年开始以中英文版同步在全球发行。蓝皮书从关注中国宏观经济出发，突出中国流通业的宏观背景反映了本年度中国流通业发展的状况。

住房绿皮书

中国住房发展报告（2013~2014）（赠阅读卡）

倪鹏飞/主编　　2013年12月出版　　估价:79.00元

◆ 本报告从宏观背景、市场主体、市场体系、公共政策和年度主题五个方面，对中国住宅市场体系做了全面系统的分析、预测与评价，并给出了相关政策建议，并在评述2012~2013年住房及相关市场走势的基础上，预测了2013~2014年住房及相关市场的发展变化。

国别与地区类

国别与地区类皮书关注全球重点国家与地区，提供全面、独特的解读与研究

亚太蓝皮书

亚太地区发展报告（2014）（赠阅读卡）

李向阳/主编　　2013年12月出版　　定价:69.00元

◆ 本书是由中国社会科学院亚太与全球战略研究院精心打造的又一品牌皮书，关注时下亚太地区局势发展动向里隐藏的中长趋势，剖析亚太地区政治与安全格局下的区域形势最新动向以及地区关系发展的热点问题，并对2014年亚太地区重大动态作出前瞻性的分析与预测。

日本蓝皮书

日本研究报告（2014）（赠阅读卡）

李　薇/主编　　2014年2月出版　　估价:69.00元

◆ 本书由中华日本学会、中国社会科学院日本研究所合作推出，是以中国社会科学院日本研究所的研究人员为主完成的研究成果。对2013年日本的政治、外交、经济、社会文化作了回顾、分析与展望，并收录了该年度日本大事记。

欧洲蓝皮书

欧洲发展报告(2013~2014)（赠阅读卡）

周　弘/主编　　2014年3月出版　　估价:89.00元

◆ 本年度的欧洲发展报告，对欧洲经济、政治、社会、外交等面的形式进行了跟踪介绍与分析。力求反映作为一个整体的欧盟及30多个欧洲国家在2013年出现的各种变化。

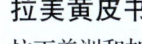

国别与地区类

皮书系列
重点推荐

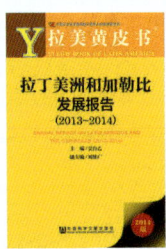

拉美黄皮书

拉丁美洲和加勒比发展报告（2013~2014）（赠阅读卡）

吴白乙 / 主编　2014年4月出版　估价：89.00元

◆ 本书是中国社会科学院拉丁美洲研究所的第13份关于拉丁美洲和加勒比地区发展形势状况的年度报告。本书对2013年拉丁美洲和加勒比地区诸国的政治、经济、社会、外交等方面的发展情况做了系统介绍，对该地区相关国家的热点及焦点问题进行了总结和分析，并在此基础上对该地区各国2014年的发展前景做出预测。

澳门蓝皮书

澳门经济社会发展报告（2013~2014）（赠阅读卡）

吴志良　郝雨凡 / 主编　2014年3月出版　估价：79.00元

◆ 本书集中反映2013年本澳各个领域的发展动态，总结评价近年澳门政治、经济、社会的总体变化，同时对2014年社会经济情况作初步预测。

日本经济蓝皮书

日本经济与中日经贸关系研究报告（2014）（赠阅读卡）

王洛林　张季风 / 主编　2014年5月出版　估价：79.00元

◆ 本书对当前日本经济以及中日经济合作的发展动态进行了多角度、全景式的深度分析。本报告回顾并展望了2013~2014年度日本宏观经济的运行状况。此外，本报告还收录了大量来自于日本政府权威机构的数据图表，具有极高的参考价值。

美国蓝皮书

美国问题研究报告（2014）（赠阅读卡）

黄平　倪峰 / 主编　2014年6月出版　估价：89.00元

◆ 本书是由中国社会科学院美国所主持完成的研究成果，它回顾了美国2013年的经济、政治形势与外交战略，对2013年以来美国内政外交发生的重大事件以及重要政策进行了较为全面的回顾和梳理。

皮书系列
重点推荐

地方发展类

地方发展类

 地方发展类皮书关注大陆各省份、经济区域，提供科学、多元的预判与咨政信息

社会建设蓝皮书
2014年北京社会建设分析报告（赠阅读卡）

宋贵伦/主编　2014年4月出版　估价：69.00元

◆ 本书依据社会学理论框架和分析方法，对北京市的人口、就业、分配、社会阶层以及城乡关系等社会学基本问题进行了广泛调研与分析，对广受社会关注的住房、教育、医疗、养老、交通等社会热点问题做了深刻了解与剖析，对日益显现的征地搬迁、外籍人口管理、群体性心理障碍等进行了有益探讨。

温州蓝皮书
2014年温州经济社会形势分析与预测（赠阅读卡）

潘忠强　王春光　金浩/主编　2014年4月出版　估价：69.00元

◆ 本书是由中共温州市委党校与中国社会科学院社会学研究所合作推出的第七部"温州经济社会形势分析与预测"年度报告，深入全面分析了2013年温州经济、社会、政治、文化发展的主要特点、经验、成效与不足，提出了相应的政策建议。

上海蓝皮书
上海资源环境发展报告（2014）（赠阅读卡）

周冯琦　汤庆合　王利民/著　2014年1月出版　估价：59.00元

◆ 本书在上海所面临资源环境风险的来源、程度、成因、对策等方面作了些有益的探索，希望能对有关部门完善上海的资源环境风险防控工作提供一些有价值的参考，也让普通民众更全面地了解上海资源环境风险及其防控的图景。

广州蓝皮书

2014年中国广州社会形势分析与预测（赠阅读卡）

易佐永　杨　秦　顾涧清/主编　　2014年5月出版　　估价:65.00元

◆　本书由广州大学与广州市委宣传部、广州市人力资源和社会保障局联合主编，汇集了广州科研团体、高等院校和政府部门诸多社会问题研究专家、学者和实际部门工作者的最新研究成果，是关于广州社会运行情况和相关专题分析与预测的重要参考资料。

河南经济蓝皮书

2014年河南经济形势分析与预测（赠阅读卡）

胡五岳/主编　　2014年4月出版　　估价:59.00元

◆　本书由河南省统计局主持编纂。该分析与展望以2013年最新年度统计数据为基础，科学研判河南经济发展的脉络轨迹、分析年度运行态势；以客观翔实、权威资料为特征，突出科学性、前瞻性和可操作性，服务于科学决策和科学发展。

陕西蓝皮书

陕西社会发展报告（2014）（赠阅读卡）

任宗哲　石　英　江　波/主编　　2014年1月出版　　估价:65.00元

◆　本书系统而全面地描述了陕西省2013年社会发展各个领域所取得的成就、存在的问题、面临的挑战及其应对思路，为更好地思考2014年陕西发展前景、政策指向和工作策略等方面提供了一个较为简洁清晰的参考蓝本。

上海蓝皮书

上海经济发展报告（2014）（赠阅读卡）

沈开艳/主编　　2014年1月出版　　估价:69.00元

◆　本书系上海社会科学院系列之一，报告对2014年上海经济增长与发展趋势的进行了预测，把握了上海经济发展的脉搏和学术研究的前沿。

皮书系列 重点推荐 地方发展类·文化传媒类

广州蓝皮书
广州经济发展报告（2014）（赠阅读卡）

李江涛 刘江华/主编　2014年6月出版　估价：65.00元

◆ 本书是由广州市社会科学院主持编写的"广州蓝皮书"系列之一，本报告对广州2013年宏观经济运行情况作了深入分析，对2014年宏观经济走势进行了合理预测，并在此基础上提出了相应的政策建议。

文 化 传 媒 类

文化传媒类皮书透视文化领域、文化产业，
探索文化大繁荣、大发展的路径

新媒体蓝皮书
中国新媒体发展报告No.4(2013)（赠阅读卡）

唐绪军/主编　　2014年6月出版　估价：69.00元

◆ 本书由中国社会科学院新闻与传播研究所和上海大学合作编写，在构建新媒体发展研究基本框架的基础上，全面梳理2013年中国新媒体发展现状，发表最前沿的网络媒体深度调查数据和研究成果，并对新媒体发展的未来趋势做出预测。

舆情蓝皮书
中国社会舆情与危机管理报告（2014）（赠阅读卡）

谢耘耕/主编　　2014年8月出版　　估价：85.00元

◆ 本书由上海交通大学舆情研究实验室和危机管理研究中心主编，已被列入教育部人文社会科学研究报告培育项目。本书以新媒体环境下的中国社会为立足点，对2013年中国社会舆情、分类舆情等进行了深入系统的研究,并预测了2014年社会舆情走势。

经济类 皮书系列 2014全品种

经济类

产业蓝皮书
中国产业竞争力报告（2014）No.4
著（编）者：张其仔　2014年5月出版／估价：79.00元

长三角蓝皮书
2014年率先基本实现现代化的长三角
著（编）者：刘志彪　2014年6月出版／估价：120.00元

城市竞争力蓝皮书
中国城市竞争力报告No.12
著（编）者：倪鹏飞　2014年5月出版／估价：89.00元

城市蓝皮书
中国城市发展报告No.7
著（编）者：潘家华　魏后凯　2014年7月出版／估价：69.00元

城市群蓝皮书
中国城市群发展指数报告（2014）
著（编）者：刘士林　刘新静　2014年10月出版／估价：59.00元

城乡统筹蓝皮书
中国城乡统筹发展报告（2014）
著（编）者：程志强、潘晨光　2014年3月出版／估价：59.00元

城乡一体化蓝皮书
中国城乡一体化发展报告（2014）
著（编）者：汝信　付崇兰　2014年8月出版／估价：59.00元

城镇化蓝皮书
中国城镇化健康发展报告（2014）
著（编）者：张占斌　2014年10月出版／估价：69.00元

低碳发展蓝皮书
中国低碳发展报告（2014）
著（编）者：齐晔　2014年7月出版／估价：69.00元

低碳经济蓝皮书
中国低碳经济发展报告（2014）
著（编）者：薛进军　赵忠秀　2014年5月出版／估价：79.00元

东北蓝皮书
中国东北地区发展报告（2014）
著（编）者：鲍振东　曹晓峰　2014年8月出版／估价：79.00元

发展和改革蓝皮书
中国经济发展和体制改革报告No.7
著（编）者：邹东涛　2014年7月出版／估价：79.00元

工业化蓝皮书
中国工业化进程报告（2014）
著（编）者：黄群慧　吕铁　李晓华　等
2014年11月出版／估价：89.00元

国际城市蓝皮书
国际城市发展报告（2014）
著（编）者：屠启宇　2014年1月出版／估价：69.00元

国家创新蓝皮书
国家创新发展报告（2013~2014）
著（编）者：陈劲　2014年3月出版／估价：69.00元

国家竞争力蓝皮书
中国国家竞争力报告No.2
著（编）者：倪鹏飞　2014年10月出版／估价：98.00元

宏观经济蓝皮书
中国经济增长报告（2014）
著（编）者：张平　刘霞辉　2014年10月出版／估价：69.00元

减贫蓝皮书
中国减贫与社会发展报告
著（编）者：黄承伟　2014年7月出版／估价：69.00元

金融蓝皮书
中国金融发展报告（2014）
著（编）者：李扬　王国刚　2013年12月出版／定价：69.00元

经济蓝皮书
2014年中国经济形势分析与预测
著（编）者：李扬　2013年12月出版／估价：69.00元

经济蓝皮书春季号
中国经济前景分析——2014年春季报告
著（编）者：李扬　2014年4月出版／估价：59.00元

经济信息绿皮书
中国与世界经济发展报告（2014）
著（编）者：王长胜　2013年12月出版／定价：69.00元

就业蓝皮书
2014年中国大学生就业报告
著（编）者：麦可思研究院　2014年6月出版／估价：98.00元

民营经济蓝皮书
中国民营经济发展报告No.10（2013～2014）
著（编）者：黄孟复　2014年9月出版／估价：69.00元

民营企业蓝皮书
中国民营企业竞争力报告No.7（2014）
著（编）者：刘迎秋　2014年1月出版／估价：79.00元

农村绿皮书
中国农村经济形势分析与预测（2014）
著（编）者：中国社会科学院农村发展研究所
　　　　　国家统计局农村社会经济调查司　著
2014年4月出版／估价：59.00元

企业公民蓝皮书
中国企业公民报告No.4
著（编）者：邹东涛　2014年7月出版／估价：69.00元

企业社会责任蓝皮书
中国企业社会责任研究报告（2014）
著（编）者：黄群慧　彭华岗　钟宏武　等
2014年11月出版／估价：59.00元

气候变化绿皮书
应对气候变化报告（2014）
著（编）者：王伟光　郑国光　2014年11月出版／估价：79.00元

区域蓝皮书
中国区域经济发展报告（2014）
著（编）者：梁昊光　2014年4月出版／估价：69.00元

皮书系列 2014全品种

经济类·社会政法类

人口与劳动绿皮书
中国人口与劳动问题报告No.15
著(编)者：蔡昉　2014年6月出版 / 估价:69.00元

生态经济（建设）绿皮书
中国经济（建设）发展报告（2013~2014）
著(编)者：黄浩涛　李周　2014年10月出版 / 估价:69.00元

世界经济黄皮书
2014年世界经济形势分析与预测
著(编)者：王洛林　张宇燕　2014年1月出版 / 估价:69.00元

西北蓝皮书
中国西北发展报告（2014）
著(编)者：张进海　陈冬红　段庆林　2014年1月出版 / 定价:65.00元

西部蓝皮书
中国西部发展报告（2014）
著(编)者：姚慧琴　徐璋勇　2014年7月出版 / 估价:69.00元

新型城镇化蓝皮书
新型城镇化发展报告（2014）
著(编)者：沈体雁　李伟　宋敏　2014年3月出版 / 估价:69.00元

新兴经济体蓝皮书
金砖国家发展报告（2014）
著(编)者：林跃勤　周文　2014年3月出版 / 估价:79.00元

循环经济绿皮书
中国循环经济发展报告（2013~2014）
著(编)者：齐建国　2014年12月出版 / 估价:69.00元

中部竞争力蓝皮书
中国中部经济社会竞争力报告（2014）
著(编)者：教育部人文社会科学重点研究基地
南昌大学中国中部经济社会发展研究中心
2014年7月出版 / 估价:59.00元

中部蓝皮书
中国中部地区发展报告（2014）
著(编)者：朱有志　2014年10月出版 / 估价:59.00元

中国科技蓝皮书
中国科技发展报告（2014）
著(编)者：陈劲　2014年4月出版 / 估价:69.00元

中国省域竞争力蓝皮书
中国省域经济综合竞争力发展报告（2012~2013）
著(编)者：李建平　李闽榕　高燕京　2014年3月出版 / 估价:188.00元

中三角蓝皮书
长江中游城市群发展报告（2013~2014）
著(编)者：秦尊文　2014年6月出版 / 估价:69.00元

中小城市绿皮书
中国中小城市发展报告（2014）
著(编)者：中国城市经济学会中小城市经济发展委员会
《中国中小城市发展报告》编纂委员会
2014年10月出版 / 估价:98.00元

中原蓝皮书
中原经济区发展报告（2014）
著(编)者：刘怀廉　2014年6月出版 / 估价:68.00元

社会政法类

殡葬绿皮书
中国殡葬事业发展报告（2014）
著(编)者：朱勇　副主编　李伯森　2014年3月出版 / 估价:59.00元

城市创新蓝皮书
中国城市创新报告（2014）
著(编)者：周天勇　旷建伟　2014年7月出版 / 估价:69.00元

城市管理蓝皮书
中国城市管理报告2014
著(编)者：谭维克　刘林　2014年7月出版 / 估价:98.00元

城市生活质量蓝皮书
中国城市生活质量指数报告（2014）
著(编)者：张平　2014年7月出版 / 估价:59.00元

城市政府能力蓝皮书
中国城市政府公共服务能力评估报告（2014）
著(编)者：何艳玲　2014年7月出版 / 估价:59.00元

创新蓝皮书
创新型国家建设报告（2014）
著(编)者：詹正茂　2014年7月出版 / 估价:69.00元

慈善蓝皮书
中国慈善发展报告（2014）
著(编)者：杨团　2014年6月出版 / 估价:69.00元

法治蓝皮书
中国法治发展报告No.12（2014）
著(编)者：李林　田禾　2014年2月出版 / 估价:98.00元

反腐倡廉蓝皮书
中国反腐倡廉建设报告No.3
著(编)者：李秋芳　2013年12月出版 / 估价:79.00元

非传统安全蓝皮书
中国非传统安全研究报告（2014）
著(编)者：余潇枫　2014年5月出版 / 估价:69.00元

社会政法类 | 皮书系列 2014全品种

妇女发展蓝皮书
福建省妇女发展报告（2014）
著(编)者：刘群英　2014年10月出版／估价:58.00元

妇女发展蓝皮书
中国妇女发展报告No.5
著(编)者：王金玲　高小贤　2014年5月出版／估价:65.00元

妇女教育蓝皮书
中国妇女教育发展报告No.3
著(编)者：张李玺　2014年10月出版／估价:69.00元

公共服务满意度蓝皮书
中国城市公共服务评价报告（2014）
著(编)者：胡伟　2014年11月出版／估价:69.00元

公共服务蓝皮书
中国城市基本公共服务力评价（2014）
著(编)者：侯惠勤　辛向阳　易定宏
2014年10月出版／估价:55.00元

公民科学素质蓝皮书
中国公民科学素质调查报告（2013~2014）
著(编)者：李群　许佳军　2014年2月出版／估价:69.00元

公益蓝皮书
中国公益发展报告（2014）
著(编)者：朱健刚　2014年5月出版／估价:78.00元

国际人才蓝皮书
中国海归创业发展报告（2014）No.2
著(编)者：王辉耀　路江涌　2014年10月出版／估价:69.00元

国际人才蓝皮书
中国留学发展报告（2014）No.3
著(编)者：王辉耀　2014年9月出版／估价:59.00元

行政改革蓝皮书
中国行政体制改革报告（2014）No.3
著(编)者：魏礼群　2014年3月出版／估价:69.00元

华侨华人蓝皮书
华侨华人研究报告（2014）
著(编)者：丘进　2014年5月出版／估价:128.00元

环境竞争力绿皮书
中国省域环境竞争力发展报告（2014）
著(编)者：李建平　李闽榕　王金南
2014年12月出版／估价:148.00元

环境绿皮书
中国环境发展报告（2014）
著(编)者：刘鉴强　2014年4月出版／估价:69.00元

基本公共服务蓝皮书
中国省级政府基本公共服务发展报告（2014）
著(编)者：孙德超　2014年1月出版／估价:69.00元

基金会透明度蓝皮书
中国基金会透明度发展研究报告（2014）
著(编)者：基金会中心网　2014年7月出版／估价:79.00元

教师蓝皮书
中国中小学教师发展报告（2014）
著(编)者：曾晓东　2014年4月出版／估价:59.00元

教育蓝皮书
中国教育发展报告（2014）
著(编)者：杨东平　2014年3月出版／估价:69.00元

科普蓝皮书
中国科普基础设施发展报告（2014）
著(编)者：任福君　2014年6月出版／估价:79.00元

口腔健康蓝皮书
中国口腔健康发展报告（2014）
著(编)者：胡德渝　2014年12月出版／估价:59.00元

老龄蓝皮书
中国老龄事业发展报告（2014）
著(编)者：吴玉韶　2014年2月出版／估价:59.00元

连片特困区蓝皮书
中国连片特困区发展报告（2014）
著(编)者：丁建军　冷志明　游俊　2014年3月出版／估价:79.00元

民间组织蓝皮书
中国民间组织报告（2014）
著(编)者：黄晓勇　2014年8月出版／估价:69.00元

民族发展蓝皮书
中国民族区域自治发展报告（2014）
著(编)者：郝时远　2014年6月出版／估价:98.00元

女性生活蓝皮书
中国女性生活状况报告No.8（2014）
著(编)者：韩湘景　2014年3月出版／估价:78.00元

汽车社会蓝皮书
中国汽车社会发展报告（2014）
著(编)者：土俊秀　2014年1月出版／估价:59.00元

青年蓝皮书
中国青年发展报告（2014）No.2
著(编)者：廉思　2014年6月出版／估价:59.00元

全球环境竞争力绿皮书
全球环境竞争力发展报告（2014）
著(编)者：李建平　李闽榕　王金南　2014年11月出版／估价:69.00元

青少年蓝皮书
中国未成年人新媒体运用报告（2014）
著(编)者：李文革　沈杰　李为民　2014年6月出版／估价:69.00元

皮书系列 2014全品种 — 社会政法类·行业报告类

区域人才蓝皮书
中国区域人才竞争力报告No.2
著(编)者:桂昭明 王辉耀　2014年6月出版 / 估价:69.00元

人才蓝皮书
中国人才发展报告(2014)
著(编)者:潘晨光　2014年10月出版 / 估价:79.00元

人权蓝皮书
中国人权事业发展报告No.4(2014)
著(编)者:李君如　2014年7月出版 / 估价:98.00元

世界人才蓝皮书
全球人才发展报告No.1
著(编)者:孙学玉 张冠梓　2013年12月出版 / 估价:69.00元

社会保障绿皮书
中国社会保障发展报告(2014)No.6
著(编)者:王延中　2014年4月出版 / 估价:69.00元

社会工作蓝皮书
中国社会工作发展报告(2013~2014)
著(编)者:王杰秀 邹文开　2014年8月出版 / 估价:59.00元

社会管理蓝皮书
中国社会管理创新报告No.3
著(编)者:连玉明　2014年9月出版 / 估价:79.00元

社会蓝皮书
2014年中国社会形势分析与预测
著(编)者:李培林 陈光金 张翼　2013年12月出版 / 估价:69.00元

社会体制蓝皮书
中国社会体制改革报告(2014)No.2
著(编)者:龚维斌　2014年5月出版 / 估价:59.00元

社会心态蓝皮书
2014年中国社会心态研究报告
著(编)者:王俊秀 杨宜音　2014年1月出版 / 估价:59.00元

生态城市绿皮书
中国生态城市建设发展报告(2014)
著(编)者:李景源 孙伟平 刘举科　2014年6月出版 / 估价:128.00元

生态文明绿皮书
中国省域生态文明建设评价报告(ECI 2014)
著(编)者:严耕　2014年9月出版 / 估价:98.00元

世界创新竞争力黄皮书
世界创新竞争力发展报告(2014)
著(编)者:李建平 李闽榕 赵新力　2014年11月出版 / 估价:128.0

水与发展蓝皮书
中国水风险评估报告(2014)
著(编)者:苏杨　2014年9月出版 / 估价:69.00元

危机管理蓝皮书
中国危机管理报告(2014)
著(编)者:文学国 范正青　2014年8月出版 / 估价:79.00元

小康蓝皮书
中国全面建设小康社会监测报告(2014)
著(编)者:潘璠　2014年11月出版 / 估价:59.00元

形象危机应对蓝皮书
形象危机应对研究报告(2014)
著(编)者:唐钧　2014年9月出版 / 估价:118.00元

政治参与蓝皮书
中国政治参与报告(2014)
著(编)者:房宁　2014年7月出版 / 估价:58.00元

政治发展蓝皮书
中国政治发展报告(2014)
著(编)者:房宁 杨海蛟　2014年6月出版 / 估价:98.00元

宗教蓝皮书
中国宗教报告(2014)
著(编)者:金泽 邱永辉　2014年8月出版 / 估价:59.00元

社会组织蓝皮书
中国社会组织评估报告(2014)
著(编)者:徐家良　2014年3月出版 / 估价:69.00元

政府绩效评估蓝皮书
中国地方政府绩效评估报告(2014)
著(编)者:贠杰　2014年9月出版 / 估价:69.00元

行业报告类

保健蓝皮书
中国保健服务产业发展报告No.2
著(编)者:中国保健协会 中共中央党校
2014年7月出版 / 估价:198.00元

保健蓝皮书
中国保健食品产业发展报告No.2
著(编)者:中国保健协会
　　　　中国社会科学院食品药品产业发展与监管研究中心
2014年7月出版 / 估价:198.00元

保健蓝皮书
中国保健用品产业发展报告No.2
著(编)者:中国保健协会　2014年3月出版 / 估价:198.00元

保险蓝皮书
中国保险业竞争力报告(2014)
著(编)者:罗忠敏　2014年1月出版 / 估价:98.00元

行业报告类 皮书系列 2014全品种

餐饮产业蓝皮书
中国餐饮产业发展报告（2014）
著(编)者:中国烹饪协会 中国社会科学院财经战略研究院
2014年5月出版 / 估价:59.00元

测绘地理信息蓝皮书
中国地理信息产业发展报告（2014）
著(编)者:徐德明 2014年12月出版 / 估价:98.00元

茶业蓝皮书
中国茶产业发展报告（2014）
著(编)者:李闽榕 杨江帆 2014年4月出版 / 估价:79.00元

产权市场蓝皮书
中国产权市场发展报告（2014）
著(编)者:曹和平 2014年1月出版 / 估价:69.00元

产业安全蓝皮书
中国出版与传媒安全报告（2014）
著(编)者:北京交通大学中国产业安全研究中心
2014年1月出版 / 估价:59.00元

产业安全蓝皮书
中国医疗产业安全报告（2014）
著(编)者:北京交通大学中国产业安全研究中心
2014年1月出版 / 估价:59.00元

产业安全蓝皮书
中国医疗产业安全报告（2014）
著(编)者:李孟刚 2014年7月出版 / 估价:69.00元

产业安全蓝皮书
中国文化产业安全蓝皮书(2013~2014)
著(编)者:高海涛 刘益 2014年3月出版 / 估价:69.00元

产业安全蓝皮书
中国出版传媒产业安全报告（2014）
著(编)者:孙万军 王玉海 2014年12月出版 / 估价:69.00元

典当业蓝皮书
中国典当行业发展报告（2013~2014）
著(编)者:黄育华 王力 张红地
2014年10月出版 / 估价:69.00元

电子商务蓝皮书
中国城市电子商务影响力报告（2014）
著(编)者:荆林波 2014年5月出版 / 估价:69.00元

电子政务蓝皮书
中国电子政务发展报告（2014）
著(编)者:洪毅 王长胜 2014年2月出版 / 估价:59.00元

杜仲产业绿皮书
中国杜仲橡胶资源与产业发展报告（2014）
著(编)者:杜红岩 胡文臻 俞锐
2014年9月出版 / 估价:99.00元

房地产蓝皮书
中国房地产发展报告No.11
著(编)者:魏后凯 李景国 2014年4月出版 / 估价:79.00元

服务外包蓝皮书
中国服务外包产业发展报告（2014）
著(编)者:王晓红 李皓 2014年4月出版 / 估价:89.00元

高端消费蓝皮书
中国高端消费市场研究报告
著(编)者:依绍华 王雪峰 2013年12月出版 / 估价:69.00元

会展经济蓝皮书
中国会展经济发展报告（2014）
著(编)者:过聚荣 2014年9月出版 / 估价:65.00元

会展蓝皮书
中外会展业动态评估年度报告（2014）
著(编)者:张敏 2014年8月出版 / 估价:68.00元

基金会绿皮书
中国基金会发展独立研究报告（2014）
著(编)者:基金会中心网 2014年8月出版 / 估价:58.00元

交通运输蓝皮书
中国交通运输服务发展报告（2014）
著(编)者:林晓言 卜伟 武剑红
2014年10月出版 / 估价:69.00元

金融监管蓝皮书
中国金融监管报告（2014）
著(编)者:胡滨 2014年9月出版 / 估价:65.00元

金融蓝皮书
中国金融中心发展报告（2014）
著(编)者:中国社会科学院金融研究所
中国博士后特华科研工作站 王力 黄育华
2014年10月出版 / 估价:59.00元

金融蓝皮书
中国商业银行竞争力报告（2014）
著(编)者:王松奇 2014年5月出版 / 估价:79.00元

金融蓝皮书
中国金融发展报告（2014）
著(编)者:李扬 王国刚 2013年12月出版 / 估价:69.00元

金融蓝皮书
中国金融法治报告（2014）
著(编)者:胡滨 全先银 2014年3月出版 / 估价:65.00元

金融蓝皮书
中国金融产品与服务报告（2014）
著(编)者:殷剑峰 2014年6月出版 / 估价:59.00元

金融信息服务蓝皮书
金融信息服务业发展报告（2014）
著(编)者:鲁广锦 2014年11月出版 / 估价:69.00元

皮书系列 2014全品种
行业报告类

抗衰老医学蓝皮书
抗衰老医学发展报告（2014）
著(编)者：罗伯特·高德曼 罗纳德·科莱兹
尼尔·布什 朱敏 金大鹏 郭弋
2014年3月出版 / 估价:69.00元

客车蓝皮书
中国客车产业发展报告（2014）
著(编)者：姚蔚 2014年12月出版 / 估价:69.00元

科学传播蓝皮书
中国科学传播报告（2014）
著(编)者：詹正茂 2014年4月出版 / 估价:69.00元

流通蓝皮书
中国商业发展报告（2014）
著(编)者：荆林波 2014年5月出版 / 估价:89.00元

旅游安全蓝皮书
中国旅游安全报告（2014）
著(编)者：郑向敏 谢朝武 2014年6月出版 / 估价:79.00元

旅游绿皮书
2013~2014年中国旅游发展分析与预测
著(编)者：宋瑞 2013年12月出版 / 估价:69.00元

旅游城市绿皮书
世界旅游城市发展报告（2013~2014）
著(编)者：张辉 2014年1月出版 / 估价:69.00元

贸易蓝皮书
中国贸易发展报告（2014）
著(编)者：荆林波 2014年5月出版 / 估价:49.00元

民营医院蓝皮书
中国民营医院发展报告（2014）
著(编)者：朱幼棣 2014年10月出版 / 估价:69.00元

闽商蓝皮书
闽商发展报告（2014）
著(编)者：李闽榕 王日根 2014年12月出版 / 估价:69.00元

能源蓝皮书
中国能源发展报告（2014）
著(编)者：崔民选 王军生 陈义和
2014年10月出版 / 估价:59.00元

农产品流通蓝皮书
中国农产品流通产业发展报告（2014）
著(编)者：贾敬敦 王炳南 张玉玺 张鹏毅 陈丽华
2014年9月出版 / 估价:89.00元

期货蓝皮书
中国期货市场发展报告（2014）
著(编)者：荆林波 2014年6月出版 / 估价:98.00元

企业蓝皮书
中国企业竞争力报告（2014）
著(编)者：金碚 2014年11月出版 / 估价:89.00元

汽车安全蓝皮书
中国汽车安全发展报告（2014）
著(编)者：赵福全 孙小端 等 2014年1月出版 / 估价:69.00元

汽车蓝皮书
中国汽车产业发展报告（2014）
著(编)者：国务院发展研究中心产业经济研究部
中国汽车工程学会 大众汽车集团（中国）
2014年7月出版 / 估价:79.00元

清洁能源蓝皮书
国际清洁能源发展报告（2014）
著(编)者：国际清洁能源论坛（澳门）
2014年9月出版 / 估价:89.00元

人力资源蓝皮书
中国人力资源发展报告（2014）
著(编)者：吴江 2014年9月出版 / 估价:69.00元

软件和信息服务业蓝皮书
中国软件和信息服务业发展报告（2014）
著(编)者：洪京一 工业和信息化部电子科学技术情报研究所
2014年6月出版 / 估价:98.00元

商会蓝皮书
中国商会发展报告 No.4（2014）
著(编)者：黄孟复 2014年4月出版 / 估价:59.00元

商品市场蓝皮书
中国商品市场发展报告（2014）
著(编)者：荆林波 2014年7月出版 / 估价:59.00元

上市公司蓝皮书
中国上市公司非财务信息披露报告（2014）
著(编)者：钟宏武 张旺 张蒽 等
2014年12月出版 / 估价:59.00元

食品药品蓝皮书
食品药品安全与监管政策研究报告（2014）
著(编)者：唐民皓 2014年7月出版 / 估价:69.00元

世界能源蓝皮书
世界能源发展报告（2014）
著(编)者：黄晓勇 2014年9月出版 / 估价:99.00元

私募市场蓝皮书
中国私募股权市场发展报告（2014）
著(编)者：曹和平 2014年4月出版 / 估价:69.00元

体育蓝皮书
中国体育产业发展报告（2014）
著(编)者：阮伟 钟秉枢 2013年2月出版 / 估价:69.00元

> 行业报告类　皮书系列 2014全品种

体育蓝皮书·公共体育服务
中国公共体育服务发展报告（2014）
著(编)者：戴健　2014年12月出版／估价：69.00元

投资蓝皮书
中国投资发展报告（2014）
著(编)者：杨庆蔚　2014年4月出版／估价：79.00元

投资蓝皮书
中国企业海外投资发展报告（2013~2014）
著(编)者：陈文晖　薛誉华　2013年12月出版／估价：69.00元

物联网蓝皮书
中国物联网发展报告（2014）
著(编)者：龚六堂　2014年1月出版／估价：59.00元

西部工业蓝皮书
中国西部工业发展报告（2014）
著(编)者：方行明　刘方健　姜凌等
2014年9月出版／估价：69.00元

西部金融蓝皮书
中国西部金融发展报告（2014）
著(编)者：李忠民　2014年10月出版／估价：69.00元

新能源汽车蓝皮书
中国新能源汽车产业发展报告（2014）
著(编)者：中国汽车技术研究中心
　　　　　日产（中国）投资有限公司
　　　　　东风汽车有限公司
2014年9月出版／估价：69.00元

信托蓝皮书
中国信托业研究报告（2014）
著(编)者：中建投信托研究中心　中国建设建投研究院
2014年9月出版／估价：59.00元

信托蓝皮书
中国信托投资报告（2014）
著(编)者：杨金龙　刘屹　2014年7月出版／估价：69.00元

信息化蓝皮书
中国信息化形势分析与预测（2014）
著(编)者：周宏仁　2014年7月出版／估价：98.00元

信用蓝皮书
中国信用发展报告（2014）
著(编)者：章政　田侃　2014年4月出版／估价：69.00元

休闲绿皮书
2014年中国休闲发展报告
著(编)者：刘德谦　唐兵　宋瑞
2014年6月出版／估价：59.00元

养老产业蓝皮书
中国养老产业发展报告（2013~2014年）
著(编)者：张车伟　2014年1月出版／估价：69.00元

移动互联网蓝皮书
中国移动互联网发展报告（2014）
著(编)者：官建文　2014年5月出版／估价：79.00元

医药蓝皮书
中国药品市场报告（2014）
著(编)者：程锦锥　朱恒鹏　2014年12月出版／估价：79.00元

中国林业竞争力蓝皮书
中国省域林业竞争力发展报告No.2（2014）
（上下册）
著(编)者：郑传芳　李闽榕　张春霞　张会儒
2014年8月出版／估价：139.00元

中国农业竞争力蓝皮书
中国省域农业竞争力发展报告No.2（2014）
著(编)者：郑传芳　宋洪远　李闽榕　张春霞
2014年7月出版／估价：128.00元

中国信托市场蓝皮书
中国信托业市场报告（2013~2014）
著(编)者：李旸　2014年10月出版／估价：69.00元

中国总部经济蓝皮书
中国总部经济发展报告（2014）
著(编)者：赵弘　2014年9月出版／估价：69.00元

珠三角流通蓝皮书
珠三角商圈发展研究报告（2014）
著(编)者：王先庆　林至颖　2014年8月出版／估价：69.00元

住房绿皮书
中国住房发展报告（2013~2014）
著(编)者：倪鹏飞　2013年12月出版／估价：79.00元

资本市场蓝皮书
中国场外交易市场发展报告（2014）
著(编)者：高峦　2014年3月出版／估价：79.00元

资产管理蓝皮书
中国信托业发展报告（2014）
著(编)者：智信资产管理研究院　2014年7月出版／估价：69.00元

支付清算蓝皮书
中国支付清算发展报告（2014）
著(编)者：杨涛　2014年4月出版／估价：45.00元

文化传媒类

传媒蓝皮书
中国传媒产业发展报告（2014）
著(编)者：崔保国　2014年4月出版 / 估价：79.00元

传媒竞争力蓝皮书
中国传媒国际竞争力研究报告（2014）
著(编)者：李本乾　2014年9月出版 / 估价：69.00元

创意城市蓝皮书
武汉市文化创意产业发展报告（2014）
著(编)者：张京成　黄永林　2014年10月出版 / 估价：69.00元

电视蓝皮书
中国电视产业发展报告（2014）
著(编)者：卢斌　2014年4月出版 / 估价：79.00元

电影蓝皮书
中国电影出版发展报告（2014）
著(编)者：卢斌　2014年4月出版 / 估价：79.00元

动漫蓝皮书
中国动漫产业发展报告（2014）
著(编)者：卢斌　郑玉明　牛兴侦　2014年4月出版 / 估价：79.00元

广电蓝皮书
中国广播电影电视发展报告（2014）
著(编)者：庞井君　杨明品　李岚
2014年6月出版 / 估价：88.00元

广告主蓝皮书
中国广告主营销传播趋势报告N0.8
著(编)者：中国传媒大学广告主研究所
　　　　　中国广告主营销传播创新研究课题组
　　　　　黄升民　杜国清　邵华冬等
2014年5月出版 / 估价：98.00元

国际传播蓝皮书
中国国际传播发展报告（2014）
著(编)者：胡正荣　李继东　姬德强
2014年1月出版 / 估价：69.00元

纪录片蓝皮书
中国纪录片发展报告（2014）
著(编)者：何苏六　2014年10月出版 / 估价：89.00元

两岸文化蓝皮书
两岸文化产业合作发展报告（2014）
著(编)者：胡惠林　肖夏勇　2014年6月出版 / 估价：59.00元

媒介与女性蓝皮书
中国媒介与女性发展报告（2014）
著(编)者：刘利群　2014年8月出版 / 估价：69.00元

全球传媒蓝皮书
全球传媒产业发展报告（2014）
著(编)者：胡正荣　2014年12月出版 / 估价：79.00元

视听新媒体蓝皮书
中国视听新媒体发展报告（2014）
著(编)者：庞井君　2014年6月出版 / 估价：148.00元

文化创新蓝皮书
中国文化创新报告（2014）No.5
著(编)者：于平　傅才武　2014年7月出版 / 估价：79.00元

文化科技蓝皮书
文化科技融合与创意城市发展报告（2014）
著(编)者：李凤亮　于平　2014年7月出版 / 估价：79.00元

文化蓝皮书
2014年中国文化产业发展报告
著(编)者：张晓明　胡惠林　章建刚
2014年3月出版 / 估价：69.00元

文化蓝皮书
中国文化产业供需协调增长测评报告（2013）
著(编)者：高书生　王亚楠　2014年5月出版 / 估价：79.00元

文化蓝皮书
中国城镇文化消费需求景气评价报告（2014）
著(编)者：王亚南　张晓明　祁述裕
2014年5月出版 / 估价：79.00元

文化蓝皮书
中国公共文化服务发展报告（2014）
著(编)者：于群　李国新　2014年10月出版 / 估价：98.00元

文化蓝皮书
中国文化消费需求景气评价报告（2014）
著(编)者：王亚南　2014年5月出版 / 估价：79.00元

文化蓝皮书
中国乡村文化消费需求景气评价报告（2014）
著(编)者：王亚南　2014年5月出版 / 估价：79.00元

文化蓝皮书
中国中心城市文化消费需求景气评价报告（2014）
著(编)者：王亚南　2014年5月出版 / 估价：79.00元

文化蓝皮书
中国少数民族文化发展报告（2014）
著(编)者：武翠英　张晓明　张学进
2014年3月出版 / 估价：69.00元

文化传媒类・地方发展类 皮书系列 2014全品种

文化建设蓝皮书
中国文化建设发展报告（2014）
著(编)者：江畅　孙伟平　2014年3月出版／估价：69.00元

文化品牌蓝皮书
中国文化品牌发展报告（2014）
著(编)者：欧阳友权　2014年5月出版／估价：75.00元

文化软实力蓝皮书
中国文化软实力研究报告（2014）
著(编)者：张国祚　2014年7月出版／估价：79.00元

文化遗产蓝皮书
中国文化遗产事业发展报告（2014）
著(编)者：刘世锦　2014年3月出版／估价：79.00元

文学蓝皮书
中国文情报告（2014）
著(编)者：白烨　2014年5月出版／估价：59.00元

新媒体蓝皮书
中国新媒体发展报告No.5（2014）
著(编)者：唐绪军　2014年6月出版／估价：69.00元

移动互联网蓝皮书
中国移动互联网发展报告（2014）
著(编)者：官建文　2014年4月出版／估价：79.00元

游戏蓝皮书
中国游戏产业发展报告（2014）
著(编)者：卢斌　2014年4月出版／估价：79.00元

舆情蓝皮书
中国社会舆情与危机管理报告（2014）
著(编)者：谢耘耕　2014年8月出版／估价：85.00元

粤港澳台文化蓝皮书
粤港澳台文化创意产业发展报告（2014）
著(编)者：丁未　2014年4月出版／估价：69.00元

地方发展类

安徽蓝皮书
安徽社会发展报告（2014）
著(编)者：程桦　2014年4月出版／估价：79.00元

安徽社会建设蓝皮书
安徽社会建设分析报告（2014）
著(编)者：黄家海　王开玉　蔡宪　2014年4月出版／估价：69.00元

北京蓝皮书
北京城乡发展报告（2014）
著(编)者：黄序　2014年4月出版／估价：59.00元

北京蓝皮书
北京公共服务发展报告（2014）
著(编)者：张耘　2014年3月出版／估价：65.00元

北京蓝皮书
北京经济发展报告（2014）
著(编)者：赵弘　2014年4月出版／估价：59.00元

北京蓝皮书
北京社会发展报告（2014）
著(编)者：缪青　2014年10月出版／估价：59.00元

北京蓝皮书
北京文化发展报告（2014）
著(编)者：李建盛　2014年5月出版／估价：69.00元

北京蓝皮书
中国社区发展报告（2014）
著(编)者：于燕燕　2014年8月出版／估价：59.00元

北京蓝皮书
北京公共服务发展报告（2014）
著(编)者：施昌奎　2014年8月出版／估价：59.00元

北京旅游绿皮书
北京旅游发展报告（2014）
著(编)者：鲁勇　2014年7月出版／估价：98.00元

北京律师蓝皮书
北京律师发展报告No.2（2014）
著(编)者：王隽　周塞军　2014年9月出版／估价：79.00元

北京人才蓝皮书
北京人才发展报告（2014）
著(编)者：于淼　2014年10月出版／估价：89.00元

城乡一体化蓝皮书
中国城乡一体化发展报告・北京卷（2014）
著(编)者：张宝秀　黄序　2014年6月出版／估价：59.00元

创意城市蓝皮书
北京文化创意产业发展报告（2014）
著(编)者：张京成　王国华　2014年10月出版／估价：69.00元

创意城市蓝皮书
青岛文化创意产业发展报告（2014）
著(编)者：马达　2014年5月出版／估价：69.00元

创意城市蓝皮书
无锡文化创意产业发展报告（2014）
著(编)者：庄若江　张鸣年　2014年8月出版／估价：75.00元

地方发展类

服务业蓝皮书
广东现代服务业发展报告（2014）
著(编)者：祁明　程晓　　2014年1月出版／估价:69.00元

甘肃蓝皮书
甘肃舆情分析与预测（2014）
著(编)者：陈双梅　郝树声　2014年1月出版／估价:69.00元

甘肃蓝皮书
甘肃县域社会发展评价报告（2014）
著(编)者：魏胜文　　2014年1月出版／估价:69.00元

甘肃蓝皮书
甘肃经济发展分析与预测（2014）
著(编)者：魏胜文　　2014年1月出版／估价:69.00元

甘肃蓝皮书
甘肃社会发展分析与预测（2014）
著(编)者：安文华　　2014年1月出版／估价:69.00元

甘肃蓝皮书
甘肃文化发展分析与预测（2014）
著(编)者：周小华　　2014年1月出版／估价:69.00元

广东蓝皮书
广东省电子商务发展报告（2014）
著(编)者：黄建明　祁明　2014年11月出版／估价:69.00元

广东蓝皮书
广东社会工作发展报告（2014）
著(编)者：罗观翠　　2013年12月出版／估价:69.00元

广东外经贸蓝皮书
广东对外经济贸易发展研究报告（2014）
著(编)者：陈万灵　　2014年3月出版／估价:65.00元

广西北部湾经济区蓝皮书
广西北部湾经济区开放开发报告（2014）
著(编)者：广西北部湾经济区规划建设管理委员会办公室
　　广西社会科学院　广西北部湾发展研究院
2014年7月出版／估价:69.00元

广州蓝皮书
2014年中国广州经济形势分析与预测
著(编)者：庾建设　郭志勇　沈奎　2014年6月出版／估价:69.00元

广州蓝皮书
2014年中国广州社会形势分析与预测
著(编)者：易佐永　杨秦　顾涧清　2014年5月出版／估价:65.00元

广州蓝皮书
广州城市国际化发展报告（2014）
著(编)者：朱名宏　　2014年9月出版／估价:59.00元

广州蓝皮书
广州创新型城市发展报告（2014）
著(编)者：李江涛　　2014年8月出版／估价:59.00元

广州蓝皮书
广州经济发展报告（2014）
著(编)者：李江涛　刘江华　2014年6月出版／估价:65.00元

广州蓝皮书
广州农村发展报告（2014）
著(编)者：李江涛　汤锦华　2014年8月出版／估价:59.00元

广州蓝皮书
广州青年发展报告（2014）
著(编)者：魏国华　张强　2014年9月出版／估价:65.00元

广州蓝皮书
广州汽车产业发展报告（2014）
著(编)者：李江涛　杨再高　2014年10月出版／估价:69.00元

广州蓝皮书
广州商贸业发展报告（2014）
著(编)者：陈家成　王旭东　荀振英
2014年7月出版／估价:69.00元

广州蓝皮书
广州文化创意产业发展报告（2014）
著(编)者：甘新　　2014年10月出版／估价:59.00元

广州蓝皮书
中国广州城市建设发展报告（2014）
著(编)者：董皞　冼伟雄　李俊夫
2014年8月出版／估价:69.00元

广州蓝皮书
中国广州科技与信息化发展报告（2014）
著(编)者：庾建设　谢学宁　2014年8月出版／估价:59.00元

广州蓝皮书
中国广州文化创意产业发展报告（2014）
著(编)者：甘新　　2014年10月出版／估价:59.00元

广州蓝皮书
中国广州文化发展报告（2014）
著(编)者：徐俊忠　汤应武　陆志强
2014年8月出版／估价:69.00元

贵州蓝皮书
贵州法治发展报告（2014）
著(编)者：吴大华　　2014年3月出版／估价:69.00元

贵州蓝皮书
贵州社会发展报告（2014）
著(编)者：王兴骥　　2014年3月出版／估价:59.00元

贵州蓝皮书
贵州农村扶贫开发报告（2014）
著(编)者：王朝新　宋明　2014年3月出版／估价:69.00元

贵州蓝皮书
贵州文化产业发展报告（2014）
著(编)者：李建国　　2014年3月出版／估价:69.00元

地方发展类

皮书系列 2014全品种

海淀蓝皮书
海淀区文化和科技融合发展报告（2014）
著（编）者：陈名杰 孟景伟　　2014年5月出版 / 估价：75.00元

海峡经济区蓝皮书
海峡经济区发展报告（2014）
著（编）者：李闽榕 王秉安 谢明辉（台湾）
2014年10月出版 / 估价：78.00元

海峡西岸蓝皮书
海峡西岸经济区发展报告（2014）
著（编）者：福建省人民政府发展研究中心
2014年9月出版 / 估价：85.00元

杭州蓝皮书
杭州市妇女发展报告（2014）
著（编）者：魏颖 揭爱花　　2014年2月出版 / 估价：69.00元

河北蓝皮书
河北省经济发展报告（2014）
著（编）者：马树强 张贵　　2013年12月出版 / 估价：69.00元

河北蓝皮书
河北经济社会发展报告（2014）
著（编）者：周文夫　　2013年12月出版 / 估价：69.00元

河南经济蓝皮书
2014年河南经济形势分析与预测
著（编）者：胡五岳　　2014年3月出版 / 估价：65.00元

河南蓝皮书
2014年河南社会形势分析与预测
著（编）者：刘道兴 牛苏林　　2014年1月出版 / 估价：59.00元

河南蓝皮书
河南城市发展报告（2014）
著（编）者：林宪斋 王建国　　2014年1月出版 / 估价：69.00元

河南蓝皮书
河南经济发展报告（2014）
著（编）者：喻新安　　2014年1月出版 / 估价：59.00元

河南蓝皮书
河南文化发展报告（2014）
著（编）者：谷建全 卫绍生　　2014年1月出版 / 估价：69.00元

河南蓝皮书
河南工业发展报告（2014）
著（编）者：龚绍东　　2014年1月出版 / 估价：59.00元

黑龙江产业蓝皮书
黑龙江产业发展报告（2014）
著（编）者：于渤　　2014年10月出版 / 估价：79.00元

黑龙江蓝皮书
黑龙江经济发展报告（2014）
著（编）者：曲伟　　2014年1月出版 / 估价：59.00元

黑龙江蓝皮书
黑龙江社会发展报告（2014）
著（编）者：艾书琴　　2014年1月出版 / 估价：69.00元

湖南城市蓝皮书
城市社会管理
著（编）者：罗海藩　　2014年10月出版 / 估价：59.00元

湖南蓝皮书
2014年湖南产业发展报告
著（编）者：梁志峰　　2014年5月出版 / 估价：89.00元

湖南蓝皮书
2014年湖南法治发展报告
著（编）者：梁志峰　　2014年5月出版 / 估价：79.00元

湖南蓝皮书
2014年湖南经济展望
著（编）者：梁志峰　　2014年5月出版 / 估价：79.00元

湖南蓝皮书
2014年湖南两型社会发展报告
著（编）者：梁志峰　　2014年5月出版 / 估价：79.00元

湖南县域绿皮书
湖南县域发展报告No.2
著（编）者：朱有志 袁准 周小毛　　2014年7月出版 / 估价：69.00元

沪港蓝皮书
沪港发展报告（2014）
著（编）者：尤安山　　2014年9月出版 / 估价：89.00元

吉林蓝皮书
2014年吉林经济社会形势分析与预测
著（编）者：马克　　2014年1月出版 / 估价：69.00元

江苏法治蓝皮书
江苏法治发展报告No.3（2014）
著（编）者：李力 龚廷泰 严海良　　2014年8月出版 / 估价：88.00元

京津冀蓝皮书
京津冀区域一体化发展报告（2014）
著（编）者：文魁 祝尔娟　　2014年3月出版 / 估价：89.00元

经济特区蓝皮书
中国经济特区发展报告（2014）
著（编）者：陶一桃　　2014年3月出版 / 估价：89.00元

辽宁蓝皮书
2014年辽宁经济社会形势分析与预测
著（编）者：曹晓峰 张晶 张卓民　　2014年1月出版 / 估价：69.00元

流通蓝皮书
湖南省商贸流通产业发展报告No.2
著（编）者：柳思维　　2014年10月出版 / 估价：75.00元

皮书系列 2014全品种 — 地方发展类

内蒙古蓝皮书
内蒙古经济发展蓝皮书(2013~2014)
著(编)者:黄育华 2014年7月出版 / 估价:69.00元

内蒙古蓝皮书
内蒙古反腐倡廉建设报告No.1
著(编)者:张志华 无极 2013年12月出版 / 估价:69.00元

浦东新区蓝皮书
上海浦东经济发展报告（2014）
著(编)者:左学金 陆沪根 2014年1月出版 / 估价:59.00元

侨乡蓝皮书
中国侨乡发展报告（2014）
著(编)者:郑一省 2013年12月出版 / 估价:69.00元

青海蓝皮书
2014年青海经济社会形势分析与预测
著(编)者:赵宗福 2014年2月出版 / 估价:69.00元

人口与健康蓝皮书
深圳人口与健康发展报告（2014）
著(编)者:陆杰华 江捍平 2014年10月出版 / 估价:98.00元

山西蓝皮书
山西资源型经济转型发展报告（2014）
著(编)者:李志强 容和平 2014年3月出版 / 估价:79.00元

陕西蓝皮书
陕西经济发展报告（2014）
著(编)者:任宗哲 石英 裴成荣 2014年3月出版 / 估价:65.00元

陕西蓝皮书
陕西社会发展报告（2014）
著(编)者:任宗哲 石英 江波 2014年1月出版 / 估价:65.00元

陕西蓝皮书
陕西文化发展报告（2014）
著(编)者:任宗哲 石英 王长寿 2014年3月出版 / 估价:59.00元

上海蓝皮书
上海传媒发展报告（2014）
著(编)者:强荧 焦雨虹 2014年1月出版 / 估价:59.00元

上海蓝皮书
上海法治发展报告（2014）
著(编)者:潘世伟 叶青 2014年1月出版 / 估价:59.00元

上海蓝皮书
上海经济发展报告（2014）
著(编)者:沈开艳 2014年1月出版 / 估价:69.00元

上海蓝皮书
上海社会发展报告（2014）
著(编)者:卢汉龙 周海旺 2014年1月出版 / 估价:59.00元

上海蓝皮书
上海文化发展报告（2014）
著(编)者:蒯大申 2014年1月出版 / 估价:59.00元

上海蓝皮书
上海文学发展报告（2014）
著(编)者:陈圣来 2014年1月出版 / 估价:59.00元

上海蓝皮书
上海资源环境发展报告（2014）
著(编)者:周冯琦 汤庆合 王利民 2014年1月出版 / 估价:59.

上海社会保障绿皮书
上海社会保障改革与发展报告（2013~2014）
著(编)者:汪泓 2014年1月出版 / 估价:65.00元

社会建设蓝皮书
2014年北京社会建设分析报告
著(编)者:宋贵伦 2014年4月出版 / 估价:69.00元

深圳蓝皮书
深圳经济发展报告（2014）
著(编)者:吴忠 2014年6月出版 / 估价:69.00元

深圳蓝皮书
深圳劳动关系发展报告（2014）
著(编)者:汤庭芬 2014年6月出版 / 估价:69.00元

深圳蓝皮书
深圳社会发展报告（2014）
著(编)者:吴忠 余智晟 2014年7月出版 / 估价:69.00元

四川蓝皮书
四川文化产业发展报告（2014）
著(编)者:向宝云 2014年1月出版 / 估价:69.00元

温州蓝皮书
2014年温州经济社会形势分析与预测
著(编)者:潘忠强 王春光 金浩 2014年4月出版 / 估价:69.00元

温州蓝皮书
浙江温州金融综合改革试验区发展报告（2013~201
著(编)者:钱水土 王去非 李义超
2014年4月出版 / 估价:69.00元

扬州蓝皮书
扬州经济社会发展报告（2014）
著(编)者:张爱军 2014年1月出版 / 估价:78.00元

义乌蓝皮书
浙江义乌市国际贸易综合改革试验区发展报告
（2013~2014）
著(编)者:马淑琴 刘文革 周松强
2014年4月出版 / 估价:69.00元

云南蓝皮书
中国面向西南开放重要桥头堡建设发展报告（2014）
著(编)者:刘绍怀 2014年12月出版 / 估价:69.00元

长株潭城市群蓝皮书
长株潭城市群发展报告（2014）
著(编)者:张萍 2014年10月出版 / 估价:69.00元

地方发展类·国别与地区类 | 皮书系列 2014全品种

郑州蓝皮书
2014年郑州文化发展报告
著(编)者:王哲　2014年7月出版　估价:69.00元

中国省会经济圈蓝皮书
合肥经济圈经济社会发展报告No.4(2013~2014)
著(编)者:董昭礼　2014年4月出版　估价:79.00元

国别与地区类

G20国家创新竞争力黄皮书
二十国集团(G20)国家创新竞争力发展报告(2014)
著(编)者:李建平　李闽榕　赵新力
2014年9月出版　估价:118.00元

澳门蓝皮书
澳门经济社会发展报告(2013~2014)
著(编)者:吴志良　郝雨凡　2014年3月出版　估价:79.00元

北部湾蓝皮书
泛北部湾合作发展报告(2014)
著(编)者:吕余生　2014年7月出版　估价:79.00元

大湄公河次区域蓝皮书
大湄公河次区域合作发展报告(2014)
著(编)者:刘稚　2014年8月出版　估价:79.00元

大洋洲蓝皮书
大洋洲发展报告(2014)
著(编)者:魏明海　喻常森　2014年7月出版　估价:69.00元

德国蓝皮书
德国发展报告(2014)
著(编)者:李乐曾　郑春荣等　2014年5月出版　估价:69.00元

东北亚黄皮书
东北亚地区政治与安全报告(2014)
著(编)者:黄凤志　刘雪莲　2014年6月出版　估价:69.00元

东盟黄皮书
东盟发展报告(2014)
著(编)者:黄兴球　庄国土　2014年12月出版　估价:68.00元

东南亚蓝皮书
东南亚地区发展报告(2014)
著(编)者:王勤　2014年11月出版　估价:59.00元

俄罗斯黄皮书
俄罗斯发展报告(2014)
著(编)者:李永全　2014年7月出版　估价:79.00元

非洲黄皮书
非洲发展报告No.15(2014)
著(编)者:张宏明　2014年7月出版　估价:79.00元

港澳珠三角蓝皮书
粤港澳区域合作与发展报告(2014)
著(编)者:梁庆寅　陈广汉　2014年6月出版　估价:59.00元

国际形势黄皮书
全球政治与安全报告(2014)
著(编)者:李慎明　张宇燕　2014年1月出版　估价:69.00元

韩国蓝皮书
韩国发展报告(2014)
著(编)者:牛林杰　刘宝全　2014年6月出版　估价:69.00元

加拿大蓝皮书
加拿大国情研究报告(2014)
著(编)者:仲伟合　唐小松　2013年12月出版　估价:69.00元

柬埔寨蓝皮书
柬埔寨国情报告(2014)
著(编)者:毕世鸿　2014年6月出版　估价:79.00元

拉美黄皮书
拉丁美洲和加勒比发展报告(2014)
著(编)者:吴白乙　刘维广　2014年4月出版　估价:89.00元

老挝蓝皮书
老挝国情报告(2014)
著(编)者:卢光盛　方芸　吕星　2014年6月出版　估价:79.00元

美国蓝皮书
美国问题研究报告(2014)
著(编)者:黄平　倪峰　2014年5月出版　估价:79.00元

缅甸蓝皮书
缅甸国情报告(2014)
著(编)者:李晨阳　2014年4月出版　估价:79.00元

欧亚大陆桥发展蓝皮书
欧亚大陆桥发展报告(2014)
著(编)者:李忠民　2014年10月出版　估价:59.00元

欧洲蓝皮书
欧洲发展报告(2014)
著(编)者:周弘　2014年3月出版　估价:79.00元

皮书系列 2014全品种 —— 国别与地区类

葡语国家蓝皮书
巴西发展与中巴关系报告2014（中英文）
著(编)者：张曙光　David T. Ritchie
2014年8月出版　估价：69.00元

日本经济蓝皮书
日本经济与中日经贸关系发展报告（2014）
著(编)者：王洛林　张季风　2014年5月出版　估价：79.00元

日本蓝皮书
日本发展报告（2014）
著(编)者：李薇　2014年2月出版　估价：69.00元

上海合作组织黄皮书
上海合作组织发展报告（2014）
著(编)者：李进峰　吴宏伟　李伟　2014年9月出版　估价：98.00元

世界创新竞争力黄皮书
世界创新竞争力发展报告（2014）
著(编)者：李建平　2014年1月出版　估价：148.00元

世界能源黄皮书
世界能源分析与展望（2013~2014）
著(编)者：张宇燕 等　2014年1月出版　估价：69.00元

世界社会主义黄皮书
世界社会主义跟踪研究报告（2014）
著(编)者：李慎明　2014年5月出版　估价：189.00元

泰国蓝皮书
泰国国情报告（2014）
著(编)者：邹春萌　2014年6月出版　估价：79.00元

亚太蓝皮书
亚太地区发展报告（2014）
著(编)者：李向阳　2013年12月出版　估价：69.00元

印度蓝皮书
印度国情报告（2014）
著(编)者：吕昭义　2014年1月出版　估价：69.00元

印度洋地区蓝皮书
印度洋地区发展报告（2014）
著(编)者：汪戎　万广华　2014年6月出版　估价：79.00元

越南蓝皮书
越南国情报告（2014）
著(编)者：吕余生　2014年8月出版　估价：65.00元

中东黄皮书
中东发展报告No.15（2014）
著(编)者：杨光　2014年10月出版　估价：59.00元

中欧关系蓝皮书
中国与欧洲关系发展报告（2014）
著(编)者：周弘　2013年12月出版　估价：69.00元

中亚黄皮书
中亚国家发展报告（2014）
著(编)者：孙力　2014年9月出版　估价：79.00元

中国皮书网
www.pishu.cn

栏目设置：

☐ 资讯：皮书动态、皮书观点、皮书数据、皮书报道、皮书新书发布会、电子期刊

☐ 标准：皮书评价、皮书研究、皮书规范、皮书专家、编撰团队

☐ 服务：最新皮书、皮书书目、重点推荐、在线购书

☐ 链接：皮书数据库、皮书博客、皮书微博、出版社首页、在线书城

☐ 搜索：资讯、图书、研究动态

☐ 互动：皮书论坛

力的流浪者能在里面进行劳动训练，在劳动训练的过程中辅以心理矫治。流浪者劳务基地相当于在贵州省已获得成功的社区戒毒社区康复的"阳光工程"。使流浪者通过技能获得和心理矫正，顺利回归社会。

3. 搭建一套民间救助平台

积极引进省外甚至国际上从事流浪救助或未成年人保护的公益组织，与之合作建立适合贵州省省情的流浪救助公益机构。鼓励支持公益人士、爱心企业等社会力量建立专门从事流浪救助的民间组织。

（四）提高救助管理的科学化水平

1. 畅通外部智力参与流浪救助的渠道

各地民政部门和救助管理机构可以通过与社会工作机构、心理咨询机构、康复治疗机构、教育培训机构和社会组织开展项目合作的方式为流浪乞讨人员提供心理疏导、教育矫治、行为干预、康复训练和技能培训等专业救助服务。引导支持医生、教师、法律工作者、社会工作者、心理咨询师、高校大学生等专业人士为流浪乞讨人员提供专业服务。

2. 提高内部员工的水平和积极性

建立基层救助人员培训制度，加强基层社会救助工作人员培训工作，提高社会救助工作人员的业务水平和操作能力。尤其要加强对救助站工作人员社会工作知识、医疗知识、心理学知识及相关救助法规知识的培训。同时，政府采取一定的补贴政策，引进医疗工作者、心理咨询师等专业技术人才进救助站工作。建议给救助站工作人员设立传染性津贴、补贴。改变各地救助管理机构职工身份不一致的问题，统一定为参公管理事业编制，提高救助管理人员的工作热情。

3. 提高对职业跑站者的甄别能力

充分发挥当代互联网的作用，建立一套指纹识别系统，利用"救助管理信息系统基本实现全国范围内联网"这一特点，为每位流浪乞讨人员建立一个网上个人档案，把其各项基本信息、在哪里接受过救助、救助实施情况等记录下来。试点救助管理系统与公安人口信息系统联网，以提高对职业跑站者的甄别能力。同时也利于掌握流浪受助者的信息，便于开展困难救助。

（五）建立流浪乞讨源头预防机制

1. 建立问题家庭监督机制

完善以社区组织为主的问题家庭监督机制，对本社区有未成年人和老人的问题家庭进行筛查并实行重点监控，及时发现使孩子或老人处于不利或危险境地的问题家庭。

2. 建立监护失责惩戒机制

对失责监护人的惩戒，现有法律规范已有了，只是很少落实。对一些失责严重的监护人，应切实落实相应惩戒制度，以起到一定的威慑作用，形成监护人认真履责的良好氛围。对确无监护能力的，由救助保护机构协助监护人及时委托其他人员代为监护。

3. 建立困难学生帮扶机制

学校是促进未成年人健康成长的重要阵地，对学习有困难、品行有缺点的学生，进行重点教育帮扶；对家庭经济困难的学生，要按照有关规定给予教育资助和特别关怀。教育部门要建立适龄儿童辍学、失学信息通报制度，指导学校做好劝学、返学工作，乡镇人民政府（街道办事处）、村（居）民委员会要积极做好协助工作。

B.5 贵州进城农民工子女教育问题的社会学分析*

周芳苓**

摘　要： 本文客观考察和分析了贵州进城农民工子女教育的现状与特征、困境与障碍、路径与对策。从教育条件看，当前进城农民工子女在教育资源的享有、教育环境的选择、教育机会的获取等方面仍处于"边缘化"状态，未能真正享受教育上的"同城待遇"，呈现出教育权利与现实机会的发展错位；从发展困境看，受经济、政治、文化、教育等多重因素的影响，致使进城农民工子女教育条件的改善仍面临着经济水平的制约性、政策法规的滞后性、学习条件的有限性"三大"困境。基于此，提出了"立足长远、健全法规、令行禁止、强化监管、改革创新"二十字的发展对策与思路，以供党委、政府及相关职能部门决策参考。

关键词： 贵州省　进城农民工子女　教育　对策

一　问题的提出及数据来源

作为城市社会的一个重要组成部分，进城农民工子女既是农民工代际发展

---

* 本文系笔者主持完成 2013 年贵州省社会科学院招标课题（省领导圈示课题）"贵州省进城农民工子女教育问题研究"的部分成果，结项证书号：2013QS024。
** 周芳苓，贵州省社会科学院社会研究所副研究员，主要从事研究应用社会学、社会结构、社会分层与社会流动。

的直接产物，也是城乡二元社会结构的间接产物。二十多年来，农民工已逐渐发展成为城市社会的一个重要群体，在"四化"进程中产生并将继续产生积极而重要的推动作用。然而，所有这些也未起到彻底改变进城农民工子女代际关系的发展命运与预期目标，致使其子女仍处于"流入"而不"融入"城市的尴尬格局，呈现出教育、生活、学习、交际、心理等方面"边缘化"特征。随着改革开放的深入、"四化"进程的加快，进城农民工子女逐渐呈现出一系列的新情况、新问题，而教育问题无疑是农民工子女面临的最突出问题。当前，如何让城市教育之光公平、公正、合理地"普照"农民工子女，真正实现进城农民工子女与城市子女之间的"一视同仁"，已逐渐演化成为中国社会发展尤其城镇化发展的一种新表征。因此，在新形势、新阶段、新发展的时代背景下，如何正视进城农民工子女，如何实现教育资源均衡与机会公平，并从政府、学校、社会等方面消除对群体"差异化"现象，事关"四化同步"战略能否实现，事关国家及地区现代化的进程，事关整个经济社会的发展与稳定。对此，应引起学界、政界、社会界的共同关注和思考，更值得引起社会学界的研究与探讨！

基于上述认识和理由，为了科学把握当前贵州进城农民工子女的教育状态，及时了解该群体教育发展过程中面临的现实困境与障碍，2013年4～10月，课题组在贵州省范围内开展了"贵州进城农民工子女教育状况"大型问卷抽样调查，同时也进行了部分典型研究和个案访谈，获得了大量丰富的第一手资料和数据，并形成这一专题报告。

在此次问卷调查中，其内容涉及被调查者的个人及家庭情况、政策关注与社会认知、教育状况与学习表现、生活环境与学习条件及态度评价与心理预期五大部分，共包括63个问题。具体来看，根据项目的设计及研究条件，我们将贵州省作为此次抽样调查的目标区域，调查范围涉及贵州省5个市（州）所辖的10多个市（区、县）；调查样本涵盖不同性别、不同民族、不同年龄、不同学校、不同年级、不同班级的进城农民工子女。在具体实施问卷调查的过程中，正式发放调查问卷400份，回收有效问卷346份，有效回收率为86.5%，符合大型社会调查的要求与标准。在有效问卷中，小学生占50.6%，初中生占49.4%。从地区分布看，贵阳市占29.19%，遵义市占17.92%，黔东南州占 16.76%，铜仁市占 17.34%，毕节市占 18.79%。若无特殊说明，本研究中的数据资料均来自此次抽样调查数据。

在本研究中，"进城农民工子女"是指具有农村户籍，年龄在 10~17 周岁，并在贵州省内城市中学习、生活的农民工子女，主要包括小学生和初中生。而我们所探讨的教育概念，是狭义上的，具体主要是指进城农民工子女的义务教育，不包括学前教育、普通高中教育、职业教育。贵州作为欠开发、欠发达的西部省区，既是一个劳务输出大省，同时在本省范围内也就近就地吸纳了大量的进城农民工及子女。为此，将贵州进城农民工子女作为典型研究，无疑有益于推进我国城镇化进程中进城农民工子女教育问题的探讨与解决，具有积极的现实意义与应用价值。需要指出的是，由于本次调查样本未覆盖省外有关进城农民工子女群体，因此，本研究的分析与讨论，仍主要反映和体现的是样本群体的基本状况，虽具有较好的样本代表性，但不具有整体推论的价值。

二 当前贵州进城农民工子女的现状及特征

（一）进城农民工子女的基本构成与特征

从性别构成看，2013 年问卷调查数据显示，贵州进城农民工子女中男性占 52.8%，女性占 47.2%，性别比为 112，超出正常值范围 103~107。这表明，当前进城农民工子女中男性比例略呈偏高的状态。

从年龄构成看，2013 年贵州进城农民工子女的平均年龄为 12.59 岁（标准差 1.579），其中最大 17 岁，最小 10 岁（与此次调查样本的年龄要求有关，即年龄为 10~17 周岁）。具体来看，在被调查进城农民工子女中，年龄为"10 周岁"的占 9.3%，"11~14 周岁"的占 80.2%，"15 周岁及以上"的占 10.5%。这说明，当前进城农民工子女的年龄主要集中在 10~15 周岁之间，其比例超过 9 成。

从民族构成看，2013 年贵州进城农民工子女中汉族占 72.6%，少数民族占 27.4%。这表明，在贵州省进城农民工子女中，其少数民族人口的比例偏低，少于同期全省少数民族人口比例 10 个百分点。

（二）进城农民工子女的家庭状况与特征

从家庭规模看，2013年贵州进城农民工子女的家庭平均人口为4.5人（均值），标准差1.112，其中最大值为"7人以上"，最小值为"2人"。具体来看，在被调查进城农民工子女中，其家庭人口为"3人以下"的仅占16.3%，而"4人及以上"的超过八成，高达83.7%。同一调查还显示，贵州进城农民工子女平均拥有2.9个兄弟姐妹（标准差1.428），其中最大值为"7个以上"，最小值为"1个"。这说明，当前贵州进城农民工子女的家庭规模相对较大，负担较重。

从父母文化构成看，2013年贵州进城农民工子女的父母受教育年限为7.59年（均值）。具体来看，问卷统计显示，在被调查的346名进城农民工子女中，其父母拥有"小学及以下"文化程度的比例高达四成（39.3%），具有"初中"文化程度的占35.0%，"高中及以上"文化程度的占13.1%；另有12.6%的为"不清楚"（见表1）。这表明，当前贵州进城农民工子女的父母文化程度较低，整体介于"小学"与"初中"之间，但又尚未达到后者的水平。

表1 你父亲/母亲的文化构成

单位：%

文化程度 \ 基本状况	父亲、母亲的文化构成占比		综合比例
	父亲	母亲	
文 盲	2.4	5.9	4.1
小 学	26.9	43.4	35.2
初 中	44.4	25.7	35.0
高 中	10.4	8.8	9.6
大 学	3.6	3.5	3.5
不清楚	12.4	12.7	12.6
总 计	100.0	100.0	100.0

资料来源：2013年"贵州进城农民工子女教育状况"抽样调查数据；有效样本344人，缺失值2人。

从父母职业构成看，由于受素质、能力、技能等方面的影响，造成其父母的就业层次较低，并以体力型职业为绝对主体。具体来看，2013年问卷调查显示，贵州进城农民工子女的父母主要从事工人、个体经营者（小商贩）、服务员、农业劳动者（受雇）等低层次职业，其比例超过八成（86.2%），其中还有一成（10.5%）是从事"家务劳动"的；而表示父母是私营老板（雇请8个以上工人）的仅占3.3%（见表2）。

表2　目前，你父亲/母亲在城里从事的主要是什么工作（职业）

单位：%

职业类型	父亲、母亲的主要工作（职业）占比		综合比例
	父亲	母亲	
工人（在工厂、企业、建筑、环卫等）	52.4	31.5	41.8
服务员	2.9	10.8	6.9
个体经营者	20.9	23.9	22.4
家务劳动	2.4	18.3	10.5
私营老板（雇请8个以上工人）	3.4	3.3	3.3
农业劳动者	3.4	2.8	3.1
其他工作	14.6	9.4	11.9
总计	100.0	100.0	100.0

资料来源：2013年"贵州进城农民工子女教育状况"抽样调查数据。有效样本344人，缺失值2人。

从父母收入构成看，2013年贵州进城农民工子女的父母平均收入为1582.41元/月（均值）。具体来看，问卷调查统计显示，贵州进城农民工子女的父母平均月收入主要集中在"2000元/月""1500～2000元/月"和"800～1500元/月"上，分别占21.6%、13.7%和13.6%，三者合计48.9%；此外，还有超过四成（44.2%）的表示"不清楚"（见表3）。若进一步比较父亲与母亲的收入分布，则两者之间存在着明显的差异，呈现出父亲整体收入水平高于母亲的状态。

表3　你父亲/母亲平均每月的务工收入大概是多少元？

单位：%

收入水平	父亲、母亲的务工收入占比		综合比例
	父亲	母亲	
800元以下	3.8	10.1	6.9
800～1500元	12.3	14.9	13.6
1500～2000元	14.0	13.4	13.7
2000元以上	26.6	16.4	21.6
不清楚	43.3	45.1	44.2
总计	100.0	100.0	100.0

资料来源：2013年"贵州进城农民工子女教育状况"抽样调查数据。有效样本345人，缺失值1人。

贵州蓝皮书·社会

三 贵州进城农民工子女教育的环境及条件

长期以来,由于受城乡二元结构的刚性影响,进城农民工子女作为城市流动人口的主要群体,经历了一个"借读"到"公读""留守"到"随迁""歧视"到"一视同仁"等方面的曲折历程与转变。伴随着国家有关农民工子女教育政策的不断调整与改进,进城农民工子女的就学环境与条件也大体上经历了一个不断改善与优化的过程。但是,与城市孩子相比,受政策、学校、家庭等多重因素的影响,当前进城农民工子女在教育资源的享有、教育环境的选择、教育机会的获取等方面仍处于"边缘化"状态,给该群体的学习、生活、心理带来了不少障碍及影响。

(一)教育资源的占有状况与特点

教育资源尤其是义务教育资源的均衡问题,一直是人民群众共同关注的话题。对于普通群众来说,人们想要实现教育资源的均衡,其本质是想实现对教育资源占有机会、公平选择的平等,而并非结果的均等。换句话说,在公众看来,其义务教育资源均衡应包含以下几个具体层面:第一,政策信息的平等。只要是有关教育政策的信息,无论是基础教育的信息,还是特定教育的信息,抑或是有关教育方面的规定、规则,都应向社会公开,让所有的教育政策信息不再属于少数人群的专利,而是一种面向公众共享的信息资源,真正实现"你知我知、我知你知"的格局。第二,财政资金的平等。只要是在同一个教育区域范围内,每个受义务教育者所享受的行政拨款就应该是相同的,而不能因其民族的不同、户籍所在地的不同、家庭背景的不同而不同,更不能因其所在学校的不同、分层教育的不同而不同。第三,教师资源的平等。对处于义务教育阶段的每个学生,应该拥有平等选择老师的机会,而每个教师也应该拥有自由选择岗位的权利。更重要的是,在国家层面上,必须保障每个教师尤其是义务教育阶段的教师,其待遇不因所在区域不同、学校不同、教育对象不同而不同。第四,学校资源的平等。对于每个孩子,都应拥有选择上任何一所学校的机会,而每一个义务教育阶段的学校都不应完全拒绝有就读需求的未成年子女。对于学校来说,调整生源比例的方法应该有,但这个权力应交由具体的学校和教师,而不应是政策性规定或行政性命令,更不应是建立在特殊部门、特殊人群、特殊权利之下的权力分配。

基于上述的分析与理解,那么城市教育资源是否实现了"均衡"?对于进城农民工子女而言,其对教育资源的占有状况又如何?

从政策信息看,由于受宣传方式、舆论导向等方面的影响,使得公共教育政策的信息共享呈现出区域性、阶层化的趋势。在此背景下,相对于城市家庭来说,农民工家庭存在着明显的弱势,其对教育政策信息的认知、获取、应用等方面存在不足。正是这种不足,从一定程度上影响了农民工家庭对子女教育资源的选择机会。我们调查也发现,由于政府职能部门教育政策执行不到位,不仅造成农民工对国家教育政策的关注度不够,也造成了农民工子女对《中华人民共和国义务教育法》等政策法规的认知度偏低,仅为37.7%,远未过半。

从财政资金看,由于现行制度设计的缺陷,致使公共教育资源难以落实到进城农民工子女头上。一方面"流出地政府"不会主动将相关经费提供给农民工子女;另一方面"流入地政府"出于种种因素的考虑,也不情愿投入经费到农民工子女身上,这就造成了义务教育经费难以落在进城农民工子女身上,将该群体置于城市义务教育过程中的尴尬境地。从我们实地调查情况看,对于就读于城市公办学校的进城农民工子女,其地方性义务教育生均费落实得相对好一些,但对于就读于民办学校(包括打工子弟学校)的进城农民工子女,目前仍有相当一部分人的义务教育生均费未能得到落实,并面临重重的障碍与困境。调查还发现,即使各种审核条件符合规定、证件齐全的民办学校,其地方性的财政经费支付大部分也未兑现,而对于其他民办学校就更是难上加难了。显然,这种"政策"与"现实"的差距,本身反映财政资金分配的失衡。

从教学资源看,作为进城农民工子女就读的主要场所,目前民办学校与公办学校之间往往存在着较大差距。表现在:一是优质教师资源远远不如公办学校,且呈现出队伍不稳定、素质结构参差不齐等方面的问题;二是学校环境与条件明显落后于公办学校,包括教室、书桌、图书馆服务、食宿资源、信息化

教育资源、体育器材、厕所、运动场及相关设施设备等方面相差甚远。显然，这种教学资源的差异，反映了进城农民工子女教育环境与条件的差距，也体现了城市教育资源占有的不均衡。

（二）现实教育的分布状况及特点

正如父辈被边缘化一样，进城农民工子女在教育过程中也同样存在着"被边缘化"的问题。这种被边缘化，主要体现在公共教育资源的边缘化、学校区域分布的边缘化、学习场所安排的边缘化、教学过程的边缘化等。

从教育资源分布看，尽管国家相继出台了《关于进一步做好进城务工就业农民子女义务教育工作的意见》（2003年）、《关于做好免除城市义务教育阶段学生学杂费工作的通知》（2008年）等法规政策，并被人们解读为为进城农民工子女城市求学带来了福音，它意味着进城农民工子女可以更多地在公办学校就读，可以与城市子女公平享有城市公办学校等方面的公共教育资源。但遗憾的是，这些法规政策的运行状态及成效并不理想，无论是全国各地传来的消息，还是我们此次调查结果都表明，当前进城农民工子女享有城市公共教育资源的道路仍然十分坎坷，困难重重。2013年问卷调查统计显示，当前贵州进城农民工子女就读的途径有三种：一是进公办学校；二是进民办学校（包括经审批合格的打工子弟学校）；三是进打工子弟学校（未经审批合格的打工子弟学校）。进一步看，与过去相比，公办学校吸纳进城农民工子女就读的人数不断增加，但总体上远未达到"两为主"的政策预期，所占比例也尚未过半。我们调查发现，目前在贵州民办学校、打工子弟学校仍吸纳着大部分（超过60%）的进城农民工子女，成为当前最主要的就读途径。此外，本项目采取随机抽访的形式，通过对100名进城农民工（有子女在城市读书）的调查发现，仍有六成以上的进城农民工子女就读于民办学校、打工子弟学校，而公办学校则只占三成左右，而且越是中心城区的公办学校，其接纳农民工子女就读的比例就越低。以贵阳市为例，据相关统计，2007年贵阳市约有学龄阶段的进城农民工子女12万人①，到

---

① 贵州民盟省委网：《贵阳市进城务工农民工子女受教育情况调查》，http://www.mmgzsw.com/czyz/201011/811.html。

2010年下半年增长到约16.5万人①，若按照2007～2010年的平均增幅（超过两位数）进行保守推算，那么到2013年底，贵阳市有学龄阶段的进城农民工子女将超过20万人（即按年均10%增幅推算）。与之相比，2007～2010年在贵阳市公办学校就读的进城农民工子女的增长速度则要慢得多（年均增幅仅为6.5%②）。这表明，伴随着学龄阶段的进城农民工子女的迅猛增长，必然导致城市公办教育资源的紧缺，进而导致不少进城农民工子女面临就学困难甚至失学的现象。据此可见，当前城市公共教育资源在进城农民工子女中的分布仍处于边缘化状态，而要真正实现"两为主"政策预期目标，则尚需经历一个较长的过程。

从学校区域分布看，调查发现，进城农民工子女就读的学校，无论公办学校还是民办学校，其主要集中分布在城市的边缘地带（如城郊、城边区域等）。在这里，公办学校大多属于"三类"学校（通常人们将学校分为三种类型，即"一类"为好学校、"二类"为一般学校、"三类"为较差学校），并吸收着较多进城农民工子女，其比例在六成以上；民办学校、打工子弟学校成为这些区域的主体，并占据着数量上的优势，通常拥有一所公办学校的地方，周边就拥有几所民办学校或打工子弟学校。

从学习场所安排看，调查发现，在进入公办学校的进城农民工子女，其往往被安排在普通班就读，而当地户籍学生则安排在所谓的实验班、重点班等之类的班级就读。据不少教师反映，在教学过程中明显发现，进城农民工子女在公办学校及班级中的数量多少，往往决定着相关班级学生素质的整体状况，呈现出好班级学生素质较好、差班级学生素质较差的现象，给教师上课带来了不少困境。

从具体教学过程看，由于进城农民工子女整体素质偏低，因此，除了对学习场所进行分类外，在现实教学过程中，也同样存在着"差异化"的现象。调查发现，在过去相当长的一段时期，由于进城农民工子女成绩不计入考核的

---

① 贵州民盟省委网：《贵阳市进城务工农民工子女受教育情况调查》，http://www.mmgzsw.com/czyz/201011/811.html。
② 陈萨莎：《贵阳市随迁农民工子女教育问题及对策研究》，陕西科技大学硕士学位论文，2012，第6页。

范畴，也不与教师的绩效挂钩，因此，不少教师在教学过程中，往往对进城农民工子女的教学态度冷漠甚至毫不关心，采取放任自由的形式。显然，这种教学过程的差异与歧视，对进城农民工子女是不公平的，其不仅严重伤害了该部分学生的自尊心，也容易挫伤其学习的积极性与主动性。

四 贵州进城农民工子女教育的困境及影响

时至今日，进城农民工子女作为生活在城市中的重要群体，已经拥有了相关法规政策的制度性保障。但是，在现实生活中，他们却未能真正与城里孩子一样享有均等的教育机会与权利，更难言接受相同质量的教育。究其原因，是多方面的，既有来自政府和学校方面的因素及影响，也有来自家庭和学生方面的因素及影响。那么，这些因素又是如何影响和制约进城农民工子女的教育发展，并成为主要障碍的呢？调查表明，当前贵州进城农民工子女在改善自身教育条件的过程中仍面临着三大困境：一是经济水平的制约性；二是政策法规的滞后性；三是学习条件的有限性。

（一）经济水平的制约性及影响

从政府层面看，有限的地方财力制约了进城农民工子女教育环境与条件的改善，致使公共教育资源的供给与农民工子女的教育需求之间产生矛盾。事实上，在当前的政策背景下，单靠地方政府（流入地政府）的财力，也无法快速应对解决进城农民工子女"两为主"所带来的巨大财政负担与压力，即便是东部发达地区也是如此。显然，对于尚处于欠发达的贵州省而言，要解决这道难题更是困难重重，也难以在短期内实现"以流入地政府管理为主，以全日制公办中小学为主"的政策目标。以贵阳市为例，调查统计显示，进城农民工中48.4%的人表示养育有子女，而在这部分农民工中，有未成年子女随同进城学习、生活的占56.6%[①]；如果以40万农民工进行保守推

[①] 根据2011年"贵州城市农民工生存与发展状况"抽样调查数据进行推算。样本规模886人，有效样本883人（引自周芳苓《农民工：城镇化进程中的边缘群体》，贵州大学出版社，2012）。

算（据相关部门统计测算，2008年贵阳市流动人口已超过60万人，其中绝大部分是农民工及子女），那么目前贵阳市进城未成年农民工子女的学生数量不少于10万人。而如果以10万未成年农民工子女计算，并按贵阳市现有的文件规定"农民工子女生均财政经费为300元/人"①执行，那么，贵阳市政府单是一年就得承担不低于3000万元的农民工子女就读财政补贴的经费投入。显然，这是一笔较大的财政投入，相对于有限的财政来说是一个不小的经济负担。

从家庭层面看，由于受就业类型、职业层次、工资收入等方面的影响，造成农民工家庭经济水平偏低、供给能力有限，进而制约了进城农民工子女就读环境与条件的改善。2013年问卷调查显示，当前贵州进城农民工子女的父母中高达八成以上的从事体力型低层次职业，而一成的则处于"家务劳动"的状态。同一调查表明，2013年贵州进城农民工子女的父母平均收入为1582.41元/月（均值），家庭平均人口规模为4.5人；如果按父母2人都有收入来源进行推算，那么进城农民工家庭的人均收入为703.29元/月，若按父母中只有1人拥有收入来源进行推算，那么进城农民工家庭的人均收入则仅为351.65元/月。

显然，在此家庭经济条件下，进城农民工子女很难拥有主动选择就读学校、改善就读环境的机会与能力。正如问卷调查显示，在非公办学校就读的贵州进城农民工子女中，超过半数（55.8%）的人表示"学校收费低""学校距离家里近""学校交通方便""民工子女都在这所学校读书""教材和课本与家乡的一样"等因素，是父母送自己到民办学校读书的主要原因，而将"学校的教育质量好"作为选择原因的仅占四成（见表4）。这说明，目前选择民办学校、打工子弟学校等低层次学校作为主要就读场所，并不是进城农民工及子女的真实意愿，而是家庭经济收入偏低导致的无奈选择。

---

① 按照规定：在300元中，100元用于给民工子女交杂费，100元多一点给教师上社会保险，剩下的不到100元用于支持学校购买易耗品、美化校园环境（不包括固定资产投资）等开支。

表4 当时家里送你到这所学校（民办学校）读书，其主要原因是什么？

单位：人，%

主要原因 类别	频数	百分比	有效百分比	累计百分比
学校的教育质量好	68	19.7	44.2	44.2
学校收费低	4	1.2	2.6	46.8
学校距离家里近	43	12.4	27.9	74.7
学校交通方便	5	1.4	3.2	77.9
民工子女都在这所学校读书	5	1.4	3.2	81.2
教材和课本与家乡的一样	7	2.0	4.5	85.7
其他	22	6.4	14.3	100.0
总计	154	44.5	100.0	
缺失值	192	55.5		
合计	346	100.0		

资料来源：2013年"贵州进城农民工子女教育状况"抽样调查数据。

（二）政策法规的滞后性及影响

与全国及兄弟省区相比，贵州有关农民工子女教育政策法规的建设历程，呈现出"滞后性"的状态。这滞后性既体现在法规政策自身的建设方面，也体现在政策法规运行的实际效力方面。

从政策法规建设方面看，尽管贵州农民工子女教育政策法规经历了一个逐步调整与改善的过程，但是，从整体上看，其相关政策法规的制定仍处于滞后的状态，表现在有关农民工子女教育政策法规的制定，更多的是复制国家政策文本，缺乏必要的创新，更缺少本土性新规新策。截至目前，贵州有关进城农民工子女教育的专项政策、法规尚属空白，与发达地区之间存在着明显的差距。

从政策法规运行方面看，由于自身政策法规建设的滞后性，客观上影响了对国家政策法规的执行力与运行效率。事实上，越是欠发达地区，其执行国家政策法规的难度也就越大，运行效力也会越差。以《关于基础教育改革与发展的决定》为例，该文件明确指出"要重视解决农民工子女接受义务教育问题，以流入地政府管理为主，以全日制公办中小学为主，采取多种形式，依法保障农民工子女接受义务教育的权利"[①]。但是，全国及各地区实现这一政策目标的程度却不尽相同，如早在"十一五"期间，北京、上海、广东、江苏、浙江等省、市已实现60%以上农民工子女就读于公办学校的目标；而贵州等西部欠发达地区却远未达到这一水平。

由此可见，无论是有关农民工子女教育政策法规的制定，还是国家相关政策法规的执行，贵州都处于相对滞后的状态，并在较大程度上制约着进城农民工子女教育环境条件的改善。

（三）学习条件的有限性及影响

学习条件作为教育发展的重要组成部分，其好坏将影响教育的质量与效果。从整体上看，当前贵州进城农民工子女的学习条件是有限的，也是不利的。这种有限性既体现在就读学校环境的局限上，也体现在自身家庭条件的缺陷上。

从学校条件看，由于大部分进城农民工子女仍就读于民办学校、打工子弟学校，因此，与公办学校相比，其校园环境条件相对较差。调查发现，在笔者走访过的民办学校、打工子弟学校中，其校舍破旧、基础设施不齐全、教室窄小且采光极差、缺少基本的书桌凳子，更缺少实验室、图书馆、计算机教室及网络等教学设施。

从家庭条件看，由于进城农民工及子女流动性大，加上经济收入有限，因此，这就决定了家庭提供给子女的学习环境与条件也是有限的，表现为居住面积窄小，相当一部分家庭无法提供给孩子专用的书桌和专门的学习房间。调查表明，当前贵州进城农民工及子女的居住环境还很差，不仅居住面积窄小，而且居住场所的条件较差，仍有近半数的人居住在生产车间、工厂工棚、简易房、集体宿舍中，而且大多缺少厨房、厕所、淋浴等基本的生活设施，也缺少电视、电话等物品。问卷统计显示，在被调查的进城农民工子女中，仍有高达44.3%的人表示家里没有自己的书桌（学习专用书桌），高达46.0%的人表示家里没有自己的学习房间（见表5）。如我们调查走访时发现，在一间十余平

---

① 国务院：《关于基础教育改革与发展的决定》，2001年6月印发。

方米的房间里,进城农民工家中除了一些生活用具外,很难发现几件与孩子学习相关的物件,更不用说单独的学习房间、书桌。因此,不少进城农民工子女在放学回家后,他们或是蹲在光线较暗的床边做作业,或是将书包放在膝盖上做作业等。

表5 目前,你家里是否有自己的书桌、房间(专用书桌、学习房间)?

单位:%

学习条件\基本状况	你家里是否有自己的书桌、房间?		综合比例
	专用书桌	学习房间	
有	55.7	54.0	54.9
没有	44.3	46.0	45.1
总计	100.0	100.0	100.0

资料来源:2013年"贵州进城农民工子女教育状况"抽样调查数据。有效样本341人,缺失值5人。

此外,进城农民工家庭经济条件的有限性,也制约了子女在学习用品、生活质量、交通出行等方面的改善。2013年问卷调查显示,贵州进城农民工子女平均每周的零花钱为25.93元(均值),标准差26.696,其中最大值为152元/周,最小值为0元/周。换句话说,当前进城农民工子女平均每天的零花钱为5.19元,若除去必需的2元/天公交费和2~3元/顿午餐费(只能在学校食堂吃饭,否则外面最低消费不低于5元/顿),则只剩0.19~1.19元/天。

综上所述,当前贵州进城农民工子女在学校、家庭等方面的学习条件都不理想,总体上仍处于低层次、低水平的不利状态,部分进城农民工子女甚至处在极度恶劣的学习环境之中。对此,应引起政府、社会、学校的关注与重视。

五 改进农民工子女教育环境的对策与思路

进城农民工子女教育,不仅仅是一个单纯的教育问题,也是一个复杂的社会问题,这就决定了解决该群体教育问题必将是一个长期性、系统性的社会工程。基于此,要切实关注好、落实好、解决好进城农民工子女教育问题,必须立足国情、省情、区情,从实际出发,坚持全方位、多元化的发展对策与思路。

（一）立足长远，提高农民工子女教育的战略认识

进城农民工子女是在我国经济社会转型期出现并将长期存在的社会群体，其教育问题也将是一个长期的社会系统工程。因此，在新形势、新阶段、新政策背景下，各级政府、部门、社会组织，必须立足长远，加强对农民工子女教育问题的战略认识，并采取切实可行的政策措施予以解决。

1. 明确加强农民工子女教育战略认识的重要性

事实表明，进城农民工子女教育问题，是当前和今后一个时期需要解决的重大民生问题之一，事关国家或地区"四化同步"战略的发展。相反，如果关注不够、解决不到位，势必造成多方面的负面影响，既不利于全民文化素质的提高，也不利于未来发展动力的培育；既不利于经济社会的协调发展，又不利于和谐社会的科学构建。基于此，在新形势、新阶段、新政策背景下，各级政府、部门、社会组织，要站在全局和战略的高度，充分认识解决好进城农民工子女教育问题的重要性，增强责任感和紧迫感，严格按照新《中华人民共和国义务教育法》和国家相关规定和要求，切实改善进城农民工子女的教育环境，促进他们健康成长和全面发展。

2. 明确处理农民工子女教育发展中几大关系的必要性

事实上，要科学、有效推进农民工子女教育环境条件的改善，涉及方方面面的环节与内容，而如何认识和厘清农民工子女教育发展过程中三大关系问题，是必要且重要的。

一是要正确认识公办学校与民办学校的关系。按照国家政策，必须坚持"两为主"的方针，让更多的农民工子女进入公办学校就读，但是，面对进城农民工子女对教育发展的刚性需求，公办学校的教育资源供给无法一时全部予以满足，这就需要通过民办学校的教育资源供给予以补充。因此，坚持"公办为主，民办为辅"的发展思路，促进公办与民办学校之间的协同发展，是现实发展的客观需要。

二是要正确审视办学条件与教育支付能力的关系。关于民办学校、农民工子弟学校的办学条件问题，不能搞一刀切，只能根据现实发展的实际需要而作出决定。事实上，如果政府不能完全负担进城农民工子女教育的费用，那么，

我们就不能一概以优质的教学条件作为农民工子女入学的门槛，更不能由此加重农民工家庭的经济负担而增加其子女在城市中的失学风险。换句话说，在公办学校尚无能力与条件完全解决进城农民工子女的入学之前，与其说让进城农民工子女失学，还不如让其进入民办学校、农民工子弟学校就读。由此可见，如何审视办学条件与教育支付能力的关系，不仅事关民办学校、农民工子弟学校的生存与发展问题，而且事关进城农民工子女就学渠道的取向问题。

三是要科学把握教育体制改革与社会发展需求的关系。当前，尽管随着户籍制度的改革、有关农民工子女教育政策法规的不断健全，客观上赋予了该群体在流入地受教育的权利，规定了流入地政府对于农民工子女负有教育的义务，取消了公办学校对农民工子女歧视性的收费政策。但是，在现实生活中，国家有关农民工子女教育的法规政策往往都会有这样那样的障碍，造成相关法规政策难以达到应有的政策预期，而农民工子女获得流入地教育的权利与机会也大打折扣。显然，这一现状无法满足社会发展对教育的需求，更无法满足广大进城农民工子女对义务教育的刚性需求。由此可见，如何科学把握教育体制改革与社会发展需求的关系，是国家政策法规制定过程中应予以关注的重要问题，也只有处理好了这两者之间的关系，才能更好地解决进城农民工子女在流入地接受教育的种种困境，也才能真正实现"政策规定"向"现实机会"的转变。

3. 明确正视农民工子女教育问题的双重性

从正面影响看，进城农民工子女教育问题是一个系统的社会工程。因此，解决好了该战略性的问题，有利于培育经济社会发展的新增长点，有利于促进我国政策法规的健全与完善，有利于破解我国现代化过程中的多重难题，有利于加快民主法治的进程等。从负面影响看，进城农民工子女教育问题解决不好，将制约我国社会劳动力整体素质的提升，影响现代化进程；将制约教育公平的实现，导致社会认同危机；将制约农民工子女的正常社会化过程，导致社会失范行为的产生，进而增加社会管理的治理成本与风险等。总之，正确认识农民工子女教育问题的有利性与不利性，并充分地发挥其正面功能，避免或消弭其负面影响，是今后解决进城农民工子女教育问题的重要前提，不容忽视。

（二）健全法规，确保农民工子女教育合法性权益

人的城镇化，是一个亟待解决的全国性问题。党的十八大报告明确指出："加快改革户籍制度，有序推进农业转移人口市民化，努力实现城镇基本公共服务常住人口全覆盖。"这是第一次将相关问题写入党的报告。可见，解决人的城镇化问题已刻不容缓，而农民工及子女便是这一问题的主体。

就贵州而言，关注和解决农民工子女教育问题，是贵州省推进城镇化战略的重要任务，也是推进农民工及子女市民化的重要手段。而农民工及子女的市民化，将面临着户籍、就业技能、文化程度、能力素质、子女教育、住房、社会保障、资产代际转移、城镇资产建设、政治参与等方面都存在障碍，而农民工子女教育则是最大的根本性的障碍。而要切实克服和解决这一系列问题，必须从健全农民工子女教育的政策法规着手，这是最根本性的路径与保障。

正是基于此，在制定和健全贵州有关农民工子女教育的法规政策时，必须明确并解决好以下几个问题。

1. 解决进城农民工子女教育问题必须从政策法规的层面着手

作为城镇化的重要组成部分，进城农民工子女既是未来贵州省城镇化的重点，也将成为难点，而如何从政策法规的高度予以关注，并赋予直接和明确的权利与机会，这是切实解决好进城农民工子女的教育问题的根本前提与制度性保证。

2. 制定教育政策法规时必须将农民工子女推向政策的主体位置

到目前为止，从国家到地方有关农民工子女教育的政策法规已有不少，但直接针对进城农民工子女教育的专门政策法规却很少。基于此，作为西部劳动力输出的重要省份，贵州应加快政策法规的探索与构建步伐，制定更多有关农民工子女教育的专门政策法规，并真正将农民工子女置于政策对象的主体地位，而不再是其他政策法规制定过程中的"附属物"（即在制定其他政策法规时，相应地对农民工子女问题予以关注）。

3. 农民工子女教育政策法规的设计必须接地气

尽管贵州省先后制定了《贵州省实施〈中华人民共和国义务教育法〉办法》（1994）、《贵州省民办教育促进条例》（2006）、《贵州省义务教育条例》

（2012）等一系列的法规政策。但是，通过比较不难看出，这些政策法规更多的是对国家相关政策法规的一种变相复制，而缺乏区域性的创新与设计。基于此，今后贵州省在加强有关农民工子女教育政策法规的制定与设计时必须接地气，体现政策法规的本土化、区域性、针对性，并坚持科学、务实、有序的原则，真正将农民工子女纳入政策关注的核心。以户籍制度改革为例，我们必须通过该项制度的设计，分阶段、有重点、有序地推进农民工及子女的市民化。因此，在进行户籍制度的改革与设计时，应区别第一代农民工、第二代农民工以及农民工后代，并将进城农民工、农民工子女作为户籍改革过程中的重点目标，体现进城农民工子女"优先入户"的政策。显然，若对此加以明确，有助于厘清贵州省进城农民工子女教育政策改革的思路、方向和目标，并以此确立以农民工子女为重点的教育制度改革战略。

（三）令行禁止，彰显法规政策的权威性与执行力

从总体上看，当前全国及地方有关进城农民工子女教育的法规政策也不算少，为何仍存在这样那样不利于进城农民工子女教育的发展格局呢？从根本上讲，法规政策的权威性与执行力不足，是影响进城农民工子女教育的重要因素。如同前述，国家关于农民工子女教育问题的相关法规政策是科学合理的，但是，这些法规政策一旦到地方，往往就变了味、走了样，甚至出现"有法不依""上有政策下有对策"的不良现象。显然，这不仅是对国家法规政策的蔑视，也是对法规政策权威的挑战。

鉴于此，在坚持正确办学方向的基础上如何不断强化已有法规政策的权威性与执行力，将是一项重要工作，具有重要的作用。这是更好地落实国家大政方针、促进国家教育公平、确保进城农民工子女平等享有教育权利与机会的重要前提。就贵州而言，要不断强化法规政策的权威性与效率，应着力做好以下几方面的工作。

1. 加强进城农民工及子女教育法规政策的宣传工作

以新《中华人民共和国义务教育法》（2006）、《中华人民共和国未成年人保护法》（2012）等为主要宣传内容，充分利用广播电视等传统媒体的阵地作用，同时利用好网络、手机等新媒体的宣传功能，不断提高社会对有关农民工

子女教育政策法规的认知水平。同时，特别要将农民工及子女、教学从业人员、教育行政部门工作人员等作为深度宣传的主要对象。

2. 令行禁止，杜绝各种不利于农民工子女教育发展的行为产生

以新《中华人民共和国义务教育法》（2006）、《未成年人保护法》（2012）等为主要内容，加强对教学、管理、相关职能部门从业人员法规政策意识的强化，提高职业操守，杜绝各种不利于农民工子女教育发展的行为和因素，真正做到"有法必依"、公正、廉洁、为民。

3. 加大违规违纪过程中相关责任的惩罚力度，确保法规政策的权威性与执行力

无论是实际教学部门还是教育行政管理部门，一经发现存在着针对进城农民工子女教育过程中违规违纪行为，必须予以严肃处理，绝不姑息。这是确保法规政策的权威性与执行力的重要前提。

（四）强化监管，严格规范教学与行政管理部门的秩序

调查发现，当前在进城农民工子女的教学管理、行政管理等过程中仍存在着"有法不依""上有政策下有对策"等不良现象，究其原因，除了受市场经济的冲击与影响外，根本原因还在于从中央到地方、从地方到部门缺乏健全有力的监督管理机制，致使不少教学单位、行政管理部门的部分工作人员，为达到个人利益之目的而采取非法行为，直接或间接向民办学校、农民工子弟学校收取各种名目的人情费（少则几千元，多则超过一所农民工子弟学校全年的收入）。这不仅增加了民办学校、农民工子弟学校的办学难度，也间接加重了农民工子女受教育的负担与成本，造成不少农民工子女因无法承担过大的经济压力而失学或辍学。

鉴于此，必须加强对现行教学、行政管理部门的行为监督与管理，坚决杜绝各种不利于农民工子女教育发展的因素存在，为农民工子女营造公平合理的教育环境。

1. 建立进城农民工子女入学"动态监测"体系

为保障进城务工人员子女平等接受义务教育的权利，争取做到不让一个孩子因家庭经济困难、就学困难或学习困难而失学。因此，构建进城务工人员随

迁子女公平接受义务教育情况的动态监测机制是十分必要的。而在具体构建过程中，教育行政部门必须实现与科研单位、高等院校联姻，实现理论与实践的充分结合，并保证监测过程中的科学性、准确性、指导性及应用性。

2. 探索制定一套进城农民工子女教育管理与服务评估体系

结合进城农民工子女教育发展的实际需求，教育行政管理部门通过面向社会招标的形式，加强对进城农民工子女教育管理与服务的研究，以构建起一套科学、合理、客观、可操作性强的评估指标体系。通过评估指标体系的运用，并借助科研单位、高等院校的力量，及时考察教学、管理等部门在农民工子女教育管理与服务过程中的质量与水平，并针对存在的问题提出限期整改的意见与建议；对于评估过程中发现存在突出问题的教学和管理部门，予以通报批评，甚至追究相关负责人、工作人员的责任。

3. 实行进城农民工子女教育工作不定期检查制度

为了改变过去只强调管理而忽视服务的现象，应成立以专家学者为主体的督导检查组，不定期加强对进城农民工子女教育的检查工作，并将教学单位、教育行政管理部门，以及相关部门作为检查的重点对象。着重针对管理秩序、管理规范、服务意识等方面进行检查。

（五）改革创新，构建科学合理的教育政策管理体系

改革开放的发展史，从某种意义上讲也是我国经济社会的变迁史。然而，在城乡二元社会结构的刚性影响下，一系列社会问题伴随着经济转轨、社会转型的加速而不断凸显，农民工及子女教育问题无疑是这一过程中的代表性问题之一。进一步看，经济社会的发展与变迁，又是经济体制与社会政策体制"二元驱动"的结果。因此，要切实破解农民工子女教育这道难题，必须从体制机制的改革与创新入手。

1. 通过改革创新破除传统教育模式

一是逐步破除传统教育模式，削弱户籍制的身份标签功能，建立与市场经济发展相吻合的居民身份制度。二是全面深化经济制度改革，消除城乡二元体制的刚性制约，缩小城乡之间的经济、社会、保障、教育等方面的差异。

2. 深入改革义务教育经费分配方式

一是构建起以国家宏观调控为主的义务教育投入机制。尽快改革义务教育以县为主的制度安排，实现以国家中央本级投入为主，中央和地方各一半的责任界定。二是实行"教育券"通用制度。通过这一制度，政府可将用于教育的公共经费以券的形式直接发给就读者个人，并以此进行学费和相关费用的支付，最终实现自由选择学校的目标；而学校则可通过教育券向政府兑现相应的现金。①

3. 优化国有公共教育资源的配置机制

一是通过优化国有公共教育资源的配置，有利于打破现有教育资源的分布格局，真正实现有限资源利用的最大化。这也是坚持"以公办学校为主，民办教育为辅"的根本前提。二是调整教育格局，优化农村义务教育体制。真正实现由"传统义务教育体制"向"新型义务教育模式"的转变，进而将农民工子女教育纳入体制之内。②

4. 加大义务教育经费统筹力度，破解"两为主"政策难题

从近期看，当前国家有关农民工子女教育政策法规的落实，取得了较大成效，进城农民工子女进入公办学校就读的比例得到提高。但是，从长远看，国家"两为主"政策的施行仍面临两大难题：一是地方政府投入的积极性问题；二是落实具体经费的操作性难题。

基于此，要切实贯彻"两为主"政策，国家必须正视和解决以上两大问题。首先，要加大中央财政对义务教育经费的统筹力度，促使流出地、流入地教育发展走向均衡。一方面中央财政的转移支付进入了流出地，但另一方面流入地却没有获得中央财政的转移支付。显然，这就不利于调动流入地政府保障农民工子女学生义务教育的积极性，因此，必须加大中央财政对现行义务教育经费的统筹力度，推动财政转移支付方式的改革，真正将义务教育经费落实到农民工子女就读所在地。其次，要建立长效机制保障义务教育经费。从短期

---

① 蒋太岩等：《从歧视走向公平——中国农民工及其子女教育问题调查与分析》，东北大学出版社，2008。
② 蒋太岩等：《从歧视走向公平——中国农民工及其子女教育问题调查与分析》，东北大学出版社，2008。

看，流入地政府可以承担进城农民工适龄子女的义务教育经费保障责任，但从长远看，则会加重流入地政府的财政负担，进而导致进城农民工子女就读成本增加、负担加重等方面的问题产生。因此，从中央层面建立义务教育经费的长效保障机制，是提高地方政府投入积极性的重要保证。

5. 实行购买和扶持民办学校发展的制度

一是政府可以出资购买条件成熟、质量较好的民办学校，并予以办学主体相应的奖励。二是政府应给予条件较差、质量不高的民办学校以资金、政策等方面的必要扶持，并以此促进其教育管理的规范化。

6. 建立民办学校教师激励机制

一是通过提高民办学校教师的待遇来稳定师资队伍，并吸引优秀教学人才的加入。二是建立农民工子弟学校教师正常晋升机制，一方面政府可通过教师特岗、同等条件优先等政策，将优秀的师资力量整合到公共教育资源中来，以进行更合理的配置；另一方面通过"对口帮扶"的形式，加强公办学校与民工子弟学校之间的师资交流，请民工子弟学校的教师参加公办学校的公开课及教研活动，而公办学校的教师则以"支教"形式加入民工子弟学校的教学管理，以提供有益的帮助。

参考文献

蒋太岩等：《从歧视走向公平——中国农民工及其子女教育问题调查与分析》，东北大学出版社，2008。

史柏年等编著《城市边缘人——进城农民工家庭及其子女问题研究》，社会科学文献出版社，2005。

陈萨莎：《贵阳市随迁农民工子女教育问题及对策研究》，陕西科技大学硕士学位论文，2012。

周芳苓：《农民工：城镇化进程中的边缘群体》，贵州大学出版社，2012。

王春光：《农村流动人口的"半城市化"研究》，《社会学研究》2006年第5期。

胡晓登：《城镇化的核心是人的城镇化》，《当代贵州》2013年第9期。

民 生 篇

Livelihood Issues Report

B.6
穷省如何办好大教育
——贵州省实施教育"9+3"计划情况调查

程联涛 阮宝祥 李 照 黄吉平 李文龙 等*

摘 要： 近年来，贵州省委、省政府提出了举全省之力实施教育"9+3"计划，明确了巩固9年义务教育、实施3年免费中职教育、基本普及高中阶段教育三大目标。本文结合省情实际，对贵州省如何进一步落实好教育"9+3"计划，把贵州省沉重的人口压力转变为巨大的人力资源提出相关对策建议。

关键词： 贵州省 教育 "9+3"计划

---

* 程联涛，贵州省委政研室社会处处长；阮宝祥、李照、黄吉平、李文龙，贵州省委政研室社会处干部。

现阶段贵州"中国梦"的实现,必须依靠人口素质的整体提高。省委书记赵克志强调"经济能解决今天的问题,科技能解决明天的问题,只有教育能解决后天的问题"。针对2011年贵州省文化教育在全面小康指标体系中实现程度只达53%,教育事业主要指标远低于全国和西部平均水平的实际,省委、省政府提出了举全省之力实施教育"9+3"计划,明确了巩固9年义务教育、实施3年免费中职教育、基本普及高中阶段教育三大目标,直指全面小康教育"短板"的关键和软肋。作为一个经济欠发达省份,面对经济弱、人口多、贫困程度深的省情,怎样落实教育"9+3"计划,变人口压力为人力资源,探索一条穷省办好大教育的新路子?

一 做到一个都不能少:建立健全"控辍保学"的工作机制

2012年11月16日,毕节市七星关区街头,5名10岁左右的男孩因在垃圾箱内生火取暖导致废气中毒而身亡。5名孩子中就有4人辍学,一定程度上反映了贵州省在"控辍保学"方面的不足,教训深刻,令人痛心。

虽然贵州省"两基"攻坚通过了"国检",但提高义务教育巩固率、降低辍学率任务仍然艰巨。一方面,"两基"成果巩固难、易反复。贵州省一些地方存在"毕其功于一役"的思想,突击迎"国检",通过后出现懈怠心理,入学率出现不同程度下滑。贵州省初中毛入学率从2009年的98.2%下降至2011年的94.2%,九年义务教育巩固率仅为78.6%,低于全国平均水平12.9个百分点。近三年全省辍学率逐年升高,小学、初中辍学率分别从2010年的2.18%、5.00%升高到2012年的3.04%和5.30%,其中安顺市小学、初中分别为6.66%和10.18%,镇宁县小学、初中更是分别达到18.26%和26.35%。另一方面,留守儿童等重点人群辍学风险加大。目前,贵州省有630万农民工外出务工,留守儿童达到116万人。留守儿童因亲情的缺失,家庭教育监管的不足,以及现有的关爱、支持和服务体系不健全,极易辍学。2012年,贵州省义务教育阶段辍学儿童达23.7万人,每年有将近12万未满18周岁的少年既不能就业,也没有进入校园,在社会上游荡。同时,贵州省教育执法监督仍显"乏力",存在执法主体不明确,"控辍保学"问责力度不够等问题。

省委书记赵克志对"11·16"事件作出重要批示,强调要"进一步提高贵州省义务教育水平,降低辍学率"。如何控辍保学、做到一个都不能少?应严格按照《义务教育法》的规定,从事关贵州同步小康、事关贵州人民尊严、事关贵州形象的高度,探索建立健全"控辍保学"的工作机制。

(一)以县为单位确保目标实现

对"控辍保学"实行属地管理,县级政府要成立工作联席会议,把"控辍保学"作为教育均衡发展的首要考核指标,纳入对县级党政主要领导教育工作督导考核,实行"一票否决制"。落实县长、教育局长、乡(镇)长、村长、校长、家长、师长"七长"责任制,实行小学毕业班整班交接到初中学校模式。力争到2015年小学辍学率控制在1.8%,初中控制在2.8%以内,义务教育巩固率达85%以上。

(二)完善相关制度促进工作长效化

建立和完善中小学学籍管理制度,各级政府和教育行政部门、中小学校应通过再排查再摸底对每一个适龄儿童少年建立电子学籍档案,实现动态管理。建立辍学通报制度、辍学学生报告和动员复学制度,各级教育部门应对辖区内义务教育阶段学校学生流失情况实行学期通报和年度辍学率通报制度。健全各级政府主要领导任主任的教育督导委员会,完善督导评估机制。

(三)更加注重留守儿童等弱势群体的教育

时任国务院副总理刘延东在贵州视察工作时指出:"巩固提高普及义务教育水平有两个特别需要关注的群体,就是留守儿童和流动儿童。"针对这两个群体,可探索实施基层干部定人帮扶措施。截至2012年底,贵州省现有小学教师197094人,全省共有乡(镇、街道、社区)1609个,村(居)委会19269个,以乡级平均出30名干部,村级平均出5名干部计算,则全省小学教师和乡村级干部可达34万多人,平均每人帮扶4个留守儿童就能实现帮扶全覆盖。同时,应切实做好进城务工人员随迁子女接受教育的工作,建设一批专门学校；注重对流浪儿童、学困生等实施分类指导；注重加强"控辍保学"宣传，强化监护人"不送子女上学违法""送未成年人打工违法"的法律意识。

二 增强职校的吸引力：建立促进职业教育科学发展的运转机制

"读职校感觉没面子"，这是调研组在安顺、黔东南等地调研时，关于职校为什么招生难得到最多的回答。黔东南州教育局长张荣根说，职业教育在贵州是弱势教育，长期以来，"重学历、轻技能"的观念根深蒂固；此外，投入少、师资力量差、专业设置不合理、相关政策措施执行不到位，也是职业教育受冷遇的因素。

当前，贵州省中职教育发展还面临一些问题和困难：一是传统观念仍然根深蒂固。不少家长认为，孩子成才还是需要通过"上大学"来实现，所谓"劳心者治人，劳力者治于人"，打工就是"没出息"的表现。二是教育资源配备需要加强。受经济条件制约，贵州省职业教育办学条件还不能满足经济社会发展需要。如贵州省职校生均校舍面积为10平方米，低于国家20平方米的标准；生均公用经费不足2000元，也低于国家3000元的标准；部分县级中职学校教学仪器设备老化，实训基地极为薄弱；职业教育师生比为1∶30，低于教育部1∶20的标准。三是贵州省中职教育供求缺口加大。一方面，培训对象骤然增多。如贵州省辍学初中毕业生数量已达10万人以上，同时，随着工业化和城镇化的推进，原来80%农民工出省务工，现留在省内的达到50%，出现大量回流的情况，这两类群体亟须培训就业。另一方面，随着贵州省"四化同步"进程的加快，适应现代技术条件的产业工人缺口越来越大。四是职校强弱不均。一些专业设置对路、就业良好的中职学校招生十分火爆，如省建设学校、省医护学校等"一校难求"，而相当数量的职校仍然存在专业不适应产业发展、学生质量不适应用工需求、办学特色不明显的问题。此外，"严格实行就业准入制度""对支付实习学生报酬的企业，给予相应税收优惠"等相关政策在贵州省多数县仍未有效落实，致使企业对于中职学校毕业生与普通农民工或初中毕业生同工同酬，职校也就缺乏吸引力。

调研也发现了发展职业教育的有利因素正在集聚：一方面，贵州省职校生95%以上的高就业率，引导许多家长、学生改变偏见，逐步形成了尊重劳动创造的风气。加之免除中职生学费，更是调动了许多贫困生的积极性。另一方面，随着省委、省政府压缩行政经费5%支持"9+3"计划，中央转移支付资金用于教育部分、土地出让收益10%用于教育部分、地方教育附加等按比例用于发展职业教育等政策的出台，使贵州省职业教育教学条件将加快改善。

大力发展职业技术教育，是事关贵州全局发展的长远大计。全国政协主席俞正声到黔视察时强调："职业教育上不去，就业就上不去，增加收入就困难，必须开展职业培训。"围绕2015年贵州省中职在校生规模达85万人左右、职业教育有效服务经济社会发展的目标，当前应重点抓好三方面工作。

一是加强贵州省职业教育的顶层设计。抓紧编制符合贵州实际的现代职业教育发展规划，适时出台加快贵州省职业教育发展的意见，从顶层设计、制度框架上进行谋篇布局。以清镇职教城为载体，打造现代化、集群化、规模化的职业教育聚集区，特别是以实施好中职"百校大战"项目为带动，优化全省职业教育空间布局，重点在大中城市和人口大县办一批实训设备齐全、教育质量较高的职业技术学校。

二是学校办到园区去，专业围着产业办。国务院副总理刘延东对贵州省提出明确要求："职业教育的定位要与发展需求接轨，学科、专业设置要与市场需求相适应。"中职教育必须更加明确学科设置和就业服务方向。建议围绕"四化同步"和"两人战略"，特别是白酒等"五张名片"和煤电磷等"四个一体化"对高素质技能型人才的需要，重点要加强特色专业建设，特色化、差异化办学。完善现代职业教育体系，大力推动"政校企合作""订单办学"，学校建到产业园区去，实训车间建到职校来，专业围绕产业办，毕业就近找工作。针对贫困农民和城市困难群体等就业重点人群，通过中、短期技能培训提高其就业能力。

三是营造像重视普教那样重视和支持职教的氛围。建议采取多种方式加大职业教育宣传力度，建立良好导向。加快职业教育投入资金到位，提高分配和使用效率，确保有限资金用在刀刃上。加强教师队伍建设，针对2015年贵州省中职教师缺口2.3万人的实际情况，建议积极争取国家支持，把贵州省65

个集中连片贫困县的中等职业教育纳入国家盘子,同时实行中职特岗教师计划,每年5000人,连续实施5年。鼓励社会力量发展中等职业教育,落实细化支持政策,进一步加强职业教育劳动就业准入制度,加大执法力度。特别是积极争取8个对口帮扶城市分别援建一所高水平的职业学校,以此带动职业教育大发展。

三 "一碗水端平":建立促进民办教育发展的体制机制

贵阳市白云兴农中学"争公办学校之不争,补公办学校之薄弱",克服姓"农""民办"两个弱势,经过20年的奋斗,成为贵州省民办教育的一面旗帜,走出了一条健康发展的路子。教育部巡视员瞿延东题词:"兴农中学的办学精神、办学理念对贵州乃至全国贫困地区民办教育都有借鉴意义。"

兴农中学的成功实践说明,贵州省有条件大力发展民办教育。贵州省民办教育发展任重而道远。首先,民办教育发展政策被"大打折扣"。2011年8月,省政府出台了《关于促进民办教育大发展的意见》(黔府发〔2011〕25号)(以下简称《意见》),给予民办教育12条"含金量"高的优惠政策。但在调研中我们发现,各地执行情况不一。比如,《意见》规定民办学校愿意以出让方式依法取得土地使用权的,县级以上人民政府可优先将土地使用权出让给民办学校,但多数民办学校并未享受此项政策。省教育厅一名干部说:"即使省级层面已明文规定民办教育发展政策,但民办教育受歧视的历史仍未过去,政策落实真难。"其次,民办学校自身陷入"生存危机"。贵州省大部分民办学校无论是学校的布局、学科的设置,还是长远发展都缺少详细规划。大部分学校校舍简陋,设备不全,管理不规范,办学无特色。民办学校教师队伍不稳定,与公办学校教师待遇差距逐渐拉大,每个学年度平均流动率达40%~50%。个别民办学校为急于收回投资成本,在招生、收费、发放证书等方面不规范,损害了声誉。安顺市一位民办学校负责人说:"办学水平较差的民办学校可能会砸了全部民办教育尚未竖稳的牌子。"最后,民办教育发展不平衡。截至2011年底,贵州省各级各类民办学校共2739所,在校生80.95万人。其中幼儿园1914所，占69.9%；义务教育学校521所，占19.0%；普通高中94所，占3.4%；中职62所，占2.3%；高校10所（独立学院8所），占0.4%；职业培训机构138所，占5.0%。民办教育覆盖全省学前教育的33%、义务教育的4%、高中阶段教育的9.5%、高等教育的1.4%。由此可见，民办教育主要集中在学前教育等公办学校办不过来的夹缝中，发展并不平衡。

穷省办大教育，公办、民办两条腿走路是最佳组合。当前，贵州省民办教育正处在一个加速发展的"黄金时期"，应当花最大力气来支持社会力量办学。

一是抓好扶持政策的落实，定期开展专项督查。贵州省民办教育发展不缺扶持政策，关键缺少持之以恒的落实。建议由省委督查室、省政府督查室牵头，会同教育、国土、财政、税务、民政、金融、人力资源和社会保障等部门每年对《关于促进民办教育大发展的意见》《贵州省民办教育促进条例》等促进民办教育发展的政策执行情况进行专项检查。对政策执行主体，凡属"不买账""打折扣"或"吃拿卡要"的严肃查处、追究责任并限期整改，最大限度地把促进民办教育发展的各项政策和措施落到实处。

二是抓好民办教育的统筹、规划和管理，提高民办教育办学水平。教育行政部门应加强民办教育的统筹、规划和管理，避免因规划布局不合理造成过度竞争和资源浪费。县级政府应加强对民办学校的办学层次、办学规模、结构布局等方面的引导，结合实际编制地方"民办教育发展和布局规划"。应适度提高民办教育机构的教师和管理人员准入门槛，从源头上保证教育质量和管理水平的提高。应将民办教师纳入各地教师培训的整体规划，帮助民办学校建立一支数量适当、质量合格、结构合理、相对稳定的教师队伍。教育部门应积极为民办学校牵线搭桥，帮助选配优秀校长和教师。同时，对民办学校实行年检制度，优胜劣汰。

三是抓好民办教育的协调发展，扩大民办教育办学比例。应协调发展民办教育在义务教育、普通高中、职业教育、普通高等教育领域齐头并进，力争到2015年，民办教育覆盖全省学前教育的38%、义务教育的10%、高中阶段教育的15%、高等教育的5%以上。重点鼓励、扶持民办职业教育，大力发展各类民办职业技能、岗位培训。加强政府宏观调控,优化区域教育结构和布局,鼓励企业集团和民间资本兴办民办独立院校,适当提高民办职业教育、高等教育在区域教育中的比例。通过引导有基础的民办学校增加投资、完善办学条件和配套设施建设,积极培育优质民办教育资源。

四 合理布局城乡学校:建立统筹城乡教育均衡发展的长效机制

在安顺市调研座谈会上,西秀区一位校长给我们念了一段教师写的日志:"70多个孩子挤在一间教室里,桌挨桌、人挤人,前排孩子紧靠讲台,后排孩子背贴墙面,教学互动都没办法。"这位校长说,目前,城区小学图书室、实验室、语音室等被占用,教室空间局促,空气浑浊,简直成了集装箱。但是,城里学校挤了,乡下学校却空了,还有着"一名教师两危房,三桌四矮凳,六个学生五个班"的顺口溜。

学校的合理布局,班额的合理配置,是教育改革发展的基本前提。当前,贵州省城乡之间、区域之间学校布局明显不均衡,由于大量农村人口迁移到了城镇,而教育发展规划滞后城镇化发展规划,城区或中心集镇寄宿制学校学位不足,出现了大量的农村"微型学校"与城镇"巨型学校",教育资源供需紧张的矛盾十分突出。全省县以上公办学校班额普遍在60~80人之间,如遵义市最大班额达到104人,最小规模仅有2人。一些县城或乡镇中心学校的教学、生活设施愈发"捉襟见肘",越来越不能满足学生人数增长的需要。而与"城挤"对应的是农村教育出现了"乡弱、村空"的现象,全省3404个农村教育点,普遍存在财力不足的"通病",师资匮乏的"软肋",设备短缺的"硬伤",环境制约的"掣肘"。

贵州省委、省政府多次强调,要让所有的孩子不仅"有学上",还要能"上好学",要织好网、补短板、兜住底、促公正。相对于人民日益增长的对优质教育的需求,教育资源总是有限的,该如何有效配置?

第一,学校布局应超前规划。在城镇化推进过程中,教育需要优先规划。城镇交通设施、商业网点、安全保卫、医疗卫生等公共资源配置,应向教育倾斜；城镇科技、文化、建设等公共政策制定，应有利于教育发展；新建住宅小区必须配套建设中小学和幼儿园，将学校建设与居民区同步规划、建设、验收、使用。建议制定出台城镇化进程中，城市综合体和小城镇建设配套建设学校的具体办法和保障措施。

第二，应提高农村末端教育的质量。时任国务院副总理刘延东强调："整个教育资源要向贫困地区、边远地区、民族地区倾斜。"贵州省偏远和贫困地区自然条件差，必须更加关注"后20%的农村儿童"教育问题。一是按照"小学到乡（镇）、初中到县城、高中到城郊，保留和办好必要的教学点"和"公平优先、就近入学"的要求，根据当地具体的地理条件、人口密度、风俗民情等进行学校规划和布局，保留和恢复必要的村小和教学点，发展"小规模学校"，采取特殊政策加以扶持。建议对学生规模不足100人的村小和教学点，按照100人核定公用经费，保证正常运转。二是加强农村寄宿制学校建设，解决好农村学生"学不饱"、农村家长"管不到"现象。按照"缺什么、补什么"的原则，以标准化建设为切入点，做好农村闲置教育资源转化利用，配好宿舍、食堂、厕所和洗浴等必需设施，提升教学条件、生活条件、管理条件。三是实施好"教学点数字资源全覆盖"项目，优先向村小和教学点输送优质资源，用同步课堂的方式，带动提高农村基础教育水平。

第三，统筹安排城区学校建设。调整中小学校点布局，在市（州）中心城市和县城加快建设一批较大规模的学校，尽最大努力增加学生学位。采取置换和居民搬迁等方式，扩建原中心城区和县城中小学，扩大办学规模，或将高中搬迁郊区，利用原教育资源办小学、初中。

五　给予教育更多的阳光雨露：探索建立健全教育支撑要素的有效机制

国家实施农村学生营养改善计划，改善了农村学生营养匮乏等状况，贵州省也走出了一条具有贵州特色的营养餐之路。在调研中我们发现，在部分偏远地区，很多乡村学校开不起食堂，只能由校长或教师轮流为学生做饭炒菜。很多学校反映，本来学校就缺教师，教师精力不能集中在教学上，每天操心更多的是买什么菜、做什么饭，教学质量怎么能提高？

教师当"厨师"折射出教育经费、教学质量及教师队伍等一系列支撑要素问题。首先，教育经费投入还需加大。2011年贵州省小学、初中、中职生均预算内教育事业费和生均预算内公用经费分别为3419.25元、4134.17元、4921.87元和834.21元、1371.62元、1641.77元，分别比西部平均水平低37.8%、38.5%、29.8%和48.8%、41.9%、43.7%（见表1）。全省教育支出占财政预算支出的比重从2010年的17.9%下降到2011年的16.75%。

表1 2011年贵州省与全国、西部及周边省份教育费比较

单位：元/人

地区	生均预算内教育事业费			生均预算内公用经费		
	小学	初中	中职	小学	初中	中职
西部	5493.95	6727.55	7014.49	1627.92	2360.66	2913.36
四川	4164.05	5210.02	4806.77	1020.36	1508.40	1623.48
重庆	4773.15	5604.96	4917.11	1501.87	1966.78	1914.20
云南	3704.84	4872.34	6223.29	979.16	1454.77	1907.77
贵州	3419.25	4134.17	4921.87	834.21	1371.62	1641.77
广西	4003.29	5359.96	5903.56	994.53	1676.52	2918.25
湖南	3619.25	5941.36	4419.99	1346.32	2141.89	1151.22
全国	4966.04	6541.86	6148.28	1366.41	2044.93	2212.85

资料来源：根据《2011年全国教育经费执行情况统计表》整理。

其次，教育水平还需提高。因为经费短缺，很多学校教学仪器、图书资料、体育设施等都非常缺乏，实践课程虽设立但未真正开展。各级各类教育与全国平均水平差距也较大，2011年全省学前三年毛入学率为60%，九年义务教育巩固率为80.2%，高中阶段毛入学率为58.9%，高等教育毛入学率为23.2%，分别低于全国平均水平2.3个、11.3个、25.1个、3.7个百分点。15岁及以上国民平均受教育年限仅为7.61年，尚未达到全国2000年7.85年的水平。

最后，教师队伍建设还需加强。2011年，贵州省小学、初中生师比分别为20.74∶1和19.23∶1，远高于全国17.71∶1和14.38∶1的平均水平，分别列

全国倒数第三位和末位，且教师学科结构性短缺问题较为突出，英语、音乐、美术、信息技术等学科教师尤为缺乏，特别是缺少名师、名校长。如毕节市现有各级各类学校3590所，教师近8万名，但仅有市级名校长17名、市级名师27名、骨干教师1800余名。2011年全省197094名小学教师里高级职称教师只有763名，占0.39%。同时，教师队伍作风涣散现象严重，据省纪委2013年4月8日通报显示，全省290余人因工作作风受到处理，其中就有86名教师。

推进"9+3"计划，办人民满意的教育，必须给予教育更多要素支撑。

第一，加强队伍建设。适当增加教师编制，加大"特岗教师""国培计划"力度，争取3年内达到国家生师比平均水平。探索建立区域性和全省性的优秀骨干教师师资库，建立城乡之间教师流动机制，实行教师联聘、动态管理、优化师资配置，实现资源共享。大力实施"贵州名师名校长培养工程"，培养造就一批师德高尚、专业功底深厚、科研能力突出、教育管理有方的名师、名校长。完善师资培训体系，建立以市级教师进修学校为原点，以县重点中学为基点，以乡镇中心小学为支点的师资培训网络。建议由财政列支，面向全国、全省招募1000名优秀退休教师到县级义务教育担任辅导老师，缓解县级缺少优质教师的问题。加强作风建设，提高教师队伍整体素质。

第二，增加教育投入。构建合理的教育财政投入机制，保证教育的"下限"投入是当务之急，一方面应强化政府财政投入的责任，形成对教育经费投入的硬约束；另一方面走立法程序，制定不低于国家标准的生均公用经费标准。实行根据学生人数和生均教育经费划拨办学经费制度，在财政预算中单独列项。广泛吸收社会资金，发行教育彩票或教育债券，在城市新区建设中继续完善教育税征收。围绕用好13亿元"压缩的5%行政经费"，建议加强资金用途监管，确保被压缩的经费足额投入教育中。围绕解决营养餐问题，赋予学校招聘工勤人员自主权，并纳入公共财政支出，实行以县为单位"统招、统购、统配、统送"。将国发2号文件项目化、落地化，编制一批教育重点项目和重大工程争取国家资金支持。对于国家扶贫开发重点县、民族自治县，建议教育投入试行完全由中央、省和市级财政分担，不再要求县级配套资金。

第三，提升教育质量。建立义务教育质量监控制度和义务教育质量评价机制，定期对各校的常规教研和教育科研进行考核评估。用足、用活教育信息化试点政策，确保到2015年实现乡（镇）以上中小学校"宽带网络校校通"，60%以上中小学校"优质教育资源班班通"，20%以上中小学校"网络学习空间人人通"。改革教育课程设置，开足、开齐国家规定课程，重点调整必修课与选修课、普通课程与职业课程、理论课与实践课的比例，促进教育向综合化、个性化方向发展。

六 举全省之力发展教育：建立齐抓共管教育的运行机制

在调研座谈会上，参会人员就如何加强流浪儿童管理问题产生了争论。教育部门认为，流浪儿童在社会流浪，民政部门应给予救助；民政部门则认为，公安、城管部门应在巡逻时发现流浪儿童送至救助站；公安机关则认为，根治流浪儿童问题还应在教育部门加强对儿童的教育。但各部门均认为，加强流浪儿童管理需要齐抓共管，大家使力。

这些争论，反映出部门利益的博弈，折射出教育资源分散、部门协调联动不够等一系列问题。首先，表现为领导力量分散。各级政府涉及教育的分管领导较多，很难集中时间和精力真正沉下去研究教育发展，甚至很难真正沉下去搞清楚学校、教师需要政府做些什么。其次，表现为教育资金分散。特别是在一些支持教育发展的资金安排上平衡照顾，而不是重点突出，比如前几年村村办小学，分配资金时一哄而上，而目前近一半以上的农村小学处于闲置状态。最后，表现为部门资源分散。现在国家、省安排的支教发展项目很多，分散在不同部门，渠道和环节都较多。部门资源分散导致各自为政、"各唱各的调"，有的甚至把支教资金的管理与分配作为部门彰显权力的手段，相互掣肘。资源分散导致使用效率低下，形不成拳头，干不出大事。

人民教育人民办，教育不只是教育部门的责任，更是党委政府的责任，也是全社会的责任。如何把各方面的力量整合到一起，形成齐抓共管的合力？

第一，建立五位一体的教育领导机制和联席会议制度。建议成立由省委副书记、宣传部长、组织部长、常务副省长、分管教育副省长组成的省委教育工作领导小组，负责研究教育工作中出现的新情况、新问题，统筹协调全省教育工作，定期研究教育工作的重大部署和政策措施。省政府成立由常务副省长任组长，分管教育的副省长任副组长，教育、财政、发改、农委、人社、编办、国土、住建、科技等有关部门为成员的联席会议制度，负责落实领导小组的各项决定，解决教育布局结构调整、师资队伍建设、土地利用、基本建设、经费投入等具体问题。市、县两级成立相应的领导机制和联席会议制度。

第二，整合资源，形成合力办大教育。整合教育、发改、农委、科技、文化、卫生等各条战线用于教育的资金，由省委教育工作领导小组统一进行安排。整合社会资源，动员社会资助，动员家庭力量，引导民间资本，鼓励科技、文化、卫生等系统人才支持教育。整合执法资源，建立由监察、卫生、工商、公安、教育等部门组成的教育执法监督队，净化校园周边环境。整合校际资源，打造教育的"航空母舰"，建立连接交流机制，畅通"中职—高职—本科立交桥"。整合闲置校产资源，建议各市（自治州）政府出台处置农村闲置校产的办法，闲置校产处置所得应用于当地发展义务教育。继续办好中国—东盟教育交流活动，加大高中阶段学校与省外学校"对口帮扶"力度，借助外力加快教育事业发展。加大简政放权力度，赋予教育行政部门更多的自主权，比如探索将人社部门教师职称评定、教师招录等权限划给教育部门。

第三，严格考核，落实教育工作责任。围绕解决同步小康教育"短板"问题，将教育纳入省委、省政府年度目标考核和以县为单位的同步小康考核，细化责任分工，明确部门职责。对工作不力、年度考核排名后10个县（市、区）约谈其党政主要负责人。在省委教育工作领导小组下设教育督查小组，建立完善的督学、督政、督测三位一体的督导体系。发挥各级人大、政协的监督作用，对教育法律法规的执行情况进行监督检查。建议加强初中校长的考核工作，将保证所有在册初中毕业生全部进入高中学校或中职学校就读，作为初中校长年度考核一项重要指标。

B.7
2013~2014年贵州社会保险事业发展形势分析与预测

李定佳　袁　涛*

摘　要： 2013年是贵州省各项社会保险事业持续保持快速发展的一年。各项社会保险制度进一步完善，参保覆盖范围显著扩大，基金收支规模快速增长，待遇保障水平稳步提高，覆盖城乡居民的社会保障公共服务体系进一步健全。但是在财政投入、参保规模、保障水平等方面，与全国的平均水平相比仍存在一定差距。2014年，贵州社会保障事业持续面临诸多大好机遇，总体形势利好，将在全面加快城乡统筹步伐、加大扩面征缴力度、推进城乡居民养老和医疗保险经办、提升信息化服务水平等方面有所突破。

关键词： 社会保险　分析预测

社会保障是国家的一项基本的经济社会政策。因其功能强大、作用突出、范围广泛成为最为普遍的民生制度，被誉为社会成员的"安全网"、收入分配的"调节器"和经济运行的"减震器"。当今世界，人们往往以社会保障制度的发展水平来衡量和评价一个现代社会或地区发展的文明程度。改革开放至今，我国已初步形成了以社会保险、社会救助、社会福利为基础，以基本养老、基本医疗、最低生活保障制度为重点，以企业年金、慈善事业、商业保险

---

* 李定佳，贵州财经大学教授；袁涛，贵州省社保局主任科员。

为补充的中国特色社会保障制度体系,其中社会保险制度是核心。

贵州省的社会保险制度体系建设基本跟随国家统一步伐和有关制度安排,目前已开展实施的社会保险制度项目为:基本养老保险、基本医疗保险、失业保险、工伤保险和生育保险。其中基本养老保险又分为:城镇职工基本养老保险和城乡居民社会养老保险(因"新农保"与城镇居民社会养老保险合并实施,统称为城乡居民社会养老保险);基本医疗保险又包括城镇职工基本医疗保险、城镇居民基本医疗保险以及"新农合"医疗保险三项制度,一共五个险种九项制度。其中,除"新农合"主要归卫生部门管理外,其他制度主要由人社部门管理。

一 2013年贵州省各项社会保险事业取得新进展

2013年是贵州省各项社会保险事业持续保持快速发展的一年。随着各项社会保险制度的不断完善,各项社会保险参保覆盖人数实现快速增长,各项基金收支规模不断扩大,各项社会保险待遇水平进一步提高,成绩显著。

(一)各项社会保险制度、政策进一步完善,参保覆盖人数大幅提高

1. 城镇职工基本养老保险

2013年,随着《社会保险法》的深入推进和实施,贵州省城镇职工基本养老保险制度进一步完善。出台了城镇职工基本养老保险"前补后延"的参保缴费政策;落实和完善了因病或者非因工死亡的职工,其遗属可以领取丧葬补助费和抚恤金的有关规定;加大了工业园区非公企业职工参加基本养老保险的政策支持力度,促进了实体经济发展;出台了农民轮换工补缴养老保险费和机关事业单位编制外临聘人员参加职工基本养老保险的专门政策,加快了特殊群体历史遗留问题的解决。被征地农民社会保障权益得到进一步保护。2013年新增28个县(市、区)出台被征地农民社会保障实施方案,使贵州省出台被征地农民社会保障实施方案的县(市、区)达82个。

2013年,全省城镇职工基本养老保险在继续稳固非公有制企业职工参保规模的基础上,以非公企业、农民工和灵活就业人员为重点扩面,继续实现参

保人数的大幅提升。截至 2013 年 10 月 30 日，贵州省城镇职工基本养老保险参保人数达到 332.38 万人，较 2012 年增加 23 万人，完成年计划的 104.2%，同比增长 9.5%。全省企业退休人员纳入社区管理服务率达到 72.67%。

2. 城乡居民社会养老保险

贵州省新型农村社会养老保险制度（简称"新农保"）于 2009 年开始启动试点，2010 年新增 11 个县，2011 年新增 52 个县并在所有试点县同步启动了城镇居民社会养老保险试点（因两种制度相近且合并实施故统称为"城乡居民社会养老保险"）。2012 年 7 月 1 日，贵州省和全国一道同步实现"新农保"和城镇居民社会养老保险制度的全覆盖，标志着贵州省城乡居民社会保障体系建设取得重大突破。

2013 年是城乡居民社会养老保险实现制度全覆盖后的第一年。全省统一的城乡居民社会养老保险信息管理系统各项功能进一步完善、制度建设进一步健全、各项经办管理服务工作进一步规范，有力推动了 2013 年城乡居民社会养老保险扩面参保工作。2013 年，贵州城乡居民社会养老保险参保人数继续实现"井喷式"快速增长。截至 2013 年 10 月 30 日，全省城乡居民养老保险参保人数达到 1441.71 万人，覆盖率达到 91.5%，超额完成了全年的目标任务，比 2012 年增加 180.97 万人，同比增长 17.4%。其中 60 周岁以上参保居民达到 418.04 万人，比 2012 年增加 30 万人。

3. 基本医疗保险

2013 年，贵州省城镇职工基本医疗保险制度建设取得积极进展。出台了流动就业人员基本医疗保险关系转移接续政策，解决了关系转移后及时享受医保待遇以及重复参保的问题。出台了基本医疗保险总额控制办法，指导各地积极开展付费方式改革工作。

为推进解决城镇职工基本医疗保险异地就医报销难的问题，出台了《贵州省基本医疗保险省内异地就医即时结算管理办法》，组织开展了全省城镇职工基本医疗保险"三目录"库建设，并制定下发"三目录"使用管理和更新维护办法，统一了全省基本医疗保险药品、诊疗项目、一次性医用耗材目录。启动了城镇职工基本医疗保险医疗费用智能审核监控试点工作，探索解决城镇职工基本医疗保险医疗费用审核难的问题。

积极推动医保城乡统筹。城镇居民医保的门诊统筹制度在全省全面建立。出台了新生儿参保的有关政策，解决了新生儿落地即可享受医保待遇的问题。在贵阳市、毕节市、黔西南州三市（州）试点启动城乡居民大病保险制度，对纳入城镇医保报销的范围作出了具体规定。城镇居民基本医疗保险政府补助资金进一步提高。从2013年起，城镇居民基本医疗保险政府补助资金从人均240元提高到280元。

2013年受宏观经济下滑、就业形势严峻以及"新农合"等因素的影响，城镇基本医疗保险扩面征缴工作难度加大。各级社保经办机构通过加强对各地（市）扩面进展情况的跟踪、分析，并定期发布扩面情况通报，督促各地加强扩面工作力度等措施，实现了全省城镇职工基本医疗保险参保人数稳步增长。

截至2013年10月30日，全省城镇职工基本医疗保险参保人数达到668.26万人，较2012年增加19.96万人，同比增长4%。其中，职工医保参保342.17万人，较2012年净增12.9万人；城镇居民医保参保326.09万人，较2012年净增7.06万人。

医保管理进一步朝着精细化方向迈进。2013年加强了对"两定"（定点医院和药店）机构的管理，建立了全省医疗保险专家库，涵盖了全省从三甲医院到部分乡镇卫生院在内的各级医院各科专家1186人，并对全省2000多个基层社保及"两定"机构开展了培训。

4. 失业保险

2013年，贵州省失业保险制度进一步完善。进一步健全和完善了失业保险市级统筹制度，建立了与社会平均工资和物价水平挂钩的调整机制，失业保险制度发挥"保生活、促就业和防失业"的作用和能力进一步得到增强。由于失业保险实现了市级统筹，从2013年1月起，贵州省失业保险待遇标准，由各市（州）按最低工资一、二、三类类别分地区计算差别待遇的办法，改革为全省按照一类地区工资标准统一调整，大幅提高了全省失业保险金待遇标准，并实现了全省统一标准，调整后，全省失业保险金统一为每人每月721元，比调整前每人每月平均增加140元。参保企业提升职工技能培训和转岗培训的补贴政策得到全面推动和落实，失业保险促进就业的作用进一步增强。截至9月底，全省4万名企业职工从中受益，同比增长1.7万人。建立了失业预警制度，全省失业保险动态监测工作取得了积极进展。1~9月，共监测企业岗位总数163.96万个，总体就业形势趋于平稳。进一步扩大了失业保险基金支出的范围。从失业保险基金结余提取部分专项资金用于补充小额担保贷款担保基金，切实保障了贵州就业创业扶持政策有关工作的持续运行。

2013年，全省继续以农民工、非公经济组织从业人员及私营企业员工等为重点群体，积极推进失业保险扩面参保工作。截至2013年10月30日，全省失业保险参保人数182.53万人，较2012年净增9.07万人，完成全年目标任务的101.4%，同比增长7.4%。预计失业保险基金实现收入14.5亿元。

5. 工伤保险

继2012年《贵州省工伤保险条例》颁布实施后，2013年相继出台了《贵州省工伤保险基金省级统筹管理实施意见》，积极推进了工伤保险基金省级统筹；出台了《关于大中专院校、技工学校、职业高中学校等学生实习期间参加工伤保险的意见》，保障了大中专院校、技工学校、职业高中等学校学生实习期间因工作原因遭受事故伤害或患职业病后的相应权益；下发了《关于进一步做好事业单位等参加工伤保险工作有关问题的通知》，进一步推动了事业单位、社会团体、民办非企业单位、基金会、律师事务所和会计师事务所等事业单位和社会组织参加工伤保险工作。进一步加快完善了工伤保险制度，并积极推进省直机关、事业单位参加工伤保险的经办工作。

2013年，全省工伤保险参保人数大幅增长。截至10月30日，全省工伤保险参保总人数达到256.68万人，较2012年净增18.49万人，完成全年目标任务的104.8%，同比增长10.6%。

6. 生育保险

在深入完善医疗保险制度的基础上，继续深化生育保险制度改革和完善。将职工医保参保人员产前检查费用纳入生育保险基金的支付范围；将城镇居民生育医疗费用纳入城镇居民基本医疗保险支付范围。

截至2013年10月30日，全省参加生育保险的参保总人数达到236.35万人，较2012年净增14.77万人，完成全年目标任务的102.8%，同比增长8%。

（二）各项社会保险基金规模进一步扩大

随着各项社会保险参保覆盖人群的显著增加，贵州各项社会保险基金收支规模持续猛增。截至2013年10月30日，全省社保经办系统（"新农合"除外）共完成各项社会保险基金征缴收入合计227.72亿元。其中，城镇职工基本养老保险基金征缴收入135.3亿元，城镇职工基本医疗保险基金征缴收入57.55亿元，失业保险基金征缴收入12.71亿元，工伤保险基金征缴收入10.03亿元，生育保险基金征缴收入2.76亿元，城乡居民社会养老保险征缴收入8.23亿元，城镇居民基本医疗保险基金征缴收入1.14亿元。各项社会保险基金征缴规模均超历史同期最好水平。

预计2013年底全省社保经办系统共完成各项社会保险基金征缴收入合计274.72亿元。其中，城镇职工基本养老保险基金征缴收入170亿元，城镇职工基本医疗保险基金征缴收入64.3亿元，失业保险基金征缴收入14.9亿元，工伤保险基金征缴收入11.5亿元，生育保险基金征缴收入2.8亿元，城乡居民社会养老保险征缴收入10亿元，城镇居民基本医疗保险基金征缴收入1.22亿元。全省各项社会保险基金累计结余持续大幅增长，社会保险基金支撑能力进一步增强。

（三）各项社会保险待遇保障水平继续提高

2013年，贵州根据国家统一部署，连续第九年上调企业退休人员基本养老金。此次调整，全省77万退休人员基本养老金月人均增加185.10元，调整后人均基本养老金提高到1792.10元。截至2013年10月30日，全省享受各项社会保险待遇人数达到650.35万人（其中，享受城镇职工基本养老保险待遇81.3万人，享受城镇职工基本医疗保险待遇141.09万人，享受城镇居民医疗保险23.77万人，享受失业保险待遇1.25万人，享受工伤保险待遇1.6万人，享受生育保险待遇2.9万人）。各项社会保险待遇均做到了按时足额发放。2013年前三季度，全省累计支出和发放各项社会保险基金231.36亿元。

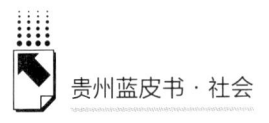

（四）全省社会保险公共服务体系进一步健全

2013年，全省社会保险公共服务平台建设取得重大进展。经过近三年的持续建设，全省共有33个县（市、区）获得国家基层就业和社会保障服务设施试点项目，占全省县（市、区）的37.5%；乡镇132个，占全省乡镇的8.46%。项目总投资规模3.313亿元，其中，中央投资1.0089亿元，地方政府配套投资2.3041亿元。首批试点项目投入使用后，较好地缓解了市、县（区）社会保险公共服务办公场所的紧张状况，提高了办事效率，极大地方便了服务对象，服务功能凸显，服务能力增强。行政村也基本配备了劳动保障协管员。

社会保险信息系统建设和应用取得了积极进展。省里和多数市（州）建成了符合国家标准的数据中心，业务专网覆盖到省、市、县、乡（镇）各级社会保险机构，全省统一的城乡居民社会养老保险、人力资源社会保障集群网站、12333电话咨询服务系统为社会保险事业的改革和发展起到了有力的支撑作用。全省统一、涵盖所有险种的社会保险信息系统在铜仁市、黔南州、黔东南和毕节市成功上线，正进一步向全省全面覆盖推进。启用了全国联网的新系统办理基本养老保险关系转移接续工作。完善"事转企"人员退休待遇的系统计算功能和失业保险信息系统待遇准确计算功能。全面启动社会保险数据联网上报工作，联网数据上传率大幅提高。初步建立了与业务工作相适应的信息系统运行管理制度和安全防护体系，启动了全国统一标准的社会保障卡发行应用工作。

2013年，全省社会保险经办机构人员队伍进一步壮大。全省有县及县以上经办机构139个，编制人数达到3100人，实有干部超过2600人，92%以上实现参公管理。服务网络进一步向乡（镇）基层延伸，全省有乡（镇、街道、社区）级社会保障基层服务站（所）2195个，专兼职工作人员达到4183人。

二 贵州省社会保险事业发展存在的主要问题

尽管贵州社会保险工作取得了上述成绩，但是横向上与兄弟省份以及全国的平均水平相比,贵州省社会保险事业发展的整体水平仍然较为落后,贵州省社会保障参保覆盖规模仍然较小,总体保障水平不高。以2012年为例,贵州省城镇单位从业人员占全国总量的1.6%,但同期城镇职工基本养老保险参保人数只占全国参保总人数的1%,基金征缴收入的总量也不足全国总量的1%。分析原因主要有以下几方面。

(一)财政投入不足,制约了社会保障整体水平的提高

贵州省各项社会保险参保覆盖规模较小的主要原因,是由于贵州经济社会发展总体水平相对落后,尤其是工业化水平低,就业规模总量小,城镇化发展滞后造成的。工业化和城镇化发展水平整体上制约了省内的就业规模总量。由于就业规模总量的限制,从根本上制约了以城镇职工和城镇居民为主体的社会保险参保总规模,以致贵州省城镇"老五险"(以城镇职工和城镇居民为主体)参保覆盖人数、基金收支规模等指标长期处于全国较为落后的地位。

主观方面,相对全国水平和周边省份,贵州省公共财政对社会保险公共服务的投入一直存在较大差距。近年来,贵州省财政用于社会保障和就业补助的支出占财政支出的总比一直低于全国的平均水平和周边的兄弟省份。2012年,全省社保机构的人均工作经费为全国倒数。由于财政普遍困难,贵州各级社会保险经办机构的管理经费、工作运行经费普遍不足,尤其是专项事业工作经费短缺,很多社保经办机构养老金异地发放、社会保险信息对账、对领取社保待遇人员资格认证、社会保险信息数据整理、社会保险缴费情况年检等管理服务工作方式粗放,一定程度上制约了贵州省社会保险事业的发展。

(二)制度供给与群众基本需求尚有差距

制度供给与群众基本需求尚有差距。主要是基本养老保险制度城乡分割导致关系转移接续困难;缴费基数不断增长上浮压力大,各方承受能力加大,增加了征缴扩面工作难度;各类不同群体的养老待遇调整机制有待进一步加强建立和完善。基本医疗保险方面,城镇居民基本医疗保险制度与"新农合"政策相近但管理体制分割,亟待推进两种制度整合;城镇职工医疗保险费的征缴

机制、支付管理机制，以及异地就医结算、关系转续、定点医疗机构药店的监管和谈判机制有待进一步探索和完善。工伤和生育保险仍然为市级统筹层次，基金互济能力弱，亟待进一步上升统筹层次，提高基金的统筹调剂能力。城镇居民基本医疗保险吸引力不足、覆盖面较窄，扩面征缴困难。失业保险制度对稳定就业、预防失业的功能仍然较弱，需要进一步拓宽。工伤预防、工伤康复制度体系尚未建立。

（三）经办服务能力不能满足实际发展的需要

社会保险公共管理服务体系建设滞后，不能适应社会保险事业快速发展的需要。一是社会保险信息系统建设滞后。长期以来，贵州社会保险系统为各地自主开发，各地的社会保险信息管理系统建设因投入力度不一，导致系统建设水平和实际利用管理水平参差不齐，没有实现全省社会保险信息联网和数据共享。随着社会保险统筹层次的提升，以及因就业方式多样化、社保关系转移与社会保障"一卡通"的应用，参保群众对社会保险信息的"便携性"及信息共享催生出了新的要求。原先各地各自为政的社会保险信息管理系统已日渐不能适应和满足当前社会保险事业更好更快发展的需要，亟待加强全省统一规划、统一开发建设，实现升级整合。二是社会保险经办管理服务机构普遍存在场地不足、条件简陋、设施滞后的问题，严重制约了社会保险经办管理服务的标准化、规范化建设。三是全省的社保经办管理系统干部队伍建设不足。全省的社会保险经办机构普遍存在人手不足、经费短缺、缺乏激励机制等问题，影响了经办管理服务水平的有效提高。

三 2014年贵州社会保险发展形势预测

2014年，贵州继续处于国家新一轮西部大开发和国务院2号文件的颁布等系列利好政策支持下，贵州省各项社会保险事业将继续伴随着贵州省经济社会快速发展而全面提速。但是面向未来，尤其是要面对2020年与全国同步实现小康社会的目标，贵州社会保险事业发展将面临着更加艰巨的挑战与重任。

（一）社会保障统筹城乡任务艰巨

按国际通行标准，60岁以上人口占总人口的比重超过10%或65岁以上人口占总人口的比重超过7%即进入老龄化社会。"十一五"期末，贵州省60岁以上人口占总人口的比重为13%。"十二五"期末，贵州省60岁以上人口将达到592万人，占总人口的比重将达到14.8%。随着城镇化进程的加快推进，按目前发展速度推算，全省每年约有37万农村人口转为城镇人口。同时，贵州省农村基础设施建设滞后，随着农村"新农保""新农合"的快速发展，基层社会保险经办能力远远不能满足广大农村群众的要求。面向全民、覆盖城乡的社会保障公共服务能力将面临新的考验，社会保险投入的压力将进一步加大，统筹城乡发展一体化任务艰巨。新时期，贯彻落实党的十八大精神，按照统筹城乡发展的要求，在社会保障领域，以统筹城乡基本养老保险、基本医疗保险等公共服务为主要内容的社会保险制度将进一步改革与发展，成为实践"统筹城乡"的"桥头堡"与"风向标"。目前，贵州省城乡居民基本养老保险和基本医疗保险仍然是单独运行，部分市（州）在探索统筹城乡基本养老保险、基本医疗保险一体化发展方面取得积极进展，但各方面发展条件都十分薄弱、发展阻力巨大。主要是城乡经济差异制约以及管理体制机制上存在着障碍。特别是整合"新农合"政策与城镇居民基本医疗保险合并实施方面存在管理体制分割上的障碍。

（二）社会保险扩面征缴任务艰巨

在工业化、城镇化加速发展的同时，就业规模和新增城市化居民的保障规模将空前提速，各项社会保险扩面征缴压力加大。至"十二五"期末，城镇职工基本养老保险参保人数要达到350万人，参保率达到90%以上，退休人员社会管理服务率为80%；城乡居民社会养老保险参保人数达到1500万人，60岁以上老年居民全部纳入覆盖范围，发放率达到100%。城乡居民基本医疗保险综合参保率为95%以上，参保人数达到3700万人以上（其中，城镇职工基本医疗保险和城镇居民基本医疗保险参保率达到90%以上，参保人数为680万人以上；"新农合"参保率稳定在98%以上，参保人数达到3050万人以上）。失业保险参保人数达到198万人以上，工伤保险参保人数为250万人以上，生育保险参保人数达到250万人以上。

（三）城乡居民养老、医疗经办任务艰巨

贵州省经济社会发展长期处于全国末位，同时又是多民族省份和劳动力转移输出大省，社会贫困面广、贫困程度深，民生问题历史欠账多。长期以来，贵州省社会保障工作一直存在"重政策，轻管理；重行政，轻服务；重城市，轻农村"的"三重三轻"现象。以基本养老、基本医疗为主要制度安排的城乡社会保障制度体系建设，已经实现了制度全覆盖。当前的主要矛盾是，社会保险经办管理服务体系建设整体水平滞后，社会保险经办管理服务能力不足，不能适应和满足广大城乡居民的社会保障服务需求。贵州省社会保险参保规模整体水平不高，尤其是存在城镇居民参保比重较低等结构性矛盾，其中全省基层社会保险经办管理工作基础薄弱，经办管理服务能力不足，是重要的主观方面的原因。当前，全省县、乡两级基层平台建设尚未全面完成，省、市两级社会保险经办服务中心设施设备落后，缺乏全省统一的社会保险经办管理信息系统，整体上制约了贵州省社会保险经办事业的更好更快发展。尤其是应对城乡居民的养老保险、医疗保险经办管理服务工作任务十分艰巨。

四 抢抓机遇，加快推进贵州社会保险事业全面发展的对策和建议

（一）理念先行，加快推进社会保障制度城乡统筹

1. 养老保险

以农民工、非公有制经济组织从业人员和灵活就业人员为重点，进一步扩大基本养老保险参保覆盖范围；加快推进机关、事业单位养老保险制度改革，进一步提高城乡居民社会养老保险参保率；进一步完善被征地农民基本生活保障制度，实行先保后征；进一步巩固职工基本养老保险省级统筹，完善养老关系转移接续办法，建立与经济发展、工资增长和物价水平相适应的养老金正常

调整机制。积极探索提高城乡居民社会养老保险基础养老金水平的机制。

2. 医疗保险

以农民工、个体户和灵活就业人员为重点，狠抓扩面征缴，继续巩固和扩大城镇职工基本医疗保险参保率和覆盖范围。加快推动城镇居民参加基本医疗保险，逐步提高人均筹资标准、财政补助标准及相应待遇水平，增强制度吸引力。加快探索和积极推进基本医疗保险制度的城乡统筹。全面推行基本医疗保险门诊统筹，逐步提高门诊费用报销比例。进一步完善医疗保险关系转移衔接制度，全面开展省内异地就医即时结算。进一步探索完善大病统筹保险制度。

3. 工伤失业和生育保险

健全预防、补偿、康复相结合的工伤保险制度。完善差别费率和浮动费率办法，适度提高待遇水平。巩固老工伤纳入工伤保险统筹管理工作。充分利用现有医疗和康复资源，加强工伤康复基地建设。完善失业保险制度，进一步扩大失业保险覆盖面，拓宽基金使用渠道和项目，提高基金使用效率，充分发挥失业保险制度保生活、促就业、防失业功能。完善生育保险制度，加强与基本医疗保险制度的衔接。以农民工、非公有制经济组织从业人员等为重点，扩大工伤、失业和生育保险覆盖面。积极探索建立农民意外伤害保障机制和覆盖城乡居民的生育保障机制。

（二）以平台项目建设为载体，加快建立健全标准化的社会保险经办管理服务平台

1. 打造标准化的社会保险管理服务平台

按照《贵州省基本公共服务体系建设行动计划（2013～2015年）》和《贵州省"十二五"社会保障专项规划》的有关安排和国家《社会保险服务总则》《社会保险服务设施设备》《社会保险视觉形象识别手册》等国标的有关要求，加快推进省、市、县、乡四级社会保险管理服务平台标准化建设，建成全省统一标准的社会保险经办机构业务服务大厅、社会保险档案管理中心，以及乡镇（街道）服务窗口，实现四级社会保险管理服务平台面积达标、功能完备、设施齐全、设备优良的目标。

2. 推进社会保险经办业务下沉

按照"属地管理"和"就近原则",推动省、市两级社会保险经办业务下沉,落实行业企业移交地方属地管理,延伸城镇"老五险"经办管理服务到社区、街道、乡镇社会保险管理服务平台,方便群众就近获得社会保险服务。

3. 强化和规范基层平台建设,延伸服务网络

明确县(区、市)、乡(镇、街道办)两级基层社会保险服务平台职能和职责,进一步规范和落实乡镇平台城乡居民社会保险经办业务。加强驻村、组协管员队伍建设,大力延伸服务网络。

(三)加快建立和完善全省统一的社会保险信息系统,全面提升信息化管理服务水平

以发行统一标准的社会保障卡及其支持系统建设为契机,按照"统一规划、统一建设、分级管理、急用先行、确保安全"的原则,进一步加强全省社会保险管理信息系统建设,提高社会保险信息化管理服务水平。逐步建成全省统一、覆盖全部险种、服务全体参保人群的,与社会保险行政部门、经办服务机构、用人单位以及其他相关部门联网的,延伸至社区、乡(镇)等基层平台的社会保险综合管理信息系统。

(1)按照"数据大集中"原则加快推进全省统一"五险合一"社会保险信息系统建设,争取 2~3 年的时间在全省全面上线。有条件的市(州)、县要一步到位,条件暂时不具备的市(州)要对现有信息系统进行升级改造,加快实现"老五险"信息管理系统的全省统一和全省联网。

(2)以全省集中的数据库和网络为依托,重组和优化业务经办流程,逐步实现业务大厅"一站式"服务。开发基于互联网的社会保险网上经办服务。进一步加强"12333"电话咨询服务系统建设,实现面向全省的自动语音应答服务,提高社会保险经办业务咨询指导水平。

(3)提高数据信息质量。实施全省社会保险数据质量提升计划,建立省、市、县三级社会保险经办机构社会保险信息数据整理工作机制和数据考评监督机制,加强各级社保经办机构社会保险信息数据的管理。确保基础信息数据准

确、参数信息数据准确、账务信息数据准确，为社会保险信息系统全省联网工作奠定基础。

（四）进一步优化社会保险经办资源，提高社会保险经办管理服务效能

按照"权责清晰、精简高效、管理集中、服务下沉"的原则，理顺管理体制，整合经办资源，优化服务模式，强化基础保障，提高服务效能。顺应社会保险制度长期可持续运行、福利刚性发展、统筹层次不断提升等社会保险的发展规律和必然趋势的要求，进一步完善社会保险经办管理服务体系。健全社会保险经办管理组织机构，完善省、市、县三级社会保障管理服务体系建设，加快建设便民快捷的服务体系。

1. 优化管理服务模式

按照"五险合一、统一征缴"的管理服务模式，完善社会保险扩面征缴机制。实施全民参保登记工程，全面推行社会保险费申报缴纳制和银行代扣代缴制，实施依法按月统一征收各项社会保险费。积极推进"综合柜员制"，推行参保登记类业务"一站式"服务。充分引入自助服务，大力推行网上业务经办，进一步拓展和创新服务渠道，满足办事单位和群众自助操作的不同需要。

2. 强化基金安全管理

进一步加强社会保险基金预算管理，建立全省社会保险预算联合编制工作机制，强化全省社会保险预、决算调控工作。进一步完善养老、失业和工伤保险省级统筹、医疗保险市级统筹制度，建立和完善省级统筹调剂金制度，逐步提高省级统筹调剂金上收比例，加强社会保险基金统筹调剂能力。建立省对市、市对县两级社会保险基金年度安全监督检查机制，落实省、市、县三级基金安全责任制。加强社会保险的内控制度建设，规范社会保险稽核业务。推广实施内控软件，强化基金业务环节安全监控。

3. 规范业务经办流程

全面落实国家和省的养老、失业、工伤和城乡居民社会养老保险业务经办流程，实现全省养老、失业、工伤城乡居民社会养老保险业务经办的统一规范。进一步统一规范全省社会保险待遇发放、关系转移、异地就医结算、社

保险对账服务、领取社会保险待遇人员资格认证等经办管理服务工作。

4. 加强档案规范管理

加强县级以上社会保险业务档案管理基础条件建设。各级社保经办机构要在认真整理归类的基础上,将社会保险业务档案统一归入县级以上社会保险档案中心集中管理。

5. 提高经办服务质量

强化服务意识教育,深入开展争先创优、优质文明服务窗口建设活动,大力弘扬社保文化建设。全面推行首问责任制、限时办结制、服务承诺制等优化服务质量的措施。进一步推行和完善社会化管理服务机制,大力开展外包服务,充分利用金融服务,积极拓展服务渠道,提高办事效率和质量。

(五)进一步加大公共财政对社会保险事业的支持、投入力度

调整财政支出结构,逐步提高社会保障支出占财政支出的比重,加大对社会保障基金投入力度,确保各项社会保障待遇按时足额支付。研究制定省、市、县三级社保经办机构人员经费、工作经费和专项事业经费的保障标准,保障管理服务机构开展工作的基本需要,建立与工作绩效挂钩、规范统一的扩面征缴激励机制。加大对社会保险经办服务平台规范化、标准化建设的支持和投入力度。进一步加强对社会保险信息化建设的投入力度,建立信息系统规划建设和运行维护的经费保障机制,深入开展"金保"工程建设,完善社会保障卡支撑系统。

(六)加强社会保险经办系统干部队伍人力资源开发力度

创新社会保险公共服务系统人事、人才管理工作,加强社会保险公共服务系统队伍专业化建设。根据人事编制配置办法,结合贵州实际,建立各级机构人力资源定编动态参考标准,彻底解决当前社保经办机构缺编少员、超负荷运转的现状。采取更加灵活多样的人事、人才管理机制,加强队伍专业化建设。通过引进专业人才和内部强化培训相结合,有计划、分系统地全面提高社会保险信息化管理、医疗、财会、稽核等专业技术人才队伍的素质和能力,为全省社会保障体系建设和管理服务能力的提升提供人才支撑和技术保障。

B.8 贵州工业强省背景下和谐劳动关系问题研究

蒋楚麟 谢 坚*

摘 要： 要实现贵州工业强省战略，必须充分调动工业中"劳动者"这一中心要素，而和谐劳动关系的建立正是它的前提条件。当前贵州省正处于巨大的经济和社会转型期，在和谐劳动关系的建立上出现了许多新问题和新现象。本文基于贵州省社会科学院的专题调研，分别从劳动争议（个人劳动争议和集体劳动争议）、集体协商与集体合同制度建设、国有企业劳动关系、非公有制劳动关系、劳动关系中的农民工问题、劳动关系中政府与工会的角色这六个方面，揭示了贵州劳动关系的现状，分析了阻碍和谐劳动关系的因素。并在贵州工业强省战略背景下，就构建和谐劳动关系提出一系列相应的政策建议。

关键词： 工业强省战略 和谐劳动关系 权益

劳动关系，是指生产关系中直接与劳动有关的那部分社会关系，它是社会生产过程中生产资料与劳动者结合的具体表现形式。

萨缪尔森从经济学的角度把劳动视作生产的中心要素。从这个意义上说，贵州省要实现工业强省战略，必须调动工业中"劳动者"这一中心要素，而和谐劳动关系的建立正是它的前提条件。当前贵州省正处于巨大的经济和社

---

* 蒋楚麟，贵州省社会科学院副研究员；谢坚，北京师范大学社会与发展研究院博士研究生。

转型期,使得贵州省在和谐劳动关系的建立上出现了许多新问题和新现象。总体来说,贵州省劳动关系总体平稳,但也还存在诸多不和谐的因素,劳资冲突案件时有发生。

一 劳动争议:个体及集体争议

(一)贵州省个体劳动争议现状

1. 进入 21 世纪以来,贵州省劳动争议呈上升趋势

进入 21 世纪以来,贵州劳动争议案件数量和所涉及的人数均呈增长趋势。2011 年劳动争议数量为 11012 件,是 2003 年(1792 件)的 6 倍多(见图 1)。2007 年、2008 年、2009 年三年增长最为明显,此后增长势头放缓。从数量上说,贵州劳动争议案件远低于全国平均水平,但是增长速度(20%)却超过了全国平均水平(14%)。在人数方面,除了 2006 年有较大跌落以外,其余年份基本都在增长。贵州劳动争议人数也明显低于全国(见图 2)。

以上数据表明,案件数量和涉案人数的增加,从总体上反映了劳资关系的趋势是走向争议而不是和谐。一方面,说明用人单位侵权行为多发;另一方面,也说明劳动者权益意识的觉醒——部分劳动者在看到工友在维护自己权益时得到保护,或受网络、媒体的影响,开始拿起法律武器保护自己。

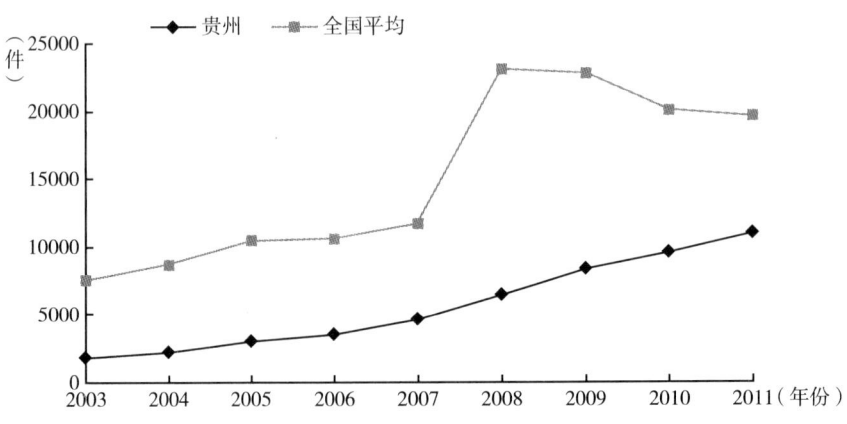

图 1 2003~2011 年劳动争议案件数量

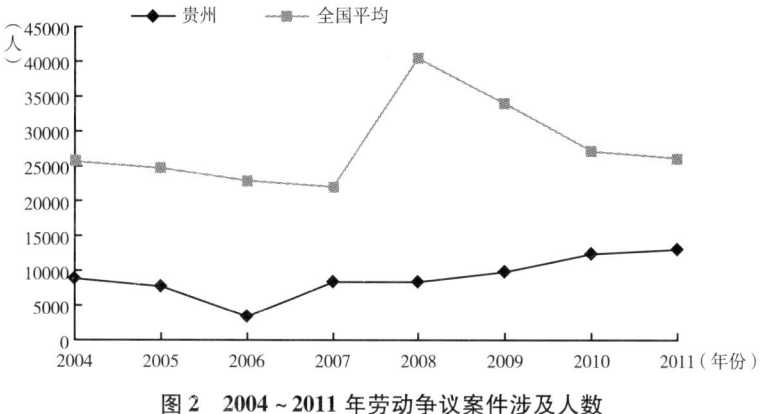

图 2　2004～2011 年劳动争议案件涉及人数

2008 年以后，贵州省无论是劳动争议案件数量还是涉及人数都在增加，这使我们看到经济增长带来繁荣的同时，也带来了劳动者与用人单位（或者说雇主）之间的冲突。尤其是贵州省在工业强省战略下，随着更多的工业园区落成、沿海劳动密集型企业向贵州省转移，毫无疑问这种冲突还会加剧。

2. 劳动争议更加依靠正式的仲裁方式，依靠非正式调解解决争议的方式减少

数据显示，贵州省劳动争议通过仲裁等正规方式结案数量稳步增长。2004 年结案 2020 件，2011 年结案 11298 件，增长了 4 倍多（见图 3）。调解为主的方式数量上远逊于前者，2009～2011 年维持在 600 件左右。相比前者的迅速增长，后者与前者的差距逐年加大。2004 年，前者结案数是后者的 8.4 倍；2011 年差距扩大到 18.4 倍。

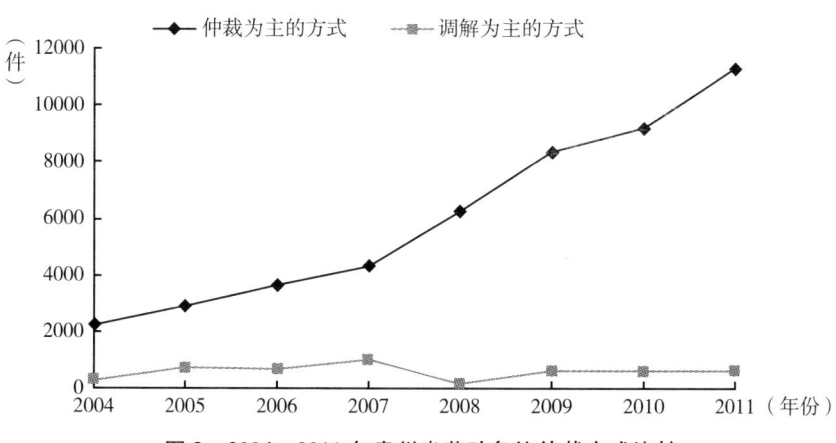

图 3　2004～2011 年贵州省劳动争议仲裁方式比较

仲裁为主的方式成为趋势有劳动者的权利意识提升因素,也有仲裁机构在争议中角色更加积极的因素。仲裁以外的调节方式——如依靠企业内部的劳动争议调解委员会——在化解劳动纠纷中,具有手续简便、程序简单、方式灵活和成本低廉的特征。但该方式没有得到强化,这说明:①随着市场经济的深入,企业调解组织大量萎缩,企业内部调解劳动争议的能力趋弱;②劳动争议数量和强度越来越大,非正式解决争议方式显得力所不及,甚至无能为力。

3. 劳动争议以劳动基本权益为核心

引发劳动争议的事项主要有劳动报酬、劳动合同(变更、撤销或终止)、社会保险,及福利、下岗和其他。2004年,受理案件2170件,其中劳动报酬类315件,占14.5%;劳动合同类580件,占26.7%;社会保险类116件,占5.3%,三类争议为总受理案件的46.5%。而2011年,共受理案件11012件,劳动报酬类、劳动合同类、社会保险类的数量依次为2038件、1273件、5957件,比重分别为18.5%、11.6%和54.1%,总的比重为84.2%。可以看出,劳动报酬、社会保险和劳动合同这些关系到劳动者基本权益的争议越发占据主导地位(见图4)。

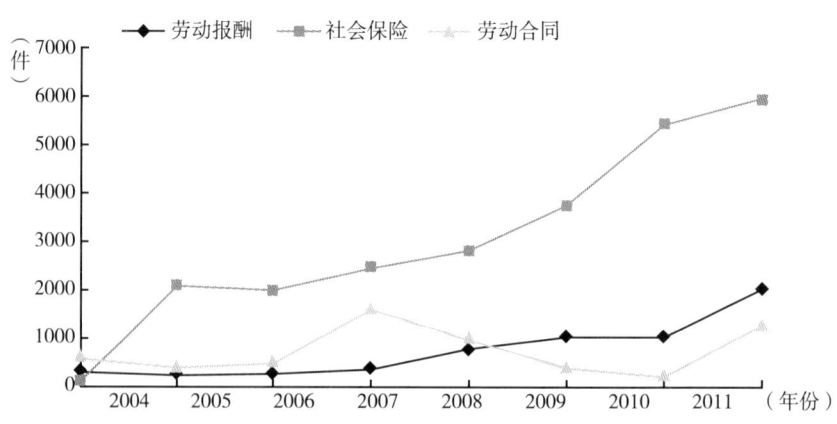

图4 2004~2011年贵州省劳动争议三大主要事项的发展趋势

4. 劳动者维权胜诉率增高,但并不等于劳动者权益得到充分保障

仅从劳动争议的劳动者胜诉率来看,贵州省劳动者劳动争议的历年平均胜诉率接近50%，再加上一些案件劳动者部分胜诉，就比例而言，劳动者的胜诉率要高些。较之全国42%的胜诉率，贵州省总体高于全国平均水平。但是面对大量的违法用工和劳动侵权问题，当求助工会和行政执法机构无效时，劳动者要么放弃自己主张的权利，要么就通过非正常渠道维权。

（二）贵州省集体劳动争议现状

贵州工业强省和城镇化战略的实施，既有促进经济发展的成功经验，也有因失误和忽视导致的社会结构利益分化问题。其中，群体性事件的多发就成为影响经济发展和社会稳定的一个突出问题。

1. 集体争议数量波动较大，涉及人数从趋势上看呈U形分布

从2003年开始，集体争议的数量波动较大（见图5），这说明贵州省的劳动关系不稳定；就整体趋势而言，数量呈微升态势。集体争议涉及的人数从整体来看呈现一种U形趋势，2006～2007年下降明显，随后又有小幅度增长（见图6）。

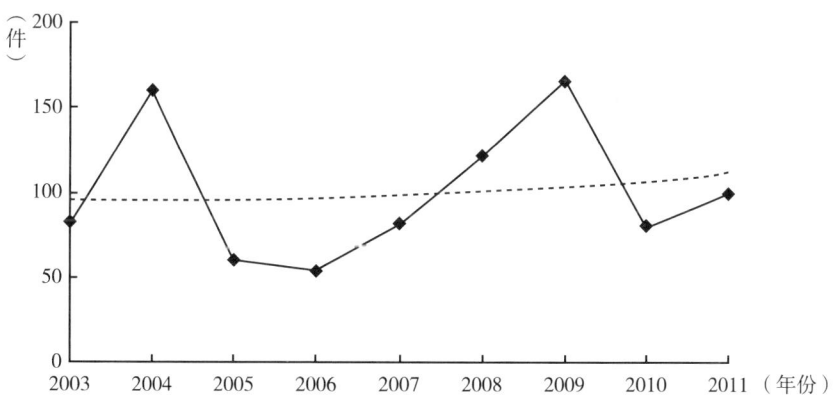

图5　贵州省2003～2011年集体争议数量

2. 集体案件的数量和人数比重逐年下降

2004～2011年，集体争议案件数量所占劳动争议案件数量的比例从7.4%下降到0.9%，而集体争议人数比例则从56.8%下降到12.2%，两个比例下降幅度都非常明显。

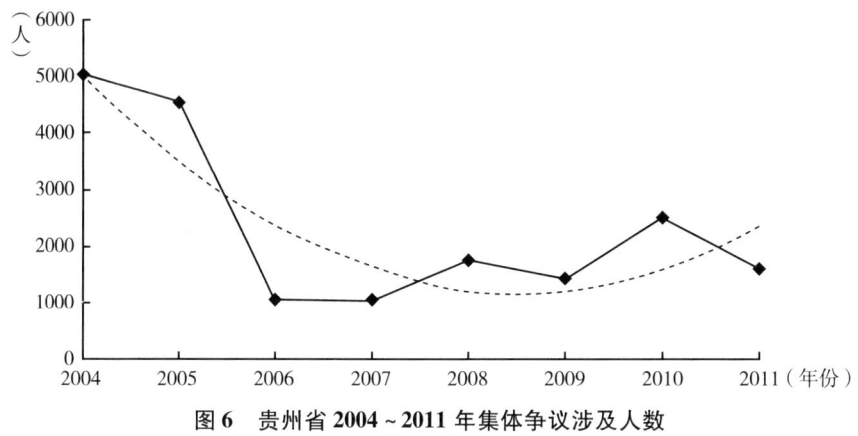

图6 贵州省2004~2011年集体争议涉及人数

3. 集体案件涉及人数占总争议人数的比重较大

虽然集体争议案件数量的比例并不大，但涉及人数所占的比重却相当大。2004年，集体案件160起，涉及劳动者5026人，分别占当年劳动争议案件总数的7%和劳动争议人数的56.8%。2005年，集体争议案件60件，仅占当年总数3037件的2%，但是涉及了4543人，接近总劳动争议人数的60%。如果以平均每案涉及人数加以衡量，则是每案涉及76人。这个数据在当年全国排名中仅次于江西（245人/件）、辽宁（182人/年）而位于第三位。2004~2011年，集体争议案件平均涉及的人数为26人，高于全国平均数（24人）。这充分表明贵州省劳动者在发生劳动争议时已经具备一定的群体意识。

集体争议内容涉及拖欠工资、欠缴保费、解除劳动关系等劳动者基本生存权的问题。目前集体抗争多发生于国有企业，特别是贵州老国有企业（三线企业）的劳动争议是当前贵州省的集体抗争主线。抗争的形式包括停工、罢工、阻碍交通、新媒体手段的运用等。但目前集体争议组织松散、主张比较简单、抗争激烈度低。

二 集体协商与集体合同制度建设

（一）三方机制及其推动

集体合同制度是指由工会代表工人，与雇主及雇主组织就劳动条件、劳动标准问题进行协商、谈判，签订集体合同的法律行为。随着1995年《劳动法》的正式实施，集体合同制也在我国逐步推行。在具体实践中，该制度的最重要三方是：政府、雇主和职工。代表政府的各级劳动社会保障部门，代表受雇方或者职工的是工会组织；而雇主组织的代表通常是工商联＋企业家联合会/企业家协会，但因地域、经济模式的差异，有些省份外资企业协会也纳入到资方代表，如辽宁。在集体协商与集体合同制度建设方面，三方的诉求和推动力度是有差异的。

（二）存在的问题与分析

1. 集体合同流于形式，作用不明显

国有企业能够很好地完成集体合同的签订工作，但缺乏集体合同的灵魂——建立一种协商机制，通过工会代表职工一方与企业协商劳动关系的重大问题。整个签订的过程中走过场的比较多。受访职工谈集体合同时抱怨：内容都没有看清楚，也没有人解释；当然，他们很多人也明白这是一种形式，所以也不会去"较真"。更有甚者，在职工完全不知情的情况下，工会就代表职工与企业签了字——以完成上级的任务和指标，这就很容易理解为什么有如此高比例的职工对集体合同一无所知。

2. 新闻报道和统计数据不能反映集体合同的真实情况

近五年来贵州省有关集体合同的新闻报道几乎千篇一律的是正面报道。然而，整个国家都处于转型期，劳动关系矛盾和争议近两年来尤为突出，数量大幅增加（2011年贵州省劳动争议案件11012起；其中劳动报酬是引发争议的主要因素，发生2038起），但我们几乎看不到签订集体合同或因履行集体合同发生的矛盾，这颇令人费解。这也从另一个侧面反映出：①合同没有规定切合实际的条款，以至于不足以引发矛盾和争议；②引发集体性争议的案件，无法通过集体合同予以调解。

3. 劳动关系领域缺乏谈判的传统与理念

集体协商与集体合同其本质是劳资自治，而合同则是这种自治的契约形式。劳资自治的基础应该是劳资双方力量的相对平衡，如不能达到这种平衡，就会出现集体合同难以推行（私企和外资企业）或徒有虚名（国企）。从当前来看，集体协商更多的是政府主导（作为下达各企业的一项任务）。从某种意义上说，集体协商是政治和学术精英推荐给劳方的一个工具，而这个工具并非劳方自己习得的。这带来两个后果：工具的赐予避免了劳资双方痛苦的习得过程（在西方国家这是劳资双方斗争的结果），同时由于缺乏这种锻炼过程，劳方对工具的运用也显得不那么得心应手。

4. "工资集体协商"的推动困难重重

职工对工资集体协商知之甚少。调查表明，几乎100%的员工都有涨工资需求，但知道如何与老板谈薪资只有7.2%，54.2%的受访者对工资集体协商制度一点儿不了解。受访谈的IT、金融、保险、销售行业的大多数人没有听过这一制度。一些劳动密集型企业员工认为，工资的谈判空间不大，企业会根据员工表现调整工资，个人很难参与。而受访的企业则是这样理解的："没有协商工资一说，待遇都是公司制定，不是说员工来协商的内部管理机制。"职工对于加薪需求一般是通过先找直属领导谈，直属领导再向上级汇报这种层层递进的方式。目前企业中，大部分员工没有直接和企业谈判的渠道和意识。

5. 工会在集体协商中角色尴尬

按照正常渠道，应该是工会代表职工去和企业谈薪资；但在一些即便有工会的企业，许多职工也不愿意通过工会，他们明确表示"不信任工会……（访谈者插话：'工会是独立于企业的。'）……工会也是公司的一员！"对于国有企业，工会和企业是一致的（有时更像企业的一个部门）。对于民营中小企业，工会也是"领老板的钱"，因而势单力薄，能力、勇气不够。

6. 集体协商、集体合同立法明显滞后

《劳动法》和《工会法》一共有7个条款涉及集体合同问题，劳动和社会保障部出台了《集体合同规定》《工资集体协商试行办法》《建立健全劳动关系三方协调机制的指导意见》等，但这些内容还有很多不完备的地方，加之企业积极性不高，相关制度建设滞后，工资集体协商的滞后尤为突出。现仅有河北、天津、新疆、江苏、湖南五省区颁布出台了地方专项工资集体协商条例。贵州省于2011年出台了《贵州省用人单位工资集体协商办法》（黔府办发〔2011〕61号），成为少数几个以政府名义出台工资集体协商行政规章的省市,《贵州省企业工资集体协商条例》也将在2014年出台。

7. 雇主组织的代表性不足

雇主组织不健全,也是工资集体协商无法顺利推行的重要原因。贵州省最高级别的雇主组织是贵州省企业联合会/贵州省企业家协会,简称"省企联"。但是很多企业并不认同"省企联"的代表性。首先"省企联"的会员仅518家,这一数据与上万家企业相去甚远,如此少的会员如何代表众多企业去参与三方协商?很明显,省企联不是严格意义上的企业自治组织,因为它的代表性是经过"政府授权"的,而不是企业赋予的。所以在三方协商过程中,如何站在企业的立场上为企业说话也成了问题。

三 国有企业劳动关系

(一)贵州省国有企业劳动关系现状与特点

国有企业对劳动关系的主要关注表现为:一是企业要为其职工的福利、安全、教育等方面承担义务;二是企业要关心企业职工的福利;三是企业要对职工进行文化技术培训;四是企业要普遍建立工会,企业承认企业员工具有联合的自由和集体谈判权,与职工普遍签订集体合同。

1. 完善薪酬福利制度,保障职工劳动经济权益

55家国有企业调查数据显示:在保障员工薪酬福利方面,以上措施都得到了高度认同,其中排在前三位的是足额缴纳社会保险(94.4%)、完整的薪酬管理制度(92.6%)和足额缴纳住房公积金(87.0%)(见图7)。

2. 劳动保障方面卓有成效

在劳动保障制度方面,84.9%的企业认为制度覆盖了职工失业、养老、工伤、医疗、生育五大领域。其他企业已建立了部分制度,剩下的正在完善中。在执行力度方面,83.6%的企业认为以上制度得到了有效执行。国有企业职工对这些制度的知晓率普遍较高,54家企业中的35家认为员工对相关制度完全知晓。而对于困难职工救助制度,83%左右的企业已经完善并严格按制度执行。此外,国有企业比较重视对女职工合法及特殊权益的劳动保障。87%的企

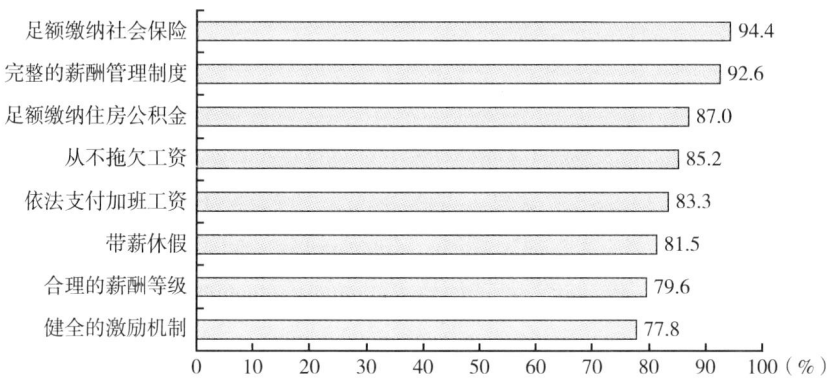

图7 贵州省国有企业保障员工薪酬福利措施

业建立了女职工组织,96.3%的企业每年为女职工做体检,开展女工文体活动的占77.8%,对女工经期、孕期、产期和哺乳期开展保护工作的企业比例分别为70.4%、88.9%、92.6%、92.6%。

3. 加强劳动合同制度建设,构建和谐劳动关系

2008年新《劳动法》的实施使得贵州省劳动合同签订率得到提高。建立了劳动用工备案制度,并依托全省劳动就业信息系统实现了全省劳动用工备案信息化和动态化管理。同时开展创建劳动关系和谐企业和工业园区活动,创建活动促使更多用人单位主动成为构建和谐劳动关系的主体,使构建和谐劳动关系从政府行为转变成为企业积极参与的一项自觉行动。调查中发现,98.1%的企业均与职工签订了劳动合同。

4. 注重员工培训和人才队伍培养建设

近年来,贵州省国有企业不断优化人才工作环境,加大人才资源开发力度和员工培训。在完成问卷的54家企业中,83.3%的企业已经建立了完善的员工培训制度和职业发展规划,面向所有员工开展培训的企业占81.5%。大多数企业培训内容主要针对岗位技能、企业管理、安全生产和职业健康等方面。

5. 工会组织建制完善,运转良好

据此次对贵州省55家企业的调研结果显示,贵州省企业中,工会组织成立最早的在1954年,成立最晚的在2010年,2004年成立的企业最多。在职职工入会人数最多的为47901人，最少的只有37人。有效问卷中，53家企业合计人数为324844人，平均每家企业入会人数6129.13人。工会内部组织建设良好、规章制度完善、人员配备齐全，受到企业重视，逐渐成为职工反映呼声和要求的平台。

（二）贵州省国有企业劳动关系存在的问题

1. 职工权益保护覆盖面窄、层次较低

国有企业劳动关系中，工人最不满意的是劳动报酬。普通员工收入低，增长慢，与管理层差距大。此外，国有企业的劳动合同签订率普遍很高，也和员工签订了集体合同，但内容随意性大、一定程度上流于形式。劳动合同签订过程中，合同双方地位不平等，劳方的意志体现较少，也很难做出体现自己本意的表述。诸多企业签订的集体合同更多时候是用来应付上级工会或劳动人事局的检查。

2. 工会维护职工权利力量弱

国有企业也出现了经济结构的多元化、劳动关系的复杂化、就业方式的多样化特点。在这种情况下，工会组织充分行使维权职能，加强民主管理切实维护职工的政治权利、经济权利乃至受教育和参加各种活动的权益。在现有的体制下，部分企业工会大多数只限于慰问困难职工、为职工发点福利、开展文体活动，而对于维护劳动就业、收入分配、社会保障、安全卫生和民主权利等方面的合法权益，工会作用发挥不力，不同程度上存在"不会维权、不愿维权、不敢维权"的现象，职工权益保护覆盖面窄、层次较低。

3. 职工民主权利弱

国有企业普遍存在职工民主权利"弱"的现象。基本权利（如知情权、表决权）保障不充分。调查中许多企业的工人普遍反映，对于一些重大事项，企业往往只是在墙上张贴"公示"——多半应付检查，但对内容不宣传、不解释，造成职工的知情权、参与权、监督权缺失现象较为严重。此外，在民主政治生活中企业存在表决形式不规范情况，还沿袭举手、鼓掌等方式，很少以无记名投票方式进行，很多决议流于形式化。

四 非公有制企业劳动关系

非公经济劳动关系现状和原因分析

总体而言,贵州省劳动关系还比较平稳。较之东部发达地区,贵州省非公有制经济的劳动关系相对稳定,无论是案件总的数量还是涉及的人数均远低于发达地区。劳动争议以个体争议为主,集体争议所占的比例较少;也没有发生过大规模和有影响力的集体抗争事件。

1. 民营企业的劳动关系显现出市场化、短期化、多样化的特点

民营企业与劳动者形成的劳动关系由市场调节,劳动力的价格由市场决定。由于贵州省还处在劳动力的买方市场,这种市场化的劳动关系并未体现劳动者的真正价值。受市场波动因素的影响,很多民营企业,特别是一些中小企业,经营变化频繁,用工随市场和季节因素而变,导致工作稳定性差,员工流动性大,民营企业劳动力短期化现象越来越明显。随着经济发展以及市场因素的影响,民营企业用人需求更加多样,尤其是灵活就业人员不断增多。一些建筑行业和机械制造业大量使用劳务派遣工,以此规避《劳动合同法》。劳动关系短期化和多样化也给劳动者带来了工资福利待遇克扣、工作稳定性差等问题,成为劳动关系紧张的潜在因素。

2. 工作条件和待遇较差

民营企业劳动关系中存在的普遍问题在贵州省都能发现。如工作条件恶劣、企业有意延长工作时间、加大劳动强度、压低薪酬等。调查发现,很多民营企业为了压低成本,根本不提供相应的劳动保护和最低工作条件保障,这种现象在私营矿业企业最为明显,安全事故频发。很多民营企业的休息时间每周只有1天,每日的工作时长超过了8小时。工资水平偏低,2009年贵州省私营法人单位年人均工资为18837元(平均每月仅为1500元左右),远低于城镇非私营企业职工年人均工资26432元。[①]

---

① 《贵州省人力资源和社会保障统计资料汇编》,2010。

3. 劳动合同、社会保险等用工制度不完善

私营企业不与劳动者签订劳动合同的情况非常常见，尤其是一些季节性用工和临时用工，企业尽可能避免签订劳动合同，而且一些劳动者（特别是文化水平较低的）也认为没有必要或者根本不知道需要签订劳动合同。这使得发生劳动争议时，职工无法保障自己的合法利益，比如，贵州多发的尘肺病，很多农民工就是因为没有劳动合同而无法证明与企业存在雇佣关系。企业不为职工缴纳社保，甚至企业主还误导劳动者参加社保会减少收入；而一些外来务工人员，也因为流动性较大和社保的接转存在问题而排斥参加社会保险。

4. 建立工会和三方协调机制存在困难

2011年，贵州省工会涵盖私营企业单位数为24952个①，仅占私营企业数94625户的26.4%。私营企业建立工会的压力和动力不足，甚至抵触工会的建立，因为部分企业主担忧工会成立会增加企业人工成本和管理难度。员工对建立工会也并不积极，访谈中发现：他们认为加入工会不能获取相应的利益，而且还要定时缴纳会费。虽然政府和基层以上工会对非公经济三方协商机制、集体合同的建立比较重视，但实际上三方机制在解决私营企业劳动争议方面发挥的作用有限，主要表现为：企业不积极，工会不具代表性和地方政府对劳动违法监管不严。

五 劳动关系中的农民工问题

（一）贵州省农民工基本概况

农民工构成贵州省主要劳动力。2009年，全国农民工总量2.3亿人。据数据显示，2011年贵州省职工总数595.1万人，其中农民工257.3万人，占总数的43%；2012年，职工总数474.7万人，农民工人数为199.1万人，较上年减少了58.2万人，但所占比重仍接近42%（见表1）。

---

① 《中国工会统计年报》，2011。

表1　2011年和2012年贵州省农民工、农民工会员数量

单位：人，%

年份	职工数	农民工	比重	工会会员	农民工	比重
2011	5951188	2573158	43.24	5771126	2462405	42.67
2012	4746945	1990939	41.94	4593805	1648076	35.88
增加		-582219	-1.30		-814329	-6.79

资料来源：《中国工会统计年报》（2011年、2012年）。

新生代农民工占据了主体地位。有学者初步测算，2010年贵州省内新生代农民工已发展到84.6万人，并继续呈快速扩张之势，年均增速达两位数以上；到"十二五"期末贵州省内新生代农民工将超过140万人。贵州省新生代农民工平均年龄为24.7岁。①

受教育和职业技能水平，新生代农民工相对传统农民工而言有所提高。新生代农民工大多接受过初高中以上教育，而接受过职业培训的比例达到36.9%。相对传统农民工而言，他们的文化教育水平和职业教育水平已有较大提高。而贵州新生代农民工的整体文化程度也发生了较大改变，实现了由小学水平向初中水平的转变，其平均受教育年限达到10年，比2003年提高了3.53年。②

（二）贵州省农民工劳动关系现状及问题

1. 农民工流动性大，劳动就业关系不稳定

由于农民工择业观念的变化（更加关注安全、公平），外出务工的动机由满足生存向追求发展转变，再加上工作条件、工资水平的改善，农民工职业流动越来越频繁。当前贵州新生代农民工平均更换工作的次数为2.8次，而同期传统农民工平均更换职业工作的次数为1.08次。③农民工的频繁流动和当前

---

① 周芳苓、林苑：《"两欠"地区新生代农民工的生存状况与融入困境——以贵州省为典型个案》，2011年中国社会学年会"新生代农民工融入城镇社会政策研究"分论坛论文集。

② 周芳苓、林苑：《"两欠"地区新生代农民工的生存状况与融入困境——以贵州省为典型个案》，2011年中国社会学年会"新生代农民工融入城镇社会政策研究"分论坛论文集。

③ 周芳苓：《"两欠"地区职业结构的变迁及发展——以贵州省为典型研究》，"新一轮西部大开发与贵州社会发展"学术研讨会暨贵州省社会学学会2010年学术年会论文集。

我国劳动保障体制存在的各种制度性障碍和不足,成为劳动关系不稳定的主要因素。

2. 农民工劳动收入偏低

调查发现,当前贵州新生代农民工的平均收入为1447元/月,高于省最低平均工资标准——2011年,贵州省A类地区最低平均工资标准为930元/月。但有12%的农民工工资低于贵州省最低工资水平,最低仅为500元/月,62%的受访者工资水平在1600元以下(见图8)。进一步比较发现,工资的实际平均水平与这一人群的预期工资平均值差距明显:预期的平均值为2199元/月,差额为752元,相差34.2%。①

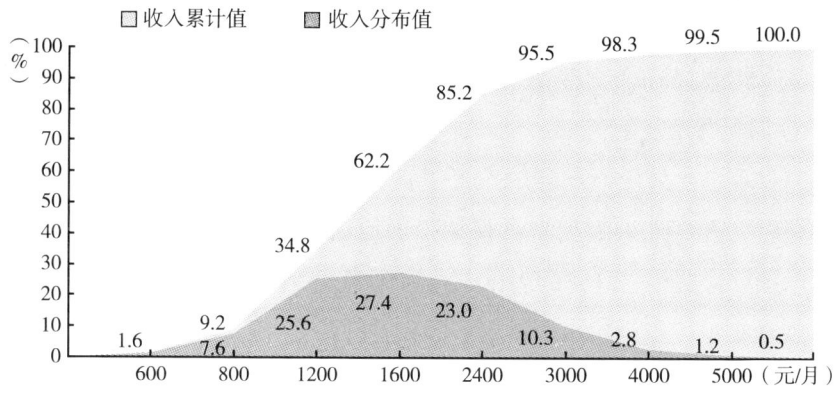

图8 2011年贵州省新生代农民工的工资性收入

贵州新生代农民工的平均工资水平也低于全国平均水平。较之全国新生代农民工平均月收入1747元,② 贵州仅相当于全国平均水平的83%,月均低了300元。不仅如此,当前该群体的工资收入水平也远远低于同期贵州城镇职工的收入水平(2282元/月),仅相当于全省城镇职工平均水平的63.4%。③

---

① 周芳苓、林苑:《"两欠"地区新生代农民工的生存状况与融入困境——以贵州省为典型个案》,2011年中国社会学年会"新生代农民工融入城镇社会政策研究"分论坛论文集。
② 全国总工会:《2010年企业新生代农民工状况调查及对策建议》,2011年。
③ 刘玉连、周芳苓:《矛盾与冲突——贵州新生代农民工与城市居民关系的调查分析》,《毕节学院学报》2011年第5期。

3. 拖欠工资现象严重和普遍

数据显示，有77%的被调查农民工曾经被拖欠过工资。《贵州工人报》记者对贵州省农民工的一项调查表明，受访农民工的52.5%反映有工资拖欠，而克扣工人工资的单位占到57.5%。对于贵州省农民工的欠薪问题，地方媒体和中央媒体都有过报道。

4. 劳动合同签订率低

据省人保厅相关负责人介绍，2010年底贵州农民工劳动合同的签订率为69.7%，比上年提高7.6个百分点。在调查中发现，被调查的325名农民工中，仅有26%的农民工与用人单位签订了正式劳动合同，另外74%的农民工与用人单位没有签劳动合同，其中有33%的农民工没有签合同但与用人单位有口头约定，22%的农民工既没签合同也没口头约定，还有19%的农民工不知道要签合同。当前仍有超过半数（53%）的新生代农民工没有与相关用人单位签订劳动合同。①

5. 社保参保率低下

调查发现未参加任何保险的农民工占39%，农民工参加最多的保险是农村医疗保险，占60%。农民工参保率低的原因有：42%的被调查者认为单位不愿意承担社保费用，21%的农民工认为保费太贵。② 高达75%的农民工一致认为"在城市里，我们应该获得更多的权益保障"，强烈地反映出他们对自身权益保障的诉求。

6. 农民工在劳动就业中受歧视现象普遍

对农民工的歧视包括两个方面：一是对农民工的直接歧视；二是对城市工的偏袒和保护对农民工产生的反向歧视。上述提及农民工工资过低的问题就是一种对农民工的直接歧视。而同工不同酬现象也非常明显和普遍。一位受访农民工对此颇有抱怨："我在这家厂里也做了快十年了。正式工是月薪制，工资都比我们高；而我们还是计件制，一个月下来才400多块钱。工作没有签劳动合同，我们不能享受福利、劳保，过年过节的奖励、礼品都没有我们的。"

问卷统计表明，参加过工会、党团、体育娱乐等组织活动的新生代农民工

---

① 薛伟芳、刘金新：《欠发达省份农民工市民化困境分析：以贵州为例》，《前沿》2012年第18期。
② 全国总工会：《2010年企业新生代农民工状况调查及对策建议》，2011。

仅为13.2%。由于户籍和身份的限制，进城务工人员的基本民主权利得不到保障和实现。很多农民工不能参加职工代表大会，从而无法行使正当的民主管理权利。仅16%的被调查者参加过职工代表大会，有33%的农民工承认不知道有职工代表大会。

7. 农民工在劳动关系中存在维权危机

当合法权益受到不法侵害时，农民工往往不知所措，高达90%的人是听天由命。正如一位农民工说的："出门在外，平平安安最重要。碰到小事情——百把块钱的就算啦；大事情，我们也没有办法，还不是认命。至于打官司，想都没想过，主要是不会打，另外也没有时间和精力嘛。"访谈中，一个农民工则抱怨："无劳动合同，无社保，一个月休息4~5天，工资一千多……没想过找工会，连报警都没想过。"大多被拖欠工资的农民工在几次讨薪无果后不得不选择放弃，仅极少部分的农民工会努力通过合法渠道寻求帮助。农民工不愿维权的一个很重要因素是，他们对法律权威及执法公正的信心不足——近一半的人不相信能通过法律途径解决问题。

8. 新生代农民工在劳动关系中存在心理困境

新生代农民工有改变命运的强烈愿望，但是在个人素质、社会关系等多重因素的制约下，缺少获得更高收入的能力和条件，往往会产生一种潜在的相对剥夺感。特别是在与城里人做比较时，这种相对剥夺感还是比较严重的。在传统与现代多重因素的交织影响下使新生代农民工陷入心理困境。

六　劳动关系中政府与工会的角色

（一）政府的角色

在劳动关系中，政府的角色和干预范围应根据现有的政治体制和社会环境需要来确定。

1. 政府在劳动关系中的角色

政府在劳动关系中的角色至关重要。政府在劳动关系中应该扮演的角色有：规制者、监督者、推动者和约束者，以及调停仲裁者（见表2）。

表2 政府在劳动关系中扮演的角色

规制者	监督者
制定劳工政策、标准、干预和规范劳动关系	监管劳动关系的运行和政策法规的执行
推动者和约束者	调停仲裁者
营造氛围,促进劳动关系和谐;控制和约束损害合法权益和社会利益的行为	劳动争议、冲突中,充当中间人维护劳资双方合法权益

2. 政府在劳动关系转型中的作为

进入21世纪以来,企业劳资矛盾激化,成为整个社会的主要矛盾之一,影响了社会稳定。一些地区集体上访、大规模群体事件时有发生,就像中央政府承认的"当前由人民内部矛盾引发的群体事件,已成为影响社会稳定的突出问题"①。在这种情况下,贵州省政府开始重视劳动者权益保障,并颁布了一系列法规政策,采取了诸多切实行动。主要完成的工作包括以下几方面。

(1) 加强劳动立法和制定劳工政策。制定了《贵州省劳动保障监察条例》《贵州省企业集体合同条例》《贵州省企业民主管理条例》等一系列劳工政策;分别在2006年、2007年、2010年和2013年四次调整了最低工资标准。

(2) 关注农民工权益。农民工权益成为社会焦点问题。省、地、县三级政府都对农民工欠薪问题给予了关注,同时大力开展了针对农民工的职业培训等。

(3) 加强对企业的劳动执法。2010年,贵州省建立各级劳动仲裁院23个,全省74.9%的乡镇街道建立了争议调解组织。劳动监察着力解决了农民工工资拖欠、不签订劳动合同和未成年人劳动权益保护三个重点问题。

(4) 完善三方协商制度。三级政府都建立起了由劳动部门、工会、企协、工商联的三方四家劳动协商框架。

3. 政府面临的挑战

(1) 维护社会稳定已经成为悬在政府头上的"达摩克利斯之剑"。由此带来的压力使得政府在处理劳资矛盾(尤其是集体矛盾)时不能放平心态,还

---

① 《当前我国社会治安状况调查》,《瞭望》2004年第6期。

无法做到把工人集体行动的性质归为"劳资之间正常纠纷",相反提升到了"影响社会稳定的因素"。有时过于介入劳资纠纷,很难保持中立场。

(2)政府对劳资争议、冲突干预的能力和手段有限。一些劳资纠纷,最后政府往往也成为工人行动的对象,有时还要替雇主方承担责任。比如,一些煤矿安全事故,煤矿所在地的乡镇政府需要为雇主的过失埋单。政府对于集体行动的性质缺乏统一认识和规范的行政程序,事后安抚多于事前防范。

(3)"官商勾结"问题。在各地经济发展、招商引资、扶持私营企业的政策下,资本和资方获得了更大的权利,政府也从中获得大量的好处和利益,使得政府与资方结成了利益共同体。当企业内部的劳资矛盾扩大为社会矛盾时,政府很难站在中间立场去执法与仲裁。

(二)工会扮演的角色

1. 贵州省工会的基本概况

工会的基本建设情况。2012年,贵州省共有59046个基层工会组织(含独立工会55740个、联合工会3306个),涵盖单位数105370个,工会会员459.38万人,职工入会率为96.8%。较上年,工会数增长了8111个,涵盖单位数增长了2119个,但工会会员减少了117.73万。①

工会的法律工作。省总工会积极参与立法和政策的制定。2012年,贵州省工会参与制定的地方性法规有7部,其中5部涉及职工权益,2部涉及工会权益,还参与制定了地方性规范文件14份。建有工会法律援助服务机构92个,人员308人(其中67名干部获得律师资格),2012年度受理了544起法律援助案件。

工会的职业介绍和培训工作。贵州省工会建立了专门的职业介绍所、职业培训机构和再就业基地,积极组织和实施了针对农民工、下岗失业人员的培训。2012年,贵州省有职业介绍机构63家,成功介绍42667人次;职业培训机构41家,培训55838人次;再就业基地8个,吸纳下岗人员856人。

---

① 本部分的数据均来源于《中国工会统计年报》(2011年、2012年)。

2. 工会困境

随着市场化改革的推进和劳动关系的日益复杂化，工会就自身角色定位、代表的利益诉求和维权手段等方面存在越来越多的困境。

困境之一：工会组织两难的身份。

在我国，工会具有双重身份，既是一种国家设置（指基层以上工会），同时也是劳工组织（企业基层工会）。这种双重身份和双重联系，意味着其在实际冲突中角色难以定位。从理论上说，工会应该是工人的组织，但工会经费主要来源、人事任免来自政府或者企业管理层，所以工会无法真正代表工人利益。而这也是普通职工的共识——很多职工明确表示"我们不相信工会"。这就注定大多数工会都只能在劳动关系中做些修修补补或是锦上添花的工作，而无法真正面对日益突出的劳资纠纷。

困境之二：工会的行政化倾向。

国有企业的工会更像一个负责职工思想工作和娱乐生活的行政部门。工会主席一般会获得副厂级的职务待遇而进入企业管理层，成为领导班子成员，而这个职位通常又被认为是管理层中的一个闲职。一位即将退休的企业副总不甘于担任工会主席的职务，他的朋友劝他说："在个清闲的地方，养养老算啦。"基层以上工会则走的完全是政府之路，工会专职人员也是公务员身份——要想进入地区级的工会，是需要参加公务员考试的。工会的行政化倾向使其更加依附于企业和政府。

困境之三：工会维护工人合法权益能力弱。

在发生劳资冲突和对立时，工会扮演的角色往往是最尴尬的。工人常常撇开工会，直接与企业对话——贵州省的很多劳资纠纷中几乎看不到工会的影子；即便工会代表工人去和企业经营者沟通，也往往仅是传声筒，工会提出的"意见、要求"并不对管理层和企业主形成压力；更有甚者，工会站在管理层一方，来对工人进行说教。尽管近年来，从全总工会和省级工会开始，也有一些有想法的工会干部试图发挥工会作用，但在维权中一旦触犯了管理方（尤其是在私营企业）的权力，这些工会干部——作为企业的雇员——将面临被调离或辞退的威胁，工会干部连自己的权益都无法保证，更难维护职工的权益。

七 贵州工业强省和谐劳动关系的政策建议

（一）认识转型期劳动者权益，改变劳动争议的政策和制度思路

要对过去的制度进行评估，而尝试建立和推动一种不是以消除劳资冲突为目的的，提供一种对劳资双方来说社会成本最低的方式来解决冲突的制度安排。不妨借鉴中国共产党 20 世纪 50 年代处理罢工时比较开明的方针政策。我们在做出制度安排时，需要有对集体抗争能够驾驭的自信。

（二）政府主导完善劳动关系协商制度，推动劳资双方的组织和能力建设

在劳资双方均不熟悉和灵活使用三方协商和集体谈判这项制度时，政府需要继续扮演主导的角色，建立规则、渠道和平台，将双方拉到一起对制度进行实践。劳方需要充分组织起来，形成能够作为"一方"的力量。因此，需要注重工会组织独立性建设，提升其能力、知识、技术（企业管理、劳动安全卫生、工资理论、谈判、政策把握等）。资方也需要完善雇主组织，加强代表性和拓展性。考虑到地区发展水平和行业的差异性，应努力形成"区域谈底线、行业谈标准和企业谈增长"的工作格局。由此特别建议选择一个行业（比如建筑业）和地区（贵阳市）作为推进三方协商和集体谈判的试点。

（三）国有企业亟须完善契约和民主机制，重建劳动关系均衡

给国有企业的劳动关系的核心建议：国有企业构建和谐劳动关系，需要完善契约机制（劳动合同、集体合同等）和保障机制（协商、谈判和真正的工会）。其中比较具体的建议是建立国有企业劳动关系的评估、预警和危机处理机制。设定能够反映国有企业劳动关系的主要指标和参数，按照指标收集各方面信息，进行分析、加权，得出企业"和谐度"，以此评估和预警企业劳动关系现状，并进行危机处理。

（四）加大私营企业劳动合同、社保、最低工资等劳动保障体制推行力度

提高合同签订率、认真执行劳动合同应该是构建非公企业和谐劳动关系优先考虑的。对于小微企业的季节性、临时性雇工，可按行业的不同，推行灵活、简明的劳动合同制度；推行社保的弹性参保政策，在缴费基数、费率、缴费方式上降低门槛。逐步稳定提高最低工资给付标准，保障最低工资足额支付和防止工资拖欠。开发针对私营企业劳动关系预警机制，并在对劳动关系科学评估的基础上，根据劳资关系紧张程度对企业进行区分管理，建立重大突发事件处理机制。对于一些重要的劳动法规，应走进工厂进行广泛宣传和深度讲解，注重过程中听众的参与和互动，以解决问题为导向。在制定劳动政策和建立监管体系时，也需要协调、兼顾和平衡"两难"境地，既突出对劳动者合法权益的保护，也不伤害非公企业的灵活用工和发展。

（五）建立农民工工资保障机制，加大农民工的维权力度和提高他们的城市生活融入能力

农民工欠薪是该群体劳动关系中最底线的问题，需要建立明确的薪资保障机制或者针对性条款，特别是在农民工从业较多领域（如建筑领域），应加强劳动执法。充分利用企业征信系统平台，建立企业的工资支付信用档案，约束企业工资支付行为。政府应做出表率和示范——政府投资项目不拖欠农民工工资。此外，还要利用工会法律援助中心、困难职工帮扶中心，以及工会法律援助律师团，帮助农民工维护他们的合法权益。在建筑、制造、餐饮、采掘业等农民工集中的行业，推荐使用农民工简易劳动合同文本，提高劳动合同签订率。在农民工群体中，普及社会保险知识，引导他们积极参加社保。在一些农民工用工较多的企业内部建立自己的劳动争议调解组织，在外部完善劳动争议调解仲裁机制。为农民工维权开辟"绿色通道"，简化程序、高效地解决问题。对农民工实施有针对性的职业技能培训、心理疏导与人文关怀。开展针对新生代农民工的心理咨询服务，帮助他们及时发现并解决思想困惑和缓解精神压力；帮助他们设计职业发展规划，并为实现规划提供支持。

（六）政府在劳动关系中角色需要再定位，保持中立避免介入利益性劳资争议

政府在促进和谐劳动关系中，核心是尽可能扮演好规制、监督、推进和约束，以及调停仲裁的角色。另外，需要对"劳动关系不和谐"有正确认识，即劳资纠纷是劳资关系的本来产物，两者之间发生利益冲突是一种"正常"的社会现象。可以预期，随着贵州省经济发展、工人意识觉醒，劳资冲突、工人集体行动将成为劳资矛盾的常态。政府应视其为利益争议，尽可能保持中立立场。在需要介入时，应在合适的时间，持正当的理由、中立的立场与适当的身份介入。否则，一旦不恰当地介入劳资争议，将在道义、合法性和公信力方面付出代价，承担越来越大的政治风险。

（七）加强工会在私营企业中的地位，向工会赋权，发展方向是争取更加自主

加强非公有制企业工会力量势在必行。在现有的政治条件下，给基层工会以更多的活动空间，保持相对于企业的独立。赋权的落脚点是工会应寻求经济和人事上的独立。工会的经费来源应拓展企业拨付的渠道，寻求会费收入、捐赠、政府补贴、开展咨询活动等。基层工会干部普选，也应早日纳入议事日程，由工会会员直接选举自己的领导者，而不是被指定。

（八）关注社会媒体中的劳动关系舆情

社会媒体为工人集体行动的酝酿、组织、启动和持续提供了极为便利和宽广的动员平台。微博、微信、论坛等社会媒体没有边界，穿透能力和渗透能力强，完全改变了由传统媒体"一统天下"的状况。社会媒体也为弱势群体获得自身权益拓宽了渠道，因此，必须关注、收集和分析网上舆情，去了解劳动者的一般诉求、呼声；掌握行业性、地域性劳资纠纷信息，使得劳动关系工作具有前瞻性和针对性；摸索社会媒体在工人行动中的融入，对工人抗争行动做好预案和预判，避免措手不及和无应急措施，影响社会稳定。

（九）推动企业在劳动关系中承担社会责任

从社会责任角度看，劳动者是企业的最主要的利益相关方。只有重视员工的权益——报酬福利、生产安全、职业健康，才能实现企业可持续发展。从资本的角度而言，劳动者是一种内生资本，企业需要像重视金融资本、技术资本那样，重视劳动资本，注重资本与劳动利益的均衡。应推动企业履行劳动关系中的社会责任，关注劳动伦理和劳动者的不同层次的利益诉求，保障企业运营中劳动者的合法权益。

（十）为产业转移中的劳动关系做出预案

随着沿海经济从劳动密集型转向技术密集型，贵州逐步成为产业转移接收地。在劳动关系方面，必须为这些产业接转做好相应的准备，在积极引进这些企业的同时，应建立应对日趋复杂劳动关系的预案，如放手和鼓励基层工会独立与自主，将三方协商、工资集体协商落到实处，大力培养工会干部和劳动法人才，政府和工会应走出贵州到沿海去调研和学习工人抗争运动，构建非公企业的劳资关系预警机制等。

参考文献

文魁、宋湛：《走向和谐：市场型社会主义劳动关系新探》，经济科学出版社，2012。
常凯、乔键：《中国劳动关系报告》，中国劳动社会保障出版社，2009。
中国工运研究所：《劳动关系与工会运动研究文选》（2006~2009），工人出版社，2010。
中国工运研究所：《劳动关系与工会运动研究文选》（2010），工人出版社，2010。
中国工运研究所：《新生代农民工：问题·研判·对策建议》，工人出版社，2011。
吴宏洛：《劳资关系新论》，社会科学文献出版社，2011。
袁凌：《转轨时期中国企业劳动关系研究》，湖南大学出版社，2012。
赵小仕：《转轨期中国劳动关系调节机制研究》，经济科学出版社，2009。
吴大华主编《贵州法治发展报告（2013）》，社会科学文献出版社，2013。
王少波：《劳动关系热点问题研究》，知识产权出版社，2012。

张左己：《中国劳动立法》，《政法论坛》（中国政法大学学报），1994。

张红奎：《关于中国劳动力工资、产业结构和社会差距的实证研究》，《特区经济》2006年第10期。

郑尚元：《建立中国特色的罢工法律制度》，《战略与管理 No.3》，2003。

周芳苓：《生存与发展——对贵州新生代农民工的实证研究》，《毕节学院学报》2011年第12期。

B.9
2013年贵州省城乡就业问题研究

王前 黄勇*

摘　要：

本文的重点是通过分析2013年贵州省城乡就业现状、问题及预测未来几年贵州劳动力供给与需求情况，提出进一步扩大就业的基本思路、主要渠道和对策；研究如何建立统筹城乡就业的机制制度，促进城乡统一的人力资源市场建设；研究如何建立健全自主创业的扶持政策和服务体系，促进以创业带动就业；提出创造就业岗位、提高就业质量、促进就业稳定、改善创业和就业的公共服务环境的对策措施。

关键词：

贵州省　城乡就业

一　2013年贵州省城乡就业现状分析

（一）就业总体现状

2013年，全省城镇新增就业50万人（预计数），同比增长18.4%，完成全年目标任务；失业人员实现再就业14万人（预计数），完成年计划10万人的140%，就业困难人员实现就业7.5万人（预计数），完成年计划5万人的150%；产业园区新增就业22万人，同比增长7.6%；全省农业劳动

---

* 王前，贵州省社会科学院区域经济研究所助理研究员；黄勇，贵州省社会科学院区域经济研究所所长、研究员。

力转移就业65万人（预计数），完成年目标任务50万人的130%；预计2013年末全省城镇登记失业率不超过4.2%，城镇新增就业增长率在全国位于前列。

（二）三次产业从业人员及城乡从业人员结构有所优化

（1）三次产业结构：截至2012年底，贵州第一产业从业人员为1189.04万人，比2011年减少了5.35万人；第二产业从业人员为238.10万人，比2011年增加22.24万人；第三产业从业人员为398.69万人，比2011年增加16.13万人。2011年三次产业结构比为66.6∶12∶21.3，2012年为65.1∶13∶21.8。2012年与2011年相比，第一产业从业人员下降1.5个百分点，第二产业从业人员增加了1个百分点，第三产业从业人员增加了0.5个百分点。

（2）城乡结构：2012年城镇就业人员596.06万人，比2011年增加41.92万人。乡村就业人员1229.76万人，比2011年减少了8.9万人。2011年城乡就业结构比为31∶69，2012年城乡就业结构比为32.6∶67.4，2012年与2011年相比，城镇就业人员增加了1.6个百分点，乡村就业人员减少了1.6个百分点。

（三）农村劳动力转移速度稳步增长

贵州省庞大的农村人口基数使得农村自然增长的劳动力人口数量也较高，2012年乡村从业人员达到1229.76万人，比2011年减少了8.9万人。农业劳动力转移就业66.13万人，比上年同期增长6.49%，完成年目标任务50万人的132.26%；2013年上半年农业劳动力转移就业53.26万人，比上年同期增长12%，完成年目标任务50万人的106.52%。农村劳动力转移速度稳步增长。

二 2013年贵州省城乡就业存在的主要问题

贵州省就业形势仍十分严峻，劳动力供大于求的基本格局在相当长时期内不会改变，主要存在以下问题。

（一）劳动力供求总量与结构性矛盾突出

一是劳动力总量供大于求，经济增长和用工需求难以满足劳动力增加的需要。2011年全省劳动适龄人口（15~64周岁）达2302.38万人，占总人口的66.37%。目前，贵州省城镇每年需要就业人数为65万人左右，能解决的就业人数为50万人左右，考虑到全省城镇化的快速推进，城镇就业的供需缺口还将继续扩大。预计至2015年底，新增劳动力供给总量累计将达795万人（其中，城镇145万人，乡村650万人），需求总量仅为260万人（其中，城镇80万人，乡村180万人）。贵州省实施工业强省、城镇化带动战略力度加大，农村劳动力转移到第二、第三产业的规模将进一步加大。二是结构性失业矛盾依然突出。特别是高技能人才严重短缺已成为贵州省经济社会发展的"瓶颈"。另外，农村低效率和农业收入增长缓慢在促进农村青壮年劳动力较大规模转入城市的同时，也引起农村一定程度的土地"撂荒"现象及农业用工短缺问题。贵州省基层人才缺乏问题也应引起重视。三是就业稳定性不高，部分就业人员随时可能重新失业。

（二）大学生、农民工、弱势群体三大重点群体的就业压力较大

一是大学毕业生就业压力较大。2012年贵州省普通高校毕业生共96634人，比上年增加6398人，增幅达7.09%。其中研究生4084人，比上年增加263人，增幅达6.88%；本科生47709人，比上年增加7404人，增幅达18.37%；专科生44841人，比上年减少1269人，减幅为2.75%。截止到2013年6月3日，全省高校毕业生签约率为34.09%，比上年同期上升不到1个百分点。其中研究生签约率为21.01%，与上年同期相比基本持平；本科生签约率为24.47%，比上年同期下降近1个百分点；专科（高职）生签约率为45.26%，比上年同期上升3.7个百分点。由此可见，在面临如全球金融危机对就业市场的冲击，学科设置与市场需求差距大，贵州省经济较落后，大学生自主创业比例过低，大学生到基层工作实际户籍、职称、经济、政策待遇等困难较多的情况下，大学毕业生就业压力较大。

二是农村劳动力转移就业难度加大。严峻的国际国内经济形势使劳务输出

的不稳定因素增多；部分企业对新职员的年龄、学历等"门槛"设置高，合法劳动权益难以保障；部分农民传统守旧，视土地为赖以生存的基本条件，怕失去生活保障，一定程度上阻碍了劳动力的转移；农村劳动力素质偏低，贵州省农民工中初以下文化程度占83.4%，无技术等级的占82.1%，在市场竞争中处于弱势地位；对外出务工人员的人力资源市场网络作用尚未完全发挥；等等，这些因素严重影响了转移就业积极性。

三是弱势群体就业压力较大。贵州省国有企业破产改制工作相对滞后，需要安置的职工人数较多，安置难度比较大，下岗失业人员就业难的问题普遍存在，需要建立和完善对就业困难人员的就业援助制度，加大对弱势群体的扶持力度。

（三）扶持就业专项资金不足

虽然通过努力中央转移支付和省内筹集就业资金规模逐年加大，但为落实一系列更加积极的就业政策，贵州省就业资金的使用量也在逐年加大，预计2013年末省本级和各地资金将全部用完，部分地区将出现资金缺口。2014年，贵州省促进就业的任务更加繁重，为确保各项就业目标任务的完成和更加积极的就业政策的落实到位，对就业资金的需求量越来越大。

（四）就业服务能力弱

各地基层平台建设取得很大进展，但是，部分基层就业服务平台工作人员少，办公经费紧张，经办人员业务水平和服务能力亟待进一步提高。

三　促进贵州省扩大就业规模的主要任务

2012年，全省城镇新增就业42.23万人，其中，城镇失业人员实现再就业13.3万人，促进就业困难人员就业6.4万人；全省城乡就业人员达到了1825.82万人，比2010年增长3.1%；从业人员的三次产业结构占比从2005年的75.2∶6.5∶18.3演变为2012年的65.1∶13.1∶21.8，城镇、乡村就业结构占比由2005年的24.1∶75.9演变为2012年的32.6∶67.4，就业结构进一步改善。但是，受宏观经济形势、劳动力供大于求、技能素质与岗位不相适应、就业资金缺口严重、基层平台设施落后等影响，全省城乡就业形势依然严峻，尤其是经济和投资增长对就业吸纳的边际拉动作用正在减弱，经济发展方式转变对就业及其结构将产生压力，大学生、农民工、弱势群体三大重点群体的就业压力仍然较大，工资分配、就业保障和劳动者合法权益等一些深层次矛盾逐步显现，建立城乡统筹的就业和创业公共服务体系非常迫切。

（一）建立健全就业优先的长效机制

大力实施就业优先战略，把促进就业作为政府的首要工作目标，将城镇新增就业、控制失业率、失业人员就业、就业困难人员就业以及减少有劳动能力的长期失业人数、城市居民最低生活保障人员等指标，纳入政府年度工作考核范围。综合运用财政、税收等政策杠杆引导和促进就业，切实通过立法消除阻碍劳动力市场发展的障碍，建立完善政策实施综合评估机制。完善失业登记管理、动态监测和预警制度，力争到2015年，保持贵州就业形势稳定，全省城镇登记失业率控制在5%以内。

（二）加大就业岗位开发力度，千方百计稳定和扩大就业

坚持把发展服务业、中小企业和民营经济作为扩大就业的重点。抢抓建设工业强省、推进现代农业发展和国家大力推动城镇化进程、培育城市群等机遇，建立加快工业化、农业产业化和城市建设、拉动内需、扩大就业的动力机制，增加就业资源和扩大就业需求总量。围绕新增铁路、公路、水利、农村危房改造等重点工程项目建设，努力挖掘省内就业岗位。全力实施创业带动就业战略，完善创业服务、政策扶持和创业风险保障体系，加强创业优惠政策与产业、贸易、财税、金融等政策的协调，确保每个创业者在获得政府支持上都保持一致。鼓励劳动者自谋职业和自主创业，通过多种形式实现就业。

抢抓中央大范围实施产业振兴规划和贵州省推进新型工业化跨越式发展的重大机遇，围绕贵州省做强做大能源工业，烟酒工业，以煤化工、磷化工、铝及铝加工、锰及锰加工、钛及钛加工等为重点的原材料工业、民族制药业和特

色食品业、现代生物产业，创造用工需求和就业岗位。紧紧围绕转变经济发展方式，实现经济社会又好又快发展的目标，把大力发展第三产业、中小企业和非公有制经济企业作为扩大就业的战略性选择和主攻方向，充分发挥第三产业、中小企业和非公有制经济企业就业成本低、增长潜力大、灵活性强、吸纳劳动力能力强的优势，尽可能多地创造就业岗位。力争2015年实现服务业从业人员比例每年上升1个百分点，每年实现第三产业新增从业人员20万人以上，累计新增100万人以上；第三产业从业人员为全部从业人员的25%以上。力争每年实现第二产业新增从业人员10万人左右，累计新增第二产业从业人员50万人；第二产业从业人员占全部从业人员的11%以上。力争每年实现5万农村劳动力转移从事现代农业生产，累计转移农村劳动力25万人。

（三）以高校毕业生为重点，统筹抓好各类群体就业

抓好高校毕业生基层就业项目，畅通毕业生到城乡基层、中小企业和非公有制企业就业的主渠道，落实企业吸纳高校毕业生的奖励政策。进一步完善鼓励支持高校毕业生自主创业政策，实施"五个一"创业工程。把吸引在外务工人员回乡就业创业作为一项战略任务来抓，围绕产业园区建设，促进农业富余劳动力就地就近就业、返乡创业。做好对就业困难人员和零就业家庭的登记认定和针对性帮扶，规范开发公益性岗位，全面落实岗位补贴和社会保险补贴等各项扶持政策。力争到2015年使贵州省高校毕业生就业签约率达到80%以上，就地就近实现农村劳动力向第二、第三产业转移就业50万人，全省"充分就业社区"达到60%以上，"充分转移就业村"达到50%以上，农村低保家庭中劳动年龄段内有劳动能力和就业愿望的人员50%实现就业，基本解决困难群体就业难题。

（四）以提升就业能力为目的，强力推进职业培训

以职业教育为重点，以技能培训中心为载体，实行中职教育和成人技能培训相结合、长期职教与中短期培训相结合，着力加大中长期培训力度，促使城乡劳动力通过接受中长期职业教育培训，实现稳定就业。统筹普通教育和职业教育，在农村初中和高中阶段增加职业教育的内容，在高等教育中加强求职技

巧和择业技能以及增强实践能力的教育。健全协作培养、分段培养等技能人才培养方式，岗位技术教育着重培养初级、中级的实用人才，高等技术教育着重培养中、高级管理人才，对新生劳动力和长年务工者实行区别化培训，促使部分农民工转向中高端就业，推动劳动力技工化，使其加速向新型产业工人转化。

（五）重点提高管理服务能力，建立统筹城乡的就业服务体系

实行城乡一体化的公共就业服务制度，重点加强街道、乡镇、社区等基层公共就业服务工作平台建设，使城乡户籍居民均可享受免费职业指导、职业介绍、政策咨询等公共就业服务。打破体制、部门、地域对劳动力资源的分割，加快建立健全城乡统一规范的人力资源市场，实现"中心城区有市场、主要乡镇有网点、街道社区有窗口"。继续推进"金保"工程，建立健全以城市为核心、覆盖城乡的公共就业服务信息网络，重点加强乡镇、街道劳动保障信息发布站或查询终端建设，运用市场机制和信息网络手段真正实现信息化就业。打破"城镇劳动者"与"进城务工人员"的身份界限，将用人单位从事非农产业生产经营活动的城乡劳动者统称为职工，在签订劳动合同和工资分配等方面一视同仁，平等对待。支持鼓励社会职业培训机构、中介服务机构的发展，鼓励社会各类职业中介机构为城乡劳动者提供诚信、有效的就业服务。改革现行城镇登记失业统计办法，建立城乡一体化的就业登记和失业统计制度。研究探索公共就业服务与经营性服务以及民办职业中介的相互关系、合作领域和途径。协调社会各方力量做好就业服务工作，要在就业培训、职业介绍和政策咨询等方面引入社会力量，支持鼓励社会职业培训机构、中介服务机构的发展，采用符合市场经济要求的招标、合同管理等方式引导其健康发展，鼓励社会各类职业中介机构为城乡劳动者提供诚信、有效的就业服务。

四 2014年贵州省促进城乡就业的对策措施

（一）着力壮大经济，推动就业需求增长

经济不壮大，就业需求增长就很难。只有通过不断壮大经济规模，推动就

业需求增长，才能根本解决贵州省城乡就业困难。目前贵州省正在实施工业强省、城镇化带动战略，我们要紧紧抓住国家新一轮西部大开发机遇，着力建设好一百个工业园区、一百个现代农业示范区、一百个示范小城镇、一百个城市综合体、一百个旅游示范景区"五个一百"工程，推动贵州经济又好又快跨越式发展。只有通过经济快速增长及重大项目带动，才能推动就业需求增长。

（二）进一步完善就业扶持政策，扩大就业

调整和优化就业专项资金使用结构，全力推进高校毕业生、外出务工人员、扶贫生态移民、就业困难人员等重点群体就业。进一步完善就业扶持政策，制定积极的就业政策与相应的配套政策，扩大就业。这包括宽松创业和投资环境，完善落实市场准入、场地安排、税费减免、小额担保贷款、免费就业服务和职业培训补贴等扶持政策。发挥贵阳市、遵义市、六盘水市的示范带动作用，深入推进创业型城市建设，健全创业服务体系，强化创业培训，促进创业孵化基地建设，加强创业典型示范宣传，优化创业环境。认真落实3个"15万元"政策和创业税费减免等扶持政策。

（三）多方筹措就业资金，为促进扩大就业提供有力保障

继续争取中央财政支持，确保中央转移支付贵州省就业资金在2013年的基础上继续保持增长的势头，力争实现省内筹集就业资金12亿元以上。加大《关于加大就业资金投入开发公益性岗位促进困难人员就业的通知》和《关于调整失业保险基金用于促进就业计提比例的通知》的贯彻落实力度，力争实现省内筹集就业资金10亿元以上。

（四）完善社会保障体系

贵州省的各项社会保险在计费年限、缴费办法和待遇享受等方面，都是依据正规就业而设计的，从事灵活就业的人员普遍没有社会保险。这会让待业、下岗人员进入非正规部门就业心有余悸，并且会造成严重的社会隐患。要使灵活就业者没有后顾之忧，就要进一步拓宽社会保障范围，使更多社会成员享有社会保障的权利，有效地维护社会成员在养老、住房、医疗和失业救济等诸多

方面的权益。要使社会稳定，就要扩大失业保险覆盖范围，建立健全社会保障体系，特别是均等化社会保险制度。

（五）加大对劳动就业的权益保障力度

受国际经济形势的影响，贵州省部分企业出现经营困难，企业减产、停产、破产、解散等现象时有发生，部分企业为了减少运行成本，采取裁员、减薪、欠薪、放假等手段，劳动争议激增。针对受国际经济形势的影响造成就业人员权益受损和劳动争议的类型与特点，要实现稳定就业，且在稳定就业的基础上扩大就业。

B.10 2013年贵州省"平安贵州"建设研究报告

程联涛　阮宝祥　李照　黄吉平　李文龙　等

摘　要： 报告总结了贵州省近年来不断加强社会治理工作的主要做法和成效，分析了贵州省在着力推动改革稳定发展的重要责任和任务下，面临新时期的社会治理工作的困难和问题，同时从全省发展的主基调、主战略出发，提出进一步加强贵州省社会治理、平安贵州建设工作的对策和建议。

关键词： 贵州省　社会治理　改革创新

加强社会治理能力建设，是党中央适应经济社会发展新形势、落实科学发展新任务、满足人民群众的新期待，从全局出发确定的一项重大战略部署，直接关系国家长治久安、人民安居乐业和社会和谐稳定。当前贵州省正处于"加速发展、加快转型、推动跨越"的重要时期，改革、发展、稳定的繁重任务十分具体，亟须通过推进社会治理工作，在全省形成符合时代特征、具有自身特色的社会治理大格局，更好地推进经济社会发展。

一　贵州省社会治理体系建设概况

2013年以来，贵州省各级党委、政府以保障民生为重点不断推进社会建设，着力解决社会矛盾突出问题，打牢社会稳定和谐的基础，全省党委领导、政府负责、社会协同、公众参与、法治保障"五位一体"的社会治理格局不断完善，民生改善、平安创建、重点人口服务管理、矛盾纠纷预防化解、组织领导、制度法规建设"六大体系"初步形成，各地各部门先进典型经验不断涌现，人民群众安全感、满意度持续提升。

（一）社会治理组织领导体系不断完善

一是在原有贵州省社会治安综合治理委员会的基础上，创新设立完善贵州省社会管理综合治理委员会，下设实有人口等8个专项组以及20余个工作小组，进一步明确了各专项组和各工作小组的组织机构、职责任务。各市（州）、县（市、区）设置了相应机构及工作小组。例如，贵阳市从顶层设计入手，2011年初在市、区（市、县）两级成立了党委群众工作委员会，统一领导、统筹推进社会管理和群众工作。同年5月，习近平同志到贵阳视察时指出，贵阳成立市委群工委，是做好新形势下的群众工作、进一步完善基层社会管理的创新探索。二是省"十二五"规划进一步对社会管理创新工作进行明确，召开一系列重要会议，强力推进、制定出台了《贵州省委、省政府关于加强和创新新形势下社会管理工作的意见》，各市（州）同时抓紧制定相关政策。例如，毕节市出台了《加强和改进新时期群众工作的意见》，积极探索出"三级联动视频接访"等一系列社会管理的新经验和新方法，取得了显著成绩。三是中央综治委把贵阳市作为社会管理创新的典型，在推动此项工作的基础上，省委进一步确定了23个省级社会管理创新综合试点县（市、区），明确了碧江、瓮安、余庆、遵义4个县（区）作为省级社会管理创新工作示范点，通过充分发挥各试点单位狠抓突破、先行一步的示范引领作用，整体提升全省社会管理及其创新工作的科学化水平。例如，黔南州探索总结的瓮安青少年帮教的社会管理工作创新经验，在省委十届十一次全会上被作为典型经验推广。四是贵州省出台了《2012年贵州省创新社会管理系列重点建设项目实施的方案》和《2012～2015年加强和创新社会管理项目建设总体规划》。各地高度重视，相继出台了符合省委要求、本地实际的社会管理创新的具体落实意见，进一步对相关部门的工作职责以及各类社会组织的管理职责进行明确，集中各种力量到社会管理创新工作中来。五是做好新形势下的群众工作和民族关系协调工作。贵州省紧紧围绕建设民族团结、进步、繁荣发展的示范区,建立"省政府民族工作联席会议制度",并在各市、州相应建立了民族工作领导机制,逐步形成了协调民族关系的整体合力,夯实了做好民族关系协调工作的基础,促进了民族团结和社会稳定。

(二)改善和保障民生的工作体系不断完善

一是以推进"十大民生工程"建设为重点,进一步推动创业就业、扶贫攻坚、平安建设和创新社会管理等工作,在创业、就业等重要领域解决了一大批突出问题。通过深入实施3个"15万元"扶持政策,切实推动创业、带动就业,2012年全省实现农村劳动力转移就业63万人,城镇新增就业42万人,同比增长48%,城乡新增就业增长率等重要指标在各省排名靠前。二是把保障困难群众基本生活作为民生保障工作的首要任务,不断织牢城乡困难群众基本生活的安全保障网。贵州省积极调整财政支出结构,努力筹措资金,逐步建立健全"以城乡居民最低生活保障制度为基础,以医疗救助、临时救助、五保供养、粮食救助等专项救助为重点,以社会互助为补充,职责明确,管理规范,网络健全,覆盖城乡"的社会救助体系,努力构建保障困难群众基本生活的安全网。三是创新城市基层管理体制,做实做强新型社区。例如,贵阳市针对街道办事处主要抓创收、疏于社会管理,居委会社会管理能力有限,城市基层社会管理存在不少"真空"和"盲点"的状况,于2010年开展了以精简层级、转变职能、夯实社区为主要内容的城市基层管理体制改革,通过采取"减、转、分、合",开展"三创一合一提升"等措施,着力打造"新型社区·温馨家园",提高了城市基层社会管理的科学化水平。赵克志书记、陈敏尔省长对此给予充分肯定并要求作为"贵阳经验"在全省推广。四是围绕农村发展的新需求,以做好土地流转工作为突破口,促进"三农"工作和社会管理创新工作,确保农村和谐稳定。随着贵州省农村优势特色产业的规模化、集约化发展,土地流转需求加大,各地积极探索土地流转具体办法。例如,遵义市出台了《中共遵义市委遵义市人民政府关于加快农村土地流转促进规模化经营的意见》,明确提出支持农户通过承包地入股进行股田劳务合作。又如,安顺市在平坝县和普定县开展了农村土地承包经营权抵押贷款试点,也取得了较好的效果。据有关资料统计,2012年全省土地流转面积453.85万亩,比2011年增加了26.0%,比

2005年增长了6.3倍。五是全省各级领导干部积极转变作风，把深入开展"四帮四促""处长下基层、作风大转变""部门帮县、处长联乡、干部驻村"等活动，作为新形势下做好群众工作的重要载体和促进社会和谐的有效举措。2013年2月，全省又动员和组织2万名干部和1万名大学毕业生等，组建6000个同步小康驻村工作组，推进贵州省与全国同步小康建设。

（三）社会矛盾纠纷排查化解的工作体系不断完善

一是贵州省制定出台了《重大决策社会稳定风险评估实施办法》，在全省推广铜仁市探索出的"风险评估先行、防范化解联动，调解与建设并进、稳定与发展统筹"的社会稳定风险评估机制，通过防范化解各类建设工程中可能会出现的风险矛盾，建立了经济社会发展的"助推器"、社会和谐的"稳压器"和群众利益的"保险阀"。二是建立完善以"平安和谐矿区、平安和谐库区、平安和谐工区、平安和谐林区"创建活动为重点的社会矛盾源头治理工作机制。例如，毕节市在矿区、工区创造性建立"和谐促进会"和"警务室"两个工作平台，在库区建立"和谐库区促进会"，在林区建立包含林场及所涉乡镇在内的联席会议制度，建立驻矿警务室292个，驻矿民警292名，落实办公场所389间，聘用协勤1258名，建成和谐四区促进会494个，在工矿区保安全、促和谐、维稳中发挥了重要作用。三是建立完善社会矛盾排查化解机制，在全省县一级建成了社会矛盾调解中心，乡（镇）一级建成了综治工作中心，村一级建成了综治工作站，使矛盾纠纷化解工作重心进一步下移，75%的矛盾纠纷能够通过基层开展工作化解。贵阳市还创新建立了市"和谐促进会"，形成了社会协同、各方参与的工作新合力。四是在化解矛盾纠纷的源头、过程以及终端进行削减控制，在创新工作中进一步促进社会和谐稳定。例如，毕节市通过健全完善人民调解、行政调解、司法调解和专业性调解、轻微刑事案件和解"五位一体"的矛盾化解新机制，认真组织排查化解各类矛盾纠纷，有效预防和化解社会矛盾，2012年全市共排查民间纠纷39597件，成功率达96%。

（四）全省平安建设工作体系不断完善

一是不断健全"三个结合"（点线面、人防物防技防、打防管控结合）的全省社会治安综合防控体系，制定下发了《全省城市监控报警系统工作办法》《关于加强全省社会治安防控体系创新建设的意见》等重要文件，各市（州）同时出台具体政策措施。例如，六盘水市把群众安全作为党委政府的"一号工程"，制定出台了《六盘水市群众安全感升降奖惩办法（试行）》，把群众安全感满意度作为经济社会发展的重要指标，单独考核，重奖重罚，切实加强组织领导为提升群众安全感提供坚强保障。二是制定出台了《全省平安县（市、区）工作考核办法》《全省社会治安综合治理领导责任追查的规定》《全省社会治安综合治理工作领导干部实绩档案管理制度》等一系列政策文件，各级各地各部门也结合自身实际，不断完善本地社会管理综合治理工作考核评价机制，推进在全省逐步形成促发展、保稳定、构和谐的强大工作合力，不断提升群众的安全感。根据省相关部门测评，全省群众安全感2012年为91.74%，分别比2007年、2008年、2009年、2010年、2011年提高了20.84个、11.3个、7.37个、4.76个、3.51个百分点，连续五年持续提升。三是建立完善了"三位一体"（重点整治，部门主导，执法同步为"三位"，看病，开方除病为一体的执法程序）的煤矿安全生产执法工作机制。2012年，全省各级安全监管部门共组织煤矿安全"三位一体"执法检查工作157组（次），参加检查执法的监管监察人员和专家达1917人次（其中专家671人次），检查各类煤矿693矿次，排查治理安全隐患8667项，为推进全省煤矿安全生产取得历史性突破发挥了重要作用。四是进一步增强食品药品质量监管和安全保障工作质量。在全省强化了餐饮服务食品安全监督量化分级管埋制度，多次开展餐饮服务食品安全专项整治工作，探索推进化妆品以及保健食品安全风险监测工作。进一步加强基本药物质量监管，认真开展铬超标胶囊剂药品查处工作，强化药品全程监管，规范高风险医疗器械产品市场秩序。

（五）重点领域和重点人群服务管理工作体系不断完善

一是不断完善政策措施，建立完善流动人口管理服务的新方式。根据发展需要修订了《贵州省流动人口管理条例》，出台《全省关于推进户籍制度改革的实施意见》，认真落实以房管人、以证管人、以业管人等措施，在全省范围内建立完善了流动人口管理服务综合信息系统，在"社保卡""居住证"管理工作上进行进一步的探索,有效有序地加强了流动人口服务管理。二是在违法青少年帮教以及违法记录消除等方面进行深入探索。在瓮安事件涉案青少年处理工作的基础上,在全省出台"未成年人违法及轻罪记录消除"制度等专门办法,建立了"三位一体"(学校、社会、家庭)的帮教工作机制,促进了未成年人帮教工作。三是探索完善刑释解教人员帮教管理工作新模式。针对刑释人员当前情况不明、底数不清、衔接断档、漏管失控等工作中普遍存在的问题,为有效预防减少重新犯罪,进一步推进综治部门、司法行政、公安、监狱等主管部门加强联动管控、促进无缝衔接,集中各部门优势力量,结合各部门职责完善了"全省刑释解教人员信息管理系统",推进形成了异地流动有效管控、安置帮教无一遗漏、出监(所)接茬无缝对接的工作新格局。四是建立了省公安厅指挥中心、宣传、网络安全等部门处置网络群体性事件联勤机制,制定了《贵州省公安机关互联网上网营业场所管理暂行办法》,实现了网上舆情监测、研判、落地查人和舆情引导与控制的快速反应和联勤联动,积极应对和稳妥处置了一批网络舆情事件。五是针对吸毒人员管理控制难、心理矫治难、融入社会难、复吸率高等系列问题,建立推进以"阳光企业"为工作新载体、以"就业安置"为工作突破口、以"四位一体"(生理脱毒、身心康复、就业安置、融入社会)为特征的社区戒毒、社区康复"阳光工程",并完善了《推进社区戒毒、社区康复"阳光工程"建设意见》等政策措施,各项工作取得明显成效,得到了中央和省领导的充分肯定和高度评价。截至目前,全省共建成137个集中安置企业(基地),集中安置6154人。六是按照"谁审批谁主管,挂靠谁谁负责"和"属地管理"的原则,以业务主管部门或行政挂靠单位管理为主,行业自律组织管理为依托,市和区县综治部门分级负责,加大对"两新"组织的管理和指导力度,对敏感类社会组织的监督管理进一步加强。

二 贵州省社会治理面临的困难和问题

当前,贵州省经济社会发展呈现出"发展提速、转型加快、效益较好、民生改善、后劲增强"的良好态势,全省社会管理工作也呈现出工作扎实推进、群众安全感有效提升、管理服务水平持续提高、社会大局和谐稳定的良好局面。但我们也应清醒地看到，随着经济体制、社会结构、利益格局和群众思想观念深刻变化，维护社会和谐稳定的工作任务越来越重，在加快推进经济社会改革发展中，贵州省社会治理及创新工作还面临着诸多的问题和困难。

（一）民生问题依然明显，由社会矛盾激化导致的群体性事件多发

保障民生任务较重。由于经济总量小，经济实力弱，贵州省是全国解决民生问题难度最大、任务最重的省份。由于发展不足，就业空间不大，城乡居民增收渠道狭窄，就业、社保、教育等基本民生问题解决难度较大，贫困面广，程度深，贫困地区脱贫难，城乡人口行、住、医、教、养等难以保障，特别是特困户、特困人口基本生活问题，城乡危房改造，农村中小学教师周转房，寄宿制学生校舍、就餐和校车问题，农村用水极度困难和喝不上安全水等一系列民生问题较为突出。

社会矛盾凸显。由于历史原因，贵州省在"三线建设"的老工业基地，国企改制和关闭破产中的历史遗留问题较多。随着西部大开发的深入实施，特别是随着工业化、信息化、城镇化、农业现代化步伐的加速推进，重点工程项目较多，在涉法涉诉信访、征地拆迁、移民安置、国企改制、矿群矛盾、涉军群体、城市管理、工资福利等多个方面，存在较多的矛盾和问题。流动人口违法犯罪率较高，服务管理不到位。重点人群、特殊人群服务管理难度大。刑释解教人员安置帮教难、衔接管控难的问题仍未根本扭转，吸毒人员数量庞大，戒毒康复任务艰巨，教育投入不足，重点青少年群体数量庞大，犯罪低龄化严重，帮教管理任务十分艰巨，农村留守儿童、留守妇女、留守老人的管理服务问题日益凸显；精神病人、性格偏执人群的救治管控难度大。城中村、城乡接合部等管理盲点、难点依然较多。

（二）刑事治安案件多发、高发，安全事故时有发生

从总体上看，全省刑事犯罪的数量呈现下降趋势，但仍处在高位运行，尤其是"两抢一盗"等案件依然多发、频发，治安问题依然突出，严重影响了人民群众的安全感。由于贵州省矿区、库区、林区、工区较多，道路交通崎

岖、地质结构脆弱，农村木质结构房屋较为普遍，消防危爆、道路交通事故、地质灾害以及安全生产事故等仍然高发易发，给群众生命、财产安全带来了严重威胁，亟须加大工作力度，减少事故发生。

（三）互联网和网络群体的管理还需要进一步增强

随着互联网的快速发展，一些新应用、新技术的推广，网络日益成为社会舆论信息的重要载体和发源地，甚至成为社会矛盾纠纷和社会热点敏感问题的发散地、展示地和放大器，成为一些群体性事件煽动舆情、扩大影响的主要渠道，一些谣言通过网络在短时间大范围传播，影响社会稳定。一些群众认为"信访不如信网、上访不如上网"，从相信党政部门、相信司法机关进行维权，发展到利用网络夸大事实、表达诉求，促使矛盾网络化，不仅给网络安全管理带来了许多新情况、新挑战，而且给党委、政府预防和处置群体性事件造成了巨大压力和空前难度。

（四）"两新"组织加快发展，重点领域的管理服务亟待加强

新经济组织、新社会组织日益成为经济社会发展中最活跃的组织，但也是社会治理服务相对比较缺失的领域。据统计，在贵州省的各类经济组织共有70余万个，在各级民政部门登记备案的各类社会组织共有6500余个，在民政部门备案的农村专业经济协会组织约有2000个（不需在民政部门登记注册），自发成立的民间组织（未登记注册）约为13000个。这些民间组织包括关注环保、扶贫、教育等领域的志愿者组织，虚拟网络组织，农村互助协会，以及其他一些兴趣爱好协会。随着新兴社会组织、非公经济组织的增多，一些问题也逐渐暴露出来，如结构不合理、作用发挥不好、管理不到位、党建工作滞后等问题，需要加大工作力度，加紧解决。

（五）相关部门还不适应新的发展形势，工作中还存在诸多欠缺

一些地方对社会管理工作认识不到位，领导不力，观念落后，思路不清。重经济发展，轻社会管理，存在"一手硬、一手软"的现象；从源头上解决问题不够。一些地方对"民生优先、服务为先、基层在先"的要求落实不好，

解决源头性、根本性、基础性问题还不够，办法措施还不多。矛盾、问题积累多，群众意见大；整体推进不够，发展不平衡。一些地方发挥主观能动性、创造单项有效经验的积极性较高，也颇有成效，但整体布局、通盘谋划、统筹推进社会管理还不够全面；一些地方基层组织的基层基础作用发挥不好，还存在情况不清、底数不明、措施不力等问题，加强和创新社会管理的能力水平亟待提高。社会管理体制机制还不能适应工作的需要；人力、财力、物力保障远不能适应工作的需要。

三 进一步加强"平安贵州"建设的对策建议

当前，贵州处于改革发展的关键时期，同时也是社会矛盾纠纷的凸显期，必须按照中央的要求，结合贵州的实际，顺应群众的期盼，坚持以学习贯彻习近平总书记系列重要讲话为指导，进一步按照中央关于社会管理及其创新的一系列决策部署，加快建立适应全省改革发展主基调、主战略的社会治理结构，认真解决影响群众利益的突出社会问题，着力增强各级、各部门社会管理服务的能力，构建适应新形势和实际的社会管理工作新格局。

（一）坚持把改善民生问题作为出发点、落脚点，促进改革发展成果由人民共享

抓住改革发展的战略机遇期，切实落实发展第一要务。贵州省正处于发展的重大机遇期、发展的黄金时期，全省上下要认真落实省委的部署要求，以经济社会改革发展的成果为进一步促进社会稳定和解决民生问题奠定物质基础。要加强源头治理，从基础和根本的问题入手，以改革创新的精神推动社会管理创新，力争取得突破。统筹和处理好改革、发展和稳定三者之间的关系，认真贯彻落实省委十一届四次全会精神，把改革发展与以民生改善为重点的社会建设结合起来，认真解决好为了谁、依靠谁、成果由谁共享的问题，守住民生底线、办好民生实事、推进民生工程，认真解决好就业、医疗、教育、住房、社会保障等涉及群众切身利益的民生领域重大问题，尤其是加快推进城乡基层公共服务向下延伸，促进服务均等化，确保农村和困难群众的生活水平不断提

高。健全完善城乡居民最低生活保障、农村"五保"供养、教育助学、大病医疗救助、公共租赁住房等社会救助制度；完善优抚保障机制和济困、扶老、救孤、助残、司法援助、公用事业救助、就业援助等社会救助配套制度。

（二）坚持密切联系群众，扎实转变作风，促进社会管理的理念转变和工作创新

围绕保障群众权益，扎实推进各级、各部门的社会管理理念向维护社会公平正义转变。树立维权就是维稳、维权才能维稳的理念，加快转变政府职能，加大执法检查力度，以司法公正为重点，促进社会公平正义，确保长治久安。把密切联系群众、做好群众工作的要求贯穿于各项社会管理工作始终，推进由管理向服务与管理并重转变的理念，在服务中实现管理，在管理中体现服务，通过解决好人民群众的切身利益问题和反映突出的实际问题，不断赢得群众的欢迎和支持，始终保持党同人民群众的血肉联系。推动社会管理理念由单一行政手段向社会共治转变，大力推动基层民主。不断推进党务、政务、财务公开，提升行政透明度。更加重视发展社会组织，针对"两新"组织和虚拟网络社会等新群体、新组织，不断完善管理服务的政策措施和行业管理制度，促进新群体、新组织自律水平不断提高，实现自律与管理良性互动。认真贯彻落实中央、省委关于开展党的群众路线教育实践活动以及省委推进"创先争优""三个建设年""四帮四促"等活动的重大部署，切实解决好"四风"突出问题，不断密切党群干群关系、警民关系，尊重群众的首创精神，集中群众智慧，顺应民心民意，使做好社会管理工作的各项举措获得最坚实的民意基础和支撑。

（三）坚持完善机制、夯实基础，不断提高社会管理服务工作能力和水平

进一步完善社会管理机制。以形成完整的政策法规体系为出发点，结合自身实际制定出台加强和创新社会管理的系列政策法规，从制度上形成长效机制，促进社会管理长效化、常态化、规范化、法制化。进一步以加强基层党组织建设夯实基层基础，发挥好基层党组织和党员促发展、顺民心、抓管理、聚力量、保和谐的积极作用,促进把党的政治优势和组织优势转化为管理和服务的优势,夯实党的执政基础。加大基层服务平台的投入。以市、县、乡、村四级平台为依托,打造为民办事、为民解难的群众工作综合服务管理平台。推进工作重心向下延伸,在基层投入更多的精力和人力、财力、物力,确保小事不出村、大事不出乡、难事不出县,矛盾不上交,筑牢化解矛盾纠纷、确保社会和谐的第一道防线。积极推行社区网格化管理。应对"单位人"减少、"社会人"增多的形势变化,结合本地实际加快城乡和谐社区建设,学习借鉴贵阳"新型社区、温馨家园"等经验,推进社会管理重心下移,探索建立新型社区管理体系,促进治理有效化和高效化。

(四)坚持以人为本、突出重点,提升对流动人口等重点群体的管理服务水平

进一步增强对流动人口的管理服务。建立完善流动人口服务管理综合信息系统,以在全省范围内实施"居住证"和"一证(卡)通"为契机,尽快解决流动人口工作、生活中面临的突出问题,真正使他们平等享有城镇的基本公共服务。以推进城镇化建设为契机,以就地就近就业、分层分批落地为原则,在本地经济社会发展规划中统筹流动人口安置,帮助流动人口特别是农民工在城镇的融入。提高对特殊重点人群的管理服务水平。针对未成年人、农村留守儿童、吸毒人员、缠访闹访者、刑释解教人员和精神病人等特殊人群实行分类管理,对他们要给予特殊的关爱,关键是要解决就业安置、帮教管理等问题,让其更好地回归社会、融入社会。在刑释解教人员和违法犯罪艾滋病人服务管理方面,要加强对服刑在教人员的职业技能教育和刑释解教人员的安置、帮教工作,提高教育改造质量,健全完善出监所必接必送和安置帮教机制,着力推进过渡性安置帮教基地建设,有效预防和减少刑释解教人员重新违法犯罪;建立违法犯罪艾滋病人员收治中心,对违法犯罪艾滋病人进行集中收治关押。在重点青少年群体服务帮教管理机制建设方面,进一步总结推广瓮安违法青少年帮教的工作经验,健全工作机制,推进违法青少年帮教挽救工作,有效预防和减少青少年违法犯罪。要新建、改建一批专门(工读)学校,完善办学设施,提升办学质量,使有不良行为或严重不良行为的未成年人进入专门学校得到教

育和矫治,预防未成年人违法犯罪,保护未成年人健康成长。在社区戒毒、社区康复"阳光工程"建设方面,要加强对吸毒人员的管理,强力推进"阳光工程"建设,针对吸毒人员,实行强制隔离戒毒、社区戒毒、自愿戒毒、社区康复和药物维持治疗相互衔接的工作机制;以提高罪犯矫正质量为核心,以人性化管理为重点,充分利用各种社会资源和社会各方面力量,组建社区矫正队伍,有效杜绝脱管漏管现象,促进管控教育措施落实,有力帮扶社区矫正人员正常回归社会。

(五)坚持标本兼治、打防并举,促进人民群众安居乐业

进一步提升群众的安全感和满意度,继续深化推进基层平安创建工作。对严重影响人民群众安全感的治安以及事故等问题隐患进行排查化解消除,不断增大对"两抢一盗"、黑恶势力以及危害食品药品安全等违法犯罪行为的打击力度,进一步完善社会治安防控体系,深入推进各地"天网工程"的建设和运用,有效提高各类应急处置能力,防范和化解社会风险。深入推进社会治安防控体系建设,认真贯彻落实中央和贵州省各项政策措施,在各市(州)、县(市、区)基本建成以社会化、网格化、信息化为重点,"五个结合"(人防物防技防、点线面、网上网下、专群、打防管控相结合)为显著特征的立体化社会治安防控体系。加大对重点地区和突出问题的整治,加强对社会治安问题的调查研究和社会治安形势的分析研判,继续部署开展社会治安重点地区排查整治行动,以城乡接合部、城中村和治安复杂部位、场所为重点,集中开展大排查、大走访活动,及时发现、限期整改治安和安全隐患,强化综合整治。突出抓好信息化管理。大力实施"一卡通"工程,建立流动人口信息库,实现对流动人口的一体化服务、人性化引导和规范化管理。加强网络、微博等虚拟社会的管理,加强网络舆情监测、管控、分析、研判和处置,确保一旦出现负面舆情,做到第一时间预警、第一时间发现、第一时间处置。加强应急处置管理体系建设,坚持预防和应急并重、常态和非常态结合的原则,结合自身实际建立健全社会风险评估工作机制,形成统一指挥、反应灵敏、集中领导、保障有力的社会应急管理体系。

B.11 贵阳市城镇化发展分析报告

王国勇 谭浩 张瑜 刘洋*

摘　要：

城镇化是农村人口向城镇转移、集中以及由此引起的产业—就业结构非农化重组的一系列制度变迁的过程。贵阳市城镇化发展取得的成就主要体现在：城镇基础设施及生态文明城市建设步伐加快；小城镇基础设施不断完善，城镇活力得到增强；城市固定资产投资快速增加；城镇居民生活质量继续改善。同时，贵阳市城镇化发展也存在一些问题及制约因素：支撑城镇化的产业基础不牢固；城镇基础设施水平与经济社会发展不相适应；城镇化发展不平衡；城镇建设缺乏特色；城镇管理体制落后。为此，本文提出了推进贵阳市城镇化发展的路径选择：健全城镇体系，完善城镇功能；调整产业结构，促进产业结构优化重组；加快大企业集团建设，提高规模经济效益；吸引外资，加快自主创新和技术流入；推进制度创新，营造城镇化发展的社会环境；走可持续发展之路，促进城镇协调发展。

关键词：

贵阳市　城镇化　发展　报告

城镇化是农村人口向城镇转移、集中以及由此引起的产业—就业结构非农化重组的一系列制度变迁的过程。在这个过程中，农业人口比重下降，工业、

---

* 王国勇，贵州民族大学教授；谭浩，贵州省广播电影电视学校助理讲师；张瑜，太原本草农业开发有限公司工作人员；刘洋，贵州民族大学讲师。

服务业人口比重上升，人口和产业向城市聚集，生产方式、交换方式向规模化、集约化、市场化发展，生活方式向多元化、社会化发展。城镇化水平通常用城镇人口占总人口的比重来衡量。

一 贵阳市城镇化发展取得的成就

（一）城镇基础设施及生态文明城市建设步伐加快

贵阳市现辖6区1市3县，即云岩区、南明区、观山湖区、花溪区、乌当区、白云区，清镇市，开阳县、修文县、息烽县。2012年，全市行政区域面积8034平方公里，市区面积2403平方公里，建成区面积162平方公里。全市年末总人口为445.17万人，城镇化率为70.53%，其中，云岩区、南明区城镇化率已接近100%。

长期以来，贵阳市委、市政府高度重视城镇化工作，实施了旧城改造、新区建设和小城镇建设的"三轮驱动"战略，大力推进以交通为重点的城镇基础设施建设，强力推进生态文明城市建设，有力地促进了城镇化进程，城市功能、质量和可持续发展能力进一步提高。

1. 实施"三轮驱动"战略，城市质量、品位不断提升，城市发展空间进一步拓展，小城镇聚集辐射带动作用增强

一是老城区改造力度加大，城市质量、品位明显提升。加大对老城区改造力度，老城区的道路、停车场、桥梁、人行道、天桥等交通基础设施建设进一步完善，顺畅便捷的交通网络正在形成。城市的教育、卫生、文化、体育等基础设施建设进一步完善，商贸、旅游、物流等功能进一步加强，城市的聚集、辐射、带动功能明显增强。

二是金阳新区（现为观山湖区）建设力度不断加大，城市发展空间进一步拓展。金阳新区建设是贵阳市为缓解中心城区土地发展空间而采取的重大举措。云岩区、南明区人口城镇化率均接近100%，需以"稀化"人口为主，大量人口迫切需要向周边地区转移。通过新区建设，可以逐步形成"双中心、多组团、众星捧月"的城市发展格局。新区建设自2001年启动以来，建成区面积已达到17平方公里,"三纵六横"道路主干道已建成通车,各类地下管网全部建设完毕,市政基础设施已基本建成并投入使用,约40平方公里范围的基础设施建设相继开工,城区综合配套设施日趋完善,城市形态基本形成。这为城市拓展及云岩区、南明区人口转移拓宽了空间,创造了良好条件。

三是小城镇规模进一步扩大,聚集辐射带动功能不断提高。农业的发展是城镇化的原始动力,城镇化首先产生于农业分工完善、农业经济发达的地区,这些地区在农业生产力发展到一定程度之后产生了农业剩余,为城镇化的发生和发展奠定了基础。"十一五"以来,贵阳市高度重视小城镇建设,进一步加大了小城镇的道路、水利、市场、通信等基础设施建设。县城、重点建制镇、普通集镇的梯次建设格局现已基本形成。小城镇面貌均有较大改善,城镇化质量明显提高,崛起了一批经济实力较强、基础设施较齐全、环境优美的城镇。站街、小寨坝、双流、青岩、东风、麦架、扎佐、永靖、龙场、开阳城关镇等一批重点城镇及特色城镇,充分依托各自的资源、区位等优势,发挥了对农村经济社会的辐射、带动作用。

2. 大力推进以交通为重点的城镇基础设施建设,城市功能日益增强

贵阳市委、市政府高度重视城镇基础设施建设,率先在全省实现了"村村通公路""乡乡通油路""县县通高等级公路",完成农村道路改造1077公里,在辖区范围内初步构建起市、县、乡三级公路网,形成了"一小时经济圈"框架。以"二环线十六条射线"作为城市道路骨架来完善城区主次干道,实施了西南环线、水东路、北京西路、油小线、市北路二期、黔江路北段、花溪二道、贵金线等主骨架工程和城市其他主干道、次干道、支路的建设和改造。贵黄高速公路、贵新高速公路、贵毕高等级公路、贵遵高等级公路、贵开公路、贵惠公路等呈放射状向外延伸,成为全市城镇主要发展轴。龙洞堡机场成为全国重要的骨干机场之一,已开通56条航线。信息化建设取得较大进展,完成了全市政务信息化一期工程建设任务,"贵阳通"触摸屏查询系统及网站进一步优化。保障性住房建设加快;2010年经济适用房投资16.29亿元,获得中央投资补助的廉租住房项目38个,共计66.22万平方米,13297套,总投资9.5亿元;大力开展城中村改造工作,城镇水、电、气基础设施建设取得很大进展。在建和即将兴建的高速公路、快速铁路网及市域轻轨等重大项目,将大大提升贵阳的城市功能。这些使贵阳基础设施建设更加完备，城市功能显著增强。

3. 经济发展加快，实力显著增强

贵阳市委、市政府高度重视经济工作，全力发展经济，不断调整经济结构。"十一五"以来，贵阳市的经济发展取得了较大成效。2012年全市实现生产总值1700.30亿元，比上年增长15.9%；全年全社会固定资产投资完成2482.56亿元，比上年增长55.1%；全年外贸进出口总额50.51亿美元，比上年增长34.0%；全年城市居民人均可支配收入21796元，比上年增长12.2%。经过多年发展，贵阳市已经形成了以支柱产业、特色优势产业、高新技术产业和现代服务业为重点的产业体系，经济实力进一步增强，产业结构不断优化，工业化水平不断提升，这些为贵阳市"十二五"时期城镇化发展奠定了良好的物质基础。

4. 强力推进生态文明城市建设，城市质量和可持续发展能力进一步提高

近年来，贵阳市把生态文明理念贯穿于城乡建设中，渗透到城市道路、城市建筑、城市景观、住宅小区等城市的各个方面，彰显出"城中有山、山中有城，城在林中、林在城中"的林城特色。自2005年贵阳市"加快生态经济市建设"以来，建设生态城市理念深入人心，成效显著。城镇大气环境质量逐步好转，2007年二氧化硫浓度达到0.055毫克/立方米，首次达到国家环境空气质量二级标准。城镇生态保护与建设取得新进展，全市共完成新增绿地建设68.31万平方米，完成退耕还林工程3.8万亩，天保公益林建设5.8万亩，建成国家级森林公园1个。此外，大力发展循环经济，积极发展现代生态农业，着力把高新技术产业培育成新的经济增长点，同时整合宣传、文化、旅游资源，集中力量推介"中国避暑之都"品牌，城市质量和可持续发展能力进一步提高，"林城"形象、城市品位和环境竞争力显著提升。

（二）小城镇基础设施不断完善，城镇活力得到增强

自改革开放以来，贵阳市城镇布局逐渐形成了"中心区—外围片区七个（小河、龙洞堡、二戈寨、三桥马王庙、新添、白云、花溪）—卫星城镇五座（清镇红枫湖镇、修文城关镇、息烽永靖镇、开阳城关镇、修文扎佐镇）—中心镇二十五座（花溪区：石板、青岩、孟关、湖潮；乌当区：东风、水田、朱昌、羊昌；白云区：都拉、沙文；清镇市：卫城、站街、新店、百花湖；修文县：久长、六广；息烽县：九庄、小寨坝、温泉；开阳县：双流、金中、龙岗、冯三、马场）——一般镇四十五座"的城镇布局。

（三）城市固定资产投资快速增长

1. 积极发展城镇科技设施

中心城区和次中心城区着重继续发展壮大国家级高新技术产业开发区和经济技术开发区，以抓好省级白云经济开发区为重点，合理布局和建设大学科技园区。建设一批工程技术中心和重点实验室，新建安大科技园，增强自主创新能力。建成市青少年科普活动中心、贵阳市科技馆等。卫星城镇、重点城镇和一般特色城镇着重强化各类城镇的科技开发和推广中心的功能，发展专业技术市场，增强为城镇和广大农村技术服务的能力。

2. 大力建设城镇教育设施

中心城区及次中心城区着重提升高等教育质量，调整高等教育结构，相对集中布局高教设施，实现资源共享。加快贵州大学基础设施建设、贵州民族大学独立学院建设及其基础设施建设，新建贵州教育学院（现贵州师范学院）乌当校区，建好贵阳学院，建成花溪高校园区和城区高校园区。加强职业教育基础设施建设，组建贵阳卫生护理学院、贵阳职业技术学院。

扩建一批示范性中小学校（含高中），加快寄宿制工程建设，完成小城镇中小学危房的拆建和改建。充分发挥现代远程教育网的作用，满足广大农村群众进行技能教育培训的需要。

3. 打造城镇文化、夯实文化体育设施

全力打造"文明林城""文化林城"品牌，发掘南明河文化、贵阳城市文化内涵，把贵阳建设成为西部特色文化城市。中心城区和次中心城区着力加快大型文化基础设施建设，加快在金阳新区建设贵阳市博物馆、贵阳市图书馆，新建金阳影城、金阳艺术馆、金阳图书城、金阳大剧院及体育中心、贵阳市工人文化宫等一批现代文化体育设施。建设一批县区文体活动中心，重点突出卫星城镇的体育设施建设，新建一批体育场（馆）。

4. 加强城镇卫生设施建设

推进城镇医疗保障，实行社区、镇、乡、村卫生服务全覆盖。中心城区和次中心城区着力完善社区卫生服务体系，构建"小病进社区、大病进医院"的城市医疗卫生服务格局。卫星城镇、重点城镇、一般特色城镇着力加强卫生基础设施和设备配置。新建和改造清镇、开阳、修文、乌当4个县医院，建设一批社区卫生服务中心和乡村卫生院（室）。由区（市、县）、镇、村按一定比例筹集资金，实施农村大病医疗救助制度。

（四）城镇生活质量继续改善

1. 加强城镇大气环境的整治

中心城区和次中心城区着力调整优化产业结构和布局，严格执行生态功能分区定位，转变经济增长方式，大力推广利用天然气、煤气、液化气、太阳能等清洁能源，实行集中供热。新建贵阳煤气气源厂20万吨焦油加工装置项目等。卫星城镇、重点城镇、一般特色城镇积极进行炉灶改造，提高能源利用率，同时调整广大农村燃料结构，结合全市生态村建设，推广沼气和以电代煤，发展小水电。2010年前，中心城区部分污染严重企业实现异地改造或关闭，全市重点污染企业清洁生产实施率达到80%；2020年前，力争全部实现异地改造，城市空气质量稳定，达到或好于国家二级标准。

2. 加强水体环境整治

中心城区和次中心城区着力监控影响水环境质量的污染源，制定相应措施，对各种污染源进行综合整治，加大污水处理力度。新建中心区截污沟及污水收集系统、中心区环境综合整治工程、乌当大龙滩排水排污工程、大龙滩小型污水处理厂、花溪污水处理厂收集系统等。卫星城镇、重点城镇、一般特色城镇着力对镇区内造成水环境（包括地表水和地下水）污染的污染源进行综合整治，加大环境保护基础设施建设的力度。新建修文龙场镇县城污水处理厂、新庄污水处理厂、青岩镇污水处理厂等项目和一批县、镇（乡）污水处理工程。在2010年已全面实现雨污分流，工业废水达标排放率达到95%以上，水污染重点企业在线监测率达到100%，全市地面水和饮用水水源水质达到或优于国家标准。

3. 加强城市环境噪声的综合整治

结合道路规划和改造，加强交通管理，建设林木隔声带，控制交通噪声污染。严格交通噪声、建筑工地噪声，特别是商业服务、娱乐业等社会生活噪声的管理，建立长效管理机制，营造宁静的城市环境，到2010年城市噪声达标区达到60%以上。

4. 实施废弃物无害化处理工程

实施固体废弃物的综合整治，工业有害废弃物、医疗垃圾等按照国家有关规定进行处置。中心城区和次中心城区着力完善垃圾收集系统，防止垃圾对水体、土壤的污染，特别要加强"白色污染"的防治。新建全省危险废弃物暨贵阳市医疗废物处置中心、贵阳市南郊城市生活垃圾卫生填埋场工程。卫星城镇、重点城镇、一般特色城镇着力建设垃圾无害化、资源化处理设施。建设修文、清镇、开阳等一批县城垃圾填埋场工程。

5. 加强城镇生态建设

按照生态功能区划要求，提出自然保护小区、生态功能保护区划分及建设方案，制定生物多样性保护措施。中心城区和次中心城区着力增加公共绿地面积，以湖库、河流、道路、景区绿化、美化为重点，提高城区人居环境质量。加强风景名胜区、森林公园、文物古迹等旅游资源的环境管理，建设优美和谐的城市生态系统。

二 贵阳市城镇化发展问题及制约因素分析

从实施城镇化战略开始至今，贵阳市的城镇化发展取得了长足的进步，无论是在城镇数量和质量、城镇建成区面积，还是在人口城镇化水平和经济发展水平等方面都有了很大程度的提升。但是贵阳身处西南欠发达、欠开发地区，贵阳市作为贵州的省会城市，也是贵州的单核城市，贵州省计划在未来5年使城镇化率提升到45%，贵阳作为省会，起着不可忽视的带头作用。但贵阳目前城市化水平较低，城乡收入差距也尤为明显，属于中国城镇化建设的后进地区，存在着经济发展相对滞后、产业结构不合理、城镇化欠账多等历史遗留问题，致使贵阳市面临着城镇基础设施建设薄弱，城镇集聚和辐射功能都相对较弱，工业化、城市化带动能力较弱，人才缺乏等发展障碍，城镇化率与西部地区省会城市相比，发展增速慢，优势潜力发挥不足。因此，本文认为，贵阳市城镇化发展存在的主要问题及制约因素有如下几方面。

（一）支撑城镇化的产业基础不牢固

1. 大部分乡镇的第二产业发展缓慢，对城镇发展的支撑能力不强

工业化是城镇化的根本动力，城镇化率和工业化率应呈正相关关系。根据贵阳市工业和信息化委员会在贵阳市工业化进程评价报告中指出的，2012年贵阳市城镇人口占总人口的70.53%，贵阳市人口城市化率处于工业化后期前半阶段。工业化主要成果得益于"三线建设""西部大开发"等政策的帮扶和支持，外加居于省会城市的独特优势，因而重工业发展较贵州其他城市早，工业化结构程度高，但由于其重工业是原料开采型的，且又是外部嵌入式的，粗放型加工，科技含量低，也就造成对其他产业和就业等方面的带动作用很小，所以城镇化发展总体质量并不高。贵阳工业化对城镇化的发展动力不足。

2. 产业结构的转换与调整活力不足

目前，贵阳市已形成以煤化工、磷及磷化工、铝及铝加工为主的优势原材料深加工产业，以三大军工基地为主的装备制造业与高技术产业和以烟酒、特色食品、民族药业为主的特色优势产业。但是，贵阳市仍处于劳动密集型的粗放加工生产阶段。

3. 资源禀赋、产业结构不合理

贵阳市产业多是工业导向型和资源导向型，特别是贵州的一些城市受资源的局限，城镇经济的波动性大。城镇产业对资源依赖性强，市场竞争能力较弱。工业重型化长期存在，轻工业发展不足，工业产业结构调整缓慢。

4. 第三产业发展步伐缓慢，市场发育不健全

改革开放以来，贵阳第三产业已经获得长足的发展，但步伐缓慢，还没有形成贵阳市国民经济的坚强后盾。第三产业能够得到有效长足的发展需要城镇化带来劳动力的扩展，可以说，第三产业的发展制约着城镇化的水平。服务业的建立需要一定规模的人口空间，人口与工业的聚集，可为服务业提供发展的空间。贵阳农村人口比重过大，人口居住分散，不能为第三产业的发展带来应有的空间。而城市、城镇十分落后，第三产业层次也很低，大量的人口从事街头擦皮鞋、清除垃圾、摆地摊等"非正式部门"的工作，"非正式部门"的扩张对城镇经济发展的作用十分有限。第三产业吸纳劳动力的能力决定了城镇的发展规模，也直接影响贵阳的城镇化水平。第三产业比重过低且发展缓慢，必然使贵阳城乡就业形势变得异常严峻，也将直接阻碍贵阳城镇化的进程。

综合以上因素，产业基础不牢固，致使贵阳市推进城镇化缺乏强有力的产业支撑，城镇第二、第三产业无法充分吸纳农村剩余劳动力。

（二）城镇基础设施水平与经济社会发展不相适应

城镇化水平与城镇基础设施的建设有密切的联系。贵阳市城镇基础设施较为薄弱，中心城区规模小，小城镇基础设施不配套，城镇功能不强，综合开发率低。部分乡镇缺乏相应的水、电、道路和环卫等配套设施，城镇功能不完善。城市公用基础设施建设赶不上经济增长和城市居民生活水平提高的需要，许多城镇不同程度地存在道路失修或未修，交通拥挤，供水、供电紧张，燃气不足，住房水平低下，文化体育设施和环境质量差等状况。

（三）城镇化发展不平衡

贵阳市城镇化区域发展不平衡，截全2012年末，主城区的城镇化水平是比较高的，已经超过了70%，其中云岩区、南明区、小河区城镇化率达到或接近100%，其中，小河区城镇化率达到96.07%，白云区、乌当区、花溪区分别为76.05%、55.80%、43.71%；中西部地区水平较低，开阳县、息烽县、修文县、清镇市分别为30.93%、28.90%、29.35%、35.93%。从推进速度来看，贵阳市各区、县（市）城镇化水平分别处在中、低城镇化的不同阶段。城区、县（市）及乡镇之间差距太大，多数小城镇规模偏小，发展水平存有较大差异，东北部地区推进速度最慢。从"十二五"发展态势来看，虽然整体处于减速，但是中西部地区仍然处于一种城镇化加速发展的阶段，东北部地区处于一种减速的阶段，所以各个地区城镇化态势是不一样的，形成一种差异化的态势。

（四）城镇建设缺乏特色

贵阳市不少乡镇在集镇建设过程中，缺乏系统的、配套的、连续的城镇规划，从以往的城镇建设情况来看，一些地方缺乏特色和风格，主要原因还在于长期以来对建设规划重视不够、规划理念比较保守陈旧，特别是规划执行不严格。同时资金投入不足，融资渠道狭窄，导致一些小城镇定位不清晰、盲目发展、特色不突出，小城镇的聚集功能不能很好地发挥，产业发展环境差。

（五）城镇管理体制落后

城镇化是当前我国解决"三农"问题、促进城乡社会经济协调发展的必由之路。可以说建立和完善与城镇特有的经济社会特点相适应的新型城镇管理体制，是能否顺利解决"三农"问题的关键环节。改革开放后，贵阳市城镇化建设取得了显著成就，但随着市场经济的健全和完善，体制与政策的滞后性也逐渐显露，原有的城镇管理体制逐步失去效力或已成为贵阳市新型城镇化发展的阻力。

由于推进城镇化存在认识上的偏差以及管理体制不顺畅，相当一部分农民土地被征用，造成严重的"城中村"问题，已成为城市管理和建设的盲点和难点。同时，农民土地流转制度、社保制度、教育制度的滞后等相关机制不配套，影响了城镇化进程。

三 贵阳市城镇化发展的路径选择

（一）健全城镇体系，完善城镇功能

城镇化的发展以组团式、点轴式、网络式相结合，以产业片区为组团，各卫星城镇、重点城镇为节点，交通道路为连线，形成网络，坚持各级各类城镇协调发展，形成较为合理的城镇体系，提高城镇综合承载能力。

城镇体系的构建要遵循形成结构优化、布局合理、功能定位明晰的中心城区、次中心城区、卫星城镇、重点城镇、一般特色城镇的城镇体系。要以

"中心城区功能完善、规模扩大、区域辐射能力增强；次中心城区功能较为完善、经济实力较为雄厚、吸纳农村剩余劳动力较强；卫星城镇、重点城镇经济实力明显提高、基础设施不断完善、吸纳能力逐步增强、文明程度和居民生活质量明显改善；一批各具特色的一般城镇初见雏形"为目标。初步建立起法制化、社会化、民主化和信息化的新型城市管理体制和运行机制，加快构建起规模适当、结构布局合理、功能较为完备的特色突出的现代城镇体系。

1. 逐步发展形成五级城镇体系

推进以中心城区、次中心城区为核心，卫星城镇、重点城镇、一般特色城镇为基础的五级城镇体系形成，逐步形成规模适当、功能合理、优势互补、开放式的城镇网络体系。

2. 优化城镇发展的空间体系

依据城镇发展，以中心城区、次中心城区为核心，卫星城镇为纽带，重点城镇和一般特色城镇为基础，沿贵遵、贵黄、贵毕、贵开高等级公路和贵惠公路的城镇发展带为主轴，向西北推进城镇发展的空间布局思路，实施城市扩容，逐步形成"一纵三横"的轴线城镇空间结构布局。

3. 明晰各类城镇的功能体系

以五级城镇为重点，根据城镇的资源、区位、产业等不同特点，构建各类型城镇，以合理转移、吸纳农村剩余劳动力，发挥各类型城镇对农村经济的辐射带动作用。

（二）调整产业结构，促进产业结构优化重组

产业结构的优化重组是城镇化的内在动力，必须在政府宏观引导下，以市场为导向，以提高国际竞争力为目标，发挥"比较优势"，加快科技进步，积极进行产业结构优化重组。对于第一产业，应在保证粮食安全的前提下，充分发挥市场的作用，鼓励"农户＋企业＋市场"的发展模式，让市场淘汰处于劣势竞争地位的产品，从而促使企业集中资金发展高附加值的创汇农业。要坚定不移地走科技兴农的道路，大力推广适合山区使用的先进机械，可以采用"企业购买＋农户租用"的模式进行推广，既提高了生产效率，又开辟了新的市场。对于第二、第三产业，要大力发展劳动密集型的企业，提高科技含量，

优化产品质量，鼓励私营企业发展，并鼓励农民将分散的土地转租出来交给大型企业规模种植，不仅可以将农民从土地上解放出来进入第二、第三产业，而且农民可以得到一部分土地租让金，提高农民收入。通过规模生产而建立产业集群，从而进行规模重组，形成合理的产业布局，发展各具特色的城镇经济，提高贵阳市城镇发展实力。

（三）加快大企业集团建设，提高规模经济效益

以大项目带动大产业发展，大企业支撑大基地建设，促进各类要素向优势企业集中、向行业龙头企业集聚。鼓励企业跨地区、跨行业、跨所有制兼并联合重组，做优产品、做强企业、做大产业，着力建设一批拥有自主知识产权和知名品牌、核心竞争力强、主业突出、行业领先的大公司、大集团。特别要引导有实力的企业扎根贵阳，以品牌为龙头、技术为核心、资本为纽带，积极引进战略投资者，面向全国乃至全球进行战略扩张，尽快成为具有国际竞争力的企业集团。支持中小企业向专、精、特方向发展，着力增强为大企业的协作配套能力。

（四）吸引外资，加快自主创新和技术流入

在贵阳市城镇化发展进程中，要注重积极创新体制机制，多渠道、全方位地推进城镇化建设。探索、创新投入体制机制，采取多渠道、多层次的筹集资金方式，通过吸引和鼓励外商、金融机构、社会各界投资建设，使小城镇基础设施建设投资主体实现多元化、社会化、经营管理企业化。要加快技术引进和加大流入力度，为贵阳市城镇化发展提供技术支撑和支持。

1. 进一步加大对内对外开放力度，拓宽投融资渠道

实现门户开放政策，进一步扩大对内对外开放，进出自由；资源开放，开发自由；产业开放，经营自由。充分运用市场机制，构建多元化的投融资平台，创新投融资工具，多渠道吸引资金，加快城镇化建设和改造，提升城镇化水平。降低各类资本进入门槛，减少各类要素流动的审批程序与限制，降低投资者的交易成本。以特色优势项目招商引资。鼓励境内外企业家和有识之士参与城镇建设和资源开发。广泛吸引民间资本参与城镇建设，树立政府诚信形

象，提高群众参与的积极性。积极配合国有企业改革，通过资产重组，筹集发展资金。

2012年是"引银入黔"工程的第5个年头，5年内该工程累计为贵州额外争取到1300多亿元信贷资金，为重大项目、重点产业和中小企业的发展注入了资金活水。2013年，贵州省委、省政府将"引银入黔"工程的范畴扩展到"引金入黔"，大力开展金融招商，吸引外资保险机构来贵州省设立分支机构。贵阳市作为省会城市，要积极在"引银入黔""引金入黔"工程中发挥龙头作用，积极吸引外资，引进各类资金，为贵阳城镇化进程奠定资金基础。

2. 增加科技自主创新投入

建立政府科技投入稳定增长机制，依法落实有关增加科技投入的各项规定，确保各级财政科技投入稳定增长，形成以公共财政投入为引导的多元化、多渠道、高效率的科技创新投入体系。

（五）推进制度创新，营造城镇化发展的社会环境

制度创新是一个持续不断的过程，社会只要不断发展，人们就会持续不断地寻求理想的制度以适应社会。城镇化是一个持续变迁的过程，推动制度创新，是适应经济全球化的需要。贵阳市城镇化进程中面临着农村土地流转制度创新，人口管理制度创新，民间多元化、规范化投资体制创新，乡镇企业制度创新等。

土地流转制度创新的目的在于逐步剪断离农劳动力与土地的"脐带"，城镇化战略要解决的一个重要问题就是，妥善处置转移劳动力原来承包的耕地，避免资源浪费。政府应当建立耕地退出机制，使土地向种田能手集中，实现农业产业经营。

人口管理制度创新，要求政府按照市场经济规律的要求，取消对农民进城的一切限制，以实际居住地和职业确定户口属性。进入城镇的农民，应与当地居民在子女入托、上学、就业、参军、社会保障、计划生育等方面享受同等待遇。

民间多元化、规范化投资体制创新，要求破除国家一手包办的一元化投资

体系，广拓渠道，鼓励民间多元化投资，在规范市场主体行为的前提下鼓励市场竞争。

乡镇企业制度创新，要求大力发展工业小区，促使乡镇企业向工业小区集中，这样不仅可以破除传统的"离土不离乡"的生产方式，也能够为乡镇企业重新找到经济增长点。

（六）走可持续发展之路，促进城镇协调发展

城镇的可持续发展是指城镇赖以生产与发展的经济基础在一定区域范围内能够持续生产、发展或再生的能力。这里的可持续发展是一个意义广泛的概念，不仅包括城镇化孕育产业的可持续发展、城镇化动力产业的可持续发展，还包括环境、资源和城镇建设规划、城市基础设施等方面对城市可持续发展后劲的影响。城镇可持续发展的核心是以人为本，就是真正确保人人成为城镇化可持续发展的受益者，城镇可持续发展目标的制定、发展阶段和重点的确立、法律法规的出台以及具体的实施，都要以城镇居民的利益为出发点。

树立城镇人才战略是加快可持续发展的关键。城镇化要达到自身快速健康发展的战略目标，必须把人才战略提高到十分重要的位置，需要城镇自身努力创造条件，引导人才的事业心和创业心。贵阳市城镇化发展要在硬软环境建设上作出更多的努力，以优美的环境、难得的发展机遇，关心人、爱护人、使用人的用人策略争取人才的心。不仅要重视人才的培养、引进，更要重视人才的使用、爱护和关心，这样才能最大限度地发挥人才的作用和效用。事业心和奉献精神对人才本身来说至关重要，它是人才积极性、创造性发挥的动力资源，是人才奋斗的原始动力。

参考文献

甘昭辉：《贵阳市农村劳动力转移研究》，《长江蔬菜》（学术版）2012年第18期。

王卓敏：《河南省城镇化发展现状、问题及对策研究》，华东师范大学硕士学位论文，2006。

徐英：《关于贵阳市城镇化及建设生态文明城市的思考》，《贵阳市委党校学报》2009

年第 1 期。

潘启云：《西部欠发达地区城镇化路径与模式》，经济科学出版社，2012。

中国城市规划学会、华中科技大学：《中国两型社会建设与中部地区城镇化发展》，第四届"21 世纪城市发展"国际会议论文集，2011。

赵常兴：《西部地区城镇化研究》，西北农林科技大学硕士学位论文，2007。

杨昌鹏：《贵州城镇化理论与实践研究》，华中师范大学硕士学位论文，2012。

鞠绍谷：《着力打造特色小城镇建设样板的思考》，《贵州日报》2012 年 11 月 1 日。

刘传江、郑凌云：《城镇化与城乡可持续发展》，科学出版社，2004。

王国勇、刘洋：《贵州城镇化发展分析报告》，《贵州民族学院学报》2010 年第 6 期。

专题篇

Monographic Study

B.12
贵州省少数民族乡村反贫困的战略选择

高林英*

摘　要： 扶贫开发是贵州"第一民生工程",反贫困是贵州与全国同步全面建成小康社会历史征程中的重大战略任务,贵州民族乡反贫困任务尤其艰巨。本报告分析了瑶山乡文化旅游扶贫的主要做法和成效,梳理了其文化旅游扶贫中存在的主要问题,提出了推动瑶山乡文化旅游扶贫开发工作应该坚持以人为本、广大农民普遍受益;立足文化资源禀赋、彰显文化特色;政府主导与市场运作相结合和开发与保护兼顾、可持续发展的基本原则,着重实施改革创新战略、开放带动战略和文化强旅战略。

关键词： 民族乡　文化旅游　扶贫

---

* 高林英,中共贵州省委党校经济学教研部主任、教授。

一 调研情况说明

（一）调研背景

贵州是我国贫困问题最突出的欠发达省份，贫困人口多、贫困面大、贫困程度深。按照年人均纯收入2300元（按2010年不变价）的国家农村扶贫标准，截至2012年底，贵州仍有农村贫困人口1019万人，占同期全国农村贫困人口9899万人的10.3%。面对严峻的贫困现实，贵州将扶贫开发作为"第一民生工程"，提出要全力总攻"绝对贫困"，到2017年实现30个国家扶贫开发工作重点县、500个贫困乡"减贫摘帽"，农村贫困人口减少到500万人以内，以确保2020年与全国同步实现全面建成小康社会的宏伟目标。

贵州是一个多民族聚居省份。第六次全国人口普查数据显示，2010年，贵州少数民族人口为12547983人，占常住人口的36.11%。贵州有252个民族乡，民族乡占全省757个乡总数的33.2%。贵州民族乡往往地处偏远山区，不少农民的温饱问题迄今尚未解决，反贫困任务十分艰巨。在新的历史阶段，借势国发〔2012〕2号文件关于贵州"扶贫开发攻坚示范区""文化旅游发展创新区""民族团结进步繁荣发展示范区"的战略定位，抢抓战略机遇，发挥民族乡民族文化旅游资源丰富的优势，将文化旅游资源开发和扶贫开发结合起来，提高贫困居民在文化旅游发展中的参与度和受益度，走出一条文化旅游扶贫开发的新路子，促进贫困人口发展，帮助贫困人口撕掉贫困标签，是亟待破解的反贫困战略性问题。

荔波县瑶山瑶族乡（以下简称瑶山乡）是一个以白裤瑶为主体的少数民族乡，辖高桥、拉片、菇类、红光4个行政村，共46个村民小组。2010年末全乡户籍人口6043人，其中少数民族人口5866人，占总人口的97.1%。由于长期居住在相对闭塞的深山区，瑶山白裤瑶保留着显著的民族特点。奇特的服饰和建筑、隆重的宗教仪式、神秘的婚丧嫁娶仪式、原始的猴鼓舞、丰富的民风民俗，构成了白裤瑶特有的民族文化符号系统。瑶山白裤瑶因此被外界誉为"人类文明进步的活化石"和"东方印第安人"。由于包括民族文化在内的丰富资源长期欠开发，瑶山成为贵州极贫的"两山"地区之一。1980年，新华社记者杨锡铃关于瑶山贫困落后的报道引起党中央高度重视。新阶段扶贫开发以来，瑶山乡充分发挥独特的瑶族文化资源优势和靠近国家级风景名胜区荔波小七孔的区位优势，秉承产业扶贫的工作思路，将文化旅游作为带动贫困人口脱贫致富奔小康的新兴产业大力培育和发展，努力使文化旅游成为贫困人口获得发展机会和增加收入的新引擎。

（二）调研目的和意义

文化旅游扶贫是以区域文化旅游资源为基础，以贫困人口为主要受益对象，以市场为导向，在政府和社会力量的扶持下，通过文化旅游资源的开发和文化旅游业的发展，促进区域经济发展和社会进步，实现贫困人口脱贫致富的发展计划、政策和措施。

本文选择瑶山乡为贵州民族乡文化旅游扶贫典型个案进行调研。调研目的在于：解析瑶山乡文化旅游扶贫的主要做法、成效和存在的问题，探讨瑶山乡文化旅游发展与扶贫开发的内在联系，提出推进瑶山乡文化旅游扶贫的原则和战略，以期有助于提高文化旅游产业的扶贫绩效，使更多的贫困人口过上幸福美好的新生活。调研具有现实意义和理论意义：一方面，通过瑶山乡个案分析揭示文化旅游扶贫内在机理，"解剖麻雀，由此及彼"，可能为其他类似民族乡提供经验借鉴和实践依据，助推贵州民族乡文化旅游持续健康发展并借此振兴区域经济、改善当地居民特别是贫困居民的生活；另一方面，拓展区域文化旅游扶贫典型个案研究，可以丰富和发展文化旅游扶贫开发的理论体系。

（三）调研方法

本文调研通过座谈、入户访谈、问卷调查和搜集相关文字材料的方式进行。

参加座谈人员包括荔波县发改局、扶贫办、民政局、旅游局、文广局、民宗局及瑶山乡党委政府等党政机关的负责人、工作人员，以及瑶山乡部分村干部及村民。入户访谈主要在瑶山乡拉片村及姑类村进行，访谈家庭包括纯农业经营户、餐饮经营户、小商品经营户、外出务工户等不同类型。

问卷调查以自填式问卷调查为主,少数问卷因被访问者填写困难而采用代填式问卷调查。调查问卷分为"个人及家庭基本情况""个人及家庭对文化旅游产业的认知、意愿和参与受益情况""个人对扶贫政策的感知和评价"三个部分共57个问题。共随机发放调查问卷82份,回收有效问卷73份。问卷处理结果显示:有效问卷的被访问者包括拉片村居民37人、高桥村居民23人、菇类村居民12人和红光村居民1人(见表1)。

表1 瑶山乡被访问者个人及家庭基本情况

单位:人,%

类别		人数	比例	合计
性别	男	26	35.6	100
	女	47	64.4	
民族	瑶族	47	64.4	100
	布依族	16	21.9	
	水族、苗族	8	11.0	
	其他民族	2	2.7	
年龄	18岁以下	4	5.5	100
	18~45岁	59	80.8	
	46~60岁	10	13.7	
户籍	农业户口	64	87.7	100
	非农业户口	9	12.3	
家庭年人均收入	2300元以下	44	60.3	100
	2300~5000元	21	28.7	
	5000元以上	8	11.0	

二 瑶山乡文化旅游扶贫的主要做法和成效

(一)主要做法

1. 大力实施生态移民项目,着力打造"千户瑶寨"

立足贵州"北有西江""南有瑶山"的发展思路,集中打造"千户瑶寨"。近年来，先后编制完成了《瑶山乡总体规划》《拉片村村庄整治规划》《2008~2010年拉片民族团结进步示范村项目规划方案》和《瑶山古寨AAA级景区乡村旅游规划》。2010年以来，积极争取和大力实施总投资近2000万元的生态移民项目。完成拉懂吉移民新村150栋民房（户均面积120平方米）及水、电、路等配套设施建设。至2013年底，先后实施完成了三期扶贫移民搬迁，352户1200多人搬迁入住拉片民族村寨。完成村寨道路硬化面积近10000平方米，绿化面积3000多平方米。建成了瑶寨门、瑶族文化展馆、瑶王府、牛头铜鼓塑像、图腾柱林、娲霞神树拜台、感恩碑、纺织棚、表演广场等一系列瑶族文化景点。拉片民族村寨2011年荣获"贵州最具魅力民族村寨专家特别推荐奖"，2012年被评为国家3A级民族文化景区。从2012年5月起瑶山乡被多家旅行社列为必游景区。

2. 深入挖掘、宣传和开发保护民族文化，着力彰显文化魅力

一是挖掘和梳理瑶族文化，配合县政协文史办完成了《荔波瑶族》的撰写，打造瑶族文化展馆1个。二是大力开展民族文化进校园、进课堂活动，促使青少年熟悉民族文化，亲近民族文化，增强民族文化认同和文化自信，自觉传承和弘扬民族传统文化。三是利用节假日组织开展打陀螺、斗鸡等群众喜闻乐见的民族文化活动，丰富群众文化生活，并完成乡文化活动中心建设和村级图书室建设。四是积极申报非物质文化遗产，2008年"瑶族猴鼓舞"被列入国家级非物质文化遗产名录。五是积极推广瑶族陀螺竞技表演和民族歌舞表演，组队参加民族传统体育赛事。2009年，瑶山乡代表队在全国陀螺邀请赛上夺得第一名。2011年，贵州夺得第九届全国少数民族运动会陀螺男子团体赛第一名，贵州陀螺队的3名男运动员全部来自瑶山乡。六是积极打造"游大、小七孔，品瑶王家宴，赏瑶族风情"的瑶族风情游旅游品牌，大力打造瑶族文化节。2012年4月成功举办了第一届瑶族文化节，吸引游客1万余人次。七是加强对外宣传工作，制作旅游宣传专题片和大型广告牌，创办《瑶山新天地》宣传刊物，提升瑶族风情对外知名度和美誉度。八是不断提高文化旅游的市场化水平，引进"瑶之韵"旅游开发有限公司。"瑶之韵"公司组建了瑶族风情表演队，其精心打造的瑶族歌舞节目——《欢歌喊太阳》深受游客喜爱。九是积极与省内外高校加强联系和沟通，拓宽瑶族文化研究的渠道。西南大学在瑶山建立了研究瑶族文化田野工作站。十是积极组织瑶族群众参加荔波申遗、旅发大会和梅花节等一系列活动,展示瑶族铜鼓、陀螺、服饰等传统文化。

3. 强化旅游服务意识和能力,着力引导农民参与文化旅游服务

坚持"治穷先治愚""扶贫先扶志",通过多种方式和途径对农民进行旅游市场、旅游服务、处事待人礼仪、卫生知识、法律知识等方面的教育培训,逐渐改变一些贫困户等、靠、要的依赖思想,努力增强其发展意识和竞争意识,不断提高其参与文化旅游服务的能力。实施了"农民素质提升工程",每周三晚上开办农民夜校,培训20户农户。组织一部分村民到雷山西江苗寨等地参观,打开眼界、拓宽发展思路。以倡导"除生活陋习、树文明新风"为突破口,整治村庄脏、乱、差现象。政府不仅投入资金建成垃圾处理场和污水处理系统,还实行乡村干部包组包户卫生工作责任制。发动村民到大、小七孔景区摆摊设点搞饮食、卖工艺品和农副土特产、出租民族服饰、担任导游。支持拉片村、高桥村60多户农户开办农家饭庄、农家旅馆。努力招商引资,增加旅游业就业岗位。"瑶之韵"公司瑶族风情表演队常年聘用当地瑶族青年演员约30人,演员人均月工资1500元左右。为让更多农民有序参与文化旅游,党委政府引导村民成立了拉片旅游专业合作社、孟塘旅游专业合作社、红光种养业专业合作社等合作组织,规范农家食宿接待服务的收费标准等,防止欺客、宰客现象发生。

(二)成效

1. 农民收入逐年增加,生活水平逐渐提高

文化旅游发展拓宽了农民的收入领域,旅游业及相关行业收入正成为瑶山乡农民增收的新亮点。通过参与民族文化歌舞表演、出售旅游商品、开展农家餐饮接待、饲养瑶山鸡出售给游客等,农民来自旅游业的收入逐渐增加,农民人均纯收入也不断增加。瑶山乡农民人均纯收入从2006年的1199元增加到2007年的1631元、2008年2089元、2009年2477元和2010年3002元,呈现稳步上升的趋势。拉片示范村的农民人均纯收入已由2007年的1100多元上升到2012年的近5000元,98%的农户拥有摩托车、手机、电视等,少数农户还购买了家庭

小轿车。随着收入的增加,一些贫困人口解决了温饱问题,生活水平今非昔比。

2. 乡村基础设施建设加强,生产生活条件大为改观

为增加瑶山民族村寨旅游地的可进入性,使游客进得来、留得下、有所乐,瑶山乡千方百计加大交通、农田水利、电力、通信等方面的投入,实现了村村通路、通电、通广播电视,乡村的基础设施明显改善,人居环境明显好转。基础设施的改善得到了瑶山乡相当一部分居民的认可。在调查问卷关于"本地的基础设施建设"一栏中,30.1%的有效问卷选择了"很完善"和"基本完善"。同时,有将近70%的问卷选择"有待改进"和"亟须加强",说明不少居民对基础设施建设还有更高的期盼。

3. 农民综合素质不断提高,发展意识明显增强

经过不懈努力,瑶山农民群众想发展、盼发展、思发展、谋发展的意识明显增强(见表2),不少农民的思想观念和精神面貌逐步由"苦等""苦熬"向"实干""巧干"转变。一些瑶族妇女勇敢地走出家门,到旅游景区摆摊设点,投入旅游经济的海洋。参与瑶族刺绣开发的妇女已经增至近百人。

表2 瑶山乡被访问者对本地文化旅游的发展愿景和参与意愿

单位:人,%

类别		人数	比例	合计
对文化旅游发展	非常希望	30	41.1	100
	希望	33	45.2	
	一般	9	12.3	
	不希望	1	1.4	
对文化旅游的发展前景	非常乐观	17	23.3	100
	乐观	46	63.0	
	不太乐观	10	13.7	
	不看好	0	0	
对文化旅游提出个人意见和建议	非常愿意	14	19.2	100
	愿意	50	68.5	
	不太愿意	7	9.6	
	不愿意	2	2.7	
参加文化旅游宣传活动	非常愿意	17	23.3	100
	愿意	52	71.2	
	不太愿意	3	4.1	
	不愿意	1	1.4	

4. 密切了党群干群关系，增强了党委政府的凝聚力

瑶山乡文化旅游扶贫工作由党委政府引导、社会各界共同参与。党委政府发挥了宣传动员、组织领导、规划引领、资金投入、公共服务、行业监管和市场规范等多种作用。党委政府要求干部强化公仆意识，与老百姓打成一片，成为广大农民群众的"伙计"和贴心人。如今的瑶山乡，到处活跃着这些"伙计干部"。他们为老百姓送去政策关怀，帮助老百姓发展生产，指导老百姓改善卫生条件，与老百姓建立了深厚感情。调查问卷显示，党委政府在群众中有较高威信和号召力。在有效问卷中，认为政府"非常重视"和"重视"扶贫工作的占53.4%；对于政府安排的各类扶贫活动，80.1%的问卷表示会"积极参加"。

三 瑶山乡文化旅游扶贫存在的主要问题

（一）农民人均收入水平不高，贫困问题依然突出

与同期荔波县、黔南州、贵州省以及全国农民的人均纯收入水平相比，瑶山乡农民人均纯收入水平明显偏低。以2010年农民人均纯收入为例，瑶山乡为3002元，比荔波县3528元低526元，比黔南州3760元低758元，比贵州省3472元低470元，比全国5919元低2917元。目前，瑶山乡居住在交通不便的深山区、石山区农户还有440多户1600多人，这些农户大多数还是贫困户。即便一些人均纯收入水平已经基本达到脱贫标准的农户，由于经济底子薄，抵御自然灾害、市场波动、重大疾病的能力特别弱，返贫的概率也比较大。

来自旅游业的收入不多是农民人均纯收入不高的重要原因。一些农民甚至抱怨"旅游致富速度慢"。

（二）基础设施建设欠债多，亟须加大投入力度

瑶山乡基础设施建设始终受制于地方财力薄弱的强约束。荔波县是贵州集中连片特殊困难县和国家级扶贫开发工作重点县，地方财政属于典型的"吃饭"财政，主要依靠上级财政转移支付维持运转，投入基础设施建设的资金

十分匮乏，基础设施的供给与群众对基础设施的需求相比明显不足。瑶山乡群众行路难、饮水难、通信难等问题依然存在。交通方面，不少乡村公路的等级不高，路窄会车难，路面状况差，晴通雨阻。饮水方面，4个行政村中有3个行政村水源非常缺乏，还有2000余人的饮水安全问题没有得到根本解决。通信方面，对一些偏远村组和忧于温饱的贫困农民而言，通信畅通还是未来梦想。

旅游基础设施及配套服务设施落后的瓶颈，严重制约了文化旅游的发展。2012年8月开业的瑶山乡民族风情园只有40张床位，客房缺乏独立卫生间、空调、宽带网络、电话等必要设施，接待能力和住宿条件不容乐观。

（三）本地居民参与不足，利益机制不健全

瑶山乡文化旅游的本地居民参与不充分，不仅体现在从事旅游业的本地居民只有1000人左右，还体现在本地居民在文化旅游发展有关决策中的参与度低。

文化旅游发展过程中的利益矛盾已经在瑶山乡显现。旅游公司要求拉片村农户搞好室内外环境卫生、穿瑶族服装，以便给游客留下美好印象。从有益于文化旅游的角度来看，旅游公司的要求似乎无可厚非，但是一些村民对此强烈不满。这些村民认为，无论是搞好环境卫生还是穿民族服装，都需要一定的投入；这部分投入不能让村民独自承担、毫无回报而旅游公司却一毛不拔、坐享其成，旅游公司至少应该在购置垃圾箱、洗衣液等方面分担一部分投入。显然，村民们的要求也合情合理、绝非无理取闹。旅游公司和村民的利益冲突，折射出瑶山乡文化旅游利益分配机制尚不健全，长此以往，必将损伤村民的参与热情和文化旅游的扶贫绩效。

（四）产业关联效应较弱，良性循环有待形成

文化旅游扶贫成效一定程度上取决于文化旅游对工农业等相关产业带动作用的强弱，以及旅游收入进入当地经济循环系统中的比例。瑶山乡文化旅游的发展与当地其他产业发展的关联度还不大，产业间良性循环机制的建立有待时日。目前，文化旅游对瑶山乡种养殖业虽然有带动作用，但带动力远远不够。

从旅游商品加工来看,民族服装、花腰带、特色食品、鸟笼、陀螺等产品的加工至今没有企业介入,依然停留在传统的家庭手工生产阶段,劳动生产率低,生产成本高,生产数量少,产品质量不稳定,市场价格不高,品牌不响,效益不好。很多游客在瑶山乡只是单纯游览观光,其食、住、购等消费活动均在异地进行,使得文化旅游扶贫成效大打折扣。

(五)农民的科学文化素质偏低,自我发展能力不强

瑶山乡地处偏僻,交通不便、信息闭塞、教育滞后,农民科学文化素质普遍偏低,瑶族农民文化程度低的问题尤其突出。30岁以上的瑶族农民,具有高中文化程度的很少;40岁以上的瑶族农民,相当一部分至今听不懂汉话,无法和外界沟通交流。近些年瑶山乡党委政府非常重视农民的教育培训,甚至努力和旅游公司达成协议——在瑶山古寨3A景区每张门票收入中提取1元作为农民培训专项资金。但是,冰冻三尺非一日之寒,想通过培训在短时间内迅速提升农民的素质是不太现实的,仅靠政府投入资金进行培训也很难满足旅游业发展对农民素质提出的新要求。

瑶山乡农民家庭的主要经济来源是种植业和外出务工,掌握的经济资源非常少,参与旅游业发展的资金尤其匮乏。一些农民虽然有围绕旅游业自主创业的愿望,可惜腰包里没有钱,无法施展拳脚。

四 推进瑶山乡文化旅游扶贫的原则与战略

(一)基本原则

1. 以人为本,广大农民普遍受益

事实证明,贫困农民的脱贫致富,必须跳出就农业论农业的"小产业"狭小圈子,在包括旅游业在内的"大产业"视域内找出路。文化旅游扶贫是民族乡扶贫开发的一条现实路径。让广大农民在文化旅游发展中受益,让贫困农民在文化旅游发展中脱贫,是文化旅游扶贫的根本目的。在发展中如果忽视了广大农民的利益诉求和现实,文化旅游扶贫的愿望就会落空。因此,推进瑶

山乡文化旅游扶贫,必须牢牢把握以人为本这个核心,把增进广大农民的利益作为发展文化旅游的出发点和落脚点,从实际出发,充分考虑农民的需要和现实条件,为农民参与文化旅游创造各种机会、提供各种帮助,在文化旅游发展中不断改善民生和促进人的全面发展。

2. 立足文化资源禀赋,彰显文化特色

文化旅游扶贫以文化旅游的发展为载体和前提,而文化特色是文化旅游发展之魂。文化特色是文化旅游产品对游客的核心吸引力,没有文化特色,文化旅游的发展就成为无源之水,无本之木。推进文化旅游扶贫,必须立足文化旅游资源的比较优势和后发优势,充分体现本土文化的鲜明特色和魅力。瑶山乡文化旅游现正处于开发初期,短期内应着重突出其瑶族文化特色,尤其要突出瑶山白裤瑶独有文化符号如猴鼓舞、古歌等特色。经过一段时间的发展后,还要注意优化整合瑶山乡瑶族、布依族、苗族等文化资源,突出瑶山乡民族文化多元复合特色和交融共生特色,增添文化旅游活力因子。

3. 政府主导与市场运作相结合

推进文化旅游扶贫,必须把握社会主义市场经济条件下产业扶贫的新特征,充分发挥政府和市场两方面的作用,形成政府"有形之手"和市场"无形之手"的强大合力。一方面,政府要通过产业规划、政策支持、宣传推介、品牌打造、监督管理、公共服务等政策措施,营造良好的环境和氛围,吸引企业和广大农民积极参与文化旅游。另一方面,文化旅游扶贫毕竟是建立在文化旅游产业发展的基础上。不尊重市场、不按市场规律办事,文化旅游就会丧失市场,被市场淘汰和抛弃。因此,必须善于灵活运用市场机制,让各种生产要素都能获得与其在参与文化旅游扶贫开发中的贡献相当的报酬,既让广大农民得到实惠,也让企业有利可图。

4. 开发与保护兼顾,可持续发展

推进文化旅游扶贫,必须始终坚持"积极开发、主动保护、永续利用"的原则,妥善处理好开发与保护的关系,促进文化旅游可持续发展,让本地居民长久受益。文化旅游资源的有效开发和合理利用,是增进广大农民福祉、促进民族团结、社会和谐的客观需要,在积极开发利用文化旅游资源这一问题上不能动摇和含糊。但是,开发利用的过程中绝不能忘却保护民族文化以及自然环境的责任。保护民族文化以及民族文化所依托的独特的自然环境，就是保护生产力。如果急功近利，对文化旅游资源进行掠夺性、破坏性开发，在文化旅游中移花接木、张冠李戴、无中生有，歪曲民族文化的本来面目，势必使文化旅游在一阵喧嚣之后归于沉寂，只留下文化的残垣断壁和旅游经济的短暂狂欢，最终得不偿失。

（二）战略选择

1. 实施改革创新战略，转变文化旅游发展方式

转变文化旅游发展方式，就是要使文化旅游由粗放式发展转变为以人为本、全面协调可持续、社会效益佳、经济效益好的发展。因此，必须坚持推动改革创新，尽快形成与社会主义市场经济体制相适应的文化旅游发展机制，使瑶山乡广大农民在文化旅游发展中受益。

改革创新文化旅游发展机制，当前需要抓住以下几个重点。

第一，改革创新本地居民参与机制。要进一步整合各类教育培训资源，建立健全教育培训机制，加快提升教育培训能力，通过教育培训进一步增强本地居民的发展意识和经营本领，使之成为文化旅游发展的生力军。要广开就业门路，帮助贫困居民在旅游行业就业，对聘用贫困居民较多的企业可以给予政策优惠。要降低旅游业创业门槛，在市场准入、财政税收、资金融通等方面给予更多支持。要引导农民个体经营家庭餐馆、旅馆、小卖部等，不断提高农家乐、农家休闲度假项目的服务水平，增强对游客的吸引力。

第二，改革创新利益分享机制。要积极引进有实力的大中型企业和公司，进行旅游公共设施、主要景点建设，指导本地居民开发住宿、餐饮、购物接待设施，组织村民开展民族风情文化旅游活动，对文化进行保护、开发、包装和经营，形成具有浓郁特色的文化旅游产品。一般而言，在旅游开发初期资本回报率往往较低，这时候应该积水养鱼，为旅游企业和公司减免一定的税费，允许其以较优惠的价格使用文化旅游资源和旅游基础设施。随着旅游企业和公司经济效益的提高，就应该更多地考虑旅游开发的公平性，平衡好企业和本地居民的利益关系，防止本地居民因受益不公对旅游企业和公司产生抵触情绪甚至对抗行为。此时，可以通过鼓励企业优先吸收本地居民就业、规定最低工资、

促进文化资源和旅游基础设施的市场化使用等方法，让本地居民尤其是贫困人口分享文化旅游发展的好处。从瑶山乡的实际出发，应该允许农民以承包地、宅基地和住房参与旅游联合开发，在联合开发中让农民切实增加来自文化旅游的收益。

第三，改革创新政府支持机制。要打造宽松的政策环境，用足用活国家各项产业扶贫优惠政策，特别是要创造性地贯彻执行国家有关土地、税收、文化等方面的政策规定，努力做到优惠政策"零折扣"。要打造公平竞争、规范有序的市场环境和良好的法治环境，完善市场准入、市场服务、市场诚信体系，切实加强市场监管，整顿和规范旅游经济秩序，依法严厉查处旅游市场不正当竞争行为。

第四，改革创新产业联动机制。文化旅游是一个依托性强的产业，也是一个产业链条长、带动性强的产业。要注意文化旅游产业链本地化，依托文化旅游发展地方特色农业、观光农业，有效带动农产品的销售，促进农副产品的加工与开发。通过关联产业的发展，一方面可以更好地满足旅游者观光、休闲和乡村体验的多样化需求；另一方面可以促进当地农副产品的生产、加工和就地销售，可谓一举多得。

2. 实施开放带动战略，构建文化旅游发展新格局

开放是推动发展的强大动力。瑶山乡经济社会发展所需的资金、技术、人才、信息都极度缺乏，单凭一己之力难以推动文化旅游大发展，无法实现早日脱贫致富的目标。瑶山乡不开放不行。树立强烈的开放观念和开放意识，通过全方位、宽领域的对外开放，敞开胸怀，引进发展资源，拓展发展空间，提高发展水平，借助外部力量发展自身，是瑶山乡推进文化旅游扶贫的明智选择。

首先，要积极招商引资。对内商、外商、内资、外资，都要一视同仁，真诚欢迎，竭诚服务。要充分调动政府和民间的积极性、主动性，形成招商引资的强大合力。新闻媒体要加大招商引资方面的宣传报道力度，积极发挥舆论引导作用，营造社会各界关心、支持、服务招商引资的良好氛围。要花大力气加强交通、水利、通信、能源等基础设施建设，改善投资的硬环境。要下大功夫优化政策环境、政务环境、市场环境和法治环境，使投资的软环境明显改观。

其次，要真心诚意引智。人才是第一生产要素，是提升产业核心竞争力的根本保证。文化旅游要发展，人才是关键。发达国家和地区旅游业发展的成功经验之一，就是善于依托人才的创造性思维进行文化旅游创意，使文化旅游资源及产品尽显其独特性、差异性、体验性、互动性和愉悦性，赢得游客青睐和好感，形成稳定的"黏性市场"，获得文化旅游资源及产品的高附加值和高额回报。瑶山乡须牢固树立"人才兴旅"的理念，努力营造尊重人才、珍惜人才、鼓励人才创新创业的良好环境。要主动"走出去""请进来"，诚招天下英才，广纳八方贤才；要注重人文关怀，坚持事业留人、感情留人、待遇留人，最大限度地体现人才的价值，使各类人才在瑶山乡施展才华，尽显身手，谱写文化旅游发展新乐章。

最后，要拆除行政篱笆，加强区域合作。区域合作是文化旅游发展的必由之路。无论是站在荔波县、贵州省的角度来看，还是从全国的角度来看，瑶山乡文化旅游对外交流合作的空间都非常大。特别是考虑到地缘、族缘关系，瑶山乡更要注意在保持自身文化个性和特色的基础上，加强与荔波县内以及广西相邻瑶族文化旅游景区的合作，联合推出瑶族文化旅游线路，共享游客资源，既从合作方吸收正能量，又向合作方辐射正能量，形成多点支撑、优势互补、市场扩张的区域联动态势，在区域差异竞争和合作发展中获取规模经济效益，实现互利共赢。

3. 实施文化强旅战略，提升文化旅游发展软实力

一是深度挖掘民族文化旅游资源。宗教信仰、风俗礼仪、民族服装、节庆歌舞等民族文化旅游资源，其散发的独特精神文化气质，是发展文化旅游的重要"本钱"。开发利用民族文化旅游资源，首先要对民族文化资源本身进行系统的、深入的研究，做到对民族文化家底心中有数。目前，对民族文化资源研究和分析的薄弱，已经影响了瑶山乡文化旅游资源的开发。建议组建瑶山乡民族文化研究会，组织专业人士深入瑶山乡实地收集整理和深入挖掘民族文化。特别需要强调的是，对瑶山乡一些濒临消亡边缘的优秀民族文化，如瑶族古歌等，必须研究制定切实可行的保护和抢救措施，切不可掉以轻心，让这些宝贵的民族文化资源枯竭、失传，留下难以弥补的文化伤痕和文化遗憾。

二是与时俱进提升民族文化旅游品位。民族文化旅游是以文化为内涵的旅游经济，它的资源是民族文化，它的核心竞争力归根结底取决于民族文化品位的高低。文化并不是一成不变、凝固静止的现象，而且文化本身也有先进、落后和腐朽之别。纯自然主义的民族文化旅游资源开发模式没有生命力，经不起历史考验。所以，要注意根据时代发展需要对民族文化旅游资源进行取舍、扬弃、弘扬和发展。应该对瑶山乡民族文化旅游资源进行优选、再造和精包装，在保存文化传统韵味的同时，赋予文化鲜明的时代内涵和时代气息，提升其文化品位，塑造其文化形象，将其美好、健康的一面展示给旅游者，发挥优秀民族文化教育人、鼓舞人、陶冶人、愉悦人的价值功能，引导游客向善、向美、向上、向前，在释放民族文化正能量中实现旅游经济效益丰收。

三是四面出击宣传推介民族文化旅游产品。好酒也怕巷子深。没有名气的文化旅游产品难以激发潜在游客的旅游冲动，难以集聚旅游者的人气。在信息时代，必须让潜在游客对文化旅游产品有较深入的了解。要面向国内外目标市场广泛宣传推介瑶山乡的民族文化特色，使其具有较高的市场知名度和美誉度，借此主动占领市场，吸引广大旅游者前往探究。民族文化旅游产品的宣传推介方式要力争多样化、叠加式，如在国内权威媒体推出民族文化旅游宣传片和广告、向游客发放旅游宣传手册、开通瑶山文化旅游网站、举办文化旅游推介会等。

参考文献

罗明义：《旅游经济发展与管理》，云南大学出版社，2008。
梁福兴、吴忠军：《民俗旅游学概论》，中国林业出版社，2009。
张婉玉、张晓林、程思：《四川民族文化旅游扶贫 SWOT 分析及对策》，《贵州民族研究》2013 年第 5 期。
李佳、钟林生、成升魁：《中国旅游扶贫研究进展》，《中国人口·资源与环境》2009 年第 3 期。
荔波县瑶山乡政府：《各年政府工作报告》（2007～2011 年），《文化旅游发展情况汇报》。
《荔波统计年鉴》（2006～2010 年），2011 年国民经济和社会发展统计公报。

B.13 贵州省"帮、联、驻"长效工作机制研究

黄旭东 王思渊 杨海 何婷婷*

摘　要：

贵州省自2012年3月正式启动的"帮、联、驻"工作，是贵州省后发赶超，与全国同步建成小康社会宏伟目标的重大战略部署，是欠发达地区如何实现跨越式发展的典型案例，是新时期贯彻落实党的群众路线的生动实践，是新时期群众工作的创造性运用。"帮、联、驻"工作开展一年多来，成效明显，已成为贵州省新形势下扶贫工作和群众工作的独特品牌。"帮、联、驻"工作能否深入持久、卓有成效地开展下去，需要我们以党的十八大精神为指导，以"党的群众路线教育实践活动"为要求，边实践边总结、边总结边完善。通过对"帮、联、驻"工作实践经验的概括和总结，将"帮、联、驻"工作概括、提升为具有贵州特色的"帮、联、驻"工作理论体系，用理论指导实践，不断拓展"帮、联、驻"工作的内涵，创新"帮、联、驻"工作的实现途径和形式。

关键词：

贵州省　"帮、联、驻"工作　研究

贵州是一个欠发达、欠开发的山区省份，长期以来，经济社会发展滞后，全省17.62万平方公里土地上，贫困县面积达11.63万平方公里，占全省的

---

* 黄旭东，贵州省社会科学院研究员；王思渊，黔东南职业技术学校讲师；杨海、何婷婷，贵州大学马克思主义学院2013级研究生。

2/3。全省有50个国家扶贫开发工作重点县，占全省总县数的56.81%；有934个重点贫困乡镇、1.4万个重点贫困村，分别占全省乡镇总数和行政村总数的61.11%和70.50%。

2011年，《中国农村扶贫开发纲要（2011~2020年）》（以下简称《纲要》）的颁布实施，标志着我国扶贫开发任务已经从解决温饱问题阶段进入到加快脱贫致富、改善生态环境、提高发展能力、缩小发展差距的新阶段。《纲要》明确提出把"11+3"个连片特困地区和边疆民族地区作为我国扶贫攻坚主战场，在政策上以采取区域性连片扶贫为主。贵州作为新时期中国农村扶贫开发攻坚的主战场，如何正确定位，明确思路，选择适合的扶贫模式，尽快解决大范围存在的贫困问题，力争到2020年与全国实现同步小康是新形势下贵州扶贫开发工作面临的新任务。

贵州农村贫困面积大，贫困程度深，贫困人口多，是全国全面建成小康社会难度最大的省份，贵州能否全面建成小康社会，关系国家"两个一百年"战略目标的实现。尽快解决贵州大范围存在的贫困问题，力争到2020年与全国实现同步小康，既是贵州省亟待解决的重大战略问题，也是贵州省的一项政治任务。

贵州省的扶贫实际和新时期的宏伟奋斗目标对全省的扶贫开发工作提出了挑战。贵州要在2020年完成与全国实现同步小康的历史使命，从根本上改变贫困面积大、贫困人口多的状况，重点在农村，难点也在农村，无论我们采用什么样的扶贫开发模式，落脚点都只能是农村，特别是少数民族落后地区的农村。贵州经历了30多年的反贫困努力，贫困人口大幅度减少，但贫困问题没有得到彻底解决，而且出现了许多新的社会问题，有的社会问题还不断恶化，已到了非常严重的程度。为什么我们的扶贫工作没有取得预想的成果，是值得我们深思的问题。在新的历史时期，我们需总结以往的扶贫经验，创新扶贫理念，变单纯依靠项目、资金扶持或以项目、资金扶持为主的经济扶贫方式为既要重视项目、资金扶持，又要重视政治、文化、社会、生态建设扶持的综合扶贫方式。

结合贵州省的扶贫工作实际和新时期扶贫工作的需要及贯彻落实党的群众路线的要求，贵州省委、省政府在将"两加一推"作为主基调和"工业强省、城镇化带动"作为主战略的同时，充分借鉴以往的扶贫工作经验和新时期贯彻落实党的改进工作作风、密切联系群众的有关规定，按照科学发展、后发赶超的要求，决定对全省广大贫困县（市、区、特区）、乡（镇）、村及农户开展"帮县、联乡、驻村"（简称"帮、联、驻"）工作，采用帮扶到县（市、区、特区）、乡，驻点到村的形式，以大力度的外力创设条件，促进市场发挥资源配置的基础性作用，尽快拓展区域经济总量，努力提升广大农民群众的能力素质，充分发挥他们的聪明才智，帮助其投身于经济活动，在充分就业中增加经济收入，推进贫困县（市、区、特区）、乡（镇）、村的发展，以县（市、区、特区）为单位开展同步小康创建活动，推动农村经济社会发展，密切党群干群关系，加强农村基层组织建设，培养锻炼干部，力争到2020年实现与全国同步建成小康社会的历史使命。

一 "帮、联、驻"工作开展的基本情况

2012年3月，贵州省正式启动了"部门帮县、处长联乡、干部驻村"（"帮、联、驻"）工作，全省101个省直部门挂帮88个县（市、区、特区）、2829名处级干部联系1446个乡镇、23468名县级以上机关单位干部进驻17672个行政村，开展帮扶工作。2013年在坚持"帮县、联乡"的基础上加大"驻村"力量，整合农村党建扶贫和"帮县、联乡、驻村"工作，选派2万名干部和1万名大学毕业生、农村知识青年，组建6000个"全省同步小康驻村工作组"，成队建制，深入农村，帮助基层和群众解决实际困难和问题。"帮、联、驻"工作覆盖全省所有县、乡、村，三年不变。所谓"部门帮县"，指的是省直每一个部门都要具体帮助一个县促进经济社会发展、维护社会和谐稳定、加强基层组织建设、解决突出问题、提高干部能力，确保每年有新变化，三年有明显成效；"处长联乡"，指的是省直部门处长要联系一个乡镇，深入乡镇了解当地经济社会发展、上级决策部署落实等情况，做好上情下达和下情上传工作，解决发展困难，推动当地经济社会发展；"干部驻村"，指的是省直部门的干部下到基层、驻到村里去，宣传政策，推动科学发展、民生改善、基层组织作风建设。"帮、联、驻"工作是贵州省新时期扶贫工作的理念创新；是对近年来贵州省各级党组织改进工作作风、密切联系群众、扎实开展各种干部下基层活动的深化；是对贵州省从2010年起开展的以"帮助学习领会

精神、促进思想统一，帮助厘清发展思路、促进科学发展，帮助解决实际问题、促进增比进位，帮助化解矛盾纠纷、促进和谐稳定"为主要内容的"四帮四促"活动的深化和发展；是省委、省政府在新形势下加强群众工作，密切联系群众，帮助基层谋发展，转变干部作风，服务基层群众，提高干部素质，从"加速发展、加快转型、推动跨越"，与全国同步建成小康社会宏伟目标的战略高度作出的重大决策部署和具体行动。

"帮、联、驻"工作是新时期扶贫工作的创造性做法，是对党的十八大报告提出的"完善党员干部直接联系群众制度"的生动实践，是贵州省新形势下扶贫工作和群众工作的独特品牌。

二 "帮、联、驻"工作开展取得的成效

贵州省"帮、联、驻"工作开展一年多来，各帮扶单位和帮扶干部围绕推动农村经济社会发展、密切党群干群关系、加强农村基层组织建设、培养锻炼干部的帮扶目标，认真贯彻落实党的十八大和省委十一届二次全会精神，按照中共贵州省委办公厅、贵州省人民政府办公厅《关于在"四帮四促"活动中扎实抓好"部门帮县、处长联乡、干部驻村"工作切实转变作风的通知》（黔委厅字〔2012〕21号）以及中共贵州省委党的建设工作领导小组《关于认真学习贯彻党的十八大精神组建同步小康驻村工作组深化"帮县、联乡、驻村"工作实施方案》（黔党建发〔2013〕1号）等文件要求，数万名干部深入基层，走村串寨，服务基层，为群众谋发展，"下得去、数量够、蹲得住、起作用"，"帮得实、联得紧、驻得牢"，密切了党同人民群众的关系，锻炼了机关干部的工作作风，推动了帮扶区域的经济社会发展。人民群众生活得到明显改善，社会和谐稳定，成效明显。据不完全统计，2012年全面开展"帮、联、驻"工作以来，至年底"省直机关干部走访群众93736人次，接待群众来访11953人次。通过多种形式宣传党的十八大、国发2号文件和省第十一次党代会精神，开展各类宣传活动3167次、调研座谈3379次、做专题辅导或形势报告1715次。积极帮助厘清发展思路，组织专题培训587期，邀请专家授课509期，组织现场观摩569次，召开工作调度（推进）会1279次，帮助制

贵州省"帮、联、驻"长效工作机制研究

定发展规划或发展目标589个。积极推动基层经济发展，引进项目或直接立项支持1209个，资金扶持37625.89万元，技术支持347项，信息支持1987条，解决具体问题2938个。积极帮助化解矛盾纠纷，处理重点信访件398件，化解矛盾纠纷1960起"①。截至2013年7月底，"全省同步小康驻村工作组"实地走访群众433余万人次，召开座谈会4.6万次，帮助群众解决实际困难问题8万个，出点子8.4万个，全省驻村干部帮助协调资金问题1.4万个，帮助协调解决资金13.2亿元。②

三 "帮、联、驻"工作开展中存在的问题

（一）重硬实力帮扶、轻软实力帮扶

所谓硬实力帮扶指的是诸如基础设施建设、产业项目帮扶、协调资金等看得见摸得着的帮扶项目。在"帮、联、驻"工作中，硬实力帮扶很受基层欢迎，许多地方梳理出当地发展需解决的问题也多是"硬实力"项目，各帮扶单位普遍存在用硬实力考核帮扶效果的倾向，认为不带资金、不带项目就不是真正的帮扶，这种观念在不少帮扶单位特别是在被帮扶的许多贫困县有一定的市场，这也是造成少数地方"等、靠、要"思想的原因之一。一些掌握项目和资金分配资源的部门，可以根据帮扶点的实际困难，对帮扶点的基础设施建设、产业项目或资金进行帮扶，帮扶工作能在较短时间内拉动和促进当地经济发展，对经济推动的帮扶效果明显。而对于许多群团组织、事业单位等所谓的无项目、无资金、无关系的"三无单位"，不仅没有掌握项目和资金分配资源，也很难到其他部门"化缘"，一些单位甚至帮扶工作办公经费都紧张，驻村干部没有帮扶资金使用，③帮扶工作的难度相对要大得多，有时驻村干部为

---

① 数据来源于省直机关工委统计资料。
② 数据来源于2013年8月21日全省同步小康驻村工作座谈会资料。
③ 为解决这一问题，2013年在派出全省同步小康驻村工作组时建立了帮扶资金制度。省级层面按照每村2万元标准，建立驻村帮扶资金，用以解决同步小康驻村工作组自身无法帮助所驻村解决的突出问题，各市（州）、县（市、区、特区）根据自身实际，匹配建立驻村帮扶资金，因资金量小，这一问题仍然存在。

解决帮扶点一些涉及民生问题的小项目的资金要求，只能靠"挤"办公经费或通过职工集资的方式来解决。这些帮扶单位即使真心帮扶，也常常会遇到工作人员"剃头挑子一头热"的问题，比起那些可以直接投资或直接拨款的部门来说，这些部门的帮扶工作艰难得多，这些帮扶单位派出的挂职、联乡、驻村干部找不准"位置"，在基层不受"欢迎"的现象不同程度地存在，甚至有工作"落空"的感觉，帮扶工作处于被动"配合"状态，帮扶干部积极性、主动性不高，甚至一些地方还存在推诿的现象。"三无单位"的帮扶干部在实际工作中的地位和作用更多依赖于个人主观能动性的发挥，这也是少数挂帮干部下不去、蹲不住、干不真、干不实的重要原因。

（二）帮扶部门之间存在各自为政现象

当前，贵州省的"帮、联、驻"工作采用的是定点帮扶工作模式。省委、省政府"帮、联、驻"相关政策规定，一个省直部门定点挂帮一个县（市、区、特区）。相应的，各州（市）、县（市、区、特区）党委政府也做出类似政策规定：一个州（市）直部门定点挂帮一个乡，一个县直部门定点挂帮一个村。也就是说，省、州（市）、县三级均有部门参加定点帮扶工作，派有帮扶干部。各有各的点、各有各的线、各有各的人，"县县有部门帮扶、乡乡有联乡领导、村村有驻村干部"。有的村镇有好几个不同部门的帮扶干部，有不同的帮扶活动载体，有"帮、联、驻"工作队、党建扶贫工作队、有单位系统内的扶贫工作队等，2013年整合成同步小康驻村工作队后，情况有所改变，但仍存在帮扶部门过多、帮扶活动载体复杂，不能很好地沟通协调现象，给相互配合、形成帮扶合力带来了一定的难度。

省委办公厅、省人民政府办公厅、中共贵州省委党的建设工作领导小组虽下发过文件对"帮、联、驻"干部进行统一管理，规定各级帮扶干部由帮县（市、区、特区）省直部门和当地党委、组织部门管理，但在实际工作中，除省委、省政府各职能部门能对当地各单位各级下派干部进行有效管理外，省直单位的许多群团组织、科研事业单位的挂帮联系县（市、区、特区）工作队很难对本地区的其他省、州（市）、县三级帮扶干部进行管理，这些地区的省、州（市）、县三级帮扶部门和帮扶干部基本上是各自为政，缺乏沟通联系，力量分散，工作重复现象时有发生，即使是同一级的帮扶部门和工作人员，因来自不同的单位，也存在沟通不够的问题，如省直机关党建扶贫工作队和当地"帮、联、驻"工作队不是同一单位，"帮、联、驻"工作队和党建扶贫工作队也可能是各干各的，影响了"帮、联、驻"工作的成效。

（三）帮扶效果存在较大差异

2012年，贵州省对88个县都派有省直部门参加帮扶工作，2013年派有"同步小康工作队"驻村工作，"帮、联、驻"活动覆盖全省所有县、乡、村。从一年多的帮扶工作情况来看，各帮扶单位的帮扶效果存在差异，特别是硬实力帮扶效果存在较大差异。

从我们调查的数据来看，2012年获表彰的15个省直机关"帮、联、驻"先进工作队和2013年我们宣传树立的"全省同步小康驻村工作队"先进典型，有以下共同点：一是单位主要领导高度重视，并将帮扶工作和本单位的工作职能、业务工作较好结合。二是帮扶项目都是数十个，直接投入或协调争取帮扶资金达数千万元以上。这些单位的帮扶点帮扶效果明显，与其他一些帮扶部门的帮扶点相比，帮扶效果存在较大差异。

（四）抓项目建设持续能力不足

"帮、联、驻"工作要求每一个省直部门具体帮助一个县，二年不变。相关省直部门和党建扶贫队都对帮扶点做了三年帮扶规划，但"帮、联、驻"工作下派干部期限为一年，特别是挂任当地县（市、区、特区）党委或政府副职的省直部门单位常驻挂帮联系县（市、区、特区）的处级干部，作为省直部门挂帮联系县（市、区、特区）工作队副队长或驻村工作队副队长，由于担任本单位挂帮工作组组长的省直部门单位领导班子成员不是常驻，和本单位的工作也没有脱钩，实际上派挂当地党委或政府副职的干部，一般负责当地"帮、联、驻"工作的统筹安排，按现行的管理办法，对派挂当地党委或政府副职的干部，没有安排分管当地其他工作，这就使派挂当地党委或政府副职的干部没有能尽快熟悉掌握当地情况的"通道"，处于找工作的状态，等把情况

了解后，下派的期限已到，一些帮扶项目正处于落实阶段，人员更替、工作变更后，原准备的项目可能无法落实。

另外，一些地区省直党建扶贫队工作队成员单位更换频繁，每年的成员单位都不一样，刚磨合好，又换了。帮扶活动因人员更替频繁或帮扶单位更换帮扶点过快导致帮扶活动可持续性不足，无法协调资源，发挥合力。单位更换后，可能导致一些项目无法实施，影响了帮扶工作的可持续发展。

（五）一些干部下基层存在走过场现象

"帮、联、驻"工作相关文件规定，由单位领导牵头，所有处级干部都要深入帮扶点，而且规定有在基层具体办公天数。为了执行这个规定，各个单位采取的做法是帮扶活动分批开展，班子成员排时间表，每个月保证有一个班子成员领导下基层，处级干部则轮流下基层，这样做的初衷是使大部分处级干部得到去基层锻炼的机会，保证帮扶部门在帮扶点上长期有处级干部驻扎，但是因驻扎基层的时间不够且人员更替过快，还没熟悉情况就换成下一批，存在走过场、搞形式主义现象，很难制定切实有效的帮扶对策。每一个帮扶部门、每一个帮扶干部到帮扶点，基层干部都要接待、重复介绍情况，许多基层干部因接待和介绍工作疲于奔命，增加了基层的负担。"帮、联、驻"工作重点在"驻"，核心在于要实现从"驻"到"住"的转变，只有"真蹲实住"，才能避免形式主义。

四 "帮、联、驻"工作开展中存在问题的原因

当前，贵州省"帮、联、驻"工作开展中存在的问题主要由以下原因造成。

（一）对"帮、联、驻"工作深刻内涵的认识不够

在"帮、联、驻"工作中，重硬实力帮扶、轻软实力帮扶的现象从根源上主要是对"帮、联、驻"工作内容理解片面，认识不到位，没有深刻认识到"帮、联、驻"工作的丰富内涵。

关于"帮、联、驻"工作的具体内容，贵州省委、省政府有明确规定，

内容丰富,对帮扶点的帮扶任务的要求是全方位的。抓项目建设是"帮、联、驻"工作的中心;做好群众工作,密切党和群众的关系、推动基层党组织建设、维护社会稳定、化解矛盾纠纷是"帮、联、驻"工作的重要内容;"扶智"与"扶志"是"帮、联、驻"工作的目的。但是,由于对"帮、联、驻"工作的丰富内涵宣传力度不够,使许多同志对"帮、联、驻"工作产生了片面认识。加上长期以来,贵州省县域经济发展水平低,发展速度缓慢,普遍存在基础设施、交通设施落后状况,一些部门特别是基层部门把抓基础设施建设、引进项目、协调资金作为帮扶工作重中之重是有其合理性的,但我们要充分认识到,贵州省"帮、联、驻"工作作为新形势下创新理念的扶贫工作模式、作为新时期"完善党员干部直接联系群众制度"的伟大实践,有着深刻的内涵。要科学、全面的理解"帮、联、驻"工作对农村经济发展和社会主义新农村建设的重要意义,对我们新时期改变党的工作作风、密切联系群众的重要意义,既重视"帮、联、驻"中的"硬实力"帮扶,又重视"帮、联、驻"中的"软实力"帮扶。不能简单地把"帮、联、驻"理解为基础设施建设、产业项目帮扶、协调资金等看得见摸得着的所谓硬实力帮扶。要牢固树立在"帮、联、驻"工作中,扶贫工作与密切联系群众工作同等重要、硬实力帮扶与软实力帮扶同等重要的理念。

(二)对"帮、联、驻"工作整体协调机制的构建不完善

在"帮、联、驻"工作中,各帮扶部门之间沟通协调不够,各自为政,力量分散,既有主观原因也有客观原因。

从主观上来说,各帮扶单位、帮扶干部来自不同的部门、不同的地方,甚至是不同的系统,可能工作交叉的地方不多,帮扶干部互相也不熟悉。存在不同程度的"本位主义"思想,各自为政、互不干涉。许多帮扶部门、帮扶干部只着眼于本部门帮扶点的工作,主观上存在只管自己的"一亩三分地"思想,即使部分帮扶部门、部分帮扶干部想多管"几亩地",因没有机制,别人也不让你管,也管不了。最后只能各自为政、互不干涉。

从客观上来说,"帮、联、驻"工作还未能形成发挥作用的整体协调机制,整合管理各帮扶队伍的效果不佳。

对于整合帮扶队伍，统一管理的重要性，省委、省政府，各州（市）、县党委、政府，各帮扶部门均认识到了，省委办公厅、省委组织部、省直工委也采取了强化组织措施解决这一问题，"省直机关所有挂帮联系的县，都要成立党的临时组织，实现'帮县、联乡、驻村'工作党的临时组织'全覆盖'"。在县一级组建"临时党总支"、驻村工作队，在乡镇一级组建"临时党支部"、驻村工作组，党的临时组织主要负责领导、组织和管理"联乡、驻村"党员、干部，实现履职"全到位"。在制度建设上，也采取了联席会议制度、工作例会制度、工作报告制度等加强管理。① 但从实际情况来看，效果并不明显。主要原因是没有"授权"的专门的管理机构，临时的管理机构都是"兼职"。部门帮县单位如果和该县党建扶贫工作队队长单位不是同一个单位，协调统一工作就存在困难；"临时党总支""临时党支部"或联席会议制度、工作例会制度等都是在当地党委或组织部门的协调下开展工作，而地方工作又极其繁杂，当地党委和组织部门人力精力有限，有顾不了的时候，同时大多数帮扶单位是上级部门，给协调工作增加了难度。

另外，在帮扶方式上，未能完全实现一体化帮扶也是各帮扶单位力量分散、难以整合的一个重要原因。目前，对一个县或乡镇的帮扶活动有"帮、联、驻"工作，有党建扶贫工作，还有一些部门系统自身的帮扶工作等，不少部门的党建扶贫工作和"帮、联、驻"工作是分散的，不在一个点上，甚至不在一个市（州）线上，工作跨度大、人力精力分散，难以顾及方方面面，活动载体过多、变化太快，且存在多头管理现象，使帮扶单位无所适从。给集中力量、整合资源开展"帮、联、驻"工作带来了一定困难。

（三）对"帮、联、驻"工作帮扶资源的分配缺乏针对性

一般而言，各帮扶单位的帮扶效果主观方面取决于帮扶单位帮扶意愿的大小、帮扶力度的强弱；客观方面取决于对帮扶单位帮扶资源的科学分

---

① 参见《中共贵州省直属机关工委关于进一步加强和完善省直机关"帮县、联乡、驻村"工作党的临时组织建设的通知》。

配及帮扶单位掌握的资源多少和整合资源能力的大小。由于各帮扶部门对帮扶工作的重视程度存在差异,其工作职能、业务范围和帮扶点帮扶工作的结合存在差异;不同的帮扶部门工作优势(资源优势、技术优势、智力优势)存在差异,其帮扶效果存在差异。如果帮扶单位充分重视"帮、联、驻"工作,"帮县、联乡、驻村"干部到位情况良好,主动作为,创造性地开展工作,实现了帮扶工作的常态化,并且能在充分调研的情况下,紧密结合挂帮联系县实际,找到帮扶点帮扶工作与本单位的业务工作的结合点,帮扶措施具体得力,使帮扶工作和帮扶部门业务工作"对得上",帮扶效果就好,"对不上",帮扶效果就打折扣,甚至产生"帮、联、驻"工作"落空"问题。

通常情况下,帮扶点是经济社会发展比较落后的地区,需要帮扶的工作较多,社会、经济、文化、政治、生态的发展都是需要帮扶的内容。帮扶部门和帮扶干部各有自己的业务性质和优势,不是每样工作都能帮得上、帮得实,既要全面帮扶又要重点突破,只有实现了那些和部门职能工作有密切联系、和帮扶干部本职工作能结合起来的工作突破,帮扶效果才会明显。帮扶工作做得不太好、成效不明显的部门,都是重视不够,未能把帮扶工作和本部门的本职工作、业务工作较好联系起来的部门。

(四)对"帮、联、驻"工作考核结果的运用缺乏有效性

《"部门帮县、处长联乡、干部驻村"工作管理暂行规定》和《贵州省同步小康驻村工作小组和驻村干部管理暂行规定》对"帮、联、驻"考核工作进行了规定:省直机关、市直机关、县直机关等部门的考核是"由本级组织部门会同当地党委、组织部门共同进行;同步小康驻村工作组的考核由县(市、区、特区)党建工作领导小组会同所在乡(镇)党委组织实施,驻村干部的考核由县(市、区、特区)党建工作领导小组会同选派单位组织人事部门及所在乡(镇)党委共同组织实施"。作为"帮、联、驻"整合力量重要组织的驻村工作队、临时党总支、临时党支部等组织在考核中没有"话语权",也没有规定要征求驻村工作队、临时党总支、临时党支部的意见。从而影响了这些组织对帮扶干部管理的积极性,也使帮扶部门和帮扶干部自觉参与整合的

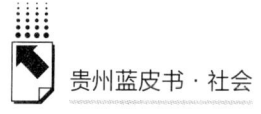

主动性失掉了推动力。

另外,对考核结果的作用,规定太为笼统,只规定说帮扶工作考核作为干部提拔的重要依据、作为单位考核的重要依据,没有考虑各个单位的细微差别,如帮扶干部在帮扶期间工作量和单位聘期工作量结合;帮扶干部帮扶考核和单位考核结合等,影响了部分单位帮扶干部的积极性,也使得对这部分干部不能有效管理。

五 构建和完善"帮、联、驻"长效工作机制的对策建议

"帮、联、驻"工作,是一项长期的任务,要实现这项任务的持续有效推进、全面协调发展,构建和完善"帮、联、驻"长效工作机制是关键。

机制是使制度能够正常运行并发挥预期功能的配套制度体系,它具有规范化、稳定性特点。"帮、联、驻"长效工作机制指的是能长期保证"帮、联、驻"工作的正常开展、持续有效的推进的一种制度体系。因此,如何使这个制度体系产生持久动力、具有长期效应和作用;如何使这个制度体系规范化、各项工作之间的衔接与关联按照一定规范运行;如何使这个制度体系稳定化、各项工作运行模式相对固定。这三个方面的内容是构建和完善"帮、联、驻"长效工作机制的关键。

随着贵州省"帮、联、驻"工作的深入开展,"帮、联、驻"工作的内容、方法和管理制度也不断地得到充实和完善。"帮、联、驻"工作长效机制的构建,体现在中共贵州省委党的建设领导小组、省委办公厅、省政府办公厅、省直机关工委一系列文件和规定上,如《"部门帮县、处长联乡、干部驻村"工作管理暂行规定》和《贵州省同步小康驻村工作组管理暂行规定》两个文件。这两个文件对"帮、联、驻"工作的组织管理机制、工作制度机制、工作保障机制、考核评价机制都有详细的规定和说明,推动了贵州省"帮、联、驻"长效工作机制的建设。但当前贵州省"帮、联、驻"工作开展中存在的问题,说明现行的"帮、联、驻"工作机制还有待完善的地方,我们认为主要须从以下几方面进一步补充和完善。

（一）构建和完善"帮、联、驻"联动工作机制

构建和完善"帮、联、驻"联动工作机制，旨在对"帮、联、驻"工作中省、市、县三级下派干部实行统一的组织管理，构建稳定的层级管理体系，推进跨部门、跨行业的帮扶项目工作协调机制，有效解决"帮、联、驻"工作中省、市、县三级下派干部各自为政、省直厅局挂帮联系工作大多依靠本行业优势开展帮扶，无法或很少涉及跨行业帮扶工作的问题。

通过对"帮、联、驻"联动工作机制的建立，对省直部门挂帮县（市、区、特区）工作队、各同步小康驻村工作组在"帮、联、驻"工作中跨部门、跨行业自身无力协调解决的问题，进行分析汇总，需县（市、区、特区）有关部门解决的，由省直部门单位常驻挂帮联系县（市、区、特区）的挂任县（市、区、特区）党委或政府副职，协调县直有关部门研究解决；需市（州）直有关部门解决的，报市（州）党建工作领导小组协调市（州）直有关部门研究解决；需省直有关部门解决的，报省委党建工作领导小组办公室，协调省直有关部门研究解决。

（二）构建和完善"帮、联、驻"帮扶资源统一调配机制

构建和完善"帮、联、驻"帮扶资源统一调配机制，旨在通过对帮扶资源的科学调配，有效解决帮扶资源分配不均衡、各帮扶点帮扶效果存在明显差异等问题。

1. 制定省级"帮、联、驻"工作规划，明确目标任务

在省级层面上制定全省"帮、联、驻"工作规划，以制度形式规定全省"帮、联、驻"工作目标和任务，对那些涉及资源配置掌管的部门，如发改委、农委、扶贫办、交通厅、公路局等进行的应是全省范围内的整体帮扶（重点帮扶边远落后县），统一调配帮扶资源，不具体帮扶一个点。避免因本部门的"帮、联、驻"工作打乱既定的资金投入和项目实施计划，影响对全省的基础设施和项目投入。

2. 对帮扶县需要帮扶的内容组织论证，科学分配帮扶任务

根据帮扶县经济社会发展、社会和谐稳定等综合情况开展调查分析，结合

实际，提出帮县单位及联乡、驻村所需干部的类别、专业等方面的需求，结合帮扶单位的具体人力、财力、资源等情况，科学分配帮扶任务，让帮扶单位能充分发挥单位人力、财力、资源优势，在职能范围内能给予帮扶对象最大的支持，避免那种"有力无处使"和"心有余而力不足"的情况，有效解决"帮、联、驻"工作"落空"问题。

3. 统筹配置帮扶资源，实行帮扶资源轮换制

在帮扶县帮扶计划和年度实施方案的基础上，由省委组织召开全省"帮、联、驻"工作调度会议，根据各地的帮扶计划，统筹配置帮扶资源，并实行帮扶资源轮换制，一项帮扶计划完成后，向组织部门申请考核验收，验收合格后，再申请实施下一项帮扶计划，根据帮扶计划的要求，重新配置帮扶资源，有效解决帮扶资源分配不均衡、各帮扶点帮扶效果存在明显差异等问题。

（三）构建和完善"帮、联、驻"工作科学分类机制

构建和完善"帮、联、驻"工作科学分类机制，旨在通过对"帮、联、驻"工作的科学分类，有效解决"帮、联、驻"工作中重"硬实力"帮扶、轻"软实力"帮扶等问题。

"帮、联、驻"工作不是单一的一个面，是多层次、全方位的，涉及政治、文化、经济、社会工作的方方面面。既有发展模式、价值观、影响力、感召力、自信力等"软实力"帮扶，又有资源、经济力量、执行力等"硬实力"帮扶，"软实力"帮扶与"硬实力"帮扶在"帮、联、驻"工作中是辩证统一的，缺一不可，从本质上来说，"硬实力"是手段，"软实力"是根本。单一的"硬实力"帮扶并不意味着能达成所愿，有效实现"帮、联、驻"工作的目的，有可能使"硬实力"变"软"。单一的"软实力"帮扶不能改变基层基础设施落后、经济发展缓慢的现状，有效实现"帮、联、驻"的目的，实现"软实力"变"硬"的提升。

解决"帮、联、驻"工作中重"硬实力"帮扶、轻"软实力"帮扶问题除了需要大力宣传"帮、联、驻"工作的丰富内涵，牢固树立"帮、联、驻"工作中"硬实力"帮扶与"软实力"帮扶同等重要的理念外，更重要的是要建立科学的帮扶分类机制。要结合帮扶工作部门的实际建立科学的分类评价机

制，对"帮、联、驻"工作进行全面科学的评价，不简单地以帮扶项目和资金数量作为"帮、联、驻"工作的评价依据。

1. 对帮扶单位科学分类，鼓励不同的单位采用不同的帮扶方式

"帮、联、驻"工作是一项长期的工作，简单依靠帮扶单位出钱帮扶，"帮、联、驻"工作不可能长久发展。要鼓励不同性质和不同工作职能的部门根据自己的实际情况采用不同的形式帮扶，鼓励不同专业知识的驻村干部根据自己的情况开展工作。

2. 对帮扶点科学分类，不同的类型采用不同的帮扶机制

"帮、联、驻"工作中，被帮扶的县、乡镇和村的区域特征、资源禀赋、社会经济发展水平不一，帮扶的方式、帮扶的重点也不一样，要科学地分析当地的实际情况，采用不同类型的帮扶方式，以获得最大的效果。

3. 对帮扶项目科学分类，不同的项目采用不同的实施机制

"帮、联、驻"工作重点在项目帮扶，不同的项目有自身的运作规律，组织实施的机制也不同。要将项目进行分类，如基础设施型项目、经济发展型项目、社会事业型项目，不同的项目有不同的实施机制。基础设施项目实施不能只管建，还要考虑管和养；经济发展型项目的实施要考虑配套政策；社会事业型项目主要为民生项目，解决长远问题。

4. 构建和完善"帮、联、驻"干部科学挂帮机制

构建和完善"帮、联、驻"干部科学挂帮制，旨在有效解决"帮、联、驻"工作中抓项目建设持续能力不足问题。

"帮、联、驻"工作中，抓项目建设持续能力不足的一个原因是帮扶单位、帮扶干部更替过快，"人走茶凉"；另一个原因是派挂当地党委或政府副职的干部，没有安排当地其他工作，"帮、联、驻"工作队中也没有当地扶贫部门的领导担任副队长之类的职务，这使得在政府或党委挂职的干部抓项目建设有无处着力的感觉。

（1）派挂当地党委或政府副职的干部挂职期限改为3年，在当地有分管工作。建立科学的帮扶干部挂帮制，对应帮扶县省直部门制定的3年挂帮规划，省直部门单位常驻挂帮联系县（市、区、特区）的处级干部挂任县（市、区、特区）党委或政府副职，挂职期限改为3年，分管或协助分管党建和扶贫等工作，有效解决抓项目建设持续能力不足问题。

（2）"处长联乡"应把"联乡"与"挂职"相结合，在当地有具体工作。目前"联乡"处长虽有明确的工作任务，但在实践中存在"落空"问题。"联乡"处级干部不能孤立抓"帮、联"工作，须与"挂职"工作有机结合，全面掌握帮扶县的相关情况，提高沟通协调效率。驻村干部要在村级两委会任职，有明确的工作任务，能"住"得下来。

（3）将"帮、联、驻"工作和党建扶贫工作合二为一。变分散帮扶为集中到重点帮扶县的一体化帮扶。省直单位可考虑把本单位的"帮、联、驻"工作和党建扶贫工作合二为一，有效解决帮扶人员更替频繁或帮扶单位更换帮扶点过快导致帮扶活动可持续性不足问题。

（四）构建和完善"帮、联、驻"工作科学考核机制

构建和完善"帮、联、驻"工作科学考核机制包括考核机制的构建和考核结果的运用。

对帮扶部门的考核评价，重点在客观实际，要结合帮扶工作部门的实际建立综合考评体系，将"帮、联、驻"工作的所有内容纳入考评指标，进行全面科学的评价，将工作层面与实际效果结合，既要看工作业绩的"量"，又要看帮扶单位重视程度的"性"，定性准确、定量恰当，不简单地以帮扶项目和资金数量作为唯一的考核依据；对帮扶干部的考核评价重点在创新和突破上，对那些在"帮、联、驻"工作中创新工作方法、工作有重点突破的帮扶干部要奖励；对驻村干部的考核评价重点在"驻"，既要考核驻村干部的工作业绩，更要考核驻村干部"驻"的情况，使广大驻村干部自觉地变"驻"为"住"。

对考核结果的运用，要充分考虑到各帮扶单位和帮扶干部的具体情况，将帮扶工作的考核和单位考核结合起来，如对在原单位从事科研工作的帮扶干部的考核，要和单位科研聘期考核相结合，对在帮扶工作期间的工作成绩和本单位聘期考核成绩如何"对接"作出明确的说明或规定；对派挂帮扶点当地党委或政府任副职的省直单位副处级干部，如挂职期限改为3年，3年挂职期满后，考核合格，可考虑直接提拔为正处级干部等。总之，考核要达到激励帮扶干部积极性的目的。

六 结语

"帮、联、驻"工作,是贵州省后发赶超、与全国同步建成小康社会宏伟目标的重大战略部署,是欠发达地区如何实现跨越式发展的典型案例,是新时期贯彻落实党的群众路线的生动实践,是新时期群众工作的创造性运用,没有现成的经验可循,需要在实践中不断深化和推进。对"帮、联、驻"长效工作机制的理论研究也才刚刚开始,没有现成的理论可供我们参考,但是,理论是实践的先导,伟大的实践需要理论的跟进,贵州省"帮、联、驻"工作能否深入持久、卓有成效地开展下去,需要我们以党的十八大精神为指导,以"党的群众路线教育实践活动"为要求,边实践边总结、边总结边完善。通过对"帮、联、驻"工作实践经验的概括和总结,将"帮、联、驻"工作概括、提升为具有贵州特色的"帮、联、驻"工作理论体系,用理论指导实践,不断拓展"帮、联、驻"工作的内涵,创新"帮、联、驻"工作的实现途径和形式。

"帮、联、驻"工作,是一项长期的任务,要实现这项任务的持续有效推进、全面协调发展,构建和完善"帮、联、驻"长效工作机制是关键。如何做好"帮、联、驻"工作,关键取决于工作机制是否科学合理、是否可持续。我们在今后的工作中,还需要完善"帮、联、驻"长效工作管理体制、工作机制、组织方式、措施办法等各项工作,在整体统筹、因地制宜的基础上探索符合基层实际的长效工作机制,推动"帮、联、驻"工作长期卓有成效地开展下去。

鉴于"帮、联、驻"工作开展以来取得的明显成效,并且已成为贵州省新形势下扶贫工作和群众工作的独特品牌。我们认为对"帮、联、驻"工作的后续研究重点在构建贵州特色的"帮、联、驻"扶贫开发理论体系和贵州特色的"同步小康驻村工作"党的群众工作方法创新理论体系研究方面。贵州省的社会科学研究部门、高校、省直相关部门等要积极引导和组织广大理论工作者深入"帮、联、驻"工作的伟大实践中去,深入研究"帮、联、驻"工作的科学内涵、精神实质和实践要求,积极探索"帮、联、驻"工作对贵州省全面建成小康社会的作用和有效途径,积极探索"帮、联、驻"工作对新时期党的群众路线教育的重要作用,将贵州省"帮、联、驻"工作与其他省市推动机关干部直接联系服务群众的工作进行比较研究，总结出贵州省"帮、联、驻"工作对全面贯彻和落实中央"党的群众路线教育实践活动"的创新性特点，用贵州的学术解读贵州的奇迹，努力构建贵州特色的"帮、联、驻"扶贫开发理论体系和贵州特色的"同步小康驻村工作"党的群众工作方法创新理论体系。

参考文献

中共中央、国务院：《中国农村扶贫开发纲要（2011～2020年）》。

中共贵州省委办公厅：《关于深化"四帮四促"活动实行省直部门单位挂帮联系县（市、区、特区）的通知》（黔办发电〔2011〕75号）。

中共贵州省委组织部：《关于进一步落实两万干部下基层到村开展工作的通知》（黔组通〔2011〕120号）。

中共贵州省委办公厅、贵州省人民政府办公厅：《关于在"四帮四促"活动中扎实抓好"部门帮县、处长联乡、干部驻村"工作切实转变作风的通知》（黔委厅字〔2012〕21号）。

中共贵州省委组织部：《关于选派干部开展"部门帮县、处长联乡、干部驻村"工作的通知》（黔组通〔2012〕17号）。

中共贵州省直属机关工委：《对省直机关开展"部门帮县、处长联乡、干部驻村"工作进行督查的方案》（省直党工通字〔2012〕34号）。

中共贵州省直属机关工委：《关于进一步加强和完善省直机关"帮县、联乡、驻村"工作党的临时组织建设的通知》（省直党工通字〔2012〕46号）。

中共贵州省委办公厅、贵州省人民政府办公厅：《"部门帮县、处长联乡、干部驻村"工作管理暂行规定》（黔委厅字〔2012〕43号）。

中共贵州省委党的建设工作领导小组：《关于认真学习贯彻党的十八大精神组建同步小康驻村工作组深化"帮县、联乡、驻村"工作实施方案》（黔党建发〔2013〕1号）。

中共贵州省委党的建设工作领导小组：《贵州省同步小康驻村工作组管理暂行规定》（黔党建发〔2013〕1号）。

省委有关"帮县、联乡、驻村"工作的重要精神；省委书记赵克志，省委副书记陈敏尔，省委常委、组织部长孙永春等在2012年7月20日省作风建设活动办公室呈报的《关于"帮县、联乡、驻村"工作进展情况汇报》上的重要批示。

2013年8月全省同步小康驻村工作座谈会资料。

B.14
2013年贵州省体育赛事研究报告

朱 江 彭俊杰*

摘 要： 在分析2013年贵州省举办的各类体育比赛特点、规律以及存在的问题的基础上，探索创新贵州省体育赛事模式，发挥旅游、农业、体育、文化、宣传等方面的作用，形成五位一体的发展模式，充分利用贵州省举办体育赛事的条件，搭建对外宣传平台，为贵州省经济社会又快又好、更快更好地发展服务。

关键词： 贵州省 体育赛事 研究报告

党中央、国务院在《中华人民共和国国民经济和社会发展第十二个五年规划纲要》中明确部署"发展健身休闲体育，开发体育竞赛和表演市场"；国家体育总局在《体育事业发展"十二五"规划》中特别强调"探索体育赛事运作的新模式，推进体育赛事的市场开发"；贵州省在《贵州省体育事业第十二个五年规划》中也明确指出"群众体育：全省经常参加体育锻炼的人数达到总人口的30%以上""体育产业：各市（州）打造一项以上山地户外运动品牌赛事"。由此可见，体育赛事是我国"十二五"期间大力推进和发展的服务性产业，贵州省的体育赛事业态，不仅关系全省的体育事业、体育产业的发展，还关系全省服务业整体水平的提高。为此，2013年，贵州省体育局、省内有关厅局、各市（州）政府在贵州省举办了国际、国内比赛及全省性比赛共154项次，其中包括国际性比赛10项次、全国性比赛43项次、全省性比赛91项次

---

* 朱江，贵州师范大学体育学院副教授、硕士生导师；彭俊杰，贵州省体育局副巡视员。

和各类体育活动 10 项次。加之各市、区、县、乡及社区体育赛事，据不完全统计逾 1000 项次。2013 年，贵州省的体育赛事，在群众体育赛事、竞技体育赛事、学校体育赛事和体育活动中得到了具体的开展和落实。

一 2013 年贵州省体育赛事概况

围绕《贵州省体育事业第十二个五年规划》，2013 年，贵州省体育局、省内有关厅局、各市（州）政府在贵州省举办了国际、国内比赛及全省性比赛共 154 项次，我们从体育赛事级别分布、体育赛事类别分布、体育赛事项目分布和体育赛事举办区域分布等方面来了解 2013 年贵州省体育赛事概况。

（一）体育赛事级别分布

在体育赛事中，对体育赛事的级别有严格界定和划分，这里概括性地从参与者的区域、参与规模和组织管理的层面，分为国际性赛事、全国性赛事和全省性赛事三大类（见表 1）。

表 1　2013 年贵州体育赛事级别分布

单位：项次，%

级别	国际性赛事	全国性赛事	全省性赛事	总计
项次	10	43	101	154
百分比	6	28	66	100

（二）体育赛事类别分布

1. 群众体育赛事

群众性体育赛事在体育运动中的作用是发展和推动群众体育的重要手段，从而来满足人们日益增长的群众体育多元化需求，达到拉动消费，推动体育产业的快速发展；从城市发展的角度而言，其可以成为构建城市精神的平台，提高人口素质，增强城市综合实力。从表 2 中可以看出，2013 年贵州共举办群众体育赛事 88 项次，占 2013 年全省体育赛事的 58%。

表2　2013年贵州体育赛事类别分布

单位：项次，%

类别	群众体育赛事	竞技体育赛事	学校体育赛事	各类体育活动	总计
项次	88	48	8	10	154
百分比	58	31	5	6	100

2. 竞技体育赛事

竞技体育赛事既是竞技体育技术水平的展现平台，也是观众欣赏体育精神、关注竞赛形式及过程、期盼比赛结果的体验、观赏产品。在2013年贵州省的体育赛事中，竞技体育赛事48项次，占31%，在一定程度上对贵州竞技体育的发展有着积极的意义。

3. 学校体育赛事

学校体育赛事是学校体育文化发展的主要载体。它不仅能起到增进学生健康、增强学生体质的作用，更重要的是让学生学习、体验在体育运动中所崇尚的一种公平竞争、团结协作的道德风尚，一种尊重自己、尊重他人、自强不息的道德品质，一种促进相互交流、相互协作的精神，这正是我们所应追求的人文精神。

（三）体育赛事项目分布

不同的运动项目有不同的体育赛事。根据举办、完成的2013年贵州省体育赛事，我们将其分为五大类，包括奥运项目、山地户外运动项目、民族特色项目、休闲娱乐项目和其他项目。

表3　2013年贵州体育赛事项目分布

单位：项次，%

项目	奥运	山地户外运动	民族特色	休闲娱乐	其他	总计
项次	54	41	20	26	13	154
百分比	35	26	13	17	9	100

1. 奥运项目

在奥运项目中，包含了大众积极参与的群众性奥运项目和竞技性奥运项目。

(1) 群众性奥运项目。

2013年贵州的群众性奥运项目赛事集中在篮球、足球、乒乓球、羽毛球、网球、游泳六个项目上,共计16项次。从各个项目所占比例分析,网球赛事占了群众性奥运项目的44%,说明贵州省对网球项目的重视程度很高。大众喜爱的篮球、足球、乒乓球也各占了2013年贵州群众性奥运项目赛事的10%以上(见表4)。

表4 2013年群众性奥运项目统计

单位:项次,%

项目	篮球	足球	乒乓球	羽毛球	网球	游泳	总计
项次	2	2	3	1	7	1	16
百分比	12.5	12.5	19	6	44	6	100

(2) 竞技性奥运项目。

在2013年贵州省体育赛事中,组织举办了15项38次竞技性奥运项目(见表5)。由于竞技性奥运项目较多,各项目赛事的举办次数和比例相对较小。2013年贵州竞技性奥运项目举办比例超过10%的赛事有三项:篮球4次(11%)、足球6次(16%)和田径6次(16%)(见表5)。

表5 竞技性奥运项目统计

单位:项次,%

项目	篮球	足球	乒乓球	羽毛球	网球	游泳	田径	举重
项次	4	6	3	2	2	3	6	1
百分比	11	16	8	5	5	8	16	2.5
项目	拳击	体操	射击	射箭	击剑	跆拳道摔跤	皮划艇	总计
项次	2	1	2	1	1	2	2	38
百分比	5	2.5	5	2.5	2.5	5	5	100

在2013年赛季中,就有在六盘水钟山区举行的"2013中国凉都·六盘水亚高原夏季国际马拉松邀请赛"(海拔高度1827米)、在安顺镇宁县举行的"贵州镇宁黄果树国际半程马拉松赛"(海拔高度1138米)和在黔东南凯里·雷山·镇远举行的"贵州环雷山超100公里跑国际挑战赛"(海拔高度分别是

1000 米、1300 米和 600 米），是国内所举办的唯一多地点、多海拔、多日程的马拉松比赛，而且这三项赛事都是国际性赛事，在贵州这个生态型、多梯度的高原、亚高原省份，进行训练和举办比赛得到了国际上的认可。马拉松赛事不仅仅是生理层面作用，更有其心理层面价值，参与者更感受着坚毅与执着。

足球赛事的举办在贵州有着很好的群众基础，拥有众多忠实热情的球迷，自从2012年人和足球俱乐部入主贵阳后，贵州就真正拥有了一支中国最高级别职业体育赛事项目——足球，为此，也开启了贵州的职业体育赛事。在2013年贵州竞技性奥运项目中，足球项目就举办了6次，占全年竞技性奥运项目的16%，其中一次是在贵阳奥体中心举行的国际性赛事"2013亚洲足球冠军联赛"和三次全国性赛事：在贵阳奥体中心举行的"2013中国足球协会超级联赛"、在贵州省体育场举行的"2013中国足球协会甲级联赛"和在贵阳奥体中心举行的"中国足球协会杯赛"。

2. 山地户外运动项目

山地户外运动集健身性、娱乐性、观赏性为一体，有较好的与自然、人文和环保的融合力。开展山地户外运动赛事，对于推动全民健身运动，倡导人与自然和谐相处，促进当地经济社会发展具有积极的现实意义。在《贵州省体育事业第十二个五年规划》中，将贵州省定位为户外运动大省："紧紧围绕贵州省的城镇化带动战略，加强宣传、旅游、文化、体育、农业'五位一体'的结合。根据贵州省山地资源丰富的特点，大力发展体育旅游，开展山地户外活动，培育品牌赛事，开发具有民族特色的体育商品，将贵州省建设成山地户外运动大省。"该《规划》中的其中一项主要任务就是："以开展山地户外运动为重点，推进体育产业健康发展。"围绕这一任务，在2013年贵州省的体育赛事中，山地户外运动项目有41项次，占全年体育赛事的26%。这些赛事有助于将贵州打造成山地户外运动大省，是任务的具体体现和落实。从表6中可以看出，2013年贵州举办的山地户外运动项目有山地自行车（13项次）、山地徒步（3项次）、山地竞速（1项次）、山地攀岩（2项次）、户外拓展（4项次）、定向越野（4项次）、亚高原越野（3项次）、滑翔伞、跳伞（3项次）等10类项目，其中山地自行车所占比例最大，在41项次中有13项次，占32%。

表6　2013年贵州省山地户外运动项目统计

单位：项次，%

项目	山地自行车	山地户外	山地徒步	山地竞速	山地攀岩
项次	13	8	3	1	2
百分比	32	20	7	2	5
项目	户外拓展	定向越野	亚高原越野	滑翔伞、跳伞	总计
项次	4	4	3	3	41
百分比	10	10	7	7	100

3. 民族特色项目

民族特色体育赛事的魅力首先就在于它是独有的，还在于它能创造出一种民族体育环境，一种地域民族体育气氛，使民族民间特色体育赛事具有当地特色和民族气息。2011年第九届全国少数民族传统体育运动会在贵州的成功举办，给贵州少数民族传统体育的发展带来了机遇，贵州省以开展"多彩贵州"龙舟系列的少数民族传统体育项目为重点，掀起了群众体育活动的高潮。2013年，龙舟，健身气功，赛马、猛牛等民族特色体育项目丰富和完善了贵州省全年的体育赛事（见表7）。

表7　2013年贵州民族特色体育项目统计

单位：项次，%

项目	地掷球	龙舟	民族健身操	太极拳、剑	健身气功	射弩
项次	1	3	2	1	4	1
百分比	5	15	10	5	20	5
项目	高脚、板鞋	蹴球	赛马、猛牛	珍珠球	武术套路	苗族绝技、绝活
项次	1	1	3	1	1	1
百分比	5	5	15	5	5	5

4. 休闲娱乐项目

从表8可以看出，贵州省2013年休闲娱乐体育项目的分布状况。野钓、围棋、象棋、桥牌、信鸽、高尔夫是休闲娱乐项目的主流项目，举行项次比例都在10%以上，最多的是野钓和围棋，各占了休闲娱乐项目的19%。

表8 2013年贵州休闲娱乐体育项目统计

单位：项次，%

项目	野钓	围棋	象棋	桥牌	信鸽
项次	5	5	3	4	3
百分比	19	19	11.5	15.5	11.5
项目	高尔夫	溯溪	跳绳	柔力球	共计
项次	3	1	1	1	26
百分比	11.5	4	4	4	100

5. 其他体育赛事

其他体育项目赛事有13项次，占2013年贵州体育赛事的9%。其他体育项目赛事是不同类型赛事的多元化表现，从表9中发现，汽车类项目在贵州开展得较好，其中史迪威公路晴隆24道拐汽车爬坡赛已经是贵州的品牌赛事，从2007年举办了首届爬坡赛至今，24道拐以险要的地势和悠久的历史，吸引了国内外很多车队到此竞技。

表9 2013年贵州其他体育项目统计

单位：项次，%

项目	汽车	模型	洞穴探险	体育舞蹈
项次	5	3	1	1
百分比	38.5	23	7.5	7.5
项目	水上项目	趣味性	健身健步	共计
项次	1	1	1	13
百分比	7.5	7.5	7.5	100

（四）体育赛事举办区域分布

2013年贵州省的154项次体育赛事，分别在贵州省的9个市、州举办，从各市、州举办的项次来看，表现出不平衡状态（见表10）。

2013年，贵州省体育局、省内有关厅局、各市（州）政府在贵州省举办了国际、国内比赛及全省性比赛共154项次，从赛事的级别分布、类别分布、项目分布和举办区域分布来看，其紧紧围绕《贵州省体育事业第十二个五年

表10 2013年贵州体育赛事举办区域分布统计

单位：项次，%

区域	贵阳	遵义	安顺	六盘水	铜仁
项次	57	20	8	12	9
百分比	37	13	5	8	6
区域	毕节	黔东南	黔西南	黔南	共计
项次	7	8	6	27	154
百分比	5	5	4	18	100

规划》，在不断总结、创新、开拓的办赛过程中落实、完成着规划中的具体任务。除此之外，贵州省各个市（州）、区、县、乡政府及社区自主举办的体育赛事，更加丰富了广大民众的生活。

二 2013年贵州省热点体育赛事分析

在2013年举办的各类体育赛事中，不乏亮点、热点。这其中有：在2013年中国足球协会超级联赛中很活跃的"贵州人和足球俱乐部"，本土联赛制赛事最为完善的"贵阳市业余网球俱乐部联赛"，连续举办了5届的山地户外运动赛事"2013第五届'力帆·娄山栖谷杯'中国贵州遵义娄山关·海龙屯国际山地户外运动挑战赛"，贵州自身创新推广的社区体育项目"一步羽毛球"，很具民族特色的"中华龙舟大赛"和贵州的国际品牌赛事"中国拳击公开赛"等。这些赛事的计划、组织、管理、实施都有其自身的特点和规律。

（一）贵州人和足球俱乐部

2013年，贵州人和足球俱乐部迎来了其建队以来的最好成绩，连续两年取得中超第4名的成绩，并进入"足协杯"决赛，2013年12月7日最终战胜本赛季中超冠军广州恒大足球俱乐部，夺得了2013年"足协杯"冠军。球队顽强拼搏的精神也感染了本地球迷，相信球队2014年会以更好的状态出征亚冠。

1. 贵州人和足球俱乐部背景概述

贵州人和足球俱乐部，位于贵阳，现为中国足球协会超级联赛球队。俱乐部于 1995 年在上海成立,当时名为上海浦东足球俱乐部,后来历经产权所属变化,先后改名为上海中远足球俱乐部、上海国际足球俱乐部。2006 年球队从上海搬迁到西安,又曾改名为西安国际足球俱乐部、陕西宝荣浐灞足球俱乐部。2012 年俱乐部搬迁到贵州,并和贵州茅台酒股份有限公司达成了战略合作关系,正式更名为贵州人和足球俱乐部国酒茅台足球队,简称贵州茅台队。

2013 年贵阳赛区中超联赛,历时 10 个月。贵阳赛区组委会竞赛组织工作严格遵守《2013 年中国足球协会超级联赛规程》,全体工作人员齐心协力,圆满完成贵州人和俱乐部中超 15 场主队和 15 场预备队主场比赛,4 场"足协杯"比赛,3 场亚洲足球冠军联赛,并在每一场赛事中都做到精益求精,以高质量、高标准、高效益的服务来确保比赛的顺利进行。

2. 贵州人和足球俱乐部运营模式

从俱乐部的产权结构、组织结构、奖惩制度、引援方式、青少年运动员培养等方面对贵州人和俱乐部的运营模式进行剖析。

(1)产权结构和组织结构。

人和集团是中国著名的民营企业,贵州人和足球俱乐部的经营资金主要来自自身企业,俱乐部产权结构比较清晰,规章制度健全,教练员和管理层的职责分工比较明确。人和俱乐部在运作上并没有依附于政府,而是利用政府的宏观调控和自身的一套科学健全的制度来支撑。

管理层:董事会—董事长—副董事长—俱乐部总经理—领队—主教练—助理教练。

组织机构:市场经营开发部(球票销售、广告开发)—青少部(青少年培养)—综合办公室(装备管理、球队、球员注册等)。

人和俱乐部分为竞赛部、经营开发部、技术管理部、办公室行政人员和球队队务管理五个部门。其中,经营开发部有两人,一人负责球队票务的销售和推广,另一人负责球队球迷用品的销售和推广。俱乐部大的商务业务,比如球队的冠名和赞助,一般要通过俱乐部的总经理和董事长。而俱乐部主教练则在球队比赛方面有绝对的权威,例如比赛打法、训练准备、技战术安排、内外援引进等问题。明确俱乐部里面每个人的职责,也设置了很多激励制度以及奖罚规定,每个人都需要为共同的目标努力奋斗。这种管理模式给了教练足够的空间去发挥最大能量，而球员在此氛围下往往能发挥巨大潜力。

（2）奖惩制度。

"赢球奖300万元，输球罚240万元，主场平球奖40万元，客场平球奖100万元"这是2013年中超赛季贵州人和足球俱乐部在奖金上的奖励、惩罚制度，用以激励队员，确保队员的积极状态。

在2013年足协杯决赛中更是开出了主场赢球2000万元，夺冠奖励5000万元的激励清单。

（3）引援方式。

俱乐部引援主要采取两种方式：①经济人推荐；②俱乐部球探选。球员的薪资包括固定工资加赢球奖金，现引进的国际外援有5名。

（4）青少年运动员培养。

俱乐部有六只梯队U13到U19年龄阶段，分布在上海、河北、西安、贵阳四个地区。

贵阳云岩区实验二小与人和俱乐部在西安时就有协议关系，当时实验二小的优秀小球员在人和支付一定费用后进入人和的青训系统。以这个协议为基础，人和的青年队伍中有不少贵州孩子。进入中国足协"500计划"赴葡萄牙青训的向汉天是其中之一，人和进入贵州后，与实验二小进行了更紧密的合作，把这作为俱乐部参与贵州青少年足球选手培养的一个切入点，真正参与到培养贵州足球的后备人才中去。

（二）贵阳市业余网球俱乐部团体联赛

2013年4月13日，由贵阳市网球协会主办、贵州中烟工业有限责任公司协办的"2013'贵烟'杯贵阳业余网球俱乐部团体联赛"在观山湖区金阳网球中心拉开帷幕，来自贵阳12家网球俱乐部的13支球队的近200名网球运动员在这里展开为期4个月的常规赛事和1个月的总决赛。

2013年以俱乐部为单位的业余网球俱乐部团体联赛在贵阳市尚属首次，是在2012年办赛的基础上，通过总结、完善赛制而创新的一项群众性奥运项目赛事。该赛事以倡导全民健身、普及网球运动和推动业余网球水平的提高为基础，赛事以新颖的赛制、严密的组织、健康的形象、丰厚的奖金以及覆盖广泛的参赛区域，在贵阳市业余网球圈掀起网球热潮。相比过去贵阳举办的积分赛、锦标赛等，打破了以区县为单位的地区差异限制，形式更加灵活，影响的人群更加广泛。俱乐部成员组成方面除了贵州本地的选手，还有广东、成都、三亚、重庆、台湾等省市的网球爱好者。

贵阳市业余网球俱乐部团体联赛的成功举办，给贵州体育赛事的发展带来了创新模式，有如下特点。

1. 赛季周期长

传统的体育赛事，比赛周期短，一般集中在 2~4 天完成。而贵阳市业余网球俱乐部团体联赛赛时跨度一年，分常规赛和总决赛，常规赛分别在每年的 3 月、5 月、7 月、9 月的最后一个周末举行，11 月进行总决赛。这有利于各参赛俱乐部的日常训练和针对性训练，在一个赛季的组织训练过程中，俱乐部队员间有了长时间的交流和相互学习，各俱乐部之间也组织对抗训练赛。

2. 比赛项目设置针对性强

为了扩大参赛面，针对性地设置了不同年龄段的男子双打和混合双打，没有设女子双打，目的是让更多的女性网球爱好者加入不同的网球俱乐部中去，促进贵阳市网球俱乐部在数量和质量上的提高。

3. 俱乐部会员制

会员制是体育俱乐部的基础形式，是情趣相投、价值观一致的爱好者相聚的民间组织形式，有完善的管理制度。在贵阳市的各个网球俱乐部里，有省市领导、大学师生、企业员工、机关团体工作人员和社会各界人士。为了提高贵阳市的网球水平，允许俱乐部引进外援，但在每轮次的比赛中只允许 2 名非贵州籍的队员同时参赛，并且外籍队员必须完成 50% 以上常规赛场次的比赛才能参加总决赛的角逐。

4. 奖金高，奖面宽

2013 年赛季的总奖金 10 万元，这是贵阳市单项群众性体育赛事的最高奖金。2013 年赛季有 12 家网球俱乐部的 13 支球队参加比赛，进入总决赛阶段，根据常规赛的积分，将排名 1~4 名、5~8 名、9~12 名次的俱乐部分成三组举行小组循环赛，最终决出第 1~12 名，第 1~12 名都有奖金，第 1 名 20000

元，第12名1000元，还设有优秀运动员奖、组织奖和精神文明奖。

虽然网球项目在贵州的发展较晚，但由于网球运动既是一种消遣、增进健康的方式，也是一种艺术追求和享受，高雅、文明、优美的动作极富乐趣，深受人们喜爱。另外，贵州省体育局积极引导办赛，使得网球项目蓬勃发展，也促进了贵州省网球技术水平的不断提高，网球场地的急剧增加，更吸引了全国各地包括台湾省在内的教练员、运动员。

（三）贵州 遵义 娄山关·海龙屯国际山地户外运动挑战赛

2013年9月12日，《2013"力帆·娄山栖谷杯"第五届中国 贵州 遵义 娄山关·海龙屯国际山地户外运动挑战赛》再次在汇川体育运动中心举行。本届挑战赛是经国家体育总局批准，由中国登山运动协会、贵州省体育局、遵义市人民政府主办，遵义市文体广电局、中共汇川区委、汇川区人民政府承办，重庆力帆置业有限公司（力帆·娄山栖谷项目部）协办。

新模式有新机遇，新赛事有新收获。娄山关·海龙屯国际山地户外挑战赛在汇川这片热土上连续成功举办了5届，为汇川提升形象、展示风采提供了舞台。2013年汇川继续以"推介资源、展示风情、促进交流、发展经济"为宗旨，把"红色之旅""挑战之旅""激情之旅"推向新的高潮。

比赛项目设有：越野跑、绳索技能、山地自行车、定点穿越、野外生存技能等（其中野外生存技能含：浑水过滤、拼图、狩猎工作制作、摸鱼、独竹漂等）。

品牌赛事的打造需要时间的积累和政府的引导、企业的积极参与。这一品牌赛事从2007年开始，历经7年的磨炼，不断总结、创新，成为了全国山地户外运动项目的品牌赛事，为把贵州省打造成山地户外运动大省做出了较大的贡献。

（四）中国拳击公开赛

由国际拳联（AIBA）主办，国家体育总局拳击跆拳道运动管理中心、中国拳击协会、贵州省体育局承办的2013年"体育彩票杯"中国拳击公开赛，于6月18～24日在贵州省体育馆举行。本次比赛共有来自中国、俄罗斯、哈萨克斯坦、印度、新西兰、蒙古、菲律宾、毛里求斯和贵州9个国家和地区的100多名运动员、教练员参赛。比赛共有12名中国选手晋级最后决赛，最终中国选手豪取7冠。

本次比赛所采用的竞赛规则是国际拳联（AIBA）首次将职业拳击比赛规则使用于业余拳击比赛，采用为鼓励进攻打法而出台的"类职业"新规则，不以打点数为胜负的首要考量依据，而是根据裁判员10分制投票判断。新规则的使用将导致世界业余拳击运动发生深刻的变化，它所倡导的"积极进攻"和"力量、击倒"的打法，以及运动员脱掉头盔后的比赛形式，将会使业余拳击的比赛更加精彩纷呈和富有观赏性。而贵阳作为国际拳联（AIBA）在国内唯一三星级赛事的举办城市，它所拥有的唯一性决定了其所具有的稀缺性和巨大商业价值。

以上4项体育赛事，我们从不同的角度分析了它们的发生、发展，各具特色，精彩纷呈。在全国各地都在大打体育赛事城市名片的今天，贵州努力打造更多的具有贵州特色的品牌赛事，为贵州与全国同步实现小康和实现我们的中国梦而努力。

三 2013年贵州省体育赛事存在的问题分析

通过对2013年贵州体育赛事级别分布、类别分布、项目分布和举办区域分布等方面的研究以及对热点体育赛事的分析，我们发现2013年贵州省举行的体育赛事还存在如下问题。

（一）体育赛事资源的利用与开发受制于行业主管部门

在不同级别的体育赛事中，省级赛事占全年赛事的66%，明显高于国际级赛事（6%）、国家级赛事（28%）。省级赛事所占比例大，是区域赛事资源的正常分布，有利于贵州省体育赛事的具体开展。但国家级体育赛事、国际级体育赛事的经营权和仲裁权受国家体育总局控制和管理，贵州省在这两个级别上的体育赛事资源的利用与开发受到制约，从组织、管理、市场开发、竞技水平等方面限制了贵州省体育赛事水平的整体提高。也可以看出，国际性赛事只有 10 项次，仅仅占全年赛事的 6%，说明贵州省还有很大的发展空间，引进更多水平高、参与性强、看点多、欣赏性强、市场潜力大的国际性赛事，这还必须得到行业主管部门加大力度放权及支持。

（二）学校体育赛事的开展受制于时间和经费

校园体育文化不仅具有丰富的体育知识，修身养性，传播健康方法，营造健康向上、积极活泼的校园文化氛围，给学生搭建了充分展示才华和特长的平台；更重要的是，通过丰富多彩的活动，培养了学生的组织能力，增强了学生的参与意识，促进了学生情感态度和价值观的形成，提高了学生的品德修养；锻炼了学生们的意志品质，陶冶了学生们的情操，使之心灵得到净化，人格得到升华，这对学生的身心健康将起到非常积极的作用。2013年贵州的学校体育赛事仅有 8 项次，所占比例低（5%），有两方面的原因，一是学生受在校学习时间的限制，没有更多的时间参与全省性的体育比赛；二是受赛事经费的制约，学校体育专项经费的不足是一个长期存在的问题，虽然受宏观经济的影响，但也说明了管理部门和学校对比赛的重视程度不够。

（三）体育赛事举办区域分布不平衡

2013年贵州省的 154 项次体育赛事，分别在贵州省的 9 个市、州举办，从各市、州举办的项次来看，表现出不平衡状态。贵阳市举办了 57 项次赛事，占全年赛事的 37%。贵阳市是贵州省的经济中心，承担更多的体育赛事理所当然，体育赛事对贵阳城市的品牌打造有其积极意义。但其他 8 市、州除了受交通和地方区域经济、社会的发展影响外，更为重要的是地方政府对体育工作的重视程度，安顺、铜仁、毕节、黔东南、黔西南举办的项次较少，所占全年赛事均在 6% 以下。黔南州在贵州省的经济发展仅处于中上游水平，但其举办了 27 项次赛事，仅次于贵阳，占全年赛事的 18%，高于遵义（20 项次、13%）。

（四）体育赛事在贵州省的大众传播力度不足

在当今的经济时代，大众传媒已日渐成为影响和推动体育赛事的主要手段，体育赛事与大众传媒的关系越来越紧密。体育赛事要通过大众传媒来扩大宣传，提升自身影响力；大众传媒则可依靠体育赛事吸引受众，打造品牌，提升自身知名度。本身可以双赢的有机结合，但在贵州省体育赛事的举办过程中，体育赛事的组织者、执行者没有更好地与大众传媒管理者进行更加有效的沟通，导致其传播力度明显不足。更多地表现为赛事举办了，在报纸上仅有"豆腐干"板块的新闻报道，没有系统的策划宣传，没有专业深度的分析文章，可视媒体更难见到有冲击力的镜头和精彩的画面。要改变目前的现状，对于体育赛事的传播，必须得到宣传部门的重视，例如省电视台恢复体育频道的开通。另外，体育赛事的管理者也需要增强现代传播意识，跟上信息时代的快速发展。

（五）体育赛事的可持续发展值得重视

品牌赛事的打造需要时间的积累、政府的引导和企业的积极参与。从2012年开始，贵州省有了"贵州人和足球俱乐部"这样一支高水平的职业体育俱乐部，在2013年赛季的表现更是让广大球迷欢呼雀跃，也让体育界人士为之振奋，但就其俱乐部的市场特征来看，我们有理由对其可持续发展给予高度的重视。贵州另一个国际品牌赛事——"中国拳击公开赛"作为国际拳联（AIBA）在国内的唯一三星级赛事，它所拥有的唯一性决定了其所具有的稀缺性和巨大商业价值，会让我们在体育品牌赛事的市场竞争中处于不稳定状态。

四 贵州省体育赛事发展对策建议

围绕《贵州省体育事业第十二个五年规划》，充分发挥体育赛事的窗口及带动作用。联合旅游、农业、文化、宣传形成五位一体的发展模式，依托贵州丰富的自然地理资源，充分利用贵州省举办的一系列国际、国内体育赛事，在不断总结、创新、开拓的基础上，搭建对外宣传平台，为贵州省经济社会又快又好、更快更好地发展服务。为此，我们就怎么整合体育赛事资源、开发体育赛事市场、发挥体育赛事的窗口及带动作用等方面，研究提出发展策略。

（一）整合体育赛事资源，打造品牌体育赛事

遵循市场规律，通过市场机制和竞争机制，创新打造一项具有贵州民族文化特色的体育赛事品牌——"中国·多彩贵州山地户外运动嘉年华"。

整体包装省内举办的全年国际、国内户外体育赛事，形成多时段、多类型、统一策划的赛事品牌，增加群众参与性强的趣味性赛事，围绕多彩贵州文化品牌，多角度、多方位宣传贵州体育旅游资源、民族文化特色、农业经济发展；将单一举办赛事包装成以高水平赛事为平台和群众参与为内容的宣传贵州旅游、民族文化、农业经济发展的盛会。以"中国·多彩贵州山地户外运动嘉年华"的品牌形式提升举办赛事的内涵，加大对贵州省各赛事举办地的形象宣传。

（二）加强与媒体合作，共创双赢结果

针对体育赛事在贵州省的传播力度不大，必须加强与媒体合作。改变传统的体育赛事与大众传媒的关系，共同创造双赢结果。体育部门和宣传部门应有统一的认识，站在对方的角度，充分思考其价值，体育赛事要通过大众传媒来扩大宣传，提升自身影响力；大众传媒则可依靠体育赛事吸引受众，打造品牌，提高受众对媒体的忠诚度。一方面，体育赛事管理部门要努力提高体育赛事质量，从组织、管理、市场开发、竞技水平等方面包装出水平高、参与性强、看点多、欣赏性强、市场潜力大的体育赛事；另一方面，传统媒体、新媒体要充分认识到体育赛事的传播价值，在体育赛事的萌芽期承担起扶持责任，多角度、多视点、全方位地跟踪报道，用体育的魅力吸引受众，在贵州地区开辟《体育频道》《身边体育事》等栏目，既可促进体育赛事的开展，又可提高受众对媒体的忠诚度。

（三）创新赛事模式，提高大众参与度

无论是山地户外运动赛事，还是大众体育赛事，不断创新的赛事模式，能吸引更多的大众参与其中，实现社会效益和经济效益双丰收。

连续举办了5届的"中国 贵州 遵义 娄山关·海龙屯国际山地户外运动挑

战赛"以"推介资源、展示风情、促进交流、发展经济"为宗旨,把"红色之旅""挑战之旅""激情之旅"推向了新的高潮。

已成功举办了两届的"贵阳市业余网球俱乐部团体联赛",也给贵州体育赛事的发展带来了创新模式,以其赛季周期长、比赛项目设置针对性强、俱乐部采取会员制,奖金高、奖面宽为特点,吸引了更多的爱好者。

(四)企业积极参与,促进体育赛事市场化

党的十八大提出了"市场在资源配置中起决定性作用",这对体育赛事尽快地走入市场是一个极大的利好。过去总是强调企业的社会责任,一有体育赛事,就是政府主导、企业参与,其实质是有行政意义拿钱办赛事,很少考虑体育赛事能给企业带来的经济效益,从而制约体育的产业化发展。真正意义上的体育赞助,是要按市场规律执行,双方共赢。在一项体育赛事赞助中,企业更注重体育赛事的商业价值,赛事的组织、实施、监控、调整及评估都是企业对赛事的评价指标,同时赛事组织者也要注重自身的商业价值,在展示体育魅力时,更要全方位地包装好赛事。贵州人和足球俱乐部与贵州茅台的赞助合作是一个很好的例证,但在这一过程中,企业和俱乐部都要努力做好市场开发,使之符合市场规律,让体育赛事有稳定的可持续发展。

(五)创新社区体育项目,提倡运动方式多样化

"一步羽毛球"是贵州省羽毛球协会教练组在多年专业训练的基础上,专门为大众健身而设计的,场地差不多只有正规羽毛球场地的一半大,如果站在场中间,前后左右都能跨一步接球,因此称为"一步羽毛球"。"一步羽毛球"的优点是不受球场限制,室外平地满足宽 4 米、长 12 米便可进行,对体能要求不高,适合大众健身。

设计和举办"一步羽毛球"赛事,目的是提倡运动方式多样化,在正式竞技项目的基础上可以研发出更多易于掌握、参与性强的项目,使大众从中得到快乐、健康。"一步羽毛球"项目将是社区体育赛事的新宠,在不久的将来会成为全国社区体育的品牌赛事项目。

(六)加强赛事经营管理者的培养

要提高贵州体育赛事的整体水平,就需要不断培养和锻炼一批优秀的体育赛事管理人才,要拥有一批符合赛事产业链各个环节需求的专业人才。在建立省一级赛事管理机构的基础上,采取多形式、多渠道的培养方式,充分挖掘贵州省高校的体育教育资源,走出去,引进来,快速、系统地完善组织结构,使体育赛事得以良性高效的发展。

整合贵州省体育赛事资源和创新发展模式,迎接新的发展机遇的角度,让体育赛事在贵州与全国实现小康的过程中,迸发正能量。

B.15 贵州省网络舆情监测管理现状及对策研究

沙飒*

摘　要： 网络舆情是社会舆情动态的"晴雨表"和"风向标",对网络舆情进行监测、研判和分析日益成为信息时代各级政府和相关部门的常规性工作。本文通过分析贵州省网络舆情监测管理的现状及存在的问题,指出在舆情研判、舆情应对、舆论引导、舆情处置等方面存在的不足,并提出了相应的对策建议。

关键词： 网络舆情　监测　现状　对策

网络作为一个新兴的、潜力巨大的技术平台和信息传播平台,已成为反映社会舆情的主要渠道之一,通过新闻跟帖、论坛、博客、即时通信工具、搜索引擎等途径表现出的网络舆情的热点成为聚焦网民情绪、意见和诉求的窗口,也成为折射现实社会舆论的镜像,成为社会舆情动态的"晴雨表"和"风向标"。

为防范和避免网络舆情事件的发生,党政机关越来越重视网络舆情,并将网络舆情作为大众民意下情上达、参政议政、民主监督的一个重要渠道。在一定程度上增加了公众表达意见、态度、情绪、诉求的机会。对网络舆情进行监测、研判和分析日益成为信息时代各级政府和相关部门的常规性工作。

---

* 沙飒,贵州省社会科学院副研究员、社会科学信息部副主任。

贵州蓝皮书·社会

一 近年来贵州舆情基本态势

近年来,贵州省的舆情态势总体是平稳的。特别是党的十八大以来,在以习近平同志为总书记的党中央领导下,党和国家各项事业开局良好,党风政风日益改善,新一届中央领导集体推出的一系列治国理政新举措赢得了广大人民群众的赞誉和拥护。党的十八大精神和习近平总书记一系列重要讲话精神深入人心,贵州省委、省政府提出与全国同步全面建成小康社会的目标任务得到全省上下的广泛认同,"两加一推"主基调、工业强省和城镇化带动主战略得到干部群众的拥护,社会舆论对贵州科学发展、后发赶超、同步小康充满信心。

在社会舆论主流积极健康向上的同时,由于社会思潮活跃复杂、社会矛盾交织叠加,在深化发展过程中,各种利益诉求集中显现,也容易引发对立不满情绪。在处理征地拆迁、矿群矛盾、突发事件等事关群众切身利益的问题时,有的干部态度冷漠生硬,作风粗暴,方法简单,措施不力,容易引发群众反感,造成党群干群关系紧张,甚至引发对立情绪。一些敏感、突发事件时有发生,部分群众对就业、住房、医疗、教育、社保、环境污染等民生领域存在的问题意见较大,针对贵州贫困落后、公务政务、教育医疗、安全环保、涉法涉诉等方面的网络舆情也不时被关注和炒作。2012年以来,在全国引发较大关注的贵州热点舆情事件包括"贵州官员拆违建被刺死""贵州考生被梅毒""茅台国字号商标引争议""贵州'萝卜招考'事件""毕节垃圾桶闷死5男童案""茅台塑化剂风波""贵州赫章13岁女孩泼水被拷事件""贵州护士虐童事件""贵阳学生冒充特警参与拆危事件""贵阳百岁老人拾荒事件"等。总体来说,贵州舆情事件主要集中在社会公平、民生、司法、自然灾害、官员违纪、政府行为不当等领域。就全国范围而言,贵州不属于舆情事件高发高密度省份。

二 贵州省网络舆情工作的现状

贵州省党委政府高度重视舆情信息工作。省委书记赵克志多次强调发挥网络媒体在信息发布、理顺群众情绪、协调各方关系等方面的作用,发挥党员干部微博的作用,在实践中着力网上正面宣传,着力网上正面建设,着力舆论引导,为推动全省社会又好又快发展,提供良好的舆论氛围。

贵州省舆情信息工作起步晚,起点低,但发展势头好,舆情信息研判报送的数量、质量都在不断提升。近年来在网络管理、网络舆论引导等方面进步明显,在信息收集、人员配备、经费配置、规范管理等方面成效显著。较为明显的例子是,由人民网舆情监测室发布的"2010年第一季度地方应对网络舆情能力排行榜"中,"贵州安顺警察枪击致死案"被判定为应对严重失当,被亮起"红色警报",与"山西问题疫苗事件"垫底榜单。但经过各方两年多的努力,2012年9月,在人民网舆情监测室、人民在线联合承办的"第二届网络问政与舆情监测高峰论坛"上,贵州省互联网信息办公室获得了"2012年网络舆情监测管理奖","贵州织金县学生营养餐事件"入选2012年"政府舆情应对案例奖",贵州省公安厅入选"网络舆情监测建设奖",共青团贵州省委入选"网络舆情监测创新奖"。

(一)倡导贵州科学发展,加强网络内容建设

贵州省倡导以"主动适应互联网、主动利用互联网、主动依靠互联网"来搭建社会管理创新平台、推动政务微博新应用。通过加强网络建设,增加经费投入,不断强化组织机构和人员配备,加强网络内容建设,大力营造健康向上的网络文化,以更加开放的心态问政于民,问计于民,问需于民。省重点新闻网站着力打造了贵州新闻热线,借助媒体平台让百姓了解政府部门即时发布的政策信息,让社会民意得到表达,形成互动交流,解决了大量的社会问题和民生问题。

2013年,紧紧围绕贯彻党的十八大和习近平总书记一系列重要讲话精神,围绕贵州省委、省政府中心工作,通过音视频和微博客等生动活泼的宣传形式,全面加大全省经济社会的成就宣传,加大对"两加一推"主基调、工业强省和城镇化带动主战略、与全国同步小康的目标任务的宣传,全力引导社会难点和热点问题,进一步壮大社会主流思想舆论,为贵州科学发展、后发赶超营造了积极的舆论氛围,增强了干部群众对中国特色社会主义的道路自信、理论自信和制度自信。

（二）积极促进网络问政，搭建网络社会管理平台

为了搭建政府和民众间的沟通平台，贵州省进行了一系列的探索：推动各地设立"地方领导留言版"，积极处理和反映问题；2012年8月，省委办公厅借助信息直通车，开通电子邮箱、传真和手机短信收取群众反映的情况；2013年7月，省委办公厅、省人民政府办公厅开通了"书记省长—群众直通交流台"，为了使"书记省长—群众直通交流台"工作机制长效化，省委办公厅、省政府办公厅、省信访局等部门对管理和运行模式进行了规定，建立了"收集承办机制""会商协调机制""督办落实机制""跟踪回访机制"等。

省内各地也积极创新机制，推进政群交流平台建设。如贵阳市在"百姓—书记市长交流台"的基础上，建立完善协商办理机制，通过组织多部门联合调研、召开专题协调会和现场会等形式解决群众反映的诉求；遵义市按照"一日一清理，三日一回复"的原则迅速办理群众反映的情况，确保"件件有回复、事事有回音"；安顺市把转办件的办理与市"人民网—市委书记留言""市委书记手机短信平台"的办理作为加强与群众沟通的重要渠道；黔东南州通过开设信访邮箱、工作QQ、群众专线、微信等平台，搭建"黔东南州群众路线网""书记州长—群众直通交流台""群众路线网上问卷调查"和"群众路线网上留言平台"等。

（三）推动政务微博建设，强化舆论引导能力

当前随着互联网新技术的发展，微博改变了信息传播方式和社会舆论的格局，日益成为主流舆论新载体和社会意见的生成地。贵州省也主动依靠互联网，推动政务微博新应用。据资料显示，截至2012年9月，贵州全省433家政府机构开设了政务微博，13家新闻媒体开设了微博，贵州省人民政府新闻办公室先后在人民网开设了官方微博，关注粉丝近100万人。此外，在腾讯网开播的微博服务大厅是全国第二家上线的微博大厅，及时发布贵州的最新动态，成为广大网友了解贵州、关注贵州的重要平台和窗口。2013年5月，贵阳日报传媒集团新媒体运营中心正式挂牌成立，贵州首个媒体微博集群——贵阳日报传媒集团媒体发布大厅入驻腾讯微博。传统媒体和新媒体积极探索融合

共赢的机制,对于打通两个舆论场具有重要意义。

贵州省各市(州)县的政务微博也积极推进由"网络问政"向"网络理政"的转变。据人民网舆情监测室与新浪网新闻中心联合发布的地级市新闻办微博实力榜单显示,从2013年4月17日第一期至2013年8月31日第十期榜单中,贵州省"@黔西南发布"名列全国70余家"全国地级市新闻办微博实力榜"的第10~33位,名列"监测期内舆情应对能力榜"的第13~29位。该榜单在使用实际监测的数据来展示微博实力的基础上,结合了微博所起的作用、官方信息透明度、运营能力、互动情况等方面来综合分析全国地级市新闻办微博舆情应对的真实能力。"@黔西南发布"长期稳定的排位,说明当地政府在"热点事件中微博的作用""信息透明度""微博综合运营能力""互动情况"等方面表现良好,政府微博运用在专业性、规范性上不断提升,舆情应对能力与舆论影响力不断增强,真正成为能够有效传达政府声音和反映老百姓心声的平台。

(四)创新舆情工作思维,完善舆情信息制度

贵州省各级党政部门在网络舆情监测与应对实践中不断探索新的做法并取得了一定成绩,积累了一些宝贵经验。一些党政机关积极探索和构建科学监测网络舆论的理论和技术平台,逐步建立和完善舆论监测分析和应急管理体系。

作为网络舆情主要监控部门,贵州省委宣传部近年来加大舆情信息工作力度,积极创新工作机制,制定和完善了舆情报送制度、舆情信息分析工作制度、特约分析舆情信息制度、重大舆情分析联席会议制度、舆情分析报送奖励制度等,以加强舆情分析带动舆情信息质量的提高。在舆情信息工作的管理和指导上也不断加大力度,将舆情信息工作纳入各地宣传部门年度目标考核内容,季度(月度)的评比反馈也形成了常规。对舆情信息员的培训逐步建立了长效机制,在坚持每年会议培训的基础上,2013年7月还与清华大学继续教育学院联合举办了舆情信息工作培训班,邀请了中宣部舆情信息局、国家互联网信息办、北京市政府新闻办、北京市网管办、人民网舆情监测室、清华大学等部门(机构)和院校的领导专家进行了为期一周的培训交流,学员们受益匪浅。对该次培训的形式和取得的成效,中宣部舆情信息局给予了积极的评

价,并作为经验进行了宣传推广。

为了强化网络管理,2013年上半年,贵州省成立了副厅级机构的互联网信息办公室,内设网络新闻宣传处、网络新闻协调处和省互联网舆情研究中心,加强对各地各部门网络舆情工作的指导协调,进一步深化网络管理和网络舆情监测导控,不断提高分析研判能力和预警处置能力。

三 贵州省网络舆情工作存在的主要问题

随着全省深化改革和工业化、城镇化的快速推进,一些敏感、突发事件相互叠加,意识形态领域复杂多变,社会矛盾多发,贵州省网络舆情工作也面临着越来越艰巨的挑战,在舆情研判、舆情应对、舆论引导、舆情处置等方面也存在诸多不适应,主要表现在以下几个方面。

(一)部分领导对网络舆情缺乏正确的认识

网络舆情引导和管理离不开地方各级管理部门对网络沟通的重视,但是从全国范围来看网络舆论引导的发展还是呈现了一个"东高西低、南高北低"的现状,这主要是由区域性政治经济的发展不平衡所致,也受市民社会化程度所影响。

贵州省部分地区党政领导对网络舆情缺乏足够的认识,主要表现在两个极端。一是坚决抵制,惧怕触网。对网络缺乏认知,对网络舆情研究迟滞,管理无序,应对被动,反应迟缓;或隔网观望,匿名"潜水",作壁上观;或视若无物,掩耳盗铃,被动挨骂,不知所措。二是高度敏感,心生惧意。痛恨网络,害怕听到网络上的不同声音,一旦出现状况,第一时间就是删帖,采取压制措施应对,对舆情的漠视和不作为使应对舆情的水平难以提高。

(二)网络舆情管理体制机制尚不完善

舆情管理体系由多个部分、多个部门和多个平台构成,基础舆情管理体系既包含站在台前的"新闻发言人",也包含后台工作的"舆情监测系统",更包括在舆情应对处理前线的每一个表态的基层官员。目前,贵州省基层处置舆情的压力很大，但很多地区尚不具备系统规范的舆情应对与处理的管理体系，有的地区由于缺少舆情事件推动，连最基础的危机应对系统都没有，处理舆情手段落后，官员表态随意；很多地方领导习惯"封、改、删"思维，采取饮鸩止渴式的宣传管理办法，将宣传部门变成"消防队"，疏于舆情的监测与引导；有的地方舆情管理组织机构不健全、不稳定，缺乏长期对舆情管理经验的积累。

贵州省网络舆情还存在多头管理的问题，管理体制需进一步理顺，要进一步完善网络舆情分析研判机制、网络舆情预警机制和舆情导控机制，加大网络舆情统筹协调，提升网络舆情工作的规范化和科学化水平。

（三）网络舆情研判分析能力薄弱

网络舆情研判分析能力薄弱，主要表现在网络舆情收集研判专业性不强、对网络舆情的反应不够迅速、对舆情信息缺乏深度分析、对网络舆情的发展态势缺乏预见性、不善提出行之有效的对策建议等方面。总体而言，贵州省舆情信息工作尚处于初级发展阶段。

由于互联网发展速度太快，从最早的论坛、博客、微博，到现在的微信，各种媒介通道不断涌现，舆情分析的难度也不断增加，其间涉及很多学科的问题，包括心理学、社会学、统计学、传播学等，专业化的要求越来越高，难度也越来越大。相对于舆情信息工作发达的地区，贵州舆情信息分析工作还处于初级发展阶段，在舆情信息的分析研判工作中，还存在数量与质量、报喜与报忧、准确性与及时性、社会舆情与网络舆情、事业发展与队伍建设等方面的矛盾，舆情信息研判报送的一般化、同质化倾向较为严重，能影响领导决策的信息分析欠缺，服务地方党政部门的功能不足。舆情信息工作被舆情发展推着走，无论技术基础、理论基础、实务能力等方面都反映出准备的不足，处于被动应对状态，导致舆情信息提供的质量与领导的需求差距较大。

这些矛盾和问题都与事业粗创时期的外延式发展相符合，随着贵州省舆情信息工作逐步进入转型加速期，应在提高舆情信息的分析研判和舆论引导上有较大突破。

（四）网络舆论引导适应性不足

1. 政府信息发布与网民信息需求差距较大

在信息碎片时代，因为信息掌握的不对等，舆情事件中出现误读、误解、误判等"次生灾害"的现象并不鲜见，信息发布不及时、民众因为知情权得不到满足而滋生谣言的情形更为常见。一般来说，网络舆情事件发生后，需通过持续动态报道，逐步逼近事实真相，良性互动才会让民心安定。因此，要重视对民众信息知情权的尊重和保障，用信息对冲来还原事实真相。

与全国相比，贵州省的传媒发展较为滞后，传播能力建设需求迫切。如全省传统纸媒、商业网站的数量很少，政务微博无论是数量还是规模，都亟须提升，推动党政机关与民生互动的实践还需加强，网络服务群众的工作还需跟进。

2. 政府介入舆情事件的主动性不强

基层政府或相关部门能够主动接近新媒体的不多，官员疏忽新媒体媒介素养建设，甚至还有"都是媒体惹的祸""没有网络多好啊"等认识，存在"搞定就是稳定""摆平就是水平"的错误观念和推卸责任的错误做法。在基层的舆情表达中缺乏"新闻发言人"意识和新媒体统一表达的出口，也缺乏规范、及时的信息披露制度，在日常工作中更倾向于报喜不报忧，在危机处理中信息透明度较差。

3. 政府对舆情事件的反应速度相对滞后

在传统舆论环境下，处置突发事件可以有"黄金24小时"进行缓冲，但是新媒体的新闻传播已是以分秒计，传播周期大大缩短，处置突发事件的"黄金24小时"已缩短为"黄金4小时"，而随着手机微信等即时通信和社交网络工具的广泛应用，"黄金4小时"的时限还将被不断刷新，呈现出越来越短的舆情传播周期。政府部门在互联网上属于典型的"弱势群体"，在面对互联网舆情事件的时候，往往还未等到发声就被互联网负面舆论"吞噬"。如果在"黄金4小时"等关键节点或关键时间内不作出正面回应，影响舆论的关键时机就会被贻误，可能导致负面舆论铺天盖地，使政府在后期应对中处于被动地位。

部分地区由于对网络舆情的监测不到位，或是思维还没进入网络时代，或是对公众持轻视态度，在舆情事件发生后第一时间作出官方回应的情形并不多，常常导致舆情一发不可收拾。如毕节5名儿童被闷死事件，2012年11月16日22时，就有网友在凯迪社区发帖称，5名流浪儿童在贵州毕节环东路钻进垃圾箱避寒被闷死。随后引发舆论强烈关注，而至11月18日，毕节公安部门才发声公布死亡原因，11月19日夜间才公布了5名儿童的身份信息。其间，舆论的批评、质疑、愤怒等情绪已多番高涨，政府形象受到了极大损害。

（五）网络舆情危机应对能力有待提升

大多数基层政府部门在网络舆情危机应对方面，表现为事前研判监管能力不足导致被动应对、与公众沟通能力欠缺，不善化解舆论压力、新旧媒体联动不力导致信息引导效果不佳，网络舆情事件应急机制不完善导致政府"被作为"等现象，在危机应对方面的能力还有待加强。这方面的不适应主要表现在以下几方面。

第一，"躲避"和"被动"。对网络舆情置若罔闻，不看、不听、不说，失去舆论引导的先机，只能被动挨打。

第二，"迟钝"和"拖延"。把小事拖大，大事拖炸，在汹涌的网络民意面前，依然我行我素，罔顾民意，直到引发上层关注才匆忙处置。

第三，"封堵"和"删帖"。有的地方将此作为应对网络舆情的首选，掩耳盗铃。殊不知删一次帖，就会多遭一次恨，多堵一条路，多一道和群众之间隔阂的墙。

第四，"忽悠"和"应付"。如今，应对突发事件，或者负面新闻报道，很多机关部门也摸索出一些"经验"，往往不再是"无可奉告"、沉默不语、毫不在乎之类的冷漠，而常常是及时回应、积极表态、快速处理。但很多回应表面看起来是重视舆论、尊重监督，实质上还是为应付舆论而做的"危机公关"，转移公众监督视线，回避矛盾和问题，或以"进一步调查""进一步处理"之类回应做舆情试探，静观舆论反映，如果是穷追不舍，紧盯不放，就以"情况复杂"等原因告之"正在调查中"，实则是拖延与搪塞。如果是被另一个热点问题所取代，或者是监督视线转移了，那就万事大吉收工了事，"进一步调查"就是看看风声再说。群众看过太多政府信誓旦旦"进一步调查",结果却不了了之的事件,大有被忽悠之感。

导致部分地区和部门网络舆情应对不力的原因首先是传统宣传工作的观念所致;其次是应对方式的简单粗暴和对网络新媒体运用技巧的贫乏;最后是应对失误还源于对网络时代信息传播新形势和社会舆论新格局缺乏足够和准确的认识。如赫章县可乐乡13岁女孩因倒水淋到乡政府的车上而被乡党委书记用手铐铐住"游街"事件,自2013年5月26日曝光以来,舆情热度一直较高。在前期处理此事件中,当地政府及相关部门应对仓促,方式简单,一味地否认"游街"行为而没有具体证据佐证,从而使得官方面临较大的舆论压力。其一,5月27日16时45分,赫章县公安局发布微博称"目前县公安局纪委、督察已经介入调查,调查情况将及时公布"。由于该官方微博的粉丝仅800余人,在微博平台上的影响力较弱,无法对微博舆论进行有效的引导。赫章县公安局随后未作任何解释说明将27日发布的这则微博进行了删除,违反了官方微博操作的基本原则,为网民提供了猜测的空间,不利于危机的进一步化解。其二,5月27日,可乐乡政府分析此事件发生原因有三点:一是有组织预谋,二是打击报复,三是有保护伞。当地乡政府把责任一股脑推给群众,随意使用"不明真相""别有用心""有组织预谋"等词语,把政府划到了普通民众的对立面,激发了网民对政府的不满情绪。把群众妖魔化显然是应对下策,犯了危机应对的大忌。

提高网络舆情应对能力,是要强调应对而不是应付,更不是对抗。干群冲突发生后,推卸政府责任,或是将群众行为妖魔化,都不是解决问题之道,需要的是对话和沟通,要真诚面对,不回避、不遮掩,客观公正、直面矛盾,切实解决问题。

(六)网络舆情工作队伍和平台建设尚需加强

在当今网络问政的时代,要准确把握民意,需要专业的民情监测,在网络大潮中保持清醒的头脑,避免误判,需要通过借助专业机构,借助科学的方法,以准确的数据和客观的评价体系作支撑。贵州省目前从事网络舆情工作的机构主要是政府部门,也有个别高校和科研机构参与,无论从行业服务的基础性、完整性、互补性，还是从行业服务的能力，与政府和社会的需求都有较大的差距。

贵州省在网络舆情监测信息系统建设方面也较为滞后。目前，信息技术已被应用在舆情监测和研究领域。如自动化的网络舆情分析系统软件，能通过对网络各类信息汇集、分类、整合、筛选等技术处理，再形成对网络热点、动态、网民意见等方面的实时跟踪统计，通过对热点话题、敏感话题、关键词等进行识别，实施主题跟踪，进行倾向性统计与关注度趋势分析，对突发事件、涉及内容安全的敏感话题进行跨时间、跨空间分析和预警。目前全国各地网络信息采集和舆情监测部门都逐步建立了智能化信息采集系统，贵州省一些部门和地区也都建立了初级的舆情智能检测平台，但总体而言，全省的网络舆情监测工作还处于人工工作阶段，基本依靠人力随机性进行监控，由于大数据挖掘困难，有时向政府部门报舆情信息的时候，最多只能报微博多少条、博客多少条、论坛多少条，缺少分析、研判的数据基础。

四 加强贵州省网络舆情工作机制建设的对策建议

舆情信息是经济社会发展的重要资源，舆情信息工作是治国理政的重要方式，是新时期党的建设一大创新，也是宣传思想文化工作的重要抓手。从一定意义上讲，宣传思想文化工作的过程就是掌握舆情、运用舆情推动工作的过程。加强网络舆情工作机制建设，重点在于建立完善网络舆情管理体系，在舆论危机应对的八个环节（监测、预警、研判、回应、沟通、应对、处置、修复）做到编制、体制、机制到位，工作手段翻新，工作机制创新。

（一）建立健全常态化舆情工作机构

网络舆情危机时有发生，政府由于缺乏有效应对机制往往陷入被动局面，仅靠战役式的"临时工作小组"来应对舆情事件显得力不从心、杯水车薪，很难赢得和网络舆论之间的赛跑，舆情专门机构和工作部门的设立，已随着党政部门面临的舆情压力和社会管理工作创新需求而变得越来越迫切。

目前贵州省领导和指导网络舆情的主要党政机关有各级党委宣传部（网

络宣传处)、外宣办(新闻办)、政府互联网信息中心、党政官方网站、网络问政平台、公安网监部门、各级各类党委政府职能部门网络宣传处(科)等,要强化和完善相关舆情工作职能,能设置舆情专门机构的最好设置专门机构,不能设置专门机构的则有必要设置专门岗位,落实专项责任,在人员配备、硬件设施、经费投入、培训学习等方面要加大投入,提升舆情工作效率和水平。

(二)强化网络舆情收集研判工作机制

1. 规范舆情监测,完善日常监测报告制度

网络舆情监测报告主要是通过监控发现网络舆情,捕捉舆情信息,对舆情走势、突发事件应对主体、过程及结果进行时空指数、民意指数、社会指数等方面的研判,其主要内容包括对有关事态发展及事件处置结果网络言论的收集、民意倾向性的判定、舆情研判指标的确立、研判结果的利用及应对建议的提供等。

网络舆情监测报告制度应对网络舆情监测范围、报告内容、报送程序等加以规定,要求相关部门把网络舆情信息收集、研判纳入日常业务工作,形成制度和常态化。

2. 强化舆情分析,把握舆情事件发展态势

舆情分析不能简单地就事论事,要把舆情事件放到时代和现实的大背景下来思考和分析,深化时空研判、民意研判、社会研判,注重分析舆情背后的社会情绪、社会心态、文化现象等,找到问题产生的深层次原因,从而对舆情的发生发展有一个较为准确的、整体的、宏观的反映。

一是把握好舆情总体态势和发展趋势。要分清主流与支流,辨别现象和本质,既要防止将一般性的舆情事件扩大化、政治化,也要防止将已经政治化了的经济、社会、文化舆情误判为一般事件。

二是要掌握舆情发展的走势。掌握舆情特点和规律,全面正确认识和把握舆情的本质,进而正确预测舆情发展趋势。

三是要善于发现苗头性倾向性问题。对存在持续发酵的可能,将对社会舆论、工作大局产生越来越重大的影响的舆情苗头要及早把握;对于存在倾向性问题,具有一定代表性的,能够反映特定群体的立场和思想倾向,可能形成一定声势的舆情，要更加重视。

四是要坚持正确的分析立场。准确领会和把握中央精神，在重大问题上和中央保持一致；要放大舆论理性声音，将网民理性的、建设性的言论作为重要的观点和舆情信息点。

3. 深化对策建议，提供舆情应对决策参考

做好舆情信息工作，还要善于提出行之有效的对策建议。网络舆情监测机构应将重大舆情监测情况及时通报给有关部门和领导，并提供具有指导和启发意义的应对策略或建议。尤其针对重大事件、重大活动、社会热点难点等实际问题的解决，要提出推动工作的对策建议；对重大决策、思想理论领域深层次问题，要整理分析舆论引导的对策建议。对策建议要站在全局高度来提，不要泛泛而谈，要有针对性和可操作性。

4. 加强舆情研判，健全舆情研判会商制度

网络舆情会商机制又称网络舆情顾问机制，是对于网络舆情监测结果更深层次的研判。舆情会商机制的主体一般为所有参与舆情事件处置的相关方，包括舆情监测系统、信息系统、咨询系统、指挥系统、执行系统等领域的负责人，需要时也可请相关专家进行舆情会商。通过舆情会商会议，分析舆情事件发生的原因和工作中存在的问题，对可能引起负面反应的舆情做出预警，由执行系统采取有效措施清除负面影响，把舆情扩散态势控制在萌芽状态。此外，舆情会商机制还应保证定期组织相关部门进行会商、分析当前网络舆情热点问题及发展趋势，推动各部门之间的协作联系，形成舆情应对处置整体合力。

（三）完善舆情事件的干预和应对措施

1. 建立网络舆情危机预案制度

要针对各地区、各部门的具体情况和可能发生的突发事件，制定配套应急预案并形成预案体系和案例库。在预案执行机制中，要明确职能划分，也要有具体的操作指导。不仅要有危机发生后应对各种可能情况的多套行动方案，如遏制危机、处理危机、消除危机，重建或恢复正常状态等，更要通过培训、演练提高应急系统的指挥能力和应变能力。

2. 把握舆情干预时机

政府应该强化政府与民意互动、真相与谣言赛跑的意识,善用"黄金4小时媒体",如微博客、QQ群、BBS论坛等,迅速对事件做出反应,做到"速报事实、慎报原因、再报跟进",化解舆情事件时间压力。在网络舆情潜伏期,当事方要及时表态,大事化小,抢抓第一落脚点;到发展期后,要冷静面对,有效疏导,加强舆情收集研判,运用新老媒体"组合拳";在舆情高涨期,要掌握主动,精选角度,因势利导,引领话题;在舆情回落期,要防止舆情反弹,淡化支节,重塑形象;在舆情反馈期,要走群众路线,体现社会责任,进行管理创新。

3. 规范舆情响应处置流程

舆情事件的处置机制一般包含以下主要内容:①应急预案启动条件与指标;②组织机构和岗位设置;③工作分工和协调沟通机制;④紧急决策和授权;⑤事件控制方式和控制力度的选择;⑥资源调配和程序规范;⑦新闻发布。在事件处置机制的组织系统中,指挥机制、执行机制、保障机制、支持机制、后备机制等必须互相配合,一旦事件发生或预案启动,各项职能必须迅速发挥作用,保证应对工作顺畅进行。

4. 建立舆情引导机制

网络舆情引导机制主要是通过网络发言人、网络留言板、官方微博、官方邮箱、网络评论员等网络沟通机制,针对舆情事件的评论尤其是怀疑、指责、猜测、反对等负面和消极评价进行引导,包含互动、澄清、解释、疏导等环节。

舆情引导应新老媒体互动,网管、宣传、公安等部门联合作战。新老媒体互动能够产生巨大舆论引导作用,影响舆论走势。传统媒体如报纸、电视、广播等具有雄厚的新闻产业基础和较为稳定的受众群体,其中,体制内媒体在涉及官方的报道中具有权威性和代表性,在舆情走势中,体制内媒体的评价分析往往能起到一锤定音的效果;而市场化媒体由于其机制较为灵活,观点较为多元,能从不同利益群体的角度还原事件真相与观点诉求,网民的参与积极踊跃,在舆情走势中,其报道与评论也能起到积极主动的作用。

5. 提升舆情疏导技巧

通过对大量舆情事件及其应对情况的考察和总结，在舆情应对尤其是在负面网络舆情的疏导方面，应掌握以下基本原则和技巧。

第一，第一时间发声。突发事件发生后，政府要成为突发事件的"第一定义者"，掌握主动权、话语权，可以避免谣言流布，同时防止新老媒体交互放大负面情绪。

第二，把握正确舆论导向。坚持正面宣传为主的方针，遵循网络传播规律，把握时机、精心策划、周密部署、科学应对，不断增强舆论引导的针对性、实效性。

第三，直面社会矛盾。承认政府缺陷，尊重网民判断力，提升沟通技巧；积极回应网络议题，必要时主动设置议题，促进各方面意见均衡表达。

第四，要转变文风。摆事实讲道理，重论据讲逻辑；熟练运用网络技巧，及时深入网络社区和网友直接交流，拉近与网民的心理距离，使舆论疏导工作开展得更加有效。

第五，要以人为本。把人民群众的生命财产安全和利益放在第一位，尽力减少群众损失，积极诚恳地回应群众的利益诉求。

6. 落实网络舆情善后协调机制

舆情事件的高涨期过后，为尽快恢复正常秩序，需要建立善后协调机制，继续追踪和监测事态的发展，观察势态有无反复迹象；具体落实善后工作和扫尾工作，监督有关政策和措施的落实情况。善后处置机制还需要保证善后工作人员和资源到位，落实处置机制中明确的有关协议，着手追究有关组织和人员的责任，汲取经验教训，避免类似情况再次发生。

（四）加强网络舆论阵地建设

（1）强化政务微博建设，探索新媒体管理方式。创新管理思路和手段，提升政府运用新媒体的能力，主动发布信息，贴心服务群众，建设好、管理好、利用好政务微博。推动政务微博媒体化运作，建设微博矩阵互联互动，抢占网上话语权，有效形成网络舆论阵地。

（2）完善新闻发布制度，提高新闻发布引导舆论能力。推进新闻发布制度化、规范化、科学化，提高新闻发布质量和水平。拓展新闻发布新载体，推动重点领域、重大活动新闻发言人制度建设，加强各级新闻发布的统筹、有序管理。建立突发事件新闻发布引导机制和新闻发言人与媒体双向沟通机制，提高党委政府沟通媒体、引导舆论的能力。

（3）加强网络社会管理，推进网络规范运行。开创官民交流新模式，制度化回复和办理网民留言，积极关注和发展本地留言板，把网民诉求留在本地网站，防止舆情事件扩大化。逐步形成法律规范、行政监管、行业自律、公众监督、社会教育相结合的网络管理体系，促进互联网健康、有序发展。

（4）打通"两个舆论场"，促进不同意见顺畅表达和沟通。建立健全由新闻发言人、网络发言人、政务微博、网络评论员共同参与的网络舆论引导工作体系，逐步形成以新闻网站为主体、政府网站和专业网站为骨干、社会网站积极参与，共同推进网络舆论阵地建设的新格局。团结引导意见领袖，构建网络"统一战线"，引导网民自我教育，改善互联网舆论生态环境。

（五）加强网络舆情工作队伍和平台建设

1. 建设核心网评员队伍

要加大投入建设核心网评员队伍，紧紧围绕全省重点工作，根据改革和发展的实际，积极主动地开展网络宣传工作。一是围绕党和国家的方针政策，全省重点工作，开展正面宣传和正确的舆论引导；二是密切关注网络舆情，及时批驳谣言、攻击性言论等，澄清不实报道和网上言论，努力消除网上有害信息的不良影响；三是积极应对突发性事件、网络群体性事件，及时披露事实真相，维护社会稳定；四是正确有效地引导网上舆论，针对网上出现的倾向性、苗头性问题，与网民及时进行沟通交流，正面回应，理性发表见解，引导网民提高辨别是非的能力。

2. 提升网络信息员的理论及技术素养

舆情研判和分析工作涉及新闻传播学、社会学、统计学、公共管理学、经济学、法学、计算机等多学科知识，要求舆情工作者理论知识广博、语言技能扎实、政策水平具备、计算机运用熟练。舆情工作的经验积累和理论养成需要一个长期的过程，因此，应逐步建立舆情职业人才培养管理机制，通过网络业务培训和资格认证制度等方式加强网络舆情队伍的建设，提升网络舆情工作者的理论及技术素养。

3. 加强网络舆情的技术平台建设

网络舆情监测工作原则上要求"7×24"全天候、无缝化监测，但是舆情工作者无论从体能要求、精神承受力等方面都无法做到，大量的工作得由服务器等智能化抓取来完成，而且网络舆情"监测""预警""研判""处置""修复"等过程，也需要由强大的技术实力和客观、专业的舆情数据来支撑。

建立舆情监测平台需要资金保障和技术保障，各级政府应将网络平台工作经费，平台运行所需的服务器、网络设备、软件的购置、更新、运行维护等费用纳入本级财政年度预算。

B.16
贵州省2013年政务微博发展现状分析

欧阳红*

摘　要： 报告对贵州省政务微博发展现状、问题以及在新舆论格局下政务微博在新闻发布、舆论引导和危机公关中的新问题、新挑战进行了深入的研究和探讨，并提出政务微博以社会管理良性互动促进舆论发展，推动政府管理方式改革，更好地建设服务型政府等的对策建议。

关键词： 政务微博　现状策略　信息管理　发展趋势

当今社会已经全面进入信息时代，信息传播、信息处理的速度以及应用信息的程度等都在飞速增长，网络已经成为这个时代的重要平台。微博作为网络的一个重要载体，在信息传播过程中发挥着举足轻重的作用。近年来，很多党政部门和官员个人使用了微博，通过这种新的模式实行管理，与群众互动适应新的时代特色。

贵州省的政务微博从2011年以来发展迅速，从数量到运营管理都取得了巨大突破。以新浪和腾讯两家为例，腾讯微博发布的《贵州省2013年政务微博年度报告》中"@微博贵州"在2013年贵州省政务机构微博影响力排行榜名列第一。2013年贵州省十大公务人员微博排名依次为：@贵阳志愿者蔡云、@陈鸣明、@马宁宇、@龙瑞见、@song7033（宋小平，贵州省旅游局市场开发处处长）、@朱芳、@堃姐（杨堃，共青团贵州省遵义市委书记）、@肖明龙、@刘锐、@唐生建。截至2013年12月31日，腾讯微博中经过认证的贵

---

* 欧阳红，贵州省社会科学院城市经济研究所副研究馆员。

州省政务微博已有3125个，其中包括1355家党政机构微博，1770位官员微博，政务微博覆盖部门包括团委系统、司法系统、政府宣传机构、交通、旅游等十余个党政部门。

贵州政务微博总数由2012年底的1792个增加到3125个，增幅达74%，尤其是机构官方微博数量，由668个增加到1355个，增幅约为100%。在不断发展的网络问政时代，贵州省在运用政务微博这一新兴的管理和服务渠道上，彰显了自己的开放性和优势。

一 贵州省政务微博的状况

（一）贵州政务微博分布

1. 分布情况

在地域分布上，截至2013年8月31日，贵州省九个州、市全部开通了政务微博。

从图1可以看出，贵州省新浪微博开通的政务微博数1155个，其中省会城市贵阳，政务微博数量多达413个，占政务微博总数的36%；毕节排名第二，为219个。

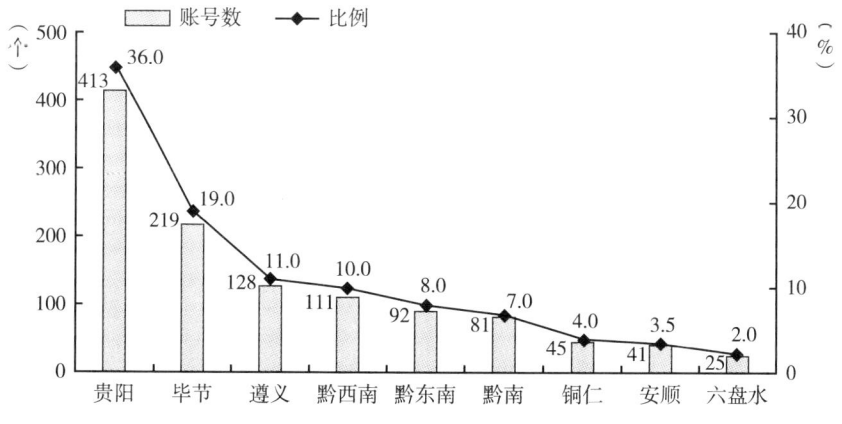

图1 贵州省政务微博地域分布

资料来源：新浪网2013年8月实名认证微博数课题组计算制图。

在行业分布上，我们通过图2的数据显示看到，目前贵州省的政务微博已经覆盖多个政府职能部门。就开通的数量来看占比较高的是公安、团委、外宣，分别占总数的26.0%、16.9%、16.0%，与全国不同的是，在本数据中其他这一项的数据最高，这里的其他包括水利、环保、电力等，这也说明贵州省的政务微博涉及面广，只是这些行业还未形成一定的微博群体，部门的重视度和大众的关注度也还不够。

课题组把以上分析的数据和全国的数据相比较发现贵州省的政务微博行业分布排序基本和全国一致，不过一些关注度较高行业微博在贵州省发展还比较滞后，如行业排名靠前的交通微博在贵州省的排名却居后，这说明路政交通部门在思想意识上还没能充分重视到微博这个网络平台。值得一提的是，在行业微博的排序中贵州省气象微博虽然也是排名靠后，但课题组在具体数据整理中发现现有的气象微博主要在遵义市，仅有的9个气象微博中它占了5个，这说明遵义市气象部门对气象微博的重视程度很高。

2. 贵州政务微博发展趋势

课题组根据2011~2012年腾讯和新浪微博提供的贵州省政务微博数据，对贵州省政务微博的增长速度进行分析。

从图2、图3可以看到2011年12月到2012年12月1日，贵州政务微博账号由925个增加到1792个，年增长率达到93.7%。形成稳步向上发展的势态。截至2013年11月，贵州政务微博已由1792个增加到3125多个，增幅达74%。尤其是机构官方微博数量，由2012年底的668个增加到1355个，增幅约为100%。

（二）贵州省政务微博互动情况分析

1. 贵州省微博粉丝互动在全国的地位

张楠、艾民伟在《人民网政务微博一周精选TOP10》的个案分析一文中对全国政务微博地域特征进行了详细的分析，在分析中提出我国政务微博的互动情况从区域来分析，北京、辽宁、河南、广东、四川政务微博发布频繁，粉丝的活跃度和互动性也很强。贵州、云南、甘肃等地发展迅速，政务微博的发布排名也较为靠前，但是粉丝互动方面并不活跃，而且这三地中特别是贵州

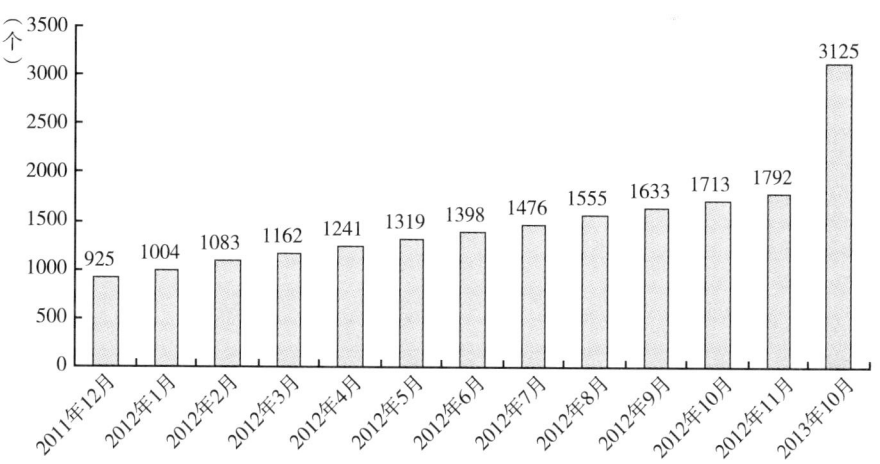

图 2　2011 年 12 月至 2012 年 11 月贵州省政务微博数量

资料来源：新浪网 2011～2012 年实名认证微博增长数课题组按平均值计算。

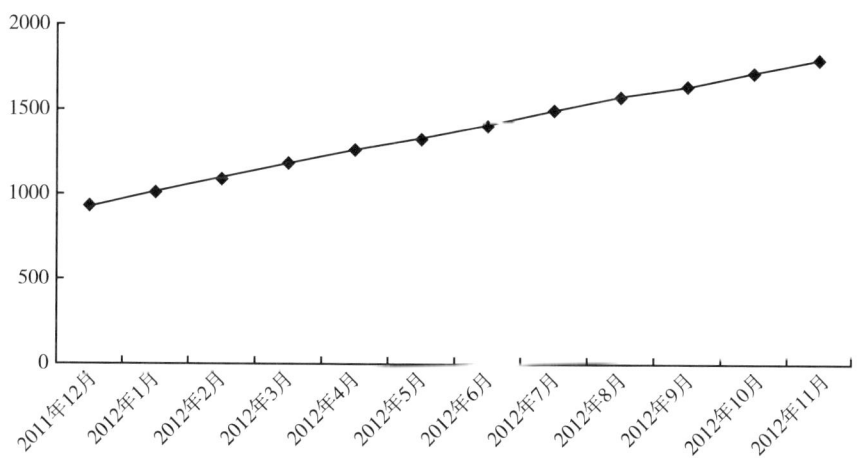

图 3　2011 年 12 月至 2012 年 11 月贵州省政务微博平均发展指数

资料来源：新浪网 2011～2012 年实名认证微博增长数课题组按平均值计算。

省，从我国第 29 次互联网使用调查报告（2012 年 1 月）数据显示，互联网普及率低于全国平均水平，从另一个侧面来看互联网的普及率直接影响着当地政务微博的发展。宁夏、新疆、海南三个省、市虽然没有政务微博发布，但是互联网普及信息量大，三地粉丝参与互动的积极性高，这也说明微博传播从一定程度上突破了地域的限制。

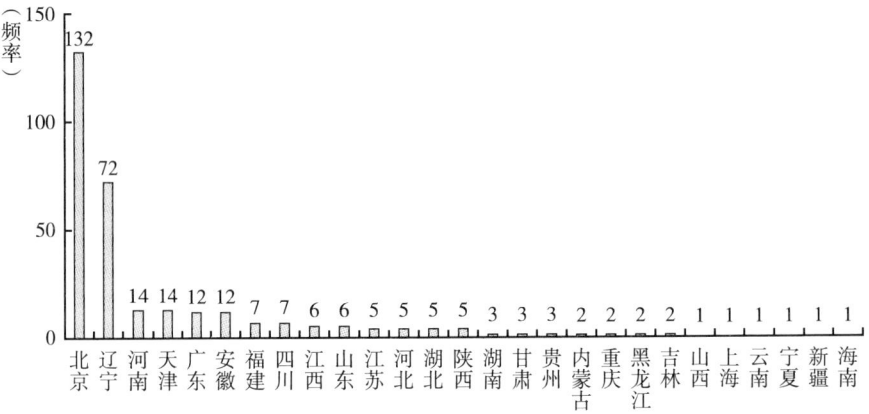

图 4　互动粉丝地域分布

资料来源：2012 年我国新浪政务微博报告。

从上述分析中我们看到要提高贵州省政务微博的问政能力并使之成为社会管理新平台对于贵州省来说还任重道远，网络普及、政府意识、管理水平都需要进一步提高。

2. 贵州省政务微博互动分析

基于各网站对微博互动的研究方法，课题组采用内容分析法，从传播学的基本要素出发，对贵州省在新浪微博发布的 90 条政务微博发布者的地域、级别、部门特征、政务微博的内容特征进行研究，通过描述分析和统计分析探索政务微博互动双方的特征。

课题组采用"新浪政务微博"网民关注度高评论超过 6 条以上最具价值的 90 条政务微博，从网页所能够显示的 5 月 20 日到抽样截止日 8 月 20 日共 9 周，总计 90 条微博，作为研究样本，分析单位为政务微博后每条独立的评论。

（1）政务微博发布机构特征。

①地域特征。在 90 条政务微博中，发布地域主要来自贵阳、黔东南、毕节、遵义四个地区，相比于上过的贵州省政务微博地域分布，在新浪微博中的黔东南的微博互动情况排名提升幅度相对较大（见图 5）。

②部门特征。如图 7 所示，在 90 个样本中，32 条政务微博由各级政府发布，28 条由公安部门发布，占据了全部样本的一半以上。16 条为旅游部门发

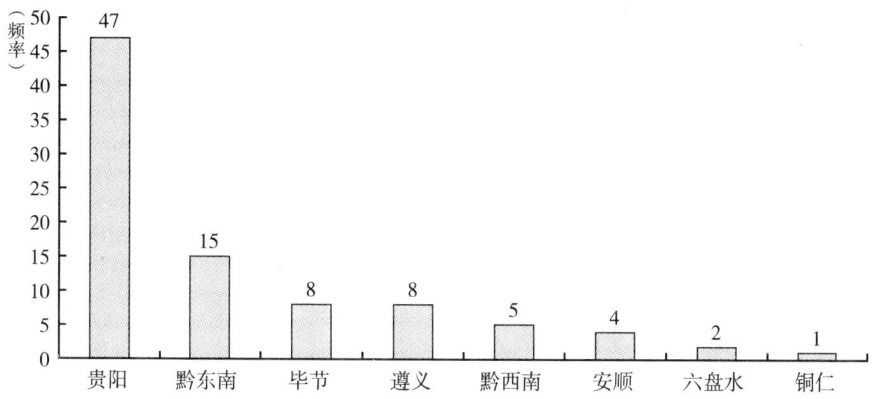

图 5　贵州省政务微博发布地域情况

资料来源：2013 年 5~8 月新浪微博抽样数据课题组分析制图。

布，剩余的是工商、税务、司法等部门。与新浪政务微博的分析研究结果一致，发布政务微博的主要力量仍然是政府和公安部门。

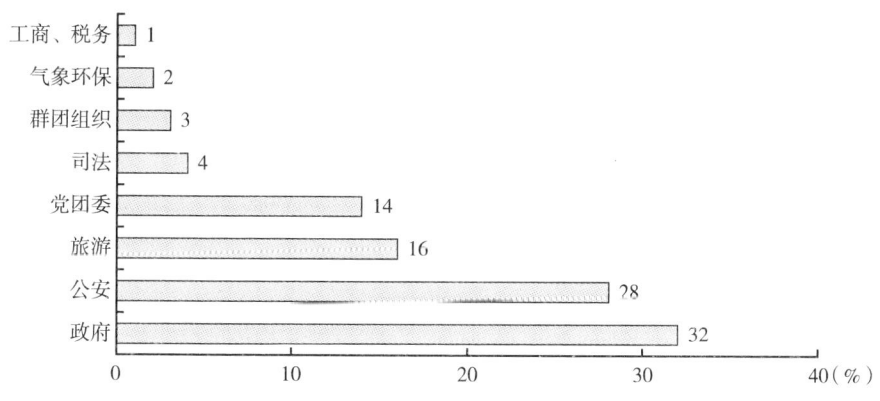

图 6　贵州省新浪微博发布部门情况

资料来源：2013 年 5~8 月新浪微博抽样数据课题组分析制图。

（2）政务微博的内容特征。

从发布的内容上看，新闻宣传报道的比重最大，多报道中央和地方的时事新闻、宣传贵州形象的新闻时讯。其次为政务信息，如政务部门的职能以及相关办事程序。再就是对部门活动的信息公开的同时民生服务部分也占了较大比重，如干旱期间对防暑、抗旱的安全提示，以及高考期间对考生家长的建议，体现着政务微博更贴近大众生活的发展趋向、更加亲民。

但是在微博的互动和微博问政方面政务微博没有体现明显优势，总体来看，贵州省政务微博的主要内容更体现为提供咨询、告知等单向式的"为民服务"，而在搜集民意、征求民众意见等深入互动方面尚未得到很好利用（见图7）。

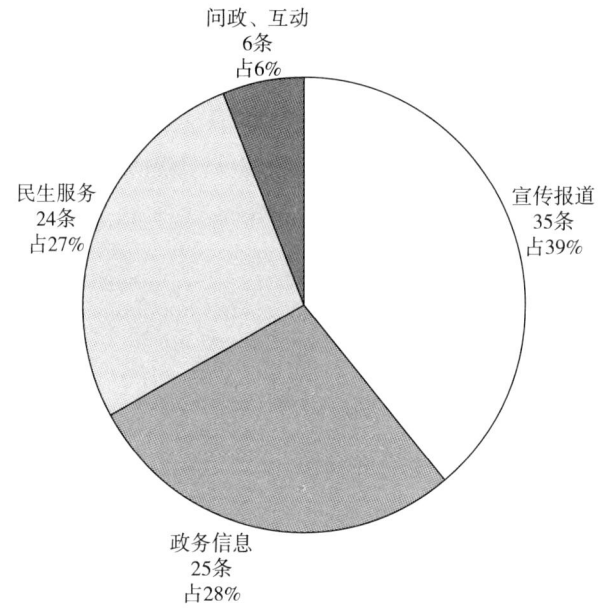

图7 贵州省新浪政务微博内容分类

资料来源：2013年5~8月新浪微博抽样数据课题组分析制图。

3. 贵州省政务微博互动总体分析

据统计，截至2013年8月20日，贵州省经过新浪认证的政务微博发博总数达到58万余条，平均每个政务微博发布数约为390条。这些微博被新浪微博网友转发及评论共计16万次，平均单条微博被转发及评论约3次。这些政务微博为贵州省社会公共服务提供了权威声音和服务资讯，展现了贵州省政务微博活跃度和影响力。

从政府机构和公职人员的发博比例数据中发现，政府机构和公职人员的发博比例基本相当。同时也看到在发博的政务微博中，发博数在500条以下的约占政务微博总数的74%，发博数在500~1000条的约占政务微博总数的13%，发博数在1000~2000条的约占政务微博总数的6%，2000~5000条的约占政务微博总数的5%，发博数达到10000条以上的约占总数的2%。目前，政务微博的原创微博、转发、评论、私信行为占比分别为22%、28%、33%、17%，也即政务微博的发博与互动行为各占其行为总数的50%。对比以上政府机构和公职人员微博基本行为分布可以看出，相比公职人员微博，政府机构官方微博的原创、转发、私信、评论四大行为分布较为均衡；而公职人员的微博行为中，评论占比高达45%，展示出公职人员在微博互动中的巨大活力。

课题组对政务微博的活跃程度采用了"活跃度"作为衡量的指标，发现贵州省官员的微博活跃度为1.3，政府机构微博的活跃度为1.24。从以上数据虽然我们看到贵州省微博发布数量政府机构微博高于官员微博，但同时也发现贵州省机构政务微博整体活跃度不高。其原因有很多，但政府机构微博机制化的发布，语言表达上的官方化，使得它在互动和形式上弱于官员微博。然而官员发布微博大多出于个人兴趣，具有不固定性。

二　贵州省政务微博存在的主要问题

作为一个新生事物，不少政务微博作用表现得不够理想、发挥不够突出、管理不够完善，特别是微博问政的效果有待提高等问题。

（一）对政务微博的认识不足

目前，贵州省部分政府管理者还没有充分认识到政务微博的重要性，部分领导干部还未能从思想上意识到信息化的发展对政府执政能力的巨大影响，部分干部虽然开始有意识地运用新媒体，但重视程度和了解程度都不深。微博问政是政府信息公开很重要的一个新途径，它的兴起就如一个玻璃房使各级政府和官员的言行置身在群众监督之下。也导致了官员们的举止言行一旦出现不当现象，就会引起网友的围观和"拍砖"，这样的现实让一些领导干部无所适从，进而对微博采取敬而远之的警惕态度，以至于一些干部还对这个新型舆论工具有着强烈的畏惧和抵触心理，甚至部分官员对微博问政在思想上是反感和害怕的，害怕微博会把自己的负面信息迅速传播出去。

但是社会的发展加速了信息的进步也使得微博发展势不可当，对微博舆论的逃避和堵截已经不切实际，逃避的话不仅使政府有可能失去微博话语权，而且会加剧民间舆论场和政府舆论场的意见分歧，甚至可能会导致在紧急情况下负面舆论以及网络谣言迅速聚集形成不可收拾的局面。

（二）缺乏统一规范的管理，不利于政府社会管理创新

微博问政是智慧城市社会管理创新的新趋势，是网络时代民众参政议政的新形式。但就贵州省的政务微博来说，与网民的期待还存在相当的距离。贵州省的政务微博从整体状况来看还缺乏统一的规范管理，各地区的重视程度和发展情况也不均衡，而且各地区、各行业的政务微博形成各自为政的局面。就贵州省的政务微博现状来看，还处于松散和发展无序的阶段，2012年以来贵州省对政府微博的重视程度加强，机关政务微博逐步形成向集中式、一站式方向发展的趋势，"贵州微博大厅"集中了全省各级政府和部门的微博，这对贵州省政府形象有着十分积极的集中宣传作用。2013年5月"贵阳日报传媒集团媒体发布大厅"入驻腾讯，该发布大厅集纳了集团旗下《贵阳日报》《贵阳晚报》《博鳌观察》《贵阳新闻网》等媒体和近百个媒体人微博账号，以及"微博贵州""微贵阳"等政务微博。但总的来说，参与的机构还是太少，而且集中方式上主要还是流于形式，在管理应用上还是处于分散状态，政府机构微博和官员微博多为各自为政，呈现出碎片化状态，既不利于便民服务也不利于政府和官员回应民众诉求。

（三）跟风现象严重

贵州省的政务微博与全国大多数省份是同步的，但发展速度却落后于全国政务微博的整体水平，随着新媒体的迅猛发展我国政务微博发展也日趋成熟、与时俱进。近年来，贵州省的政府机构也迅速地意识到微博这一新媒体在政务管理中的重要作用，2012年以来贵州省的政务微博数量突飞猛进，但从目前实际应用情况来看，不少政府部门开通的政务微博只是为了跟风、走形式，而不是出于工作需求，主动开通。很多政务微博在开通后更新率低，公众关注度

也很低。即便是一些看似受众较多且发文量也相对较大的政务微博，仔细分析其微博的实际使用效果，发现它们实际的服务功能却很少。而且不少政务微博发博的实效性不强，一些政务微博在突发事件发生很久才发布相关信息，没有充分利用到政务微博这一平台的快捷实效功能。从目前贵州省不少政务微博的发布情况分析，其主要功能是转发政府网站的一些公告和地方新闻，与官方网站内容基本相同。甚至有些政务微博还不如政府网站，信息发布和网民意见反馈都落后于政府网站，信息发布和互动、实际应用都比较少。贵州省的政务微博要有良好的发展，提升其服务功能必不可少，否则公众绝对会对其失去兴趣，对政府的不作为更加诟病。

（四）"空壳微博""形式微博"依然存在

随着贵州省政务微博数量的不断增加，微博问政受到社会各方重视。然而，"空壳微博"、使用微博语言不当、官民互动不充分等问题的存在，使微博问政水平进一步提高面临困难。

从我们的抽样数据可以看到，一些政务微博把一条新闻拆成5段帖，有的微博把规章制度逐条往上贴，同一天微博都集中在一个时间段发布。甚至还有的仅在开博时发过一条微博，之后就再无更新，既不回应网友反映的问题，也没有原创内容。严重的如贵州大方县政务服务中心官方微博，从开通以来竟然没有发过一条微博。

（五）互动较少、互动形式单一

贵州省一些政府部门开通微博是好事，是一种社会管理的机制创新，也是社会的进步。但从运行情况看，存在与民众沟通互动较少、互动形式单一的现象，政务微博的作用大打折扣。开通私信是政务微博互动的很好形式，不开通私信政务微博多半是"自说自话"，很难做到有的放矢。贵州省比较有名的"微博贵州"和"贵州旅游"政务微博，"微博贵州"主要是以宣传和转发政府政令为主，互动性较差。而"贵州旅游"微博互动性较强，可又存在互动形式单一，对贵州风光和美食的互动较好，但对旅游问题的回复几乎没有，不能达到解决政务的目的。

微博这个新兴的草根性媒介，其最大魅力就在于，政府机构以及政府官员同公众之间可以进行面对面对话，实现政府传播的民主对话。但我们也看到由于贵州省政务微博的发展还处于发展初期探索阶段，相关管理规定和规章也比较缺乏，微博的发文技巧、应用能力还很差，这也使得贵州省政务微博活跃度和与公众互动能力较低。因此，如何对政务微博进行协同管理以及政务实际发布中的发布时间、发布频率、反馈时效等实务运营方法以及如何加强政务微博的机制化管理成为贵州省政务微博发展中亟须解决的问题。

（六）相关管理者缺乏舆论监督管理能力

新媒体时代政治舆论环境的变化要求各级各地政府在舆论管理手段上也要跟上时代节奏。然而从贵州省政务微博的现实案例来看，政府部门的舆论管理方式还未能完全适应微博时代的要求。主要表现在以下几方面。

一是传统媒体管理模式和思维观念依然根深蒂固，特别是在处理危机事件中，一些政府机构的表现可以说是反应慢，无作为。进入微博时代，任何一个突发事件，特别是涉及公共利益的事件都有可能迅速地成为网络热点事件，从而发展成为社会舆论的焦点。而思维还停留在传统媒体时代的一些政府管理者按照传统的上报惯例管理舆论，会因为反应迟钝或者不允许媒体报道而耽误了报道的时间。然而在此期间，不明真相的网友很可能已经将事件相关信息通过微博转载散布出去，在这个传播过程中会夹杂许多不实的信息甚至是谣言，其结果会影响政府在人民心中的形象，严重的则会引发社会群体事件。例如，2013年7月10日的贵州凤冈县交通事故共造成4人死亡28人受伤。事故发生后，网络和媒体的报道还没出来，但网络上却不断出现"事故现场死亡10～20人"的传言，造谣当地政府有意瞒报，从而引发了全社会的关注，中央电视台《焦点访谈》还专门就此事进行过报道。

二是面对质疑，政府相关人员媒介素养不高，缺乏相应的传播技巧。没有意识到网络是社会情绪的"发泄器"同时也是社会的"稳定器"。微博这个新兴的舆论场所在网络社会引发的大量质疑声挑战着各级政府工作人员的社会管理水平，在贵州省不少官员由于传统思维和信息封闭等因素影响，不少政府相关人员对舆论的应对技巧不够，有的官员甚至表现得极其粗暴，有的则谨小慎微、吞吞吐吐、推三阻四，担心说错话而拖延、逃避。

三是缺乏利用新的信息传递和引导舆论的手段。目前，现代信息社会的发展要求领导干部要具备一定的网络媒介信息辨析、应对和承受能力，然而贵州省不少领导干部的思想意识和知识能力与信息社会的发展还不相适应。微博是面向社会大众的平台，在微博上政府机构和官员与网民相互交流，其言行也被公众随时随地关注。但目前贵州省一些官员在与网民对话交流中缺乏引导舆论主动的能力与技巧，存在着对网友质疑打官腔、说空话的现象。一些官员害怕与网民交流对话，对网民的批评、质疑不知所措，动不动就采用删帖或"拉黑"或者关闭微博评论功能的方式来处理，这样不仅平息不了批评，相反会引起更多的舆论关注招致网民的质疑和"炮轰"。也会导致政务微博的舆情监测功能失效。

（七）缺乏健全的政务微博管理法律法规

从贵州省政务微博的发展现状来看，监督管理落后、制度保障缺失也是不容忽视的问题。贵州省政务微博的管理，从制度建设上看，到2013年8月仅有黔西南州《关于加强微博管理工作的意见（试行）》，缺乏全省性的规范政府微博管理的法规，这也使得当前贵州省政务微博出现组织关系混乱、权责不清的现象。

（八）缺乏对政务微博常态化、制度化的管理体制

政务微博是新事物，是传统的社会管理所没有的。这使得贵州省的很多政府机构对它还无所适从，没有形成一种常态的规范管理。目前贵州省对政务微博的管理大致分为三类情况：一是开通较早的一些政务微博，有一定影响力和人气的政务微博形成了由专人负责维护体制，比如贵州的"黔办之声""微博贵州"等。二是大多数政务微博缺乏管理，基本上是由该政务机构的新闻办或宣传科兼顾负责，在这样的情况下机关工作人员原来的工作就已经"自顾不暇"，更新和维护微博就更谈不上了。三是地方政务微博管理比较薄弱。一些政府部门并无专门宣传人员，由普通工作人员

兼任。

受传统新闻发布制度的限制贵州省新闻采集、核发相对滞后。没有确立自觉、有序的信息采集制度，微博新闻采编与管理岗位在编制上的设置过少，成本投入不足。同时传统的逐级上报的审核制度和发布流程，使微博的"即时传播"不能达到应有的效果。

（九）缺乏相应的对政务微博的绩效考核机制

贵州省在政务微博上还没有科学、严格的考核机制。基本上全省政府机构对政务微博都没有设立考核、激励和奖惩等方面的工作条例。缺乏相关的配套制度使得官方微博很难形成良好的持续发展机制。另外，在微博的管理人员安排和微博信息内容发布上贵州省也缺乏相应的规定，信息管理人才和管理制度的缺乏让贵州省微博出现管理的随意性，也使得不少政务微博出现了"开与不开一个样、办好办坏一个样"的现象。

三 促进贵州省政务微博良性互动的对策措施

政务微博的创新之道是指管理者对这个平台的科学应用，政务微博要实现全面、协调、可持续的发展，在于其发展过程中的良性互动发展，要实现良性互动我们应该做好以下几方面的工作。

（一）牢固树立服务于民的政务理念

微博已经成为民众发表意见、交流观念的重要平台，在这个平台上，话语权人人平等得到充分的体现，各种意见纵横交错、不同观念交叉会集。在这样的形势下，各级政府如果重视不足、引导不善、处理不及时的话，仍然把自己当"官老爷"，小事就会发酵放大，成为影响社会稳定的重大事件。微博时代要发展微博政务，首先要解决的仍然是理念问题，具体来说，就是要把服务于民作为发展政务微博的出发点。对于政府机构来说，微博只是更好地服务于民、问需于民、问计于民的新型平台，而不应该是政府用来赶时髦、追政绩以及作秀的工具。这其实与现在进行的"党的群众路线教育实践活动"是紧密联系的,政府应强化政务微博舆论作用,并引导更多行业机构开通、使用政务微博,以坦诚的态度通过微博向群众"求方问诊",通过微博公开政府信息对大众提供社会服务,以促使政府职能向服务型转变。这样政务微博才能深入民心,才能在社会管理中发挥积极作用。

(二)构建新的管理体制,规范管理政务微博应用

政务微博要真正发挥问政的作用,应尽快建立统一管理机制,通过统一管理,健全政务"微群"平台,让机构微博之间、机构微博与个人微博之间实现互联互通、资源共享,这样既能提高效率,也更加便于监督管理。同时应该尽快建立和规范政务微博认证机制,以保障政务微博的真实性和可靠性。现在贵州省的政务微博中官员微博有很多没有采用实名认证。规范政务微博的管理,主管部门可采用与新浪网、腾讯网、新华网、人民网等相关微博运营企业合作的方式,一方面对政务微博的实名认证标准和申请流程进行严格规范,另一方面可借鉴党政机关设置网站专有标志的做法,对政务微博的认证标志进行统一,以方便广大网民对政务微博的识别。此外,对一些以政府机构命名的"虚假"官方机构,微博管理机构应加强对其监督管理,从源头上防止各类"虚假"政府微博,混淆视听。同时,还要对党政干部使用微博进行规范,让各级干部学会处理好公职身份和普通网民身份之间的关系,避免个人行为影响官员职务行为。

作为新型的发布平台——政务微博从技术上和运作上都应该建立一套高效的运作制度,这个制度的建立可从三方面入手。一是要有一个高规格的专业团队。二是要建立一套快速的发布审核机制。可采取分层审核原则。比如普通信息由组长签发,一般新闻事件由团队负责人签发,突发事件、敏感事件迅速上报由上级或相关部门签发等。三是在微博管理上还应该建立24小时值班制。

(三)加强政务管理者舆论应对能力建设

微博问政要求微博管理者必须提高自身的微博素养,要学会善用微博。首先,管理者要明确微博发布的规则和流程,严格避免在政务微博中发布个人观念和看法。其次,要坦诚面对网民的质疑和批评,慎重处理网民对现实问题的

诉求，而且还要通过培训学习提升与网友沟通的技巧。最后，要处理好个人和公职身份的角色定位，既要克服官话套话，也要防止因急于与网民套近乎而说话油腔滑舌。同时，对于政府官员来说在微博的"关注"、访问也要谨慎。微博时代抢占舆论制高点是对管理者舆论引导能力的考验，特别是对突发事件的舆论引导首先要反应速度快，避免危机发酵为舆论事件。微博时代"第一时间"就是一个小时内。即使是短时间无法查明的事实，政府也要马上表明立场和态度，在第一时间内表明一个坦诚、对公众负责的态度。做到"速报事实、慎报原因、再报继续"。在微博时代，公众对突发事件的了解速度和深度往往并不亚于政府机构，公众常常需要的不是事实，而是需要政府及时给出一个态度。

政府机构具有其他机构和个人难以比拟的公信力，但并不意味着其在网络上能充当意见领袖角色，可以完全主导舆论。在网络世界，信息是否被关注取决于议题和观点的质量，这消解了政府原有的权威和优势。微博传播中信息量大而琐碎且真假难辨，既表达自由又催生暴力，既能聚合注意力又去中心化。同时网民并不可能都是理性的，现实生活中的不良心态也会通过微博表现出来，这些非理性的表达同样会造成强大的舆论声势，影响政府的社会管理。因而政府很有必要引导公民树立良好的道德观，自觉规范自己的网络行为，理性的使用网络，避免发布和传播谣言，营造一个理性而负责任的微博文化环境。2013年9月，《最高人民法院、最高人民检察院关于办理利用信息网络实施诽谤等刑事案件适用法律若干问题的解释》公布。同一诽谤信息实际被点击、浏览次数达到5000次以上，或者被转发次数达到500次以上的将获刑，这是我国对于理性网络环境构建的一些努力和探索，是完全值得借鉴的。

（四）健全政务微博的法律法规

政务微博是一把双刃剑，我们在应用的同时对它必须进行规范化的管理，制定一系列与政务微博相关的管理办法和管理细则，其内容主要包括开通政务微博初期的登记和审核流程、信息发布的审核流程、民众提问回应审核等各方面的规定。通过各项规定的逐步建立健全，防止各级政府机构把政务微博作为一种短期作秀行为和形式主义，以促进贵州省政务微博的可持续发展。

在法规建立上可把政府实际工作与政府机关网站、政务微博有机结合起来，成立专门的微博管理机构对信息发布、信息互动和信息结果进行统一处理和反馈，促进贵州省的政务微博管理的科学化、规范化。同时还应该对政务微博维护队伍进行规范，在微博维护上必须保障政务微博内容能够及时更新，公众提问有人回应，积极引导微博舆情。从国内外的情况来看，各国都为政务微博制定了法规，英国政府为帮助公务人员使用Twitter，出台了Twitter指南规范。南京市出台了《关于进一步加强政务微博建设的意见》；北京市人民政府新闻办公室、北京市公安局、北京市通信管理局、北京市互联网信息办公室也制定了《北京市微博发展管理若干规定》。新浪网为规范官员运用政务微博发布了《政务微博营运规范手册》，还制定了官员个人微博"十三忌"。贵州省对于政务微博也制定了一些规定，但还没有能指导全省政务微博的法规，这是目前需要尽快制定的。

（五）加强政务微博的常态化与制度化管理

政府要提升执政能力，提高社会管理和公共服务水平，是正确运用政务微博的重要方式。要做到政务微博常态化，就必须做到微博平台的公开化和日常化，保证大众在任何时候都能通过官方微博平台了解政务信息，发表评论意见，反映现实问题，要求政府回应；而政府同样能够通过微博平台采集信息、了解民意、正确研判舆情、积极回应提问解决诉求，实现和民众的良性互动。要做到这样的常态化，加强微博的日常管理至关重要。首先要对微博内容定期更新，及时查看并回复博友留言。其次要加强微博的日常维护，这可由专业的团队来完成。最后要重视舆情引导工作，优化微博信息环境。同时在政务微博的管理上更应该建立管理制度，要有专门的管理机构并安排专业的人员甚至主政者定期亲自面对面地与网友交流，以倾听民意、回应诉求，答疑解惑。这就要求省政府必须加强公务人员培训，提高微博应用能力。在提高公务员素质的同时还应建立网络信息采集制度，及时将微博中有价值的信息整理报送职能部门和相关决策者，并且做到有问必答、有求必应。在操作上，省政府还需明确职责，在微博中开通的各个服务项目，应该担负起各自职责。要设立相关的责任部门和责任人，明确职责，确保官方微博的运行效率和社会效果。另外，在对政务微博的日常管理上还应建立线上线下协调配合机制。没有线下各实体部门的切实配合，网上互动往往难以取得突破。政务微博的每条信息、每个互动都需要众多相关部门的通力协作，否则很多问题无法解决。在建立和配合的同时必须建立一个线下督办的机制以保障互动的实际效果。建立跟踪线下督办机制，可避免网友留言得不到及时回复，有的虽然有回复，但也会出现网线落实不了的情况。

（六）加强政务微博绩效管理与监督评估

从贵州省的实际情况来看，政务微博管理还比较松散，要完善政务微博的管理必须建立一个政务微博的监督评估机制，可以考虑把政府机构微博应用纳入政府绩效考核范畴，鼓励引导政府机构充分利用好微博这个舆论平台，规范管理各级官员应用微博的制度，建立一套促进政务微博运营和维护的绩效评价机制。

课题组通过对各省多个政府微博的研究、分析和观察，结合它们的考评方法，提出贵州省政务微博建立绩效考核机制的建议。

1. 在政府机构部门绩效考核中纳入政务微博内容

可以考虑在政府部门绩效考核中把政务微博管理作为考核的奖励加分内容，并使它逐步成为常规性绩效考核的一部分，这样可激励各机构部门对政务微博建设的积极性，同时也能促进政务微博和民众的良性互动。主要考核各部门的定期通报情况，对微博建设、基本内容、管理人员三方面的表现情况进行评估。考核内容可为收集民意情况，回应民众疑问情况；利用微博辟谣有效性情况；公众舆论引导有效性情况；非官方微博解决社会问题应用情况。

2. 把公众的评价作为加分的依据

开发一套政务微博评价排行系统，根据内容设置权重，然后按相应的权重把评分纳入最终的绩效考核体系中。让网民评价政务微博，可开展"最佳政务"微博网评活动，让关注和使用政务微博的网民对官方政务微博进行评价。仿照淘宝的星级评价功能，制定政务微博的星级评分标准。对于发文及时、互动性强的官方微博给予五星的高分，对空洞、炒作的官方微博给予差评或不予评分。让粉丝作为官方微博评价主体，网民可根据微博发布的具体内容、活跃度等一系列内容进行打分评价。这样也可提高粉丝参与的积极性。

3. 引入独立的第三方评价机制

邀请第三方进行政务微博管理评估。第三方评估是站在非利益方的一种最公正的评估形式，其最大的优点就是让第三方可以站在中立的立场上来公正评价，同时更能关注公众影响，这些特征都是各类政府机构评估不可取代的。政府的政务微博管理部门可以采取委托第三方机构的方式，对贵州省政务机构的官方微博活跃度、引导力、传播力、亲和力进行研究，参考第三方机构的研究结果进行绩效考核。

参考文献

《中共中央关于进一步繁荣发展哲学社会科学的意见》，2004年3月。
《贵州省哲学社会科学研究"十二五"规划纲要》，2011年8月。
佟力强：《微博发展研究报告（2011）》，人民出版社，2012。
邵静野：《变革时代的社会管理创新》，国家行政学院出版社，2011。
卢金珠：《微博问政》，东方出版社，2012。
侯鄂、潘建新：《微博时代》，五洲传播出版社，2012。
喻国明：《中国社会舆情年度报告》（2012），人民日报出版社，2012。
段旭、苟德培：《玩转微力量》，新华出版社，2012。
邹建华：《微博时代的新闻发布和舆论引导》，中共中央党校出版社，2012。
周滨：《微博问政与舆情应对》，人民出版社，2012。
崔蕴芳：《网络舆论形成机制研究》，中国传媒大学出版社，2012。
张春华：《网络舆情社会学的阐释》，社会科学文献出版社，2012。
《2013年第一季度新浪微博报告》，新浪微博，2013。
人民网舆情监测室：《2012年腾讯政务微博报告》，2012。
武汉大学互联网科学研究中心：《腾讯共青团微博分享报告及案例分享》，2012。
张志安、贾佳：《中国政务微博研究报告》，《新闻记者》2011年第6期。
刘国军：《网络舆情与创新社会管理》，《前沿》2011年第4期。
胥柳曼：《公共空间背景下的政务微博传播效果研究》，上海交通大学，2011年12月。
杨树林：《微博对社会管理创新的影响》，《哈尔滨党校学报》2012年第11期。
姚静：《创新管理视角下政府微博运用问题与对策》，《内蒙古农业大学学报》2012年第3期。

B.17
深化改革背景下贵州省电力供需分析

林岚涛 李艳华*

摘 要： 本文从我国电力体制改革的宏观背景入手，分析贵州电力投资现状与发展契机；根据贵州"十二五"以来电力供需状况与趋势预测，分析电力体制改革对贵州工业化战略的影响；结合贵州"十二五"电力需求的迅速增长及"西电东送"的政策环境，动态比较能源供需缺口，测算并评价电力供需矛盾的现实问题，对约束贵州工业化的能源发展条件做出思考。

关键词： 电力体制改革 "十二五" 贵州电力供需

一 我国电力体制改革的背景

中国电力体制改革是一个市场化改革过程，是缓解供需矛盾、解决供电压力的过程。2006年以后，为解决电力服务、电力生产、电力安全和电力工业发展的诸多现实问题，电力体制改革作为国家战略重点提出，电力制度建设同时进入快速发展的时期。

中国电力体制成型于20世纪50年代，是从苏联引入的传统计划经济管理模式。进入21世纪以后，电力市场供求状况已发生明显变化，电力垄断经营的体制性缺陷日益明显，省际的市场封锁、各自为政造成了全国大市场难以形

---

* 林岚涛，贵州大学管理学院教授；李艳华，贵州大学管理学院副教授。

成，电力资源也因效率损失而影响到最优配置。在这一背景下，2002年2月，国务院下发《电力体制改革通知》（以下简称《通知》），提出"打破垄断，引入竞争，提高效率，降低成本，健全电价机制，优化资源配置，促进电力发展，推进全国联网，构建政府监管下的政企分开、公平竞争、开放有序、健康发展的电力市场体系"①的改革目标。其具体的改革思路被明确为：①重组国家电力公司管理的发电资产，按照建立现代企业制度要求组建若干个独立的发电企业；②②重组电网资产，设立国家电网公司，作为原国家电力公司管理的电网资产出资人代表；③设立华北、东北等五大电网公司；③④设立南方电网公司，其经营范围为云南、贵州、广西、广东和海南。作为区域电网公司的主要职责是：经营管理电网，保证供电安全，规划区域电网发展，培育区域电力市场，管理电力调度交易中心，按市场规则进行电力调度。④之后，全国电力行业经过近10个月的努力，国务院正式批复《发电资产重组划分方案》，即在原国家电力公司的基础上，成立了两家电网公司、五家发电集团公司和四家辅业集团公司。其中，两家电网公司分别是国家电网公司和中国南方电网有限责任公司；五家发电集团包括：中国华能集团公司、中国大唐集团公司、中国华电集团公司、中国国电集团公司和中国电力投资集团公司；四家辅业集团公司则是：中国电力工程顾问集团公司、中国水电工程顾问集团公司、中国水利水电建设集团公司和中国葛洲坝集团公司。⑤在两大电网公司中，南方电网公司由广东、广西、海南、贵州、云南、海南六省区省级电力公司组成。在这一基础上，南方电网公司实际已初步形成以资本为纽带，对所属企业的国有资产行使出资人权利，依法经营、管理和监督，并承担相应保值增值责任的按母子公司运行的集团公司运作模式。

---

① 国务院：《电力体制改革通知》，2002年2月。
② 国务院：《电力体制改革通知》，2002年2月。具体内容为："华能公司可直接改组为独立发电企业，其余发电资产（含股份公司或有限责任公司中相应的股份资产）通过重组形成3~4个各拥有4000万千瓦左右装机容量的全国性发电企业，由国务院授权经营，分别在国家计划中实行单列。每个发电企业在各电力市场中的份额原则上不超过20%。"
③ 国务院：《电力体制改革通知》，2002年2月。具体包括：华北（含山东）、东北（含内蒙古东部）、西北、华东（含福建）、华中（含重庆、四川）五家电网公司。
④ 国务院：《电力体制改革通知》，2002年2月。
⑤ 国务院：《发电资产重组划分方案》。

在全国电力体制改革的过程中,贵州的电力体制改革曾先后经历了从传统计划经济下大一统的发展模式向"省为实体,自我发展"、从厂网合一再到"厂网分离、竞价上网"的转变。在厂网分离的背景下,原国家电力公司在黔资产、贵州电力公司分别划归华电集团和龙源集团旗下,由这两家电力集团进行重组。其中,乌江公司、黔源公司、遵义发电总厂、清镇发电厂、安顺发电厂、引子渡水电站、普定发电站、水城发电厂、毕节头步发电厂和大龙发电厂等划归华电集团;都匀电厂、红枫电厂、凯里电厂、贵阳电厂、盘县电厂等归属龙源集团。贵州金元公司和西电东送电力等不属于国家电力公司,其公司资产未参加此次重组。实现厂网分离以后,贵州电网公司作为南方电网公司旗下的独立法人公司,对全省电网建设、运行及安全、优质、经济运行承担相应经营责任。自此,贵州电力体制改革初步形成"厂网分离、竞价上网"后的新的市场格局,全省电力技术监督体系建设按行业归口,也因此分属发电企业和供电企业两类不同的经济主体。

二 我国电力投资与电网建设的现状与趋势变化

电力是国民经济发展的基础性产业,电力供需平衡直接影响经济健康发展。在电力产业中,电力供需平衡包含两层意思,一是指电量的平衡,二是指负荷的平衡。其中,电量平衡主要用发电设备年平均利用小时数来反映产能利用率的主要指标。而负荷平衡,则要考虑负荷需求达到峰值时,发电供电能力与最大负荷之间的缺口。在电力产业中,产供销同时完成的特征使得电力行业无法像其他工业行业那样通过库存来调节平抑需求的周期性变化,因此,若要满足一年中高峰期的电力负荷需求,电力生产供应能力就必须按满足最大负荷的要求配备。在这一要求下,当电力需求处于低谷阶段,就必然会面对一定的发电供电能力富余。

长期以来,中国一直执行工业化发展战略,耗电耗能巨大的重工业处于优先发展地位,工业化初期阶段偏重化的现象导致 GDP 单位电耗一直处于上升趋势,电力弹性系数在相当长的一段时期大于 1,到 1980 年全国严重缺电局面已持续近 20 年。由于电源的增长落后于电力需求的增长,为改变供给不足的局面，国家采取集中资金用于电源建设的方针。1978～1997年，这一时期的电力体制改革以"集资办电"为主要内容，着重解决电力供应问题，在电力生产环节引入竞争机制，推动电源投资主体多元化，初步形成"电网国家管、电厂大家办"的体制格局，电力装机和发电量得到快速增长。其中，发电装机容量在1987年达到1亿千瓦的重大进步的台阶上，在1995年超过2亿千瓦，站到第二个台阶；到2000年达到了3亿千瓦，又上新台阶。发电量在1995年超过1万亿千瓦时，2000年达到了1.37万亿千瓦时。发电装机容量和发电量年均增长率分别为7.8%、7.9%，此时全国电力供需矛盾已初步得到缓解，电力弹性系数出现小于1的情况。这表明中国工业化开始从初期阶段向中期阶段过渡，工业内部以高耗电工业为主的原材料生产工业向加工工业转变，生活用电总量不断上升。

进入21世纪后，尽管2000～2002年电源建设快速增长，电力供需矛盾得到有效缓解，但在此期间，随着人们收入水平的提高，全国生活用电需求也得到释放，工业和居民用电呈现高速增长，一度导致电力工业出现季节性和地区性紧张，20多个省份相继出现拉闸限电现象，这使得电力体制改革面临新的课题。

2002年10月15日，国家计委上报的《关于发电资产重组划分的请示》获得国务院领导批复。经过10个月的准备，国家电力公司被分拆为两大电网公司、五大发电集团公司和四家辅业集团公司，电网公司形成以国家电网公司和南方电网公司为主体的两区域运行模式。在此推动下，全国电源建设出现爆发式增长：2002～2006年，全国年均新增装机容量约为6636万千瓦，是1993～2002年年均新增规模的3.5倍，远远超过美国在1979年创造的年新增装机容量为4100万千瓦的世界历史最高纪录；同时，由于火力发电项目建设周期短并可以迅速投产填补供需缺口，因而在快速发展的全国电源结构中，火电比重提升较快。2003～2006年，全国新增电源项目中，火电项目规模约超过80%，2006年末火电装机比重已高达77.8%，比2000年提高约4个百分点。从2006年中国电力供需整体上看，电力供需正在由相对紧张向供需平衡逐步转化。到2009年，全国电力建设完成投资7558亿元，同比增长19.93%。其中，电源投资3711亿元，占全部电力投资的49.10%，同比增长8.92%；

电网投资3847亿元,同比增长32.89%,占全部电力投资的50.90%。当年,全国跨区送电量完成1213亿千瓦时,同比增长13.52%。根据中国电力联合会提供的数据,2009年全国电力供应能力整体较为充裕,电网备用充足,输送效率提高,电力供需总体平衡有余。

在电网建设方面,中国电力行业实际可划分为华北、东北、华东、华中、西北、南方六个大区域。各区域经济发展水平、资源禀赋条件的差异决定了跨省、跨区域电能配置对于满足全国电力需求的重要意义。整体来看,中国一次能源在西部分布较多,而电力需求多集中于东部地区,同时不同区域电源结构和负荷特性存在较大互补性。在这一背景下,"西电东送、南北互供、全国联网"成为中国跨区电能配置的总体思路。同时,在进行跨区电能配置时,各区域市场内部跨省电能配置的电能流向主要包括:华北区域的内蒙古、山西送往京津唐(西电东送北通道);东北区域内的黑龙江、吉林送往辽宁;华东地区的安徽送往江苏(皖南东送);华中地区三峡送往重庆;南方区域的云南、贵州送往广西、广东(西电东送南通道)。单独来看,南方电网一次能源主要集中于西部,电力负荷集中在东部沿海,电能流向呈现出明显的"西电东送"的特点。截至2005年末,南方市场装机总量9095.1万千瓦,占全国总量的17.9%,水电、火电装机容量分别占34.2%和61.5%。

要做到电力供需瞬时平衡,电网安全运行就要有一定的备用。但长期以来中国电网建设一直无法完全跟上电力需求迅速增长的步伐。根据中国电力企业联合会发布的电力行业统计快报:"八五""九五"期间,全国电网投资仅占电力投资的13.7%和37.3%。"十五"期间,电网投资只占电力投资约30%,2007年电网投资占电力投资的44.63%,以上数据均低于发达国家电网投资占电力投资50%以上的平均水平。① 2008年的南方冰雪灾害,让电网的硬件建设投入受到更大重视,从当年第四季度起,国家加大了电网投资的力度和建设措施的落实,全年电网投资比重突破50%,电网、电源投资比重开始出现结

---

① 《中国电力企业联合会发布的电力行业统计快报》,2009。

构性逆转。[①] 2008 年，中国电力基本建设投资总额达 5763.29 亿元，同比增长 1.52%。其中，电源投资额 2878.73 亿元，同比下降 10.78%；电网投资额 2884.56 亿元，同比增长 17.69%，一进一出，电网投资相对电源投资增长 28.47%。电网基本建设投资在电力投资中所占比重首度达到 50%，长期电力投资失衡的局面出现改变。

目前，国家电网建设的资金主要用于全国特高压、超高压电网以及跨区送电工程建设。中国电力企业联合会统计数据显示，截至 2008 年底，全国电网 220 千伏及以上输电线路回路长度已达 36.48 万千米，同比增长 11.10%；220 千伏及以上变电设备容量达到 138714 万千伏安，同比增长 17.80%。

三 贵州电力投资发展状况与契机

在全国电力快速发展的推动下，贵州电力发展迎来了扩大规模、加快发展的契机。特别是"十二五"初期《国务院关于进一步促进贵州经济社会又好又快发展的若干意见》（国发〔2012〕2 号）文件的出台，战略定位首先提出贵州要建成"全国重要的能源基地"，"2015 年贵州电力装机达到 5000 万千瓦左右"；在支撑能力上"加强能源通道建设"，"形成覆盖全省的坚强电网"。国家发改委的意见是：装机容量快速增长的历史已经过去，电网投资将成为重点。必须看到，我国电网建设发展一直滞后于电源建设，二者的不匹配将使得我国电力输送面临很大的安全问题。因此，电网的建设在 2008 年后出现了发展契机。

1949 年贵州发电装机总容量 0.3 万千瓦，仅占全国总装机容量的 0.16%；到 1978 年，贵州省发电装机容量为 107.2 万千瓦，也只占全国装机容量的 1.8%；1988 年 6 月，国家能源部，国家能源投资公司，广东省、广西自治区、贵州省相关部门联合对贵州进行考察，制定了"合资办电，国家支持，水火并举，远近结合，互惠互利，共同发展"的 24 字方针，并签署了《关于

---

① 《中国电力企业联合会发布的电力行业统计快报》，2009。

合作开发贵州能源资源向广东送电的协议》《关于联合建设盘县火电厂的协议》。贵州建设南方能源基地的战略目标开始实施。从1993年6月起，贵州电网通过500千伏通道开始向广东输送季节性电能，跨省区合作办电格局基本形成。但在2000年前，贵州电网统一调度的装机容量只有500万千瓦。从2000年开始，国家实施西部大开发战略，尤其是2002年12月中国南方电网公司的成立，为21世纪贵州实施西电东送、建设南方能源基地提供了可靠的平台，也为贵州电力的大发展拓展了极大的市场空间。此后，贵州电源建设先后开工总容量2443.5万千瓦的25个水火电项目。截至2009年11月30日，扣除已关停的小火电机组，全省电源建设统调装机容量已达2540万千瓦，为2000年前的5倍，电源装机容量的大幅增加为发电量突破1000亿千瓦时奠定了坚实的基础。

在电网建设方面，"十一五"期间贵州电网取得了跨越式发展，省内已形成500千伏"日"字形环网；220千伏、110千伏及以下电压等级的电网进一步加强，同时还修建了500千伏"五交两直"外送通道，为西电东送提供了重要保障。特别是2008年贵州遭遇了特大冰雪灾害，全省电网受到重创，电网脆弱问题暴露出来，之后的建设就以提高供电保障能力为重点，把全省电网的安全运行作为管理目标，重点建设220千伏地区主干电网和城乡配电网。2009~2010年两年，贵州电网完成计划投资330亿元，重点用于城乡电网建设，投资规模之大、速度之快，相当于再造一个"贵州电网"。贵州电网公司之前预期：通过3~5年的大规模电网建设与改造，电网结构得到加强和完善，供电可靠性得到提高；贵阳、遵义等重点城市的用户年平均停电时间不超过5小时，达到国内先进标准，其他地区供电可靠性大幅提高。目前这些目标已基本实现。2009年，贵州电网已完成电网建设投资128亿元（其中包含调增的3.13亿元。完成全年投产110千伏及以上输变电工程145个，新增110千伏及以上变电容量780万千伏安、输电线路1688千米；农网未网改面下降到33%）。截至2009年12月10日，贵州省全年累计发电量1016亿千瓦时、供电量1013.57亿千瓦时，年发电量、供电量双双突破千亿千瓦时大关，成为贵州电力发展史上的一个新的里程碑。

根据南方电网数据,"十二五"贵州将投入500亿元进行新一轮电网建设。一是形成"两直六交"500千伏电网外送通道,以满足黔电送粤最大电力达到1100万千瓦的要求。二是在省内500千伏电网将形成以北、中、南通道和贵阳、遵义两市为核心的"三横两中心"坚强网格型电网;建设完成互为支撑的地区环网;城市电网可靠性达全国中上等水平;农村电网完全满足农民生活生产需要。"十二五"期末,贵州累计送电量预计达2500亿千瓦时。

在未来发展趋势方面,专家预计今后我国电源与电网投资比例将稳定在1:1左右,电网投资以超高压电网、跨区送电工程、数字变电站及农网建设为重点,同时发展智能电网建设。而在电源建设方面,2009年,在国家对传统煤电项目实施"上大压小"计划的同时,提出加大核电建设,规划到2010年建成5000万~6000万千瓦装机容量。同时继续加快大型、清洁高效能源项目建设。在《可再生能源法》正式实施的基础上,《可再生能源中长期发展规划》现已编制完成。该《规划》提出:到2020年我国可再生能源在能源结构中的比例争取达到16%。

四 "十二五"贵州电力供需状况分析

(一)贵州"十二五"工业化发展的目标

在《贵州省"十二五"规划纲要(2011~2015年)》中提出全省经济发展的目标:到2015年全省生产总值确保实现8000亿元,力争突破10000亿元。《贵州省工业十大产业振兴规划》也提出,到2015年,工业总产值实现10000亿元以上,年均增速20%以上。其中电力产业总产值达到1500亿元以上,煤炭产业总产值达到1500亿元,煤化工、磷化工等化工产业总产值达到1000亿元以上,装备制造业总产值超过1000亿元,钢铁、铁合金等冶金产业总产值超过1000亿元,有色金属产业总产值超过1000亿元,建材产业总产值达到400亿元,烟酒产业总产值超过1000亿元,新兴产业总产值达到500亿元,民族医药和特色食品及旅游商品为主的特色产业总产值超过1000亿元。

(二)"十二五"期间贵州电力需求预测

《贵州省电力产业"十二五"发展规划》对"十二五"期间的电力市场需求做了预测。首先,第一产业用电量年均预计增长约5%,第二产业用电量年均增长约13%,第三产业用电量年均增长约10%,由于受城镇化率提高的影响,居民生活用电年均增长约18%。其次,对全社会用电量及最大负荷需求做了预测(见表1)。再次,黔电送粤及向周边省区市送电预测:在"十一五"期末800万千瓦的基础上增送300万千瓦,最大增至1100万千瓦,累计送电量为2430亿千瓦时;预计随着周边省区(除广东)经济社会的发展,到"十二五"期末,贵州电网向周边省区(除广东外)送电负荷将达到300万千瓦。①

表1 贵州省"十二五"电力需求预测*

单位:亿千瓦时,万千瓦

项目\年份	2010	2011	2012	2013	2014	2015	十二五增长率(%)
高水平全社会用电量	840	938	1049	1180	1340	1521	12.61
全社会最大负荷	1451	1643	1850	2092	2404	2744	13.60
统调电网省内发电量	784	878	984	1111	1267	1444	1300
统调电网省内最大发电负荷	1350	1561	1757	1987	2284	2607	14.06
中水平全社会用电量	840	930	1031	1151	1297	1460	11.69
全社会最大负荷	1451	1629	1817	2036	2320	2625	12.58
统调电网省内发电量	784	870	966	1082	1223	1382	12.00
统调电网省内最大发电负荷	1350	1547	1726	1935	2204	2493	13.05
低水平全社会用电量	840	924	1014	1123	1253	1400	10.76
全社会最大负荷	1451	1614	1784	1982	2238	2510	11.58
统调电网省内发电量	784	863	949	1053	1179	1321	11.00
统调电网省内最大发电负荷	1350	1533	1695	1883	2126	2384	12.05

* 《贵州省电力产业"十二五"发展规划》。
资料来源:《贵州省电力产业"十二五"发展规划》。

① 《贵州省电力产业"十二五"发展规划》。

因此，对贵州省全社会用电选取中水平预测方案：贵州电网统调省内最大发电负荷2493万千瓦，黔电送粤1100万千瓦，向周边省区（除广东外）送电300万千瓦，考虑20%的备用容量，同时考虑一定的互补性，2015年贵州电网统调装机需达到4500万千瓦以上。①

（三）"十二五"前两年贵州电力需求分析

1. 贵州省全社会用电量情况分析

贵州省"十二五"以来的全社会用电量数据显示，最大用电量为2012年3月的93.16亿千瓦时，最小用电量为2011年2月的63.37亿千瓦时；在2012年多个月数据显示，贵州省全社会用电量持续在80亿千瓦时以上。

从结构上来看，第二产业的用电量在全社会用电量中占据了主要部分，用电量所占比重在80.90%~64.57%之间波动；而最小部分则是第一产业用电量，所占比重在0.79%~0.25%之间；另外是居民用电量和第三产业用电量，变动范围分别为25.69%~12.36%和9.09%~6.30%。

从同比增长速度来看，除了第一产业的用电量同比增长外，其他产业或用电项目的用电量基本上处于正增长的情况；第一产业用电量增长变动较大，这里面的原因是由于农业用电的季节性造成的。但由于需求和经济增长双下降的影响，第一、第二、第三产业和居民用电的增长速度在2012年3月后同时出现了下降的情况。

2. 输出省外电量分析

贵州是"西电东送"的主要省份之一，每年都有大量的电力送往广东、四川、重庆等地。其中以送往广东的电力最多，负荷最大。例如，在贵州省的电力产业的"十二五"规划中，送往广东的送电负荷高达1100万千瓦，送往周边其他省份的送电负荷也达到了300万千瓦。

从图1来看，进入"十二五"以来，开始的7个月输往各省的电量逐月上升，而2011年7月以后，又逐月下降。直到进入2012年以后，贵州省输往省外的电量迅速上升，但是2012年下半年，又有所下降。从与输往广东省的

---

① 《贵州省电力产业"十二五"发展规划》。

电量比较可以看出，贵州省的输出电量绝大部分是输往广东省。因此，贵州省输往广东省的电量的变动情况与总输出量的变动情况基本一致。

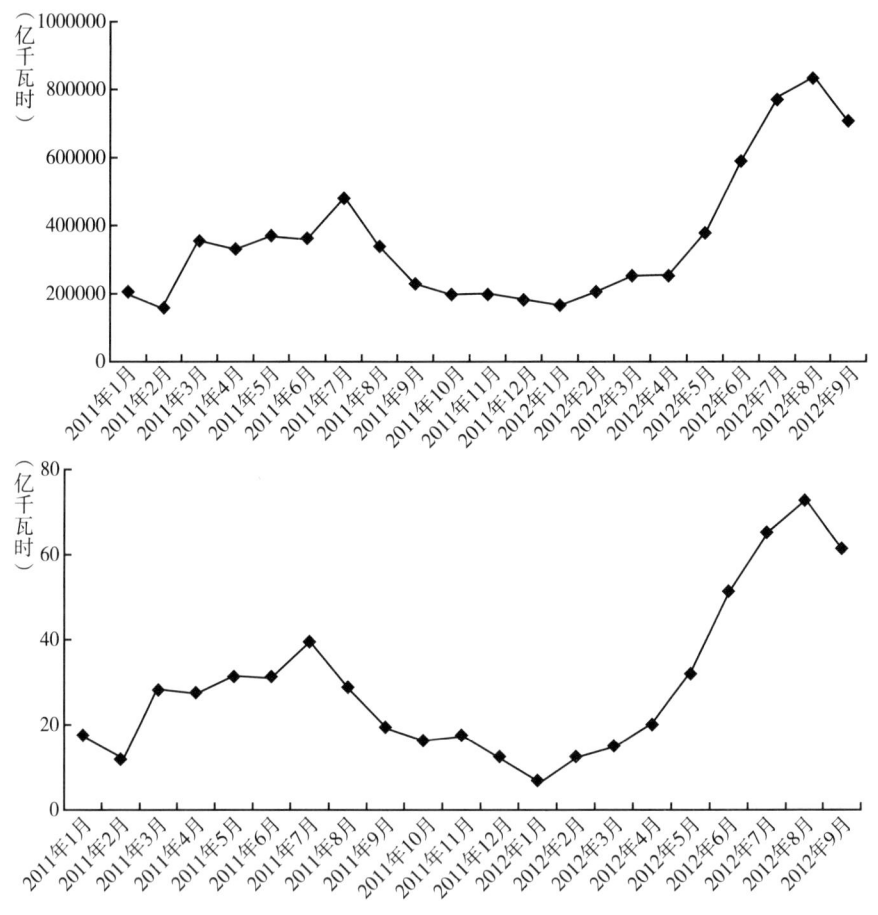

图1 贵州省2011至2012年9月输往省外与输往广东的电量

资料来源：根据国研网数据整理。

由于省外需求量主要是广东省的电力需求量，广东省电力需求量的变化会对贵州省的电力供需情况产生较大的影响。

同时，从贵州省输往省外电量占发电量的比重来看，是一个逐渐上升的趋势，2012年6~7月的比重甚至超过了50%，且其变动情况与贵州省输往省外电量的变动情况基本一致。这种情况说明，在这一比例中，输往省外电量主要是广

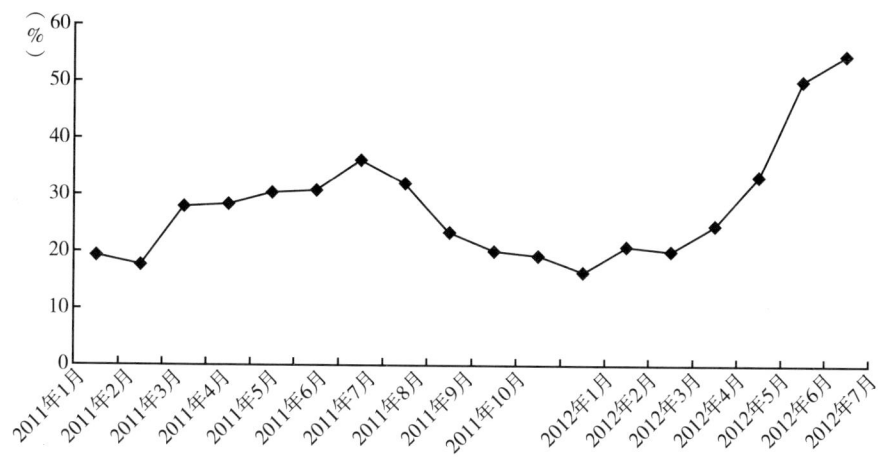

图 2 贵州省 2011~2012 年 7 月输往省外电量占发电量比重

资料来源：根据国研网数据整理。

东省的电力需求的影响占主导，而发电量对输往省外电量的比例的影响很小，接近于无。这种情况对贵州省不利，因为贵州省电力工业的供需调节的主动权并没有在本省，而是掌握在输入省份，这使得贵州省在制定工业发展规划时十分被动，同时也说明贵州省输往外省电量增长速度明显高于发电量增长速度。

（四）"十二五"贵州电力供给预测

《贵州省电力产业"十二五"发展规划》提出了电力产业的发展目标：到 2015 年，全省电力总装机容量超过 4500 万千瓦，其中外送电 1400 万千瓦；关停小火电机组 100 万千瓦，建设相应替代容量的大型高效环保火电机组；新建"黔电送粤"500 千伏通道，满足"十二五"新增向广东送电需要；进一步完善省内 500 千伏及以下电网结构，继续抓好农网、城网完善工程建设。①《贵州省工业十大产业振兴规划》也提出，力争到 2015 年，全省电力总装机容量超过 4500 万千瓦，新增装机容量 1700 万千瓦，其中，水电 500 万千瓦、风电 200 万千瓦，形成"六交两直"500 千伏电网外送通道和"三横两中心"省内 500 千伏骨干网架。②

---

① 《贵州省电力产业"十二五"发展规划》。
② 《贵州省工业十大产业振兴规划》。

1. "十二五"前两年贵州发电量

由图3可见，2011年"十二五"规划以来，贵州省的发电量整体处于一个上升的趋势。2011年1月，贵州省月发电量为107.41亿千瓦时，而到2012年7月发电量上升到了147.52亿千瓦时。其中，2011年1~7月的月发电量整体处于上升阶段，而在2011年8~9月，贵州省月发电量到达最低点，为95.95亿千瓦时。之后，又逐渐上升，直到2012年7月到达19个月以来的最高点。

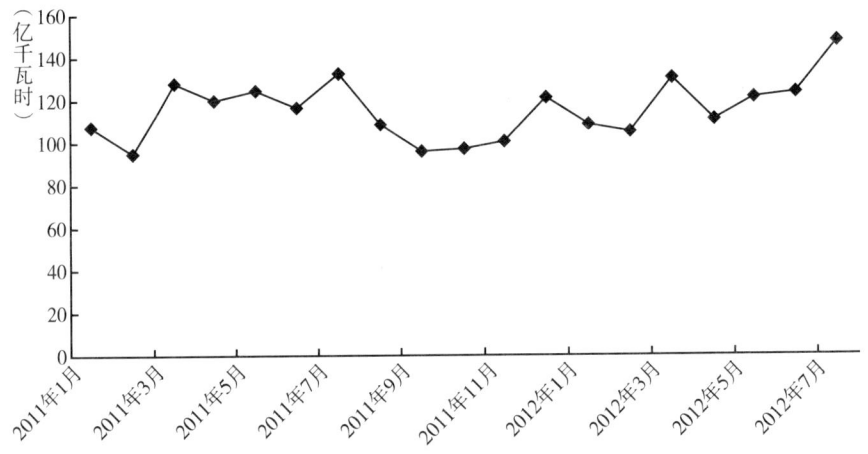

图3 贵州省"十二五"规划以来发电量

资料来源：根据贵州省统计局数据整理。

从2008年1月至2012年8月的贵州省统计数据来看，发电量最低的月份一般在每年的2月和12月，发电量最高的月份，一般在每年的5~8月。在每个年度中出现短暂的某个月或某几个月的大幅度波动，就2008年后的历史记录来看，并不算什么异常。"十二五"规划以来发电量整体增长的趋势也与2008年以来的发电量整体增长的趋势是一致的。

但是，从同比2011年的发电量来看，则出现了一些不同：19个月中，有8个月的发电量是负增长，其中2011年有6个月是负增长，尤其是2011年8~12月的5个月，连续负增长。7~8月一般是贵州省发电量最大的月份，这两个月出现发电量大幅度下跌，必然会影响整年的发电量。从贵州省公布的《2011年贵州省国民经济和社会发展统计公报》得到印证，贵州省2011年的

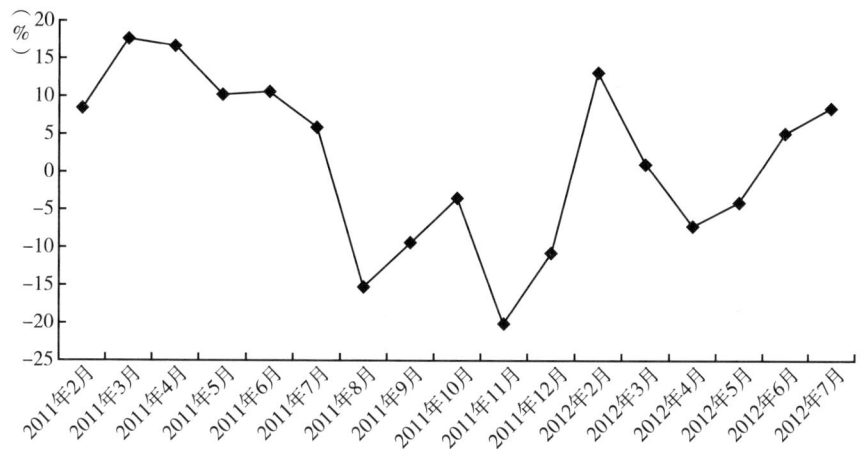

图 4　贵州省"十二五"规划以来发电量同比增长

资料来源：根据贵州省统计局数据整理。

发电量比上年下降了 0.2%。

2. "十二五"前两年贵州电力供给趋势分析

从贵州"十二五"前两年的发电量数据来看，总体处于一个较为平稳的增长趋势。2011 年 8~12 月的发电量数据异常，从长期的数据来看，只是一个特例。因此，贵州省的电力供给趋势，在没有特殊情况下，是可以较大程度保持持续增长的。

（五）电力缺口分析

1. 缺口绝对数量

根据国务院发展研究中心公布的数据统计整理，贵州省本省的用电缺口在进入"十二五"以后逐月增大。

从图 5 可以看出，贵州省的用电缺口由 2011 年的负值逐月增长为正值（负值表示贵州本省电力供给量大于全社会用电量，而正值则相反），2012 年 6 月和 7 月更是达到 20 亿千瓦时左右。

而从用电缺口占全社会用电量的比重来看，比重大体是在逐渐上升的，说明贵州正在逐渐失去能源富集的优势，逐渐出现电力供给不足的情况，且对经

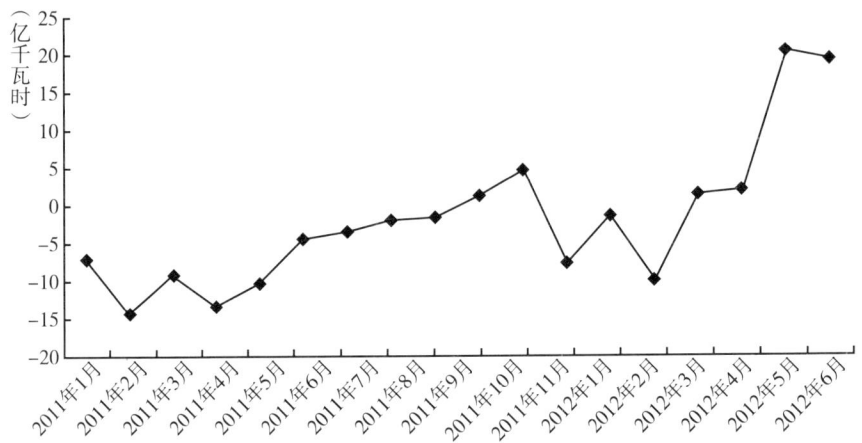

图5 贵州省2011~2012年6月用电缺口数量

资料来源：根据国研网数据整理。

济活动的影响正在加大。同时，可以看出，用电缺口的绝对数量的变化趋势与相对比重变化趋势几乎一致，说明在用电缺口逐渐增大的情况下，贵州本省的用电量的增长作用仅处于较为次要的地位。那么，造成用电缺口的原因，应从另外两个因素，即发电量和输往省外电量的变动来解释。

2. 原因与趋势分析

导致用电缺口的因素主要有发电量、输往省外电量、输入量和本地区全社会用电量，与缺口的关系分别为负相关、正相关、负相关和正相关关系。从获得的数据来看，除去数值十分小的输入量外，贵州省的发电量、输往省外的电量和全社会用电量总体上是逐月增长的。综合以上数据，贵州省输往省外电量的增长速度明显超过了贵州省的发电量增长速度，再加上贵州本省全社会用电量的增长，造成了贵州进入2012年以后，用电缺口逐月增大的情况。特别是2012年4~7月用电缺口的激增的主要原因仍然是省外需求，尤其是广东省用电需求的大幅增加。

从造成贵州省用电出现缺口的原因来看，控制缺口发展的趋势的主动权并不在贵州自身，而很大程度上取决于贵州电力的输出目的地的用电需求情况。如果广东等省份的用电需求继续保持较高的增长率，随着贵州为实现"十二五"规划而加快经济增长造成的能源需求的大斜率增加，贵州省的用电缺口将会继续扩大。这期间,如果贵州在"十二五"期间能够实现发电量供应的快速增长,能源供应缺口的不利影响将会被大大减弱。

五 电力供需状态对贵州"十二五"目标的影响

《2011年贵州省国民经济和社会发展统计公报》初步统计的数据显示:2011年全省生产总值5701.84亿元,比上年增长15.0%。其中,第一产业增加值726.22亿元,增长1.2%;第二产业增加值2334.02亿元,增长20.7%;第三产业增加值2641.60亿元,增长14.2%。第一产业、第二产业、第三产业增加值占生产总值的比重分别为12.7%、40.9%和46.4%。与上年相比,第一产业、第三产业比重均降低0.9个百分点,第二产业比重则上升1.8个百分点。

根据《贵州省电力产业"十二五"规划》进行的电力需求预测,在低水平上,贵州省到2015年的全社会用电量将达到1400亿千瓦时,比2010年的全社会用电量840亿千瓦时增长66.67%,年平均增长率为13.33%。

从发电量来看,贵州省2011年的发电量为1344.14亿千瓦时,比上年降低了0.2%;到2012年,1~7月的发电量为848.80亿千瓦时,同比增长2.6%。

从全社会用电量的增长情况来看,2011年8月的全社会用电量是负增长;增长最快的是2011年3月和2012年2月,分别同比增长了31.1%和27.2%;2012年2~7月,增长速度显著下降。

据统计,2011年贵州省全社会用电量为944.1亿千瓦时,比规划中的在高水平需求下预测的938亿千瓦时要高6亿千瓦时左右,同比增长了约13%,基本符合预测。2012年1~7月的全社会用电量为589.72亿千瓦时,同比增长约10%,与10.27%的预测相差不大。

综合以上数据,发电量增长速度明显低于全社会用电量增长速度的情况,必然会对贵州省完成"十二五"规划的目标增加阻力和难度。

根据以上分析,我们对贵州省电力供需状况影响贵州工业化的程度做一个测算与评价。

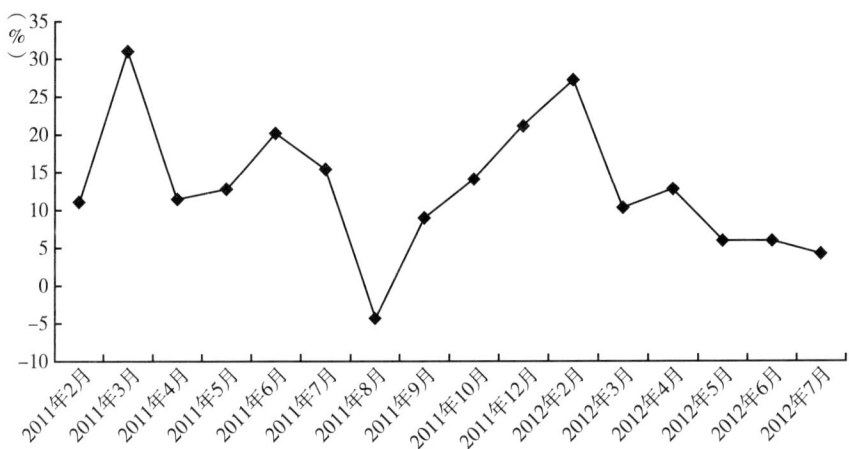

图6　贵州省2011年至2012年7月全社会用电量同比增长

资料来源：根据贵州省统计局数据整理。

（1）贵州2011年的第二产业用电量为725.86亿千瓦时，同比增长11.5%。2012年1~7月用电量为439.87亿千瓦时，同比增长8.1%。第二产业用电量增长速度明显高于同时期的发电量增长速度。输往省外电量增长速度与第二产业用电量的增长速度持续高于电力供给增长速度，这造成贵州省的电力供给压力不断增大。

（2）根据2012年1~7月的发电量增长速度（2.6%）测算，2015年贵州省"十二五"期间累计发电量为7079.3794亿千瓦时；根据贵州省"十二五"规划中三次产业和居民生活用电的增长速度测算，"十二五"期间贵州省第一、第三产业和居民生活用电的累计用电量分别为21.4946亿千瓦时、423.205亿千瓦时、1037.7896亿千瓦时；送往广东的电量预测累计为2430亿千瓦时。因此，留给贵州省第二产业发展的累计电量约为5596.89亿千瓦时。

（3）2011年贵州省第二产业增长速度为20.7%，用电量增长速度为11.5%。如果按11.5%的用电量增长速度计算，到2015年贵州省的第二产业用电量累计为4565.6799亿千瓦时，远远大于留给第二产业发展的3466.89亿千瓦时。从数据上看，如果各个行业按照预测的用电量增长趋势发展，贵州省2.6%的发电量增长速度是无法支撑第二产业20%以上的增长速度的。能够供给的电量仅占需要的75.93%，缺口接近25%。

（4）根据贵州省"十二五"以来的经济发展情况，重新测算，第一、第三产业和居民生活用电量累计分别为：23.326 亿千瓦时、502.819 亿千瓦时、1052.208 亿千瓦时，留给第二产业发展的累计电量为 4071.026 亿千瓦时，小于保持 2011 年 20.7% 增长率所需要的 4565.6799 亿千瓦时。

综合以上数据分析，可以得出以下结论。首先，贵州省在进行"十二五"电力需求预测时，对三次产业和居民生活用电的增长速度估计严重不足。从"十二五"以来的全社会用电数量与增长速度来看，远远超过预测。2011 年贵州省全社会用电量同比增长 13%，高于"十二五"规划中的用电量需求预测的最高年增长 12.6% 的速度。其次，贵州省的电力供应增长速度不能满足现实的需求。按照 2012 年 1~7 月的发电量增长速度计算，"十二五"的发电量累计为 7079.3794 亿千瓦时，而根据贵州省的需求预测，在最低水平上的全社会用电量五年累计为 5714 亿千瓦时，加上预测输往广东的 2430 亿千瓦时电量，总计为 8144 亿千瓦时，大大超过现有增长速度下的累计发电量 7079.3794 亿千瓦时。这其中，尚未考虑输往周边其他各省的电量和现实用电量增长远高于预测速度等情况下的测算。而对于第二产业来说，如果贵州省的居民生活用电，第一、第三产业用电量继续保持现有增长速度，在完成 2430 亿千瓦时的输往广东电量的任务的前提下，保持第二产业不低于 2011 年 20.7% 的增长率，所提供的电量仅能达到需求电量的 67.26%，也就是说，需求有 30% 以上的缺口。

总体上看，从需求预测和需求的现实表现来看，"十二五"的发展约束主要体现在供给增长方面：无论是 2011 年发电量的负增长，还是 2012 年前七个月的发电量 2.6% 的增长速度，都与需求预测中的 10.76%~12.61% 的增长速度相差较大，与 2011 年 13% 的全社会用电量增长速度相比则更显严峻。因此，贵州"十二五"电力紧缺的局面是一个事实，对目标实现有较大阻碍。

参考文献

《中国电力年鉴》（1993~2006 年），中国电力出版社。

国务院办公厅：《国务院关于进一步促进贵州经济社会又好又快发展的若干意见》（国发〔2012〕2号），中央政府门户网站。

赵遵廉：《中国电网的发展与展望》，《中国电力》2004年第37期。

何涛：《中国电力市场化竞争与对策研究》，华中科技大学，2006。

李平文：《我国电力改革面临的问题及对策研究》，南昌大学，2006。

朱峰：《转型经济中电力市场竞争过渡方式和风险防范体系的研究》，上海交通大学，2007。

《贵州省"十二五"规划纲要（2011~2015年）》。

《2011年贵州省国民经济和社会发展统计公报》。

DL/7 1051~2007，中华人民共和国电力行业标准《电力技术监督导则》。

Q/GZW 2 1109~2010，贵州电网公司企业标准《贵州电网技术监督管理标准》。

江伟：《贵州电网投500亿元加快能源基地建设》，http：//202.101.77.200/show.aspx?id=55352&cid=205。

《贵州省电力产业"十二五"规划》。

《贵州省工业十大产业振兴规划》。

中经网数据有限公司：《2009中国电力行业分析》（内部稿）。

国研网，http：//www.drcnet.com.cn/www/integrated/。

B.18 贵州省"生育关怀行动"与扶助机制探索研究

陆卫群 张 典 杨俊峰*

摘 要： 通过对330户计生困难家庭的基线问卷调查、32户独生子女困难家庭满意度问卷调查、6户"人口·生育关怀基金"帮扶对象和5位计生工作人员的深度访谈，对近年来贵州省"生育关怀行动"的实施情况进行总结，提出进一步改进的对策建议。

关键词： 贵阳市 人口·生育关怀 计生困难家庭

一 引言

（一）选题背景

中国施行计划生育政策40年来，人口与计划生育工作取得了令人瞩目的成绩，许多家庭响应政府号召，选择只生育一个孩子，为计划生育政策的落实做出了巨大贡献。但随着时间的推移，计划生育家庭，特别是独生子女病残、死亡的家庭所面临的困难和问题也逐渐凸显。2006年，中国计生协提出了"生育关怀行动"，并在全国建立了25个生育关怀试点县，根据不同需求和特点，有针对性地对计划生育困难家庭进行扶助。"生育关怀行动"旨在全社会倡导"生育传承希望，关怀相伴和谐"的理念，让自觉实行计划生育的家庭

---

* 陆卫群，贵州大学教授，博士；张典、杨俊峰，贵州大学2012级硕士研究生。

政治上有地位、经济上有实惠、生活上有保障。

其后中国计生协在全国范围内还开展了"服务拓展"活动,以"五关怀"为主要任务的"生育关怀"行动是这项活动的首要内容,其目的在于聚焦生育行为,广泛动员社会力量,通过扶贫帮困、紧急救助、亲情牵手、志愿服务等形式,协助政府为计生困难家庭排解种种困难,为人口计生工作创造良好的环境,为构建社会主义和谐社会奉献一份力量。自此项惠民政策提出之日起,全国各省市纷纷响应。

贵州省也投入了全国轰轰烈烈开展的"生育关怀"行动与扶助机制活动中,但是由于贵州省在经济、社会和文化与全国平均水平和沿海东部发达地区都存在一定的差距和不同,如何在贵州因地制宜地实施计划生育基本国策的过程中,努力稳定低生育水平,统筹解决人口问题,并最大程度地贯彻和落实"生育关怀行动",推动人口计生工作健康发展,促进社会实现公平、稳定与和谐,需要我们不断探索和挖掘"生育关怀行动"的相关课题,同时也是我们此次调研的动力。

(二)目的和意义

贵阳市是贵州省省会,云岩区是贵阳市的主要城区之一,是原贵阳老城的主体部分。早在2009年,云岩区就在贵州省率先出台了"城市低保计生困难家庭奖励扶助制度",作为贵州省最早开展"生育关怀行动"的地区,经过多年来的不断探索和因地制宜地开拓创新,其"生育关怀行动"和救助工作在取得了不少成绩和居民认可的同时,也不可避免地存在着值得我们不断反思和改进的地方。我们通过文献资料的回顾研究和实地调研,旨在对云岩区近年来"生育关怀行动"的实施情况作一回顾、总结,并提出合理的改进建议,以促进该区"生育关怀行动"更好地开展、实施,更好地为计生困难家庭和群众服务。其研究所获得的成果对贵州省其他地区"生育关怀行动"的开展和救助机制的形成也将具有借鉴意义。

二 国内外研究现状综述

(一)研究现状

2005年9月全国政协常委中国计生协会常务副会长潘贵玉在全国政协十

届十四次常委会中做了"重视生育关怀,促进社会和谐"的主题发言,受到了与会委员的高度评价[1],"生育关怀行动"就此拉开序幕。"生育关怀行动"在全国各地广泛开展。

只有深刻把握"生育关怀行动"的内涵才能积极地把"生育关怀行动"落到实处,对此学者王丹竹认为,"生育关怀行动"体现了科学发展观的深刻内涵;科学发展观的核心是以人为本,就是要将满足人们的全面需求和促进人的全面发展作为发展的需求,积极地提供物质帮助,为广大的育龄群众服务,让人口计生工作的成果惠及广大群众。[2]朱艳玲的研究发现,第五次全国人口普查数据显示,7~22岁年龄组人口中,每年死亡人数中近一半是独生子女,这些意外给其家庭造成了难以承受的痛苦。同时,部分育龄妇女患有计划生育手术并发症,承受着痛苦的折磨。因此,她认为,实施"生育关怀行动"有利于计划生育工作与市场化取向的改革接轨;有利于促进人的全面协调发展和促进社会公平和正义。[3]不少专家学者还对开展"生育关怀"的依据进行了广泛的研究,穆光宗在其文章"独生子女家庭的权益保障与风险规避问题"中就独生子女家庭风险指出,"高风险社会集合各种危险因子时刻准备侵袭独生子女家庭"。[4]左学金的研究指出:如果一个活产子女在成年前夭折的概率是5%,生育一个子女的家庭比生育2个子女的家庭所面临的风险要大20倍。[5]随着越来越多的计划生育家庭进入生命周期的中后期,他们所遭遇的孩子夭折的风险使得一些家庭成为痛苦的"无后家庭"。"他们是计划生育时代的社会创伤和代价,是最弱势的家庭和人群,是建设和谐社会必须关注、关爱、关怀的民生对象",而且"独生子女死亡伤残已不再是个别的现象,甚至也非区域性现象,而是已经成为带有某种规律性和普遍性的严峻社会问题"。[6]黄润龙研究预测,随着人口的高龄化,"老年无子化"将成为7%以上的独生子女家庭可能面临的重大打击,也是构建和谐社会的严峻挑战。[7]翟振武依据第四次人口普查数据推算出"每1000个出生婴儿大约有5.4个人在25岁之前死亡,12.1个人在55岁之前死亡,按当时全国累计有8000万活产独生子女作为基数,用它分别乘以25岁以前和55岁以前的死亡概率,推算出全国这么多独生子女家庭中至少有432万家庭的孩子在25岁前夭折,有968万家庭的孩子在55岁前夭折"的结论。[8]

国家人口计生委人事司调研认为，国家应该采取集中性和经常性的制度措施，为"生育关怀行动"营造良好的宣传氛围。同时要把"生育关怀行动"纳入目标责任制考核[9]。对于"生育关怀"行动的工作对象方面，王勇军、赵晟、朱艳玲有一致的观点。认为主要有以下对象：①关怀计划生育困难家庭；②关怀育龄群众生殖健康；③关怀独生子女；④关怀女孩成长；⑤关怀基层计划生育工作者[3][10]。李新吾对湖南省近年来开展的"生育关怀行动"回顾性研究后指出："生育关怀行动"是改善民生、凝聚民心的重要工程[11]。

由于国家间经济发展水平差异较大，所开展的生育关怀目的、意义和形式都各有不同。如德国由于丁克族或者不婚族、同性恋群体等的大量存在，这使原本生育率就较低的德国生育率继续下降，呈现人口负增长。为了刺激人口增长，国家给生育孩子的妇女以高额补贴。俄罗斯因地广人稀，人口总量小，不得不采取提高出生率、降低死亡率、实施良好的移民政策等解决人口危机的重要措施，并且对于每个妇女生育一个孩子给予高额的生育补贴，光这一项支出就接近100亿卢布。[12]

（二）研究述评

综上所述，国内的生育关怀行动研究主要是进行理论研究，围绕"生育关怀行动"的动机、理由、内涵、意义、基本措施以及服务对象等在理论上进行了较深入的讨论和研究，有几篇论文对发达地区开展的"生育关怀行动"进行了较粗略的探讨，但也主要从定性的方面进行分析研究。另外，有一些学者对"失独"家庭面临的困境给予较详细的描述。国外的研究更多的是关注如何刺激人口增长，扩大人口规模的生育关怀行动。目前尚未见从定量和定性研究两个角度对已开展的"生育关怀行动"进行全面的回顾性调查研究，更未见专门针对西部"生育关怀行动"的调查研究。本文将尝试在这方面有所突破。

三 云岩区计划生育困难户现状、困难和需求

云岩区为更好地开展"生育关怀行动"，也为切实掌握计划生育困难家庭

的情况，于 2010 年 12 月对全区 27 个社区服务中心（镇）的计划生育低保户困难家庭展开地毯式的排查，结果显示，全区共有计划生育低保户困难家庭 3497 户，其中，独生子女死亡、伤残家庭 99 户（其中属于低保特困家庭的 32 户），在独生子女死亡、伤残家庭中，父母亲年龄在 40 周岁以上的占 80% 以上。

此外，为了进一步了解计划生育困难户面临的困难和需求，我们通过多阶段分层简单随机抽样的方法，从区内 22 个社区服务中心（镇）随机抽取 330 户计划生育低保户困难家庭，主要从子女、健康、收入、居住、心理和社会保障等方面对这些家庭进行问卷调查。共发放问卷 330 份，回收 312 份，回收率为 95%。调查发现云岩区计划生育困难户存在如下的需求与困难。

1. 年龄偏大

计划生育困难户中的女主人年龄大多在 40 岁以上，这部分计生家庭再生育的可能性不大，由于子女伤残或死亡，他们的身心遭受极大的痛苦，在生活面临困境的同时还要忍受子女发生意外的精神打击。

2. 文化偏低

计划生育困难家庭的夫妻文化程度都不高，近七成的只有初中文化水平，这也是他们无法从事高技术、高收入的职业的主要原因。男主人多以工人、商业服务人员、打零工或无业为主，女主人以家庭主妇为主。

3. 家庭经济困难显著

云岩区的计生困难户绝大多数为该区城镇最低生活保障的救助对象，且有半数以上的家庭月收入不足 1000 元。他们生活很拮据。对这一困难群体的经济救助是刻不容缓的。

4. 住房拥挤

绝大多数被调查的计划生育低保户困难家庭居住在公房内（62.6%）和自建房里（12.3%），人均建筑面积为 18.03 平方米，半数以上的家庭住房人均建筑面积在 15 平方米以下（见图 1）。

5. 失独家庭精神压力巨大

调查发现，绝大多数计生困难户深感来自生活的压力，其中尤以失独家庭承受的精神压力大。对这些响应国家号召，却不幸失去独生子女家庭的精神抚

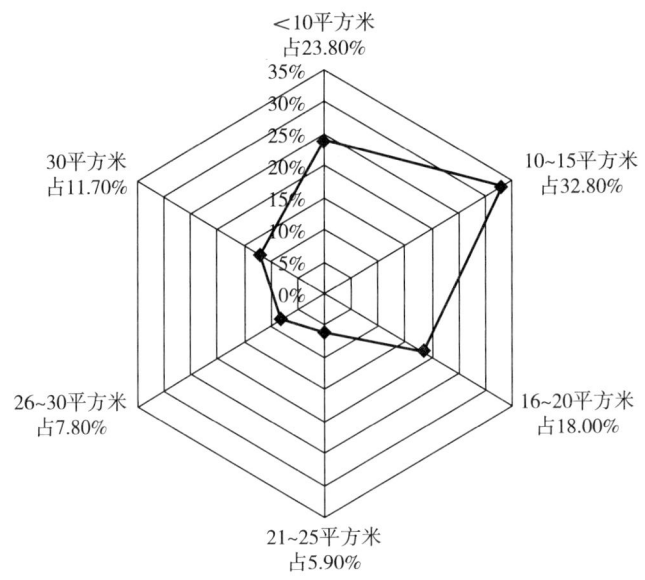

图1 人均住房建筑面积

慰也是非常重要的。

6. 计生困难户健康状况堪忧

经济生活的拮据加之巨大的精神压力，计生困难户的身体健康状况普遍不容乐观。由于他们大部分为个体户、自由职业者或是打工者，有近半数的人未购买医疗保险或是参与城镇的医疗保险，"怕生病""无钱就医"的现象很普遍。

7. 养老不容乐观

"三分之二的对象没有参加社会养老保险，80%的人没有养老金。只有1/5的对象对目前的社会养老保险的水平表示满意或较满意。极少数的家庭（11.3%）参加了商业保险"。这些数据都警示我们计划生育困难户的养老任务是何等艰巨。

8. 小孩就学与就业困难

有的是小孩考上大学，但学费遭遇了困难；有的是小孩残疾没有合适学校读书。目前全社会就业压力增大，适龄子女就业也成为计生家庭所面临的困难，部分家庭适龄子女仍然没有找到工作，如何解决适龄子女的工作问题关系到整个家庭以后的发展和生活的维系。

9. 计生困难户的愿望

计生困难户的最大愿望是企盼政府能帮助他们提高家庭的经济水平；改善住房条件；让他们看得了病、看得起病；帮助他们走出精神的困境。

四 建构云岩区"人口·生育关怀"机制

目前国内没有完全统一的"生育关怀行动"机制，更多的是各省、区、市各自为政，结合本地实际施行"生育关怀行动"。缺乏统一的评价、评估措施，对于本区域内的"生育关怀行动"没有切实的评估评价措施。在这样的大背景下，云岩区认真学习和贯彻落实《中共中央国务院关于全面加强人口和计划生育工作统筹解决人口问题的决定》（中发〔2006〕22号），"全国人口和计划生育利益导向'三项制度'工作会议"精神，中共贵阳市委、贵阳市人民政府《关于进一步深化人口和计划生育综合改革的意见》（筑党发〔2010〕14号）和《贵阳市计划生育特殊家庭关爱扶助制度实施方案》（筑计生字〔2010〕77号）的精神，虚心学习发达地区"生育关怀行动"的成功经验，着力实施"关注民生"工程，扎实推进"生育关怀行动"，不断创新人口和计划生育利益导向机制，帮助计划生育特殊困难家庭，让实行计划生育的群众享受改革发展的成果，得到更多实惠。结合云岩区实情和上述计划生育困难家庭的调查结果特制定《云岩区"人口·生育关怀基金"管理使用办法》，建立了云岩区生育关怀机制。

（一）资金筹措、管理、监督

（1）设立云岩区"人口·生育关怀基金"。在区人口和计划生育局设立"人口·生育关怀基金"专户，专项用于计划生育特殊困难家庭的特别扶助。

（2）资金来源：①从每年征收的社会抚养费中提取15%注入"人口·生育关怀基金"；②接受社会捐赠（与省人口福利基金会合作，募集资金统一使用省人口福利基金会的免税票据）。

（3）成立区"人口·生育关怀基金"发放审核小组，组长由区政府分管人口计生工作的副区长、区计生协会会长担任，副组长由区人口计生局局长、区计生协常务副会长担任，成员由区计生协专职副会长、区人口计生局分管政策法规的副局长、政策法规科负责人、财务科负责人组成，负责特别扶助对象的资格确认和发放金额的核定。区财政和审计部门对资金的管理和发放进行监督和审计。

（二）"人口·生育关怀基金"特别扶助对象、标准及条件

（1）独生子女死亡或伤残的特别扶助对象：凡在云岩区内享受城镇低保的独生子女家庭，其子女死亡或伤残后没有再生育的，从女方年满40周岁开始，夫妻双方均可领取1200元/年的特别扶助金；丧偶、离异的，则从扶助对象年满40周岁开始领取1200元/年的特别扶助金，以年为单位发放，每年兑现一次。以上对象在年满49周岁后自动转入国家特殊扶助金和市级的关爱扶助金，直至身故。

（2）独生子女伤残非义务教育补助对象：凡在云岩区内的独生子女家庭，其子女伤残后没有再生育的家庭，伤残子女在非义务教育阶段（高中、职高、大学、研究生、博士生或相同学历教育），视情节每年给予1200～4800元的学习补助。

（3）其他需要紧急救助的独生子女困难家庭（因不可抗逆的原因造成独生子女家庭困难的，视情节一次性给予5000～20000元的救助）。

五 "人口·生育关怀基金"惠及计生贫困家庭行动评估

自2011年在全区开展"人口·生育关怀基金"行动以来，取得了不少的成绩，但也留下许多的遗憾和不足，为了总结经验和发现不足，我们于2013年6月对贵阳市云岩区已接受"人口·生育关怀基金"帮扶的独生子女困难家庭进行回顾性满意度调查，通过对近年来云岩区"人口·生育关怀行动"的实施、开展情况及该区计生困难户对此项目实施的满意度的调查研究，以达到对这一惠民政策的实施情况做一回顾、总结，并提出合理的改进建议的目

的，最终促进该区"生育关怀行动"更好地为当地计生困难家庭、群众服务。

（一）研究方法

1. 收集资料的方法

调查主要以结构式自填问卷和面对面深入访谈两种方法收集资料。

（1）问卷调查法

我们于2013年6月对贵阳市云岩区已接受"人口·生育关怀基金"帮扶的独生子女困难家庭进行回访性满意度调查，以多阶段分层整群抽样的方法抽取了云岩区16个社区服务中心的32个家庭作为调查对象。

（2）结构式深度访谈法

我们将此次的访谈对象分作两类，一类是云岩区"人口·生育关怀基金"的救助对象；另一类是该区基层的人口计生工作人员，每一类访谈对象我们有针对性地至少选取了5个。通过走访、座谈等形式，以期获得与"生育关怀行动"近距离接触人们的真实感受，以补充问卷调查的不足。

2. 资料分析方法

本次调查回收的所有问卷数据，采用了SPSS软件进行处理。以单变量的描述统计和双变量的相关性分析对数据进行统计分析。通过归类—分析—总结的方法对访谈数据进行定性分析。

3. 研究内容

（1）云岩区"人口·生育关怀行动"的实施现状。

（2）云岩区"人口·生育关怀基金"帮扶对象对此项惠民政策的满意度及其对今后如何更好地开展此项工作的合理建议。

（3）云岩区计生工作者对"人口·生育关怀行动"的看法和认识，以及其在实际工作中的真实感受和难忘经历。

（二）调查结果

下文分别从对计生贫困家庭的问卷调查、对计生贫困对象的深入访谈以及对实施"生育关怀行动"工作人员的访谈调查结果三个方面阐述"人口·生育关怀基金行动"的回顾性调查结果。

1. 对计生贫困对象的问卷调查结果

本次调查共发放问卷32份，回收32份，回收率为100%。调查对象中女性（53.1%）多于男性（46.9%），调查户中男主人的平均年龄为51.9岁，女主人为48.2岁。夫妻文化程度都不高，近80%的只有初中以下文化水平。男性以工人、商业服务人员或打零工等职业为主，女性以家庭主妇为主。56%的家庭婚姻完整，44%的处于离婚、丧偶和同居状态（见图2）。其家庭的人口数以2个人的为最多（46.9%），其次为3个人（40.6%），1个人（9.4%），有一个家庭有4个人。

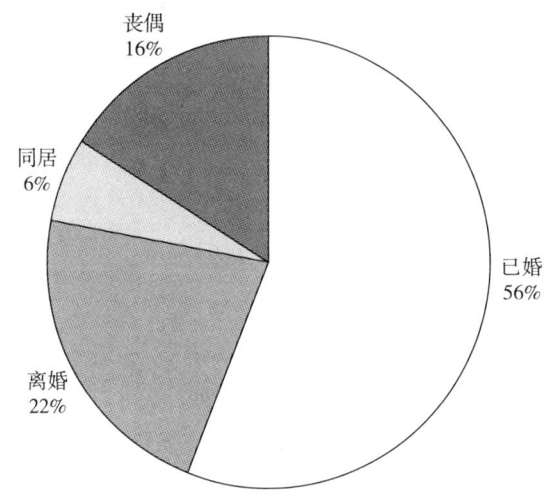

图2 调查对象的婚姻状况

（1）享受"人口·生育关怀基金"的情况。

53.1%的家庭是从2011年享受"人口·生育关怀基金"帮扶的，46.9%的是从2012年开始享受。68.8%的家庭是从社区工作人员那儿知道"人口·生育关怀基金"的，28.1%的是通过区计生人员走访宣传得知的，还有3.1%是从宣传单上知道的。90%以上的家庭对"人口·生育关怀基金"的宣传表示满意。

图3显示此次调查家庭属于"人口·生育关怀基金"的哪类服务对象，绝大多数家庭属于独生子女死亡或伤残的特殊扶助对象（71%），其次还有独

生子女伤残非义务教育补助对象（13%）和其他需要紧急救助的独生子女困难家庭（16%）。可能是不愿提及过去的伤心事，当问及"独生子女死亡或伤残的特殊扶助对象"小孩伤亡的原因和时间时，不少对象没有回答。在已回答的原因中以肢体伤残为最多，其次有智残、车祸意外、生大病（如尿毒症、聋哑、脑瘫以及死亡等），伤亡时间最早为1987年，最晚为2011年。

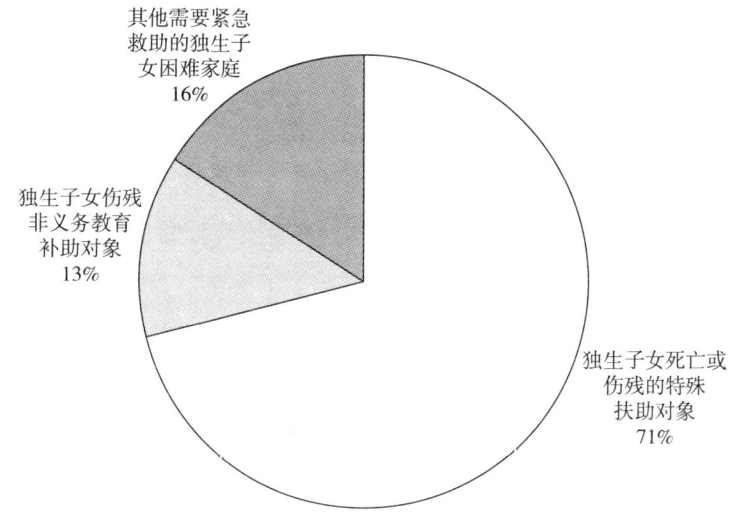

图3 "人口·生育关怀基金"服务对象的类型

（2）帮扶评估。

所有被调查家庭都认为"人口·生育关怀基金"对解决其家庭困难有帮助，尤其体现在生活救助方面，另外也帮助一部分家庭解决意外伤害和子女就学等方面在资金上的困境。同时，调查对象认为"人口·生育关怀基金"的申请程序和资格审查是严格且合理的，审批速度也较快。他们尤其比较满意基金会人员的工作态度。

2. 对计生贫困对象的访谈结果

为了丰富问卷调查所得结果，对其加以补充，也为了能更全面地了解云岩区计生困难户的真实需求和其对云岩区开展的"人口·生育关怀行动"的真实感受，我们还有针对性地选取了6位"人口·生育关怀基金"的扶助对象进行了深度访谈，其基本情况如表1所示。

表1 受访救助对象情况一览

编号	性别	年龄	文化程度	救助类型
1	女	49	初中	独生子女伤残特别扶助对象
2	女	50	高中	独生子女伤残特别扶助对象
3	男	57	小学	独生子女伤残特别扶助对象
4	女	48	初中	独生子女伤残特别扶助对象
5	女	49	初中	独生子女死亡特别扶助对象
6	男	56	初中	独生子女伤残特别扶助对象

受访的6位"生育关怀基金"救助对象都表示：获得"人口·生育关怀基金"后，他们的心情都很激动，对该区开展的"生育关怀行动"十分满意，政府的关注和帮扶使他们与家人很是欣慰。普遍反映救助金有助于缓解其家庭的经济负担，也减轻了他们的思想负担。

在被问及"申请基金会帮扶后对您生活有什么改变，表现在哪些方面？"时，个案2回答道："社区工作人员帮助我家改善了住房条件，有他们的帮助，我家最终才申请上了价格比较低廉的廉租住房，实在感谢"。个案4和个案6也有同感。结合问卷调查的结果，可见"住房困难"是计生困难家庭面临的较普遍的困难。当被问到"在接受基金会帮扶后您及您的家庭还存在哪些亟须解决的问题？"时，个案4说："主要问题是看病，还有住房。我现在是一个人生活，又有残疾，去医院看病有点困难，而且费用又高，最怕的就是自己生病。"个案6说："我现在有一个困难就是娃儿（孩子）的教育问题，我的娃儿是残疾人，无法去正常的学校读书，我也曾去学校问过，人家不收。"从访谈对象的回答中不难看出，计生困难家庭在得到一定经济上的救助后，其家庭或是个人的困难并没有得到完全、彻底地解决，在得到一定的经济补偿后，受助者个人或是他的家庭成员其他方面的需求也会显现出来，变得更急切。如个案5家里唯一的儿子，读到初中14岁时因患病医治无效死亡，现在家里就剩下夫妻老两口，工厂效益不好，夫妻俩早已退休在家。访谈时妻子一直在哭，她说："穷是一回事，更怕的是儿子走了，家里空空的。"这也势必会促使云岩区今后在开展"生育关怀行动"时，要做大，也要做细，适时、敏感地捕捉救助对象的真实需求，更好、更彻底地为这一弱势群体提供优质服务。

访谈时，也有救助对象反映救助的基金力度弱了些，希望能增加些救助金额。当问到"人口·生育关怀基金"帮扶前后时，您对我国人口计划生育的政策看法有改变吗？有的认为"还是生一个小孩好"，因现在养育成本太高，多了养不好。有的说："要生两个娃儿就好了，一个出事，还有一个。"

3. 对实施"生育关怀行动"工作人员的访谈调查结果

云岩区"人口·生育关怀基金"项目的实施与当地各级人口计生工作人员的辛勤付出是分不开的，他们从2011年在全区27个社区服务中心（镇）地毯式地排查计生困难户，到后期关怀基金的申请、审批和发放，可以说他们亲眼见证了云岩区"生育关怀行动"的成长与壮大，亲自参与了云岩区"生育关怀行动"的各种救助实践。

为了对云岩区生育关怀工作有一个更为详尽的了解，我们也随机抽取了当地5名计生工作人员做了结构式深度访谈，访谈对象基本情况如表2所示。

表2 受访计生工作人员情况一览

编号	性别	年龄	文化程度	职务
1	女	42	本科	社会事务部干事
2	女	44	本科	计生工作人员
3	女	56	大专	计生工作人员
4	女	49	大专	计生工作人员
5	女	50	大专	社会事务部干事

受访的5位计生工作人员均表示在开展"人口·生育关怀基金"工作后，最大的收获是自己的工作得到了居民群众的认可，自己在传递爱心、关爱计生困难户的同时收获了许多感动，也学到不少知识。在问及开展"人口·生育关怀基金"工作时，您认为最大的困难是什么？"时，仅个案5回答说"没有"，其余四位受访者很一致地回答说："居民流动性较大，人户分离现象普遍，致使计生困难户的摸底工作十分困难，有漏报、错报的现象。"此外，个案1、2、3还提到：该基金关怀和救助的功能很好，确实能为居民带来实惠，但是救助的金额和救助的范围可以适当加大，希望计生协和基金会能多追加些资金，为更多的困难家庭带来福利。

六 反思与建议

（一）反思

"生育关怀行动"是一项惠及计生家庭及育龄群众的民心工程，是推进民生建设的重要组成部分，对构建和谐社会将起到十分重要的推动作用。云岩区"人口·生育关怀基金"施行两年多以来，取得了较好的成效，对解决计生困难家庭有帮助，尤其体现在生活救济方面，同时也帮助一部分家庭解决意外伤害和子女就学等方面资金上的困难。但通过认真的走访调查，我们发现生育关怀行动与广大计生家庭及育龄群众的客观要求相比，还存在一些不足和缺陷，活动开展中存在的一些薄弱环节以及深层次问题都值得我们进一步反思。

1. 计生困难家庭目前最大的困难：经济困难

从基线数据和满意度数据来看，半数计生困难家庭的经济收入在最低标准以下（贵阳市最低工资1030元），在领取有限的"人口·生育关怀基金"补助后，计生困难家庭的经济收入仍然偏低，目前物价偏高，计生困难家庭收入仅够维持他们目前的生活。同时，部分家庭对于子女的入学学费问题仍然担心，害怕孩子因为经济原因辍学。

2. 计生困难家庭健康问题亟待解决

计生困难家庭子女方面，部分孩子患有残疾、弱智、脑瘫等一些难以治疗的疾病，"人口·生育关怀基金"帮扶，只能一时缓解他们一些经济上的困难，子女的健康状况依然令他们担忧，如何给予他们一些非经济的帮助，如人文的关怀等，是我们应进一步认真思考的。

3. 计生困难家庭居住环境仍然较差

居住环境差是计生困难户普遍反映的困难，但单靠"人口·生育关怀基金"是无法很好地解决计生困难家庭的住房问题的。如何以"人口·生育关怀基金"为平台，结合各方面的力量，帮助计生困难户解决住房问题将是摆在我们面前的一道难题。

4. 计生困难家庭心理健康水平有待提高

调查发现绝大多数人有来自生活方面的压力，主要是经济上的压力，对于这些压力以及生活中的困难，一些家庭没有正确的发泄渠道，有的被调查对象存在抑郁、焦虑等心理问题。部分失独家庭，在访谈过程中谈及其孩子时会忍不住流泪或者不愿意开口提及这些事情，更有甚者不愿意接受失去孩子的这个事实。如何开展心理慰藉帮扶是考验我们智慧的问题。

5. 人户分离给基层计生工作带来了巨大困难

一部分人户籍在社区，但是并没有居住在社区，在统计计生困难家庭的时候，容易把这一部分人漏掉，然而这部分人在申请"人口·生育关怀基金"时却发现并没有自己的名字，容易与基层计生工作人员产生冲突或者矛盾。同时也导致国家的一些优惠政策落实不到他们身上。

（二）建议

1. 继续推进落实"人口·生育关怀基金"，加大救助力度和救助覆盖面，提高救助金额

目前，受助的计生家庭数量较少，主要涉及独生子女困难户，而大部分其他的计划生育困难户还未享受到"人口·生育关怀基金"，或者存在一些没有统计到的计生困难家庭。针对这个情况基层计生机构应该遍访辖区内的计生家庭，寻找需要帮助的计生困难家庭，做好信息归档工作。与此同时，当前享受城镇低保的独生子女家庭，每月最多能够领取300元的扶助金，此资金力度还不能完全解决或者缓解计生困难家庭的困难。由于西部较穷，政府财政有限，我们应该通过各种活动，加大宣传力度，调集社会力量。让人们认识到一个理念：计划生育家庭为国家做出了贡献，目前计划生育家庭有困难国家应该给予更多的帮扶，让他们能够生活得好，提高他们的生活水平和幸福指数，促进社会和谐稳定。使广大的单位、个人愿意为这些计生困难户募捐，多方筹集资金，加大帮扶的力度。

2. 完善和推进廉租房申请

与政府其他相关部门协调，帮助计划生育困难家庭能从其他住房困难家庭中脱离出来，优先申请到廉租房或公租房。这也应该是他们为国家做出贡献的回报。

3. 关注计生困难家庭的健康问题

针对计生困难户出现的健康问题，协会应该与社区医院相联系，建立健康档案，了解和掌握每一户的健康情况。完善医疗保障体系，使每一户计生困难家庭都参加医疗保险。

4. 关注计生困难家庭的心理问题

计生困难家庭尤其是失独家庭的心理健康问题越来越成为困扰计生困难家庭的严重问题。随着独生子女家庭生命周期的推进，各种原因造成的失独家庭的数量会越来越多，而大多数失独家庭的父母是不愿意面对子女离开的现实的，他们一直躲避，孤立自己，严重的会患有抑郁症等一些心理疾病。我们可以聘请心理专家开讲座，定期走访失独家庭以及计生困难家庭，帮助他们解决心理问题。

积极和高校合作，利用高校志愿者资源开展"生育关怀行动"。基层计生工作人员工作量大，问题繁杂，而基层计生工作人员相对来说比较缺乏，基层计生工作需要更多的人去关注计生困难家庭，而高校在这方面有优势，计生机构和高校合作可以利用高校志愿者协会关注到更多的计生困难家庭成员，定期走访，让计生困难家庭尤其是失独家庭感受到更多的温暖和关怀。

在基层计生机构中引入社会工作专业技能和社会工作者。社会工作是以利他主义价值观为指导，以科学的知识为基础，运用科学方法助人的服务活动。社会工作者可应用其个案工作、小组工作、社区工作三大方法帮助计生困难家庭走出心理阴影，增强自我解决问题的能力。

5. 细分计生困难家庭，建立相关档案

目前在云岩区内存在人户分离现象。对于此种情况，基层计生工作人员应该细化他们所居住的地方，才能更好地宣传"生育关怀行动"的各项优惠政策，给计生困难家庭建立详细的档案，了解他们的问题，并作相应的评估，对于计生困难家庭给予相关优惠政策，把计生工作做细，确保人民群众满意。在给计生困难家庭办理了相关优惠政策后，基层计生工作人员要定期回访了解计生困难家庭的生活和心理状况，使他们能够和谐幸福地生活。

6. 促进人口·生育关怀基金与致富帮扶相结合

基层计生工作人员在平时的走访过程中，要观察和询问计生困难家庭是否有致富愿望。对有致富愿望的家庭给予相关的帮扶，如职业技能培训、推荐就业岗位等，通过切实的致富帮扶，提高他们的经济收入，改善他们的生活状况，提升计生困难家庭的幸福指数，促进社会和谐。

7. 关怀和重视基层计生工作人员

基层计生工作人员是"生育关怀行动"的执行者，是"生育关怀行动"的重要组成部分。"生育关怀行动"大多由基层计生工作人员来办理，基层计生工作比较繁琐、枯燥，工作人员容易产生厌烦情绪，尤其是工作得不到计生困难家庭肯定的时候。作为上级计生机构应该积极地关注、关怀基层计生工作人员，积极地疏导基层计生工作人员的不良情绪，对于取得的成绩，应该及时地给予鼓励，对于他们家庭所遭遇的困难应积极给予帮扶。

8. 呼吁国家建立"生育关怀行动"机制

目前国内没有一个成体系的"生育关怀行动"机制，更多的是上级领导机构结合会议精神或者讲话确定工作重点，然而"生育关怀行动"的涵盖面比较广，内容比较庞杂，需要一个统一的指导思想和工作内容体系，只有这样各省市自治区才能更好地结合上级机构的要求以及本地实际确立本区域内的"生育关怀行动"体系，更好地为广大的计生困难家庭服务。

参考文献

《全国政协常委潘贵玉：生育更需要关怀》，人民政协网，http：//www.rmzxb.com.cn/zxtz/wyjy/t20061025_104568.htm。

王丹竹：《生育关怀活动的理性思考》，《才智》2009年第31期。

朱艳玲：《从生育计划到"生育关怀"的几点思考》，《黑河学刊》2008年第1期。

穆光宗：《独生子女家庭的权益保障与风险规避问题》，《南方论坛》2009年第3期。

左学金：《由地震和独生子女存活风险引发的几点思考》，《人口与发展》2008年第6期。

北京大学人口所课题组：《计划生育无后家庭民生关怀体系研究》，《中国延安干部学院学报》2011年第5期。

黄润龙：《中国独生子女：数量、结构及风险》，《南京人口管理干部学院学报》2009

年第5期。

翟振武：《全面建设小康社会与全面解决人口问题》，《人口研究》2003年第2期。

国家人口计生委人事司调研组：《加快建立"生育关怀行动"的长效工作机制——赴安徽省、江苏省的调研报告》，《人口与发展》2010年第2期。

王勇军、赵晟：《从"生育计划"到"生育关怀"》，《人口与发展》2010年第1期。

李新吾：《开展生育关怀行动的实践与思考》，《人口与计划生育》2010年第2期。

王慧：《美德俄三国人口政策》，《人民论坛》2006年第8期。

《2013年全国老年人口将突破2亿——老龄化形势严峻》，http://news.163.com/13/0731/10/953TP1IV00014JB6.html。

姚远：《对成年独生子女意外伤亡家庭问题的深层思考》，《人口研究》2004年第1期。

附 录
Appendix

B.19
2013年贵州省社会发展大事记

2012年 贵阳市群众安全感比上年提高5个百分点；市民对社区工作的综合满意率达98%以上；市民幸福指数提高两个点，上升到91。

2012年 黔东南州在全省妇联系统2012年度目标考核中荣获"红旗优秀奖"和"创新奖"。

2012年 贵州省人民医院呼吸内科成功入选第三批国家重点临床专科建设项目。

2012年 全省医疗卫生服务体系进一步健全，年末全省卫生机构有27672个，其中医院、卫生院2171个，卫生防疫防治机构112个，疾病预防控制中心105个，妇幼保健院（所、站）97个。全省卫生机构床位数13.1万张。卫生技术人员12万人，其中执业（助理）医师4.67万人，注册护士4.58万人。

2012年12月 全省扶贫生态移民工程主体工程全部完工。

2012年12月 贵州省出台《中共贵州省委关于进一步实施科教兴黔战略大力加强人才队伍建设的决定》，由省科技厅组织编制的贵州省首个产业技术路线图《贵州省钛产业技术路线图》发布，贵州省建立的国内首个科技进步统计监测全口径综合性报表制度于2012年正式实施。

截至2012年12月 全省民营企业和小微企业96779家,共帮扶困难群众103819人(次),资助金额23567.7万元,捐赠实物24150.21万元;招工扶贫164433人,培训扶贫35738人;开展惠民项目1882个,到位资金335900.56万元。

省卫生厅于2012年在全省开展了打击非法行医整顿规范医疗服务市场的专项行动,截至12月底,全省各级卫生监督部门监督检查各级各类医疗机构26000余户,城镇医疗机构监督覆盖率达到100%。对非法行医进行严厉打击,取缔无证行医1528户;没收器械1415件、药品2487件、违法所得20余万元;对有违法行为的持证医疗机构警告800户、责令改正1826户、罚款127.42万元、没收违法所得3.95万元。打击的重点为无证"黑诊所"、"游医"、"坐堂医",同时查处持证医疗机构跨科行医、虚假夸大宣传、聘用非卫生技术人员等违法行医行为。

2013年 贵州启动教育9+3计划,开始实施3年免费中职教育。

2013年 贵州省压缩5%各级党政机关行政经费,用于实施巩固提高九年义务教育和实行3年免费中等职业教育的"9+3"计划,并以控辍保学为重点,争取确保以县为单位九年义务教育巩固率和高中阶段毛入学率达到85%以上。

2013年 贵州出台《关于进一步加强和改进最低生活保障工作的实施意见》。

2013年 经党中央和国务院领导批准,外交部同意贵州省举办生态文明贵阳国际论坛。这是我国目前唯一以生态文明为主题的国家级国际论坛。此前,国家发改委批复了《贵阳建设全国生态文明示范城市规划(2012~2020年)》,将贵阳市定位为全国生态文明示范城市、创新城市发展试验区、城乡协调发展先行区和国际生态文明交流合作平台。

一月

1月4日

兴义市创建全国社会主义新农村档案工作示范县通过国家验收,全市30

个乡镇（街道办），221个村（社区）创建全国社会主义新农村建设档案工作示范县工作全部建档完毕，建档率达100%，档案在为社会主义新农村建设、城乡统筹发展、维护农民权益等方面的作用进一步凸显。

1月5日

由贵阳市乌当区历时3年编纂的书籍《水东·洪边宋氏——贵州大土司历史文化探寻》正式出版发行。

1月7日

贵州省将按照国家深化医药卫生体制改革精神，积极推进新农合医疗支付方式改革，逐步实现由单纯按项目付费向混合支付方式转变：门诊采取总额预付的方式，住院采取以按床日付费为主且结合按病种付费的方式。

由中华慈善总会、中共贵州省委统战部、大连市慈善总会、省卫生厅、省教育厅、黔东南州人民政府、毕节市人民政府主办的"为了我们的孩子——千名少数民族贫困家庭先心病儿童救助行动""感恩长征路贵州行"活动启动仪式在贵州饭店国际会议中心举行。

1月8日

开阳县龙岗镇出台了《关于强力推进龙岗镇茶产业发展的安排意见》。

1月9日

中央电视台"寻找最美乡村医生"大型公益活动落下帷幕，贵州省黔西南州贞丰县龙河村卫生室医生钟晶获"最美乡村医生"称号。

省委农村工作会议在贵阳召开。

贵州省红十字会"绿色家园行动——健康新村"项目验收工作结束。自该项目2011年开始实施以来，两年共计完成试点推广项目13个，总投资520万元，带动整合社会各方项目投入资金3000多万元，建成农村红十字文化广场、红十字服务站、红十字书库及励业帮扶示范基地、爱心互助基金会等65个，帮助改善全省26483户贫困群众生产生活境况；该项目先后发展基层红十字会组织13个，完成65个基础设施建设任务，发展红十字会会员3875人，吸纳志愿者153名，引导各地贫困群众成立各类农村专业合作社18个。该项目成为探索和实践红十字会扶贫工作新模式的典范，全国红十字会专题调研，并提炼总结为"博爱家园"，在全国进行推广。

1月10日

从春季新学期开始，息烽县决定投资1192万元，"零利润"全覆盖实施义务教育阶段学校营养改善计划，最大限度满足全县近2万名学生中午在校吃饱吃好。

1月18日

贵州省余庆县龙家小学校长梁中凯申报的"村寨儿童活动中心建设与管理研究"，获批教育部"十二五"全国教育科学重点研究课题，该课题也是今年贵州省唯一获批立项的全国重点科研课题。

1月24日

贵阳市扶贫办统计监测显示，2012年，贵阳市95220户268032名农村扶贫开发对象已全部越过年人均收入2300元的国家扶贫开发标准线实现脱贫；25417户51955人"低保户"和"五保户"已经实现"应保尽保"。花溪区马铃乡等18个省级扶贫开发重点乡（镇）农民年人均纯收入均超过4300元，贫困发生率下降幅度均超过4.3%，全部达到贵州省贫困乡镇"减贫摘帽"的标准，在全省率先实现了"整市脱贫"的目标。

贵州省妇女儿童发展基金会第一届理事会第二次会议在贵阳召开，基金会成立一年来，已募集1818.54万元的爱心款物，惠及贵州省贫困妇女和儿童。

1月25日

2010年，贵州启动边远地区农村教师周转房建设，2012年启动教师公租房建设。截至目前，贵州已开工建设20608套乡镇教师公租房，其中竣工5668套。2013年，贵州通过公租房建设项目，将解决4万余名乡镇教师的住房问题，至2015年将再建4万套乡镇教师公租房。预计全省在"十二五"期间建设1万套农村教师周转房和6.2万套乡镇教师公租房。

1月26日

贵州省第十二届人民代表大会第一次会议在贵阳召开，陈敏尔代省长代表省第十一届人民政府向大会作《政府工作报告》。

1月30日

《省人民政府关于2012年度取消和调整行政许可项目的决定》施行。

二月

国务院办公厅印发了《关于开展对口帮扶贵州工作的指导意见》，明确由辽宁、上海、江苏、浙江、山东、广东等6个省（直辖市）的8个城市，"一对一"对口帮扶贵州省8个市（州）。对口帮扶结对分别为上海市对遵义市，大连市对六盘水市，苏州市对铜仁市，杭州市对黔东南州，宁波市对黔西南州，青岛市对安顺市，广州市对黔南州，深圳市对毕节市。

对口帮扶工作期限初步确定为2013~2020年。

2月1日

正式颁布实施《贵州省食品安全条例》，明确了食品加工经营小作坊、小摊贩和餐厨废弃物等监管空白的监管事项，为强化全省食品安全监管提供了法律保障。贵州省近年来先后出台《贵州省农产品质量安全条例》、《酒类生产流通管理条例》、《牲畜屠宰管理条例》。制定《贵州省食品安全地方标准实施细则》和《贵州省食品安全企业标准备案实施细则（试行）》，初步建立食品安全地方标准体系。

2月7日

2012年，贵州省相继出台《关于加强科技创新促进经济社会更好更快发展的决定》实施意见，《关于进一步实施科教兴黔战略大力加强人才队伍建设的决定》，制定了一系列推动科技人员创业的优惠政策，提出了打造创新平台、人才特区、给予金融支持等诸多措施，以期造就一批"创新金领"，引领贵州省走新型工业化发展道路。

国务院、国家发改委和省委、省政府以国办函〔2013〕35号文件，批准了《深入推进毕节试验区改革发展规划》，要求国务院有关部门按照职能分工，在试验区专项规划编制、政策实施、项目安排、体制机制创新等方面给予积极支持；要求东部地区加大对毕节市的帮扶力度，积极支持试验区建设；省人民政府加强组织领导，统筹推进试验区改革发展各项工作。

2月10日

省卫生厅通报，贵阳市确诊两例人感染高致病性禽流感病例个案，目前尚未发现两例病例间有流行病学关联。

2月27日

民建"思源·救护"项目救护车捐赠仪式在民建省委机关举行。"思源·救护"项目是由中华思源工程扶贫基金会于2011年发起的一项医疗卫生救助项目,旨在为贫困地区县医院、乡镇医院提供救护车和基本的医疗设备支持,以及培训医护人员,提高医疗技术水平,提升当地急救和人民群众健康水平。

全省派出6000个同步小康驻村工作组开展驻村工作。

三月

3月1日

《贵州省残疾人就业办法》施行。1996年3月1日贵州省人民政府发布的《贵州省分散按比例安排残疾人就业办法》(贵州省人民政府令〔1996〕第18号)同时废止。

3月11日

《中共贵州省委贵州省人民政府关于以县为单位开展同步小康创建活动的实施意见》出台。

3月18日

由贵州广播电视台科教健康频道制作推出的《第6调查室》开播。这是贵州省开播的第一档专业电视调查栏目。

3月28日

第一届中国贵州人才博览会在贵阳开幕。

3月31日

贵州65个集中连片特困县纳入国家农村学生营养改善计划试点,占到全国试点县的近1/10。

四月

4月 春晖使者杨文学荣获第八届中华慈善奖"最具爱心慈善楷模"。

4月初 贵阳市出台《贵阳市流动人口积分入户管理暂行办法》,这是该市继出台《贵阳市加强和创新流动人口服务管理工作的实施意见》后,实施居住证管理制度,进一步加强和创新流动人口社会管理的又一举措。目前,贵阳市有流入人口103万人，其中办理居住证流动人口有61万人，今年或可达到70余万人。

4月1日

4月1日起，省政府再次取消行政事业性收费33项，转为经营服务性收费1项。取消和优惠项目，每年减轻企业和社会负担约1.1亿元。

4月5日

贵阳市研究制定了《贵阳市干部教育培训工作统筹管理暂行办法》。

4月9日

安顺制定实施包括科技创新成果分配、住房、津贴等在内的4项优惠政策，引进高层次创新人才。"在安顺服务一定年限的各类高层人才，住房最高补贴达100万元；每月享受人才津贴最高4000元。"

4月27日

国家开发银行贵州省分行被中华全国总工会授予全国"五一劳动"奖章。

五月

享受国务院、省政府特殊津贴专家 省疾病预防控制中心副主任安冬在瑞士日内瓦举行的第66届世界卫生大会上，荣获"李钟郁博士公共卫生纪念奖"，成为我国获得该奖项的第一人，世界卫生组织总干事陈冯富珍亲自为他颁奖。

国家社科基金委托项目"'社会主义核心价值体系建设的大众行为化模式研究'— 基于贵州'春晖行动'的实践探索"项目完成，标志着春晖行动被肯定为"为中国梦的实现注入强大精神动力"。

5月1日

全国第一个建设生态文明城市专项法规——《贵阳市建设生态文明城市条例》正式施行。此前，贵阳市先后出台了《关于建设生态文明城市的决定》等文件及多个地方性法规。

5月4日

由省社科联组织专家编制的《三穗县全面建成小康社会行动纲要》通过评审，正式进入实施阶段。

5月5日

贵阳医学院附属医院中心实验室主管技师李翼获全国卫生系统"青年岗

位能手"称号。李翼开展了多项填补贵州省内空白的检测项目。

5月8日

全省51个省级部门按时按要求在本部门、本单位网站公开了部门财政预算和"三公"经费信息,省人民政府网站信息公开专栏集中进行了公开。

5月11日

全省以县为单位开展同步小康创建活动培训会在贵阳召开。此次培训会由省全面小康办(省委政研室)、省委宣传部、省统计局等专家作辅导、答疑,省直各部门、各市(自治州)和各县(市、区)全面小康办460多人参加了培训会。

5月13日

省教育厅印发《贵州教师自律歌(试行)》,要求全省各级各类学校组织教师学习践行,积极引导广大教师履职尽责,要做到"为人师表"、"技艺精湛"、"淡泊名利"、"学术诚信",拒绝"有偿补课"。

5月15日

省妇联在省人大干部培训中心举办"母亲水窖"项目培训会。

在全国妇联、中国妇女发展基金会的关心支持下,今年贵州省已获得项目资金267.8万元。其中"母亲水窖"项目资金180万元;"母亲水窖·校园安全饮水计划"项目资金38万元;"母亲水窖·水印计划"项目资金49.8万元。项目在贵州省黎平县等8个县实施,在省水利厅的支持配合下,将解决8000余人的饮水困难。

5月16日

为进一步提高贵阳市公众对城市环境保护的满意率,引导全社会积极关心、支持和参与创建国家环境保护模范城市工作,营造浓郁的创模宣传舆论氛围,日前,贵阳市在全市开展公众对城市环境保护满意率调查的相关工作。

根据2012年调查结果显示,贵阳市公众对城市环境保护满意率63.81分,满意率居于中下水平。

5月17日

由省经济和信息化委员会主办、省工业与知识经济联合会承办的"2013贵州省企业社会责任报告发布会"在贵阳召开。贵州省企业社会责任报告发布"十佳企业"名单:中国贵州茅台酒厂(集团)有限责任公司、贵州乌江水电开发有限责任公司（中国华电集团公司贵州公司）、贵阳市公共交通（集团）有限公司、贵州开磷（集团）有限责任公司、贵州建工集团有限公司、贵州盘江投资控股（集团）有限公司、贵州黔源电力股份有限公司、中国移动通信集团贵州有限公司、贵州电网公司、瓮福（集团）有限责任公司。

贵州省卫生摄影协会第一次会员代表大会暨成立大会在贵阳医学院附属医院举行。会议讨论并通过了《贵州省卫生摄影协会大会选举办法》与《贵州省卫生摄影协会章程》，选举了第一届理事会理事。

省卫生厅、省发改委、省科技厅、省教育厅、省食品药品监督管理局等10部门在贵阳召开贵州省中药资源普查试点工作启动会。

5月25日

第十五届中国科协年会在贵阳召开。

贵州省肺科在贵州省人民医院挂牌成立。

5月31日

贵州省居民健康卡合作协议签订仪式举行，省卫生厅联合建行贵州省分行以"联名卡"的形式，共同推动贵州省居民健康卡项目建设。

居民健康卡是加载了金融功能，具备就医身份识别、医院医疗服务、新农合业务应用、金融服务等功能，能够实现跨地区、跨机构就医及费用结算，有效支持居民健康档案和医疗信息的动态更新、共享交换。同时，居民健康卡还能优化就医流程，居民持卡即可在医疗机构自助机上完成自主挂号，并可直接在医院执行科室就诊、买药、检验检查缴费等业务流程，最大限度减少患者排队等候的时间。

全国村级公益事业建设"一事一议"财政奖补现场工作会在贵阳召开。

六月

6月5日

2013年"特岗计划"正式启动。自2006年以来，贵州省共招聘44081名特岗教师，在全省60多个边远贫困县的4000多所农村学校任教。目前，特岗教师总数占全省农村义务教育阶段教师总数的27%。

今年贵州省将招聘14056名特岗教师。届时，贵州省特岗教师总数将接近6万人。实施方案和招聘办法及有关市（州）招聘实施细则将在贵州教育网发布。

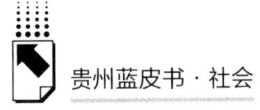

6月7日

中国计生协出台《关于支持贵州计划生育协会工作的意见》。2013~2015年，中国计生协"人口·生育关怀基金"每年适度向贵州倾斜，支持贵州开展"生育关怀行动"；在"生育关怀行动"有关项目的安排和实施中，将贵州作为重点省份；积极协调幸福工程全国组委会为贵州筹措资金，新增"幸福工程"项目点；积极协调中国人口福利基金会加大对"幸福微笑——贵州千名唇腭裂儿童救助行动"项目的支持力度。

6月9日

自省委、省政府出台《关于进一步加快发展县域经济的意见》后，全省各县（区、市）以"增比、进位、突破"和富民强县为目标，同步推进工业化、城镇化和农业现代化，根据区位条件、资源禀赋、产业结构和经济发展水平，大力发展特色经济，形成了千帆竞发、百舸争流的发展态势。

贵阳市出台《关于"全力助推计划生育家庭圆梦小康行动计划"的实施方案》。2013年，全市将投入人口计生利益导向资金9129万元，到2015年，全市将投入人口计生利益导向资金11042万元。另据测算，独女户家庭一生中将领取奖励扶助金43.38万元，独子户家庭一生中将领取奖励扶助金41.1万元，双女绝育户家庭一生中将领取奖励扶助金41.64万元。为全市计划生育家庭实施一系列富有含金量的优惠、特惠政策，建立了集各级财政专项资金、部门扶持资金、社会捐赠资金为一体的人口计生利益导向政策投入体系，使全市计划生育家庭在优生、助学、医疗、养老、就业等民生政策上得到更多优惠，确保到2015年全市计划生育家庭与全国人民同步实现小康。

6月10日

在全国深化平安中国建设工作会议上，余庆县综治办和碧江区委政法委被人力资源和社会保障部、中央综治委授予全国社会管理综合治理先进集体荣誉称号；黄平县苗陇乡火车站村党支部书记龙金兰和钟山区大湾镇党委书记蒋朝明被人力资源和社会保障部、中央综治委授予全国社会管理综合治理先进工作者荣誉称号；贵阳市、遵义市和剑河县、瓮安县、清镇市、松桃县分别被中央综治委授予全国社会管理综合治理优秀市和全国平安建设先进县（市）荣誉称号；贵阳市、遵义市、余庆县受到中央综治委通报表扬并授予"长安杯"；

李再勇、王保建、杨明晋、刘军、田胜松、王家友、王秉清、刘小星、成克才、杨秀涧、杨政桥、孙跃强、冉晓东、吴洋富、石俊民、周胜华、王勇志、龙长春、谢晓东、王登华和吴智贤等21名同志受到中央综治委、中组部嘉奖。

6月13日

省科技厅、省文化厅、省卫生厅等11家科普联席会议成员单位在麻江县举行贵州省科技、文化、卫生"三下乡"活动暨黔东南州科技活动周启动仪式。

6月17日

贵州省2013年全国食品安全宣传周活动在贵阳启动。本次宣传周活动，围绕"社会共治，同心携手维护食品安全"的主题，全面开展食品安全科普宣教，铸就全社会共同建设食品安全的"防火墙"。

6月18日

教育部下达今年贵州省的招生计划数共计213319人（含预科、民族班及中职单报），比上年同期的187266人增加26053人，增长率为13.91%。其中，本科109291人，比上年同期的92365人增加16926人，增长率为18.33%；专科104028人，比上年同期的94901人增加9127人，增长率为9.62%。理工类119055人，比上年同期增加16897人；文史类72249人，比上年同期增加8519人；体育类2440人，比上年同期增加395人；艺术类12568人，比上年同期增加609人；中职单报本、专科7007人，比上年同期减少367人。

今年在贵州省招生的高校有1672所，比上年增加51所。其中，省外1620所，比上年增加48所；省内52所，比上年增加3所。

6月19日

2012年度省委重大问题调研课题"关于实施全省乡镇卫生院与计生技术服务机构资源整合的必要性及可行性研究"通过专家评审。

6月20日

贵州省获国家中医药管理局批准设立省级中医药传统知识保护研究分中心。贵州省获批设立的分中心为全国六个省级分中心之一，依托单位为贵阳中医学院。

近日,省卫生厅与中国建设银行贵州省分行签署举行居民健康卡战略合作协议。

截至6月20日,全省扶贫生态移民累计完成投资36.45亿元。2012年度的176个安置点已完成175个,完成房屋21893套,搬迁入住7790户34454人;2013年计划安排的126个安置点,已全部开工建设。

6月28日

贵州省住房和城乡建设系统文明执法承诺书签字仪式在贵阳举行。

中国科学院贵州科技创新园项目作为今年全省第三批集中开工重大工程项目之一正式开工建设。这标志着贵州省科技创新集聚区——"贵州科学城"的核心部分已进入紧张的施工阶段,有望在不久的将来彻底结束贵州省高端平台少、创新资源集聚能力弱的历史。

七月

到本月末,农发行贵州省分行累放贷款10亿元助力实体经济,促进"三农"发展。该行对实体经济贷款规模已达75.66亿元,比2010年增加34.19亿元。

7月1日

威宁"省直管县"试点正式运行。

7月2日

黔南州再次被卫生部、中国红十字会总会、中国人民解放军总后勤部卫生部授予"2010—2011年度全国无偿献血先进城市",这是继获"2008—2009年度全国无偿献血先进城市"之后又一次获此殊荣。

省政府与中国电信集团公司在贵阳签署了"共同建设中国电信云计算贵州信息园战略合作框架协议",标志着中国电信云计算中心项目正式落户贵州省贵安新区。

7月4日

集中连片特困地区交通扶贫工作推进会在贵阳召开。国家发改委、财政部、交通运输部、国务院扶贫办及21个省(区、市)和新疆建设兵团有关负责人参加会议。

今年以来，贵阳市研究制定了《贵阳市干部教育培训工作统筹管理暂行办法》、《贵阳市干部教育培训经费统筹管理制度（试行）》、《贵阳市干部教育培训办班统筹管理制度（试行）》、《贵阳市因公出国（境）培训统筹管理制度（试行）》等"一个办法三个制度"，为规范化科学化推进全市干部教育培训工作提供了制度保障。

7月19日

省委、省政府针对制约贵州教育的两大薄弱环节，在全省启动实施"9+3"义务教育及三年免费中等职业教育计划列入省政府"十件民生实事"，中职学校建设"百校大战"迅猛推进，仅用半年时间已开工建设73所。

生态文明贵阳国际论坛2013年年会在贵阳举行。是全国唯一的以生态文明建设为主题的国家级国际论坛。

7月31日

成都军区为贵州省3个民族自治州首批免费培训的107名乡镇卫生院医师开班仪式，分别在成都、昆明、贵阳同时举行。为支援贵州建成小康社会，成都军区还将在贵州省新建1所八一爱民学校、集中力量帮建1所少年军校和为黔西南楼纳村八一爱民学校援建多媒体教室。

八月

8月7日

由省卫生厅主办的"走进西部卫生人才培训项目——2013年贵州省县级公立医院院长管理培训班"第五期在遵义医学院附属医院开班，来自全省250多名地州市县级卫生局局长及医院院长进行了为期3天的集中强化学习，就医院管理方式、提高医疗服务质量、公立医院改革等方面进行培训。

8月10日

由毕节市委、毕节市人民政府主办，织金县委、县人民政府和织金洞风景名胜区管理局共同承办的以"溶洞王国古韵织金"为主题的2013·中国贵州·织金国际溶洞文化节，在国家级风景名胜区织金洞再启大幕。

8月18日

第八届贵州旅游产业发展大会召开。会议的总体目标是：到2015年把贵

州基本建成旅游大省,到2020年全面建成旅游强省。

8月21日

今年上半年,在贵阳市爱卫办6~7月开展的第二次国家卫生城市长效管理督查考核中,息烽以92.02分位居贵阳市10个区(市、县)第一。这是该县今年以来连续2次"创卫"考核排全市第一。

8月26日

全省卫生系统"十佳护士"和"十佳服务窗口"评选活动启动。

九月

省政府办公厅出台《关于支持现代职业教育发展的意见》,为现代职业教育发展提供政策支持。

9月2日

第二届全省小城镇建设发展大会在毕节市黔西县召开。

9月4日

由贵州日报报业集团承办的第九届泛珠三角媒体合作峰会在贵阳举行,并启动"泛珠观潮"贵州集中采访活动。

9月6日

省委、省政府召开贵州省2013年教师节表彰大会。

9月8日

中关村科技园正式落户贵阳。

9月9日

第九届泛珠三角区域合作与发展高层论坛在贵阳举行。

9月10日

2013年"全国最美乡村教师"颁奖典礼上,安龙县万峰湖镇毛草坪小学教师杨元松是贵州省唯一一位荣膺"最美乡村教师"。

9月11日

省卫生厅发出通知,要求全省县级以上医院开展老年人优先医疗服务,凡持身份证的70周岁以上(含70周岁)老年人,在全省县级以上医院门诊就医,均可享受挂号、就诊、化验、检查、交费、取药"6个优先"。

近日,经省委农村工作领导小组诚信建设办公室、省农村信用联社组织验收,贞丰县被授予"农村金融信用县"称号。这是继凤冈、清镇、关岭、余庆和印江之后,贵州省第6个"农村金融信用县"。

9月14日

贵州十大最美乡村医生推选活动经过一个月投票推选,卢明华、张樱、潘凤、秦军文、周江龙、李贵珍、李金梅、陈天菊、刘刚、管彦菊10名同志被推选为"最美乡村医生"。

近日 国家发改委正式印发《关于贵州省夹岩水利枢纽工程及黔西北供水工程项目建议书的批复》,贵州省历史上投资和规模最大的水利工程——夹岩水利枢纽工程正式获得国家批复立项。这是继黔中水利枢纽工程之后,贵州水利建设史上再添具有全局意义的基础设施重大项目。工程估算总投资为160.34亿元,施工总工期66个月。

9月27日

由中国计生协会主办,贵州省计生协会和贵州省人口福利基金会承办的"生育关怀携手行·多彩贵州行"捐赠仪式在贵阳市举行。中国计生协会向贵州省"生育关怀行动"捐赠资金和物资共计225万元,中国扶贫基金会、台湾丽婴房集团和中国太平洋人寿保险股份有限公司分别捐赠了价值105万元的女童服装和30万元资金。

十月

截至目前,贵州省级压缩5%行政经费共5992.8万元,统筹用于实施教育"9+3"计划。

10月1日

贵阳市人员密集的城市建成区内的危险化学品经营活动(加油、燃气加气除外),进入专业危险化学品集中交易市场进行。

10月18日

由省妇联和习水县人民政府共同举办,省妇女儿童发展基金会、贵阳市习水商会承办的贵州省蒲公英习水县"留守儿童之家"项目启动暨授牌仪式在良村镇大安小学举行。

本月底,贵州花溪大学城5所高校入住学生人数4.36万,提前实现"2013年花溪大学城入住学生4万人以上"的目标。

十一月

贵州高校全面实行学分制,在省属普通本科高校实施课程互选、学分互认、图书互借,进一步整合贵州省高等教育资源,推进省属高校战略联盟建设。

贵州省出台《关于深入推进全省义务教育均衡发展的实施意见》,要求对学校硬件、师资、教育质量等全面提升。

11月5日

中国(贵州)中医药国际研讨会在贵阳市召开。

11月20日

经国家标准委专家考评组的严格审查,由余庆县创新制定的"四在农家·美丽乡村"西部山区新农村建设国家级标准化示范项目成功通过验收,标志着该县"四在农家·美丽乡村"创建成果向标准和生产力的转换,成为指导中国西部山区新农村建设的唯一体系标准。

十二月

国家加大对贵州省卫生项目的投入力度,中央补助贵州省卫生事业经费79.1亿元,争取到中央预算内卫生项目2600个

全省中职学校完成招生28万人,贵州省户籍省内中等职业学校学生今年秋季学期全部免除学费,全年共免除中职学校学生学费5.28亿元。

全省初中、小学辍学率分别达2.77%、0.95%,义务教育巩固率达84%。

12月13日

织金县成立了首家留守儿童自立自强中心,已建立留守学生教育管理档案300个,组织留守学生开展文体活动12次,开展知识培训12次,为留守学生提供心理健康咨询37人次,帮扶困难留守学生6人。

Abstract

In the guidance of Third Plenary Session of the Eighteenth Central Committee and the CPC Guizhou provincial party committee of the eleventh four times, this report has systematically and scientifically studied the main social development situation in Guizhou province in 2013. Hot issues of Guizhou social development in 2013, including migrant population, left-behind children in rural areas, street children, and education of migrant worker's children, have been focused on; livelihood issues, like social security, employment, harmonious labor relations, construction of safe and sound Guizhou, and urbanization and so on, have been discussed; monographic study has been taken in the anti-poverty, exploration of Guizhou mass line, study of public opinion, Guizhou micro-blog, population fertility care, etc.

The report indicates that a brilliant achievement of social development has been made in Guizhou in 2013. Adhere to the development first and the livelihood of people oriented working idea, so construction of synchronous well-off society has been promoted in the province. The economic society keeps a steady development. In this year, while central support are increased, policy effects have been released together, various subsidy of 197.3 billion Yuan has been gained from the country throughout the year, including 27.6 billion Yuan newly increased; 4 billion Yuan subsidy funds for anti-poverty ecological migration has been gained in 2013 – 2015; there are four new developed cites and nine central units newly increased to help the development of our province, which achieve a complete coverage of counterpart support and site-specific poverty alleviation.

Economy maintains a relatively rapid growth, and the comprehensive strength rises steadily. It's estimated that GDP reaches 800 billion Yuan with a growth about 12.7%. The growth of the whole society fixed-asset investment is 31.9%. Fiscal revenue is 191.9 billion Yuan with a growth of 16.7%, while the public finance budget income is 120.6 billion Yuan with increasing 18.9%; the public finance budget outlays become 309. 8 billion Yuan by an increase of 12. 4%. Total retail sales of social consumer goods grow by 14%. And realization degree of the comprehensive well-off society is 73. 2%, which has increased 4%.

With the comprehensive practice of improving livelihood, people's living standards has been increasingly enhanced. The "Ten Practical Livelihood Work" has been invested 70 billion Yuan. It is estimated that urban per capita disposable income is 20667 Yuan, and per capita net income for farmers is 5434 Yuan, with a growth of 10. 5% and 14. 3% respectively. With 1. 66 million people out of poverty, six counties and 172 townships reduce poverty and get rid of the poverty title. There are 401000 rural dilapidated housings that have been renovated and 101000 set low-income housings and 36000 set housing of ecological migration for poverty alleviation have been built. Urban residents have been offered 553000 new jobs, and employee in industrial parks has increased by 220000. The minimum Living Standard, basic medical insurance, pension insurance, and unemployment insurance have been further improved, and basic life problems of 3. 7 million victims have been solved. The natural population growth rate is 5. 9 per thousand. Both industrial accidents and the death tolls continue to reduce. And the security sense index has increased to 93. 8%.

The gap between the demand of social development and the investment still exists because of the relatively weak foundation. There are also some problems in the development of society, including weak in scientific technology innovation, low of urbanization, populous impoverished people, poor public services and infrastructure in rural areas, and frequent production safety accidents, which prevent the livelihood improvement and stability maintenance; since executive ability of some government departments is not strong, and the government work needs to be further strengthened, phenomenon of "inferior, idleness, tardiness, fickleness, and corruption" is still existing to various degrees. Social development has presented a multi-problems pattern.

It is indicated in this report that as the first year of comprehensive and deepening reform, 2014 is also an important year for achieving 12th five-year plan and performing the task of six systems from Guizhou government. Our country have paid more attentions to comprehensively deepening reform and releasing bonus, promoting structural adjustment and development mode transformation, and west regions development and the coordinated development of all regions. And our province is in a critical stage of transition from low - income to middle-income, which is also an accelerated development period, structural adjustment period, crucial period of reforming with beneficial macro policies, advantageous market expectations, and favorable development conditions. Especially as the continuous improvement of transportation, education and other infrastructures and public utilities, major platforms have been established, while external factors have accelerated. All kinds of bonuses such as the reform bonuses, resource bonuses, ecological bonuses, labor bonuses, and policy bonuses are released together with a more and more fully supportable conditions and a stronger and stronger power for development. Therefore, the social development of Guizhou will be continuously better in 2014.

Made up of twenty researches, this report is divided into four parts that are general report, hot issues report, livelihood issues report, and monographic study respectively.

Contents

B I General Report

B.1 The Analysis and Forecast of Guizhou Social Development
(2013 -2014)　*Wang Xingji, Wang Yaqi, Li Yu and Hu Pengfei* / 001

Abstract: This report comprehensively summarizes the achievements of social development in Guizhou in 2013: while central support are increased, policy effects have been released together; economy keeps a relatively rapid growth, and the comprehensive strength rises steadily; With the comprehensive practice of improving livelihood, people's living standards has been increasingly enhanced; the economic society maintains a steady development. And it also analyzes the problems in the development of society as follow: weak in scientific technology innovation, and heavier pressure on ecology protection and environment governance; the obvious contradiction between urban and rural dual structure, low level of urbanization, populous impoverished people, and poor public services and infrastructure in rural areas; frequent production safety accidents; weak executive of some government departments, and government work needed to be further strengthened. This year is the first year of comprehensive and deepening reform, since our country have paid more attentions to comprehensively deepening reform and releasing bonus, promoting structural adjustment and development mode transformation, and west regions development and the coordinated development of all regions. As the continuous improvement of transportation, education and other infrastructures and public utilities, major platforms have been established; while external factors have accelerated, industry basis has continuously consolidated. All kinds of bonuses such as the reform bonuses, resource bonuses, ecological bonuses, labor bonuses, and policy bonuses are released together with a stronger and stronger power supporting development. Therefore, the social development of Guizhou will be continuously better in 2014.

Keywords: Guizhou; Social Development; Analysis; Forecast

B II   Hot Issues Report

B.2   The Research on Guizhou's Floating Population in 2013

Du Shuangyan / 030

Abstract: Based on the overall status of Guizhou's floating population in 2013, this research has found some trends floating population showed such as the expansion of larger scale, household migration, space and region changes, transformation from surviving-type to development model, utilitarianism urbanization through contrastively analyzing the historical floating population status in the view of scale and structure, flux and flowage, space distribution and living condition. However, with its development, some problems such as the inconformity between the overall carrying capacity of cities and the demand of floating population, deficiency in relevant policies and systems, difficulties in integrity, contradiction between the strong desire of backflow and actual weak conditions, and difficulties in upward social mobility exist. According to the entire province development strategies, this paper makes countermeasures on introducing the view of floating population in the urbanization planning, paying equal attention to encourage backflow and promote citizenization, energetically cultivating social organization, broadening ways of vertical social mobility, optimizing the spatial layout of floating population, playing exemplary roles in the floating population, etc.

Keywords: Floating Population; Guizhou; Current Situation; Countermeasure

B.3   Research on Left-behind Children in Rural Areas of Guizhou Province   *Research Group of Guizhou Women Federation* / 048

Abstract: This report systematically studies the Guizhou's left-behind children in rural areas on current status, problems, and strategies and suggestions. Regarding the group characteristics, it is characteristic of large scale, high proportion, wide

distribution, imbalanced between gender and nation, many brothers and sisters, cross generation fostering. Here are some realistic problems left-behind children in rural areas facing: difficult for government to make efforts, three puzzledoms school facing, lack of three family aspects for children, society passively involving in, and free from responsibility for them of enterprises. Based on these situations and problems, this report puts forward some relevant strategies for party committee, government and relevant departments: insisting in people's livelihood, improving hardware and software environment, strengthening cross-generation development, playing the role of a bridge linking, and enhancing social responsibility consciousness.

Keywords: Left-behind Children in Rural Areas; Plights; Strategies; Guizhou

B. 4 The Research on Difficulties of Homeless People Management in Guizhou Urban Areas and Countermeasures　　*Gao Gang* / 069

Abstract: The 11.16 event happened in Bijie City has raised much social concerns on homeless children in urban areas. Even though vagrant people in urban areas rescuing systems have been already established before, homeless people are often hurt and even dead without rescuing. It indicates that our rescuing management systems are not perfect. So this research systematically studies their living conditions, and analyzes the reasons why they are aggressively begging and organized begging and how to deal with these problems. Rethinking the defectives of rescuing management systems is not only meaningful for rescuing homeless people in cities, but also significant for maintaining the cities in good order and constructing harmonious society.

Keywords: Homeless People in City; Management; Countermeasures

B. 5 Sociological Analysis on Education Problems of Migrant Children in Guizhou Province　　*Zhou Fangling* / 087

Abstract: This research objectively analyzes the current situations, plights and countermeasures about education of migrant children. Regarding the educational conditions, migrant children are in the edge of educational resources, educational environment, and educational chances. And they do not have identical treatment in education, which shows the dislocation of education rights and realistic chances. From the development plights, improving education conditions is constrained by the economic development level, lagging policies and laws and restricted learning situations. So this research presents the following countermeasures and suggestions for party committee, government and relevant departments' reference as: based on a long-term development, perfect laws and regulations, and strictly obey orders and prohibitions with supervision strengthened, while reform and innovation should be carryout.

Keywords: Migrant Children; Education; Countermeasures; Guizhou

B III Livelihood Issues Report

B. 6 How Poor Province Do Well in Education
—*A Survey on Implementation of "9 +3" Education Plan in Guizhou Province* Cheng Liantao, Ruan Baoxiang, Li Zhao, Huang Jiping and Li Wenlong, etc / 109

Abstract: In recent years, Guizhou Provincial government have proposed sparing no effort to implement "9 +3" education project that is consolidating nine-year compulsory education, carrying out three-year free secondary vocational education and making senior secondary education basically universal. This paper makes some relevant countermeasures and suggestions on further implementing "9 + 3" education plan in Guizhou Province and make huge population pressure become enormous human resource based on the practice of Guizhou Province.

Keywords: Guizhou Province; "9 +3" Education; Project;

B. 7 The Research Report on Guizhou Social Insurance Development
Li Dingjia, Yuan Tao / 122

Abstract: The social insurance business of Guizhou province maintained a rapid and

continuous development in 2013. Various social insurance systems have been further improved, the coverage of the insured has been expanded significantly, the scale of fund income and expenditure has grown rapidly, and the welfare level has been raised steadily. Meanwhile, the public service system of social security covering both urban and rural residents has been further improved. However, compared with the national average, there still exist certain gaps in some aspects, such as in financial investment, the scale of the insured, security level, etc. In 2014, there are still many good opportunities for the development of the social insurance business of Guizhou province and the overall situation is also good. It will make a major breakthrough in many aspects, such as in fully accelerating the speed of balancing urban and rural development, improving the strength of the expansion and collection, promoting endowment and medical insurance agency of urban and rural residents, raising the level of information service, etc.

Keywords: Social Insurance; Analysis and Prediction

B.8　The Research on Harmonious Labor Relations under the Background of Constructing Strong Industry in Guizhou

Jiang Chulin, Xie Jian / 137

Abstract: Based on the special survey carried by Guizhou Academy of Social Sciences, this article reveals the current situations of Guizhou labor relations and analyzes the factors that block harmonious labor relations from following seven aspects: individual labor dispute and collective labor dispute, collective negotiation and construction of collective contract system, labor relations of the state owned enterprise, labor relation of non-public ownership, migrant workers' problems in labor relation, and the role of government and labor union in labor relation. Meanwhile, under the construction of powerful industrial province, this article presents a series of suggestions flowing on constructing harmonious labor relation. Reconsider the labors' rights and interests in transitional period and alter policies and systems of labor disputes; improve consultative machinery that is led by government and promote the organization and capacity construction both of the labor and capital; optimize the state-owned enterprises' contracts and democracy machinery and rebalance the labor relation; intensify the labor and social security systems such as labor contract, social insurance and minimum wages; establish the wages guarantee machinery for migrant workers and increase their capacity of safeguarding legal rights and integrating into cities; enhance the establishment of labor union in private enterprises and empower them; pay attention to public opinions of labor relation in social media; drive the enterprise to bear social responsibility and make plans for labor relation in the industrial transfer.

Keywords: Strong Industry Strategies; Harmonious Labor Relations; Rights and Interests

B.9 The Research on Expanding Employment in Urban and Rural Areas of Guizhou Province　　*Wang Qian, Huang Yong* / 162

Abstract: This report mainly put forwards the basic thoughts, main channels, and countermeasures of expanding employment by analyzing the current employment situation and problems in Guizhou and forecasting the relation of labor supply and demand in the next few years; it has discussed the ways to build a system of balancing urban and rural employment and promote the construction of overall urban-rural human resource market; it has studied how to establish and improve supporting policy and service system of self-employment so as to create more employment opportunities through entrepreneurship; it has proposed the following countermeasures: creating employment opportunities, improving employment quality, promoting employment stability, and improving public service environment for both entrepreneurship and employment.

Keywords: 2013; Urban and Rural Areas; Employment

B.10 Research Report on the Construction of Safe and Sound Guizhou in 2013　　*Cheng Liantao, Ruan Baoxiang, Li Zhao, Huang Jiping and Li Wenlong, etc* / 171

Abstract: This report summarizes main efforts and achievements to continuously enhance social management and analyzes the difficulties and problems social management facing in the condition of actively promoting economic development and maintaining social stability in Guizhou. Meanwhile, this report also puts forward countermeasures and suggestions on further strengthening social management and constructing a peaceful Guizhou.

Keywords: Guizhou Province; Social Management; Reform and Innovation

B.11 The Report on Guizhou Urbanization Development in 2013

Wang Guoyong, Tan Hao, Zhang yu and Liu Yang / 183

Abstract: Urbanization includes urban land expansion, improvement of urban construction, the evolution and spread of urban residents' lifestyle and values, and further modernization and intensification of economy and society in existing cities and towns. That is to say, material civilization, spiritual civilization, political civilization and ecological civilization all should be enhanced and expanded. The main achievements in the urbanization of Guiyang city are as following. The urban infrastructures and ecological civilization are rapidly constructed; infrastructures in small towns and cities are continuously improved, and vibrant urban are strengthened; fixed-asset investments in cities are fast increased; the living quality of urban residents are perfected; the supporting role of urbanization is significantly stronger. However, there are some problems and restraining factors in the development of urbanization in Guiyang. Industrial base which support urbanization is not stable; the level of urban infrastructures is not suitable for economic and social development; the urbanization is not balanced; urbanization construction lacks characteristic; urban management systems fall behind. Thus, this report proposes some countermeasures to promote the urbanization development of Guiyang as following: perfect the urbanization systems; improve the urban functions; adjust the industrial structure to promote its optimization and reorganization; attract foreign investment to speed up independent innovation and technology flowing; enhance the system innovation and build the social environment for urbanization development; take the road of sustainable development to promote the harmonious development of towns and cities.

Keywords: Guiyang City; Urbanization; Development; Report

B Ⅳ Monographic Study

B.12 Strategic Option of Anti-poverty in Guizhou Ethnic
Minority Villages *Gao Linying* / 198

Abstract: Poverty alleviation and development is "the first livelihood project" in Guizhou, which is an important strategic task in the historical process of building a well-off society in an all-round way synchronously with the national. And anti-poverty task is especially difficult in Guizhou ethnic minority village. This research lists the main problems existing in the anti-poverty cultural tourism by analyzing the main methods and results of cultural tourism for poverty alleviation in Yaoshan Township. To promote poverty alleviation and development in Yaoshan Township through cultural tourism, it should adhere to the people-oriented and all the farmers universally benefited; demonstrate the features of culture based on original cultural resources; follow the basic principles such as government leading with market operation, both development and protection considered, and sustainable development, and focus on implementation of innovation strategy, open-up driving strategy and cultural strengthening tourism strategy.

Keywords: Ethnic Minority Villages; Cultural Tourism; Poverty Alleviation

B.13 The Research on Mass Line in Guizhou Province and "Help,
Union, and Station" Work
Huang Xudong, Wang Siyuan, Yang Hai and He Tingting / 213

Abstract: The "Help, Union, and Station" work has been officially launched in Guizhou Province since Mar. 2012, which is a major strategic deployment of building a well-off society synchronously with the whole nation from a backward status. It is a typical case for underdevelopment area to achieve a leap-forward development, as well

as a vivid practice of carrying out the mass line and creative application of mass work during new period. It has been more than one year since this work was launched, and it becomes a special brand of poverty alleviation and mass work under new situation with an obvious effect. To carry on the work extensively and effectively, it is important to be instructed by the spirits of 18th NCCPC and required by "The party's education and practice activity on mass line". Summarize while practice, and perfect while summarize. By summarizing the working experience, promote it be a "Help, Union, and Station" working theoretical system with characteristic of Guizhou. And then, instructed with this theory, it continues to expand the connotation of "Help, Union, and Station" work, and create the way and form.

Keywords: Guizhou Province; "Help, Union, and Station" Work; Poverty Alleviation; Mass Work; Long-term Working Mechanism

B.14 Research Report on Sports Events in Guizhou Province in 2013

Zhu Jiang, Peng Junjie / 231

Abstract: This research explores the innovation of sports event modes in our province thorough analyzing characters, rules, and existing problems in all kinds of sports events held in Guizhou Province in 2013. Develop tourism, agriculture, culture, and publicity to promote five in one development pattern, and make full use of sports events in our province to construct a propaganda platform, which will serve economic society fast and good, better and faster development in Guizhou Province.

Keywords: Guizhou; Sports Event; Research Report

B.15 The Research on Current Situation and Countermeasures of Online Public Sentiment Monitoring Management in Guizhou Province

Sha Sa / 249

Abstract: Online public opinion has been the barometer of social public opinion, so monitoring, study and analysis on the online public opinion also increasingly become the routine work of the government and related departments at the information age. By analyzing the current situation and exiting problems of online public opinion monitoring management, this research has pointed out the problems in the study of public opinion, response of public opinion, guidance of public opinion, and disposal of public opinion etc. At last, some relevant countermeasures have been proposed given.

Keywords: Online Public Sentiment; Monitoring; Current Situation; Countermeasures

B. 16 The Analysis of Present Development of Guizhou Government Affairs Micro-blog in 2013 *Ouyang Hong / 266*

Abstract: It has deeply discussed the current development situation and situations of Guizhou government affairs' micro-blog as well as new problems and challenges it facing in the press release, direction of public opinion, and crisis public relations in this report. Then it puts forwards the suggestion that promote the development of public opinion and reform of government management in order to build a service-oriented government by the positive interaction of social management in government affairs' micro-blog.

Keywords: Government Affairs' Micro-blog; Current Situation and Strategy; Development Tendency

B. 17 Analysis on Electricity Supply and Demand in Guizhou Province under the Background of Deepening Reform
Lin Lantao, Li Yanhua / 284

Abstract: This research analyzes Guizhou power investment situation and the development opportunity from Chinese macroscopic background of electric power system reform; it analyzes the effects of electric power system reform on Guizhou industrialization strategy, depending on both the situation and forecast of electricity supply and demand, since the "Twelfth Five-year Plan"; Considering the rapid growth of electricity demand since "Twelfth Five-year Plan" and policy environment of "west-east power transmission", the gap between energy supply and demand is dynamically compared, at the same time, realistic contradiction of power supply and demand are calculated and evaluated. It also pays attentions to the energy development conditions that influence the industrialization of Guizhou.

Keywords: Reformation of Electric Power System; Twelfth Five-year Plan; Guizhou Electricity Supply and Demand

B.18 Exploratory Research on the Action of Maternity Care and Assistance System in Guizhou Province

Lu Weiqun, Zhang Dian and Yang Junfeng / 303

Abstract: Basing on the baseline survey towards 330 families of family planning difficult, satisfaction survey towards 32 one-child poor families, and depth interviews towards 6 recipients of "Population · Maternity Care Fund" and 5 staff of family planning, it summarizes the implementation of "Maternity Care Action" in Guizhou Province and puts forwards some countermeasures for further improvement.

Keywords: Guiyang City; Population · Maternity Care; Families in the Trouble of Family Planning

B V Appendix

B.19 Social Development Events in Guizhou Province (2013)

/ 321

中国皮书网

www.pishu.cn

发布皮书研创资讯，传播皮书精彩内容
引领皮书出版潮流，打造皮书服务平台

栏目设置：

- □ 资讯：皮书动态、皮书观点、皮书数据、皮书报道、皮书新书发布会、电子期刊
- □ 标准：皮书评价、皮书研究、皮书规范、皮书专家、编撰团队
- □ 服务：最新皮书、皮书书目、重点推荐、在线购书
- □ 链接：皮书数据库、皮书博客、皮书微博、出版社首页、在线书城
- □ 搜索：资讯、图书、研究动态
- □ 互动：皮书论坛

中国皮书网依托皮书系列"权威、前沿、原创"的优质内容资源，通过文字、图片、音频、视频等多种元素，在皮书研创者、使用者之间搭建了一个成果展示、资源共享的互动平台。

自2005年12月正式上线以来，中国皮书网的IP访问量、PV浏览量与日俱增，受到海内外研究者、公务人员、商务人士以及专业读者的广泛关注。

2008年、2011年中国皮书网均在全国新闻出版业网站荣誉评选中获得"最具商业价值网站"称号。

2012年，中国皮书网在全国新闻出版业网站系列荣誉评选中获得"出版业网站百强"称号。

权威报告　热点资讯　海量资源

当代中国与世界发展的高端智库平台

皮书数据库　www.pishu.com.cn

皮书数据库是专业的人文社会科学综合学术资源总库，以大型连续性图书——皮书系列为基础，整合国内外相关资讯构建而成。该数据库包含七大子库，涵盖两百多个主题，囊括了近十几年间中国与世界经济社会发展报告，覆盖经济、社会、政治、文化、教育、国际问题等多个领域。

皮书数据库以篇章为基本单位，方便用户对皮书内容的阅读需求。用户可进行全文检索，也可对文献题目、内容提要、作者名称、作者单位、关键字等基本信息进行检索，还可对检索到的篇章再作二次筛选，进行在线阅读或下载阅读。智能多维度导航，可使用户根据自己熟知的分类标准进行分类导航筛选，使查找和检索更高效、便捷。

权威的研究报告、独特的调研数据、前沿的热点资讯，皮书数据库已发展成为国内最具影响力的关于中国与世界现实问题研究的成果库和资讯库。

皮书俱乐部会员服务指南

1. 谁能成为皮书俱乐部成员？
- 皮书作者自动成为俱乐部会员
- 购买了皮书产品（纸质皮书、电子书）的个人用户

2. 会员可以享受的增值服务
- 加入皮书俱乐部，免费获赠该纸质图书的电子书
- 免费获赠皮书数据库100元充值卡
- 免费定期获赠皮书电子期刊
- 优先参与各类皮书学术活动
- 优先享受皮书产品的最新优惠

3. 如何享受增值服务？

（1）加入皮书俱乐部，获赠该书的电子书

第1步 登录我社官网（www.ssap.com.cn），注册账号；

第2步 登录并进入"会员中心"—"皮书俱乐部"，提交加入皮书俱乐部申请；

第3步 审核通过后，自动进入俱乐部服务环节，填写相关购书信息即可自动兑换相应电子书。

（2）**免费获赠皮书数据库100元充值卡**

100元充值卡只能在皮书数据库中充值和使用

第1步 刮开附赠充值的涂层（左下）；

第2步 登录皮书数据库网站（www.pishu.com.cn），注册账号；

第3步 登录并进入"会员中心"—"在线充值"—"充值卡充值"，充值成功后即可使用。

4. 声明

解释权归社会科学文献出版社所有

皮书俱乐部会员可享受社会科学文献出版社其他相关免费增值服务，有任何疑问，均可与我们联系

联系电话：010-59367227　企业QQ：800045692　邮箱：pishuclub@ssap.com.cn

欢迎登录社会科学文献出版社官网（www.ssap.com.cn）和中国皮书网（www.pishu.cn）了解更多信息

社会科学文献出版社　**皮书系列**

"皮书"起源于十七、十八世纪的英国，主要指官方或社会组织正式发表的重要文件或报告，多以"白皮书"命名。在中国，"皮书"这一概念被社会广泛接受，并被成功运作、发展成为一种全新的出版形态，则源于中国社会科学院社会科学文献出版社。

皮书是对中国与世界发展状况和热点问题进行年度监测，以专业的角度、专家的视野和实证研究方法，针对某一领域或区域现状与发展态势展开分析和预测，具备权威性、前沿性、原创性、实证性、时效性等特点的连续性公开出版物，由一系列权威研究报告组成。皮书系列是社会科学文献出版社编辑出版的蓝皮书、绿皮书、黄皮书等的统称。

皮书系列的作者以中国社会科学院、著名高校、地方社会科学院的研究人员为主，多为国内一流研究机构的权威专家学者，他们的看法和观点代表了学界对中国与世界的现实和未来最高水平的解读与分析。

自20世纪90年代末推出以《经济蓝皮书》为开端的皮书系列以来，社会科学文献出版社至今已累计出版皮书千余部，内容涵盖经济、社会、政法、文化传媒、行业、地方发展、国际形势等领域。皮书系列已成为社会科学文献出版社的著名图书品牌和中国社会科学院的知名学术品牌。

皮书系列在数字出版和国际出版方面成就斐然。皮书数据库被评为"2008~2009年度数字出版知名品牌";《经济蓝皮书》《社会蓝皮书》等十几种皮书每年还由国外知名学术出版机构出版英文版、俄文版、韩文版和日文版，面向全球发行。

2011年，皮书系列正式列入"十二五"国家重点出版规划项目；2012年，部分重点皮书列入中国社会科学院承担的国家哲学社会科学创新工程项目；2014年，35种院外皮书使用"中国社会科学院创新工程学术出版项目"标识。

法律声明

"皮书系列"(含蓝皮书、绿皮书、黄皮书)由社会科学文献出版社最早使用并对外推广,现已成为中国图书市场上流行的品牌,是社会科学文献出版社的品牌图书。社会科学文献出版社拥有该系列图书的专有出版权和网络传播权,其LOGO( )与"经济蓝皮书"、"社会蓝皮书"等皮书名称已在中华人民共和国工商行政管理总局商标局登记注册,社会科学文献出版社合法拥有其商标专用权。

未经社会科学文献出版社的授权和许可,任何复制、模仿或以其他方式侵害"皮书系列"和LOGO( )、"经济蓝皮书"、"社会蓝皮书"等皮书名称商标专用权的行为均属于侵权行为,社会科学文献出版社将采取法律手段追究其法律责任,维护合法权益。

欢迎社会各界人士对侵犯社会科学文献出版社上述权利的违法行为进行举报。电话:010-59367121,电子邮箱:fawubu@ssap.cn。

社会科学文献出版社